轨道交通装备制造业职业技能鉴定指导丛书

划　线　工

中国北车股份有限公司　编写

中国铁道出版社

2015年·北　京

图书在版编目(CIP)数据

划线工/中国北车股份有限公司编写．—北京：中国铁道出版社，2015.5

(轨道交通装备制造业职业技能鉴定指导丛书)

ISBN 978-7-113-20212-5

Ⅰ.①划…　Ⅱ.①中…　Ⅲ.①轨道交通—交通设施—设计—职业技能—鉴定—自学参考资料②轨道交通—交通设施—制造—职业技能—鉴定—自学参考资料　Ⅳ.①U2

中国版本图书馆 CIP 数据核字(2015)第 067737 号

书　　名：轨道交通装备制造业职业技能鉴定指导丛书
划　线　工

作　　者：中国北车股份有限公司

策　　划：江新锡　钱士明　徐　艳

责任编辑：陶赛赛　　　　**编辑部电话**：010-51873065

编辑助理：袁希翀

封面设计：郑春鹏

责任校对：苗　丹

责任印制：郭向伟

出版发行：中国铁道出版社(100054，北京市西城区右安门西街 8 号)

网　　址：http://www.tdpress.com

印　　刷：北京铭成印刷有限公司

版　　次：2015 年 5 月第 1 版　2015 年 5 月第 1 次印刷

开　　本：787 mm×1 092 mm　1/16　印张：16.25　字数：400 千

书　　号：ISBN 978-7-113-20212-5

定　　价：50.00 元

序

在党中央、国务院的正确决策和大力支持下，中国高铁事业迅猛发展。中国已成为全球高铁技术最全、集成能力最强、运营里程最长、运行速度最高的国家。高铁已成为中国外交的新名片，成为中国高端装备“走出国门”的排头兵。

中国北车作为高铁事业的积极参与者和主要推动者，在大力推动产品、技术创新的同时，始终站在人才队伍建设的重要战略高度，把高技能人才作为创新资源的重要组成部分，不断加大培养力度。广大技术工人立足本职岗位，用自己的聪明才智，为中国高铁事业的创新、发展做出了重要贡献，被李克强同志亲切地赞誉为“中国第一代高铁工人”。如今在这支近 5 万人的队伍中，持证率已超过 96%，高技能人才占比已超过 60%，3 人荣获“中华技能大奖”，24 人荣获国务院“政府特殊津贴”，44 人荣获“全国技术能手”称号。

高技能人才队伍的发展，得益于国家的政策环境，得益于企业的发展，也得益于扎实的基础工作。自 2002 年起，中国北车作为国家首批职业技能鉴定试点企业，积极开展工作，编制鉴定教材，在构建企业技能人才评价体系、推动企业高技能人才队伍建设方面取得明显成效。为适应国家职业技能鉴定工作的不断深入，以及中国高端装备制造技术的快速发展，我们又组织修订、开发了覆盖所有职业（工种）的新教材。

在这次教材修订、开发中，编者们基于对多年鉴定工作规律的认识，提出了“核心技能要素”等概念，创造性地开发了《职业技能鉴定技能操作考核框架》。该《框架》作为技能人才评价的新标尺，填补了以往鉴定实操考试中缺乏命题水平评估标准的空白，很好地统一了不同鉴定机构的鉴定标准，大大提高了职业技能鉴定的公信力，具有广泛的适用性。

相信《轨道交通装备制造业职业技能鉴定指导丛书》的出版发行，对于促进我国职业技能鉴定工作的发展，对于推动高技能人才队伍的建设，对于振兴中国高端装备制造业，必将发挥积极的作用。

中国北车股份有限公司总裁：

2015.2.7

前　言

鉴定教材是职业技能鉴定工作的重要基础。2002年，经原劳动保障部批准，中国北车成为国家职业技能鉴定首批试点中央企业，开始全面开展职业技能鉴定工作。2003年，根据《国家职业标准》要求，并结合自身实际，组织开发了《职业技能鉴定指导丛书》，共涉及车工等52个职业(工种)的初、中、高3个等级。多年来，这些教材为不断提升技能人才素质、适应企业转型升级、实施"三步走"发展战略的需要发挥了重要作用。

随着企业的快速发展和国家职业技能鉴定工作的不断深入，特别是以高速动车组为代表的世界一流产品制造技术的快步发展，现有的职业技能鉴定教材在内容、标准等诸多方面，已明显不适应企业构建新型技能人才评价体系的要求。为此，公司决定修订、开发《轨道交通装备制造业职业技能鉴定指导丛书》(以下简称《丛书》)。

本《丛书》的修订、开发，始终围绕促进实现中国北车"三步走"发展战略、打造世界一流企业的目标，努力遵循"执行国家标准与体现企业实际需要相结合、继承和发展相结合、坚持质量第一、坚持岗位个性服从于职业共性"四项工作原则，以提高中国北车技术工人队伍整体素质为目的，以主要和关键技术职业为重点，依据《国家职业标准》对知识、技能的各项要求，力求通过自主开发、借鉴吸收、创新发展，进一步推动企业职业技能鉴定教材建设，确保职业技能鉴定工作更好地满足企业发展对高技能人才队伍建设工作的迫切需要。

本《丛书》修订、开发中，认真总结和梳理了过去12年企业鉴定工作的经验以及对鉴定工作规律的认识，本着"紧密结合企业工作实际，完整贯彻落实《国家职业标准》，切实提高职业技能鉴定工作质量"的基本理念，在技能操作考核方面提出了"核心技能要素"和"完整落实《国家职业标准》"两个概念，并探索、开发出了中国北车《职业技能鉴定技能操作考核框架》；对于暂无《国家职业标准》、又无相关行业职业标准的40个职业，按照国家有关《技术规程》开发了《中国北车职业标准》。经2014年技师、高级技师技能鉴定实作考试中27个职业的试用表明：该《框架》既完整反映了《国家职业标准》对理论和技能两方面的要求，又适应了企业生产和技术工人队伍建设的需要，突破了以往技能鉴定实作考核中试卷的难度与完整性评估的"瓶颈"，统一了不同产品、不同技术含量企业的鉴定标准，提高了鉴定考核的技术含量，保证了职业技能鉴定的公平性，提高了职业技能鉴定工作质量和管理水平，将成为职业技能鉴定工作、进而成为生产操作者技能素质评价的新标尺。

本《丛书》共涉及98个职业(工种)，覆盖了中国北车开展职业技能鉴定的所有职业

(工种)。《丛书》中每一职业(工种)又分为初、中、高3个技能等级,并按职业技能鉴定理论、技能考试的内容和形式编写。其中:理论知识部分包括知识要求练习题与答案;技能操作部分包括《技能考核框架》和《样题与分析》。本《丛书》按职业(工种)分册,并计划第一批出版74个职业(工种)。

本《丛书》在修订、开发中,仍侧重于相关理论知识和技能要求的应知应会,若要更全面、系统地掌握《国家职业标准》规定的理论与技能要求,还可参考其他相关教材。

本《丛书》在修订、开发中得到了所属企业各级领导、技术专家、技能专家和培训、鉴定工作人员的大力支持;人力资源和社会保障部职业能力建设司和职业技能鉴定中心、中国铁道出版社等有关部门也给予了热情关怀和帮助,我们在此一并表示衷心感谢。

本《丛书》之《划线工》由北京二七轨道交通装备有限责任公司《划线工》项目组编写。主编张正远,副主编范研;主审庞连成,副主审董跃;参编人员冯向东、勾亮。

由于时间及水平所限,本《丛书》难免有错、漏之处,敬请读者批评指正。

中国北车职业技能鉴定教材修订、开发编审委员会

二〇一四年十二月二十二日

目　　录

划线工(职业道德)习题

一、填 空 题

1.《产品质量法》所称的产品是指经过加工、制作,(　　)的产品。

2. 产品标识可以用文字、符号、数字、(　　)以及其他说明物等表示。

3. 专利法所称的发明创造是指发明、实用新型和(　　)。

4. 中国北车的核心价值观是:诚信为本、创新为魂、(　　)、勇于进取。

5. 中国北车的团队建设目标是(　　)。

6. 我国的安全生产方针安全第一、(　　)、综合治理。

7. 国家鼓励企业产品质量达到并且超过(　　)、国家标准和国际标准。

8. 发生触电事故后应立即(　　)或用绝缘物使触电者脱离电源,就地人工呼吸,并立即报告医院。

9. 5S管理起源于日本,是指在生产现场中对人员、机器、材料、方法等生产要素进行有效的管理,5S即(　　)和素养五个项目。

10. 安全与生产的关系是(　　),安全促进生产。

11. 职业纪律具有明确的规定性和一定的(　　)的特点。

12.《安全生产法》是我国生产经营单位及从业人员实现安全生产所必须遵循的(　　)。

二、单项选择题

1. 职业道德是指人们在履行本职工作中(　　)。

(A)应遵守的行为规范和准则　　(B)所确立的奋斗目标

(C)所确立的价值观　　(D)所遵守的规章制度

2. 职业道德不仅是从业人员在职业活动中的行为标准和要求,而且是本行业对社会所承担的(　　)和义务。

(A)道德责任　　(B)产品质量　　(C)社会责任　　(D)服务责任

3. 职业道德是安全文化的深层次内容,对安全生产具有重要的(　　)作用。

(A)思想保证　　(B)组织保证　　(C)监督保证　　(D)制度保证

4. 仪表端庄实质上是一个人的思想情操、道德品质、文化修养和(　　)的综合反映。

(A)衣帽整齐　　(B)衣着洁净　　(C)人格气质　　(D)衣着时尚

5. 在发展生产中,协作不仅提高个人生产力,而且创造了新的(　　)。

(A)生产关系　　(B)生产秩序　　(C)生产力　　(D)生产模式

6. 先进的(　　)要求职工具有较高的文化和技术素质,掌握较高的职业技能。

(A)管理思路　　(B)技术装备　　(C)经营理念　　(D)机构体系

7. 职业道德是一种(　　)的约束机制。

(A)强制性 (B)非强制性 (C)随意性 (D)自发性

8. 用人单位应当在解除或者终止劳动合同后为劳动者办理档案和社会保险关系转移手续，具体时间为解除或终止劳动合同后的(　　)。

(A)7 日内 (B)10 日内 (C)15 日内 (D)30 日内

9. 以下关于诚实守信的认识和判断中，正确的选项是(　　)。

(A)诚实守信与经济发展相矛盾

(B)诚实守信是市场经济应有的法则

(C)是否诚实守信要视具体对象而定

(D)诚实守信应以追求利益最大化为准则

10. 以下有关专利权期限的说法哪些是正确的(　　)。

(A)专利权的期限自办理登记日起计算

(B)专利权的期限自授权公告日起计算

(C)专利权的期限自优先权日起计算

(D)专利权的期限自申请日起计算

11. 下列没有违反诚实守信的要求的是(　　)。

(A)保守企业秘密 (B)派人打进竞争对手内部，增强竞争优势

(C)根据服务对象来决定是否遵守承诺 (D)所有利于企业利益的行为

12. 现实生活中，一些人不断地从一家公司“跳槽”到另一家公司。虽然这种现象在一定意义上有利于人才的流动，但它同时也说明这些从业人员缺乏(　　)。

(A)工作技能 (B)强烈的职业责任感

(C)光明磊落的态度 (D)坚持真理的品质

13. 以下关于“节俭”的说法，你认为正确的是(　　)。

(A)节俭是美德，但不利于拉动经济增长

(B)节俭是物质匮乏时代的需要，不适应现代社会

(C)生产的发展主要靠节俭来实现

(D)节俭不仅具有道德价值，也具有经济价值

14. 工作现场有一工具半年才用上一次，应(　　)。

(A)放置于工作台面 (B)留在工作现场 (C)仓库储存 (D) 变卖

15. 指使人们注意可能发生的危险的标志是(　　)，几何图形是正三角形。颜色为黑色，图形是黑色，背景是黄色。

(A)禁止标志 (B)警告标志 (C)指令标志 (D)提示标志

三、多项选择题

1.《产品质量法》规定合格产品应具备的条件包括(　　)。

(A)不存在危及人身、财产安全的不合理危险

(B)具备产品应当具备的使用性能

(C)符合产品或其包装上注明采用的标准

(D)有保障人体健康、人身财产安全的国家标准、行业标准的，应该符合该标准

2. 以下社会保险中，职工个人需要缴纳保险费的是(　　)。

(A)养老保险　(B)工伤保险　(C)医疗保险　(D)生育保险

3. 下列有关签订集体劳动合同的表述,正确的有(　　)。

(A)依法签订的集体合同对企业和企业全体职工具有约束力

(B)集体合同的草案应提交职工代表大会或全体职工讨论通过

(C)集体合同签订后应报送劳动行政部门审核备案

(D)劳动行政部门自收到集体合同文本之日起15日内未提出异议,集体合同即行生效

4. 爱岗敬业的具体要求是(　　)。

(A)树立职业理想　(B)强化职业责任　(C)提高职业技能　(D)抓住择业机遇

5. 关于勤劳节俭的正确说法是(　　)。

(A)消费可以拉动需求,促进经济发展,因此提倡节俭是不合时宜的

(B)勤劳节俭是物质匮乏时代的产物,不符合现代企业精神

(C)勤劳可以提高效率,节俭可以降低成本

(D)勤劳节俭有利于可持续发展

6. 职工个体形象和企业整体形象的关系是(　　)。

(A)企业的整体形象是由职工的个体形象组成的

(B)个体形象是整体形象的一部分

(C)职工个体形象与企业整体形象没有关系

(D)没有个体形象就没有整体形象

7. 市场经济是(　　)。

(A)高度发达的商品经济　(B)信用经济

(C)是计划经济的重要组成部分　(D)法制经济

8. 维护企业信誉必须做到(　　)。

(A)树立产品质量意识　(B)重视服务质量,树立服务意识

(C) 妥善处理顾客对企业的投诉　(D)保守企业一切秘密

9. 企业文化的功能有(　　)。

(A)激励功能　(B)自律功能　(C)导向功能　(D)整合功能

10. 下列说法中,你认为正确的有(　　)。

(A)岗位责任规定岗位的工作范围和工作性质

(B)操作规则是职业活动具体而详细的次序和动作要求

(C)规章制度是职业活动中最基本的要求

(D)职业规范是员工在工作中必须遵守和履行的职业行为要求

11. 文明生产的具体要求包括(　　)。

(A)语言文雅、行为端正、精神振奋、技术熟练

(B)相互学习、取长补短、互相支持、共同提高

(C)岗位明确、纪律严明、操作严格、现场安全

(D)优质、低耗、高效

四、判 断 题

1. 职业纪律本身就是职业道德的一部分,只不过要求高度不同而已。(　　)

2. 人们长期从事某些职业而形成的道德心理和道德行为是有差异的。(　　)

3. 在实际工作中,要求从业者必须具有优良的道德素质。(　　)

4. 职业道德与办企业的目的是完全一致的,而且是其先决条件。(　　)

5. 服从分配,听从指挥,遵守纪律,爱岗敬业,坚持原则是职业道德的体现。(　　)

6. "质量第一,用户至上"是第三产业职业道德的基本要求。(　　)

7. 职业道德是一个人从业应有的行为规范,也是事业有成就的基本保证。(　　)

8. 保证产品质量,提高经济效益,就必须严格执行操作规范。(　　)

9. 职业道德与职业习惯的目的是一致的。(　　)

10. 职业纪律包括劳动纪律、保密纪律、财经纪律、组织纪律等。(　　)

11.《产品质量法》中所称的产品质量是指产品满足需要的适用性、安全性、可靠性、维修性、经济性和环境所具有的特征、特性的总和。(　　)

12. 职工的职业道德状况是职工形象的重要组成部分。(　　)

13. 生产、安全和效益上去了,职业道德自然就搞好了。(　　)

14. 劳动合同被确认部分无效的,这个合同可以不予执行。(　　)

15. 劳动者在劳动过程中必须严格遵守操作规程,对违章指挥、强令冒险作业有权拒绝执行。(　　)

16. 长年养成的工作习惯,虽然不合理,但容易工作,不必以公司的制度规定来约束,这样反而不便。(　　)

17. 劳动者在劳动过程中必须严格遵守操作规程,对违章指挥、强令冒险作业有权拒绝执行。(　　)

划线工(职业道德)答案

一、填空题

1. 用于销售　2. 图案　3. 外观设计　4. 崇尚行动
5. 实力、活力、凝聚力　6. 预防为主　7. 行业标准
8. 切断电源　9. 整理、整顿、清扫、清洁　10. 生产必须安全　11. 强制性
12. 行为准则

二、单项选择题

1. A　2. A　3. A　4. C　5. C　6. B　7. B　8. C　9. B
10. D　11. A　12. B　13. D　14. C　15. B

三、多项选择题

1. ABCD　2. AC　3. ABCD　4. ABC　5. CD　6. ABD　7. ABD
8. ABC　9. ABCD　10. ABCD　11. ABCD

四、判断题

1. √　2. √　3. ×　4. √　5. √　6. ×　7. √　8. ×　9. ×
10. ×　11. √　12. √　13. √　14. ×　15. ×　16. √　17. √

划线工(初级工)习题

一、填 空 题

1. 石灰水为常用划线涂料,主要由(　　)加水泡开制成。

2. 锌钡白俗称立德粉是一种常用划线涂料,颜色为(　　)。

3. 锌钡白俗称立德粉是一种划线涂料,一般用于(　)毛坯表面划线时涂色。

4. 无水涂料一般用于(　　)划线时涂色。

5. 无水涂料其主要成份醋酸丁酯俗称香蕉水加(　　)及火棉胶甲基紫配置而成。

6. 当划线时发现某些部位加工余量不够时要(　　)从而保证这些加工部位都有一定的加工余量,而使偏差反映在非加工部位的允许范围内。

7. 平台的平面是划线的(　　)。

8. 在毛坯上划线,一是为了划下道工序加工线,另外也是为了检验毛坯工件的(　　)。

9. 借料划线是提高毛坯件(　　)的方法之一。

10. 在机械加工中要对箱体类的复杂工件进行加工,(　　)工序是加工前的一道重要工序又是加工时的校正的依据。

11. 划线样板一般分为平面划线样板和(　　)两类。

12. 划线时要用划针盘校正工件水平方向上的非加工面,还要用角尺或线坠校正工件上的(　　)或成角度的非加工面。

13. 合理地选择划线(　　)是做好划线工作的关键。

14. 辅助基准不起定位作用只增加工件的(　　)性。

15. 在划线工作中为了避免线条被擦伤模糊需要打(　　)作为划线标记。

16. 千斤顶用于较大工件及不规则工件划线时作(　　)工具。

17. 由碳素工具钢制成,常用于在毛坯或样品上划出圆、圆弧、圆周等分及分割线段等的划线工具是(　　)。

18. 由碳素工具钢制成,常用于在圆柱体端面或铸成的孔上求近似圆心,还可以划出平面的对称中心及平行线等的划线工具是(　　)。

19. 用划卡求近似圆心应把划卡张开尽可能为圆的(　　)尺寸。

20. 由高速工具钢制成,形如铅笔,使用方法也与铅笔相同的划线工具是(　　)。

21. 由铸铁铸造,经过精加工的空心立方体,上面常有 V 型槽和夹紧装置,用于较小或适中直径圆柱体工件划线的工具是(　　)。

22. 通常是以两件形状、尺寸完全相同的为一组联合使用,用于较长光滑圆柱体工件的划线工具是(　　)。

23. 在划线时为了使工件放置安全平稳常常选择(　　)的平面作为放置基准。

24. 划线校正基准时要注意使非加工面与加工面之间(　　)并使其形状误差反映在次要

部位或不显著部位。

25. 所谓划线基准就是在划线时选择工件上的某些(　　)作为依据用它确定工件的各部分尺寸,几何形状和相对位置。

26. 准确的表达物体的(　　)要求的图称为图样。

27. 生产中广泛采用的按(　　)绘制零件图。

28. 一个完整的尺寸应包括(　　)、尺寸线和尺寸数字组成。

29. 图样中的机件要素的线性尺寸与(　　)的线性尺寸之比称为比例。

30. 三视图由主视图、俯视图、(　　)组成。

31. 锥度是指正圆锥(　　)与锥高的比。

32. 一般位置直线的三个投影(　　)的实长。

33. 一般位置平面的三面投影(　　)的几何图形。

34. 两形体表面相交所得的交线称(　　)。

35. 平面与立体表面的交线称(　　)。

36. 国标规定视图分为基本视图、局部视图、(　　)和旋转视图。

37. 机件某一部分向(　　)投影的视图称为局部视图。

38. 机件剖开后处在切平面之后的(　　)向投影面投影所得到的图形称为剖视图。

39. 按剖切范围的大小,剖视图可分为全剖视图、半剖视图和(　　)。

40. 假想的用剖切平面将机件某处切断,(　　)的图形,称为断面图。

41. 零件图中的尺寸标注,必须做到正确,清晰,完整和(　　)。

42. 装配图是表达(　　)图样。

43. 已知空间点,A 的坐标(15,10,20),则距 V 面距离(　　)mm。

44. 已知空间点,A 的坐标(15,0,20),则点 A 在(　　)上。

45. 尺寸公差带包括公差带大小与公差带(　　)两要素。

46. 图 1 为(　　)面。

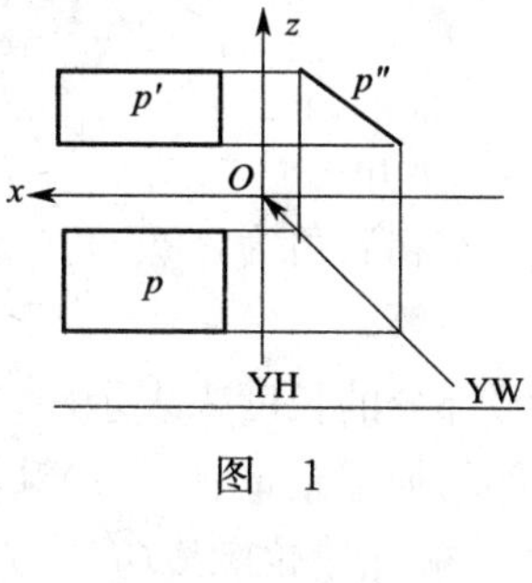

图 1

47. 图 2 为(　　)面。

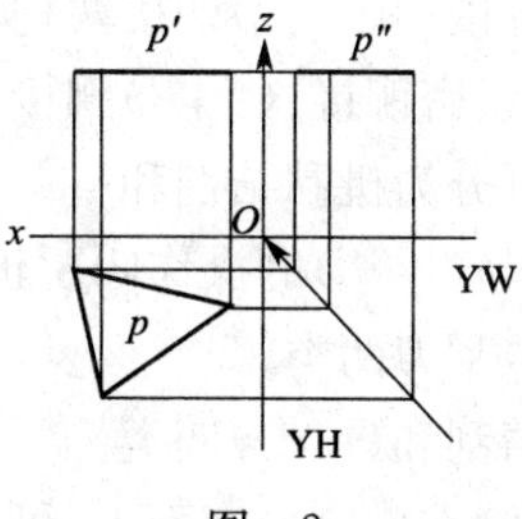

图 2

48. 图 3 为(　　)体。

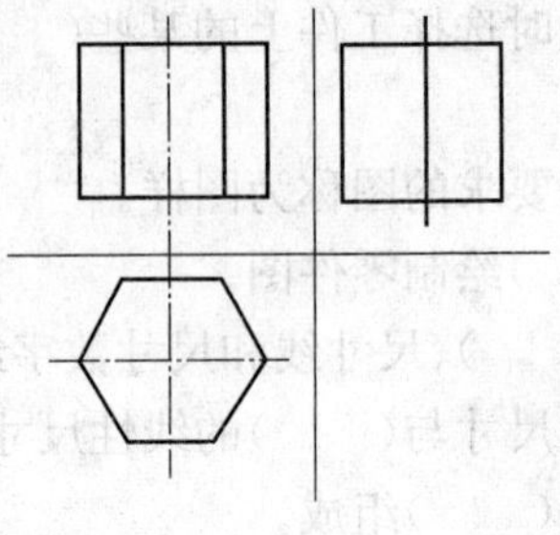

图　3

49. 图 4 为(　　)体。

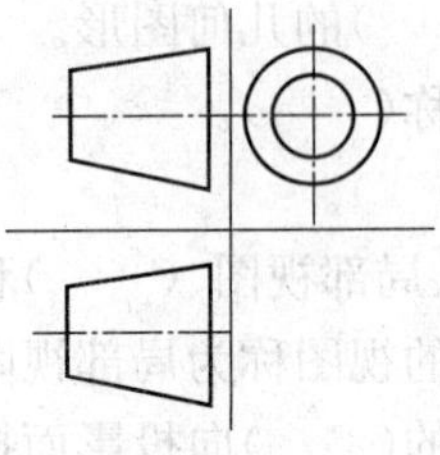

图　4

50. 图 5 为(　　)体。

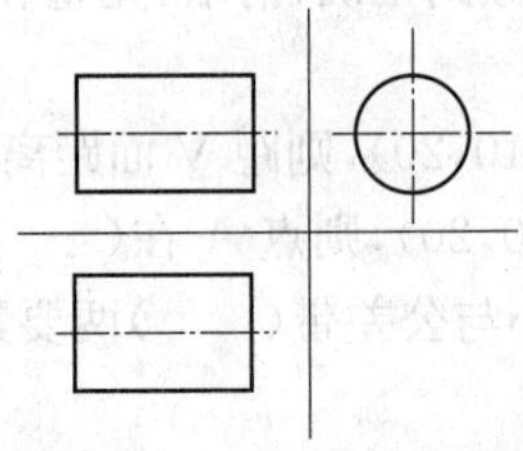

图　5

51. 钳工常用的锯条长度是(　　)mm。
52. 锯条的切削角度是前角为零度和后角为(　　)。
53. 錾子可分为扁錾、窄錾、(　　)錾。
54. 平锉刀的规格一般用(　　)部分的长度来表示。
55. 锉刀粗细的选择取决于工件的加工余量、(　　)和材料性质。
56. 切断形状较为复杂的材料,一般先按轮廓线(　　),再用扁錾或窄錾逐步切断。
57. 铆接按使用要求可分固定铆接和(　　)铆接两种。
58. 铆接用途可分为强固铆接、紧密铆接、(　　)铆接三种。
59. 黏结剂按基料的化学性质可分为机黏结剂和(　　)。
60. 消除金属板材、型材的不平与(　　)的操作叫矫正。
61. 刮刀分为平面刮刀和(　　)刮刀两类。
62. 平面刮削经过粗刮、细刮、精刮和(　　)四类。
63. 粗刮时显示剂可调得稀些,涂在(　　)表面上,可涂稍厚。

64. 精刮时显示剂可调得干些,涂在(　　)表面上,应涂得薄而均匀。
65. 研具常用的材料有灰铸铁、(　　)、软钢和铜。
66. 台虎钳按其结构可分为固定式和(　　)两种。
67. 钳工常用钻床有台式钻床和(　　)两种。
68. 机床分若干种,其中 Z 表示(　　)。
69. 单一要素的形状所允许的(　　)称为形状公差。
70. 位置公差是(　　)的位置对基准所允许变动全量。
71. 所谓测量就是把被测的量与具有计量单位的(　　)进行比较。
72. 检验是指只确定被测几何量是否在规定的(　　)之内。
73. 当游标卡尺两量爪贴合时,尺身和游标零线要(　　)。
74. 游标卡尺是用于是(　　)精度尺寸的测量和检验。
75. 百分尺测量螺杆上螺纹的螺距为(　　)mm。
76. 通过(　　)所得的尺寸,称为实际尺寸。
77. 允许尺寸变化的(　　)值,称为极限尺寸。
78. 基本偏差为一定的孔公差带与(　　)组成各种配合的一种制度,称为基孔制。
79. 在大量生产时,为使用方便提高效率和减少(　　)的损耗,一般都采用极限量规。
80. 塞尺是一种(　　)量规。
81. 内径百分表用来测量孔径和孔的(　　)误差。
82. 万能角度器按游标测量精度分为 2′和(　　)两种。
83. 在同一尺寸段里,标准公差值随公差等级降低而(　　)。
84. 零件的(　　)与基本尺寸代数差,称为实际偏差。
85. 允许尺寸的(　　)称为尺寸公差。
86. 将量块组合成一定尺寸时,必须力求使用量块数不超过(　　)块,以减少累计误差。
87. 带传动是依靠带与带轮之间的(　　)传递运动。
88. 包角是指(　　)所对应的中心角。
89. 变速机构分有级变速机构和(　　)两大类。
90. 螺纹按用途不同,一般分为联接螺纹和(　　)两大类。
91. 管螺纹尺寸代号指的是(　　)。
92. 螺旋副传动是把主动件的回转运动转变为从动件的(　　)运动。
93. 最常用的传动链是滚子链和(　　)。
94. 根据齿轮轮廓曲线不同,应用最广泛的是(　　)转动。
95. 对齿轮传动的基本要求是传动平稳和(　　)。
96. 齿轮的基本参数是齿轮各部(　　)计算的依据。
97. 国家标准规定圆柱齿轮分度圆上的齿形角为(　　)。
98. 斜齿圆柱齿轮传动正确啮合条件之一是两轮螺旋角相等,旋向(　　)。
99. 标准圆柱直齿轮不产生根切的最少齿数为(　　)。
100. 蜗杆传动可保证准确的传动比和(　　)的传动比。
101. 轮系可分为定轴轮系和(　　)两大类。
102. 凸轮机构在(　　)中,应用更为广泛。

103. 平键连接(　　)为工作面,用以传递转扭。

104. 销的基本形式主要有圆柱销和(　　)两种。

105. 采用铸造方法,可获得(　　)复杂的毛坯。

106. 锻压是在外力作用下使金属材料产生(　　),从而获得具有一定形状和尺寸的毛坯或零件的一种加工方法。

107. 手工电弧焊机按其供给电流种类不同,可分为交流手弧焊机和(　　)两大类。

108. 切削用量包括切削速度 V,进给量 f 和(　　)。

109. 辅助平面主要有:基面、切削平面和(　　)三个。

110. 影响切削力的主要因素有:刀具角度、切削用量、切削液和(　　)。

111. 主轴变速箱作用是把(　　)传给主轴。

112. 车圆锥面具体方法有斜置上溜板法,偏移尾座法和(　　)等。

113. 刨床有牛头刨和(　　)两大类。

114. 钻削加工包括钻孔和(　　)两项内容。

115. 麻花钻由柄部、颈部和(　　)组成。

116. 标准麻花钻通常(　　)后,才能使用。

117. 扩孔是用扩孔钻对已有的孔扩大,为(　　)做准备。

118. 铣削加工是铣刀旋转作主运动,(　　)作进给运动的切削加工方法。

119. 平口钳有固定式和(　　)两种。

120. 铣床能加工的沟槽种类很多,常见的有直槽、T 型槽、V 型槽、(　　)和各种键槽。

121. 磨削加工是用砂轮,以较高的(　　)对工件表面进行加工方法。

122. 滚齿是利用齿轮与(　　)原理加工齿面的。

123. 金属材料的性能一般分为使用性能和(　　)两种。

124. 金属材料一般可分为(　　)和有色金属两大类。

125. 抗拉强度的符号用(　　)表示。

126. 布氏硬度的符号用 HBS 或用(　　)表示。

127. 我国常用的洛氏硬度标尺有三种,分别是 HRA、HRB 和(　　)。

128. 伸长率是衡量金属材料塑性的指标,用符号(　　)表示。

129. 普通黄铜是由铜和(　　)组成的二元合金。

130. 热处理工艺都是由加热、保温和(　　)三个阶段组成。

131. 铸铁是含碳量大于(　　)%的铁碳合金。

132. 力学性能是指金属在(　　)作用时表现出来的性能。

133. 铁素体用符号(　)表示。

134. 合金结构钢按用途可分为低合金结构钢和(　　)用钢两大类。

135. 仅对工件(　　)进行淬火的工艺称为表面淬火。

136. 碳素钢按钢的含碳量可分为低碳钢、中碳钢和(　　)。

137. 优质碳素钢结构钢的牌号用两位数字表示这两位数字表示该钢的平均含碳量为(　　)之这个数字。

138. 灰铸铁其断口呈(　　)。

139. 热处理是将(　　)金属或合金,采用适当方式加热、保温冷却以获得所需要的组织结构与性能的工艺。

140. 金属的化学稳定性是指金属材料的耐腐蚀性和(　　)的总称。

141. 衡量电荷多少的量叫做(　　)。

142. 电量的单位是(　　)。

143. 当原子失去一个电子后,这个原子就成为一个带(　　)电的粒子。

144. 自由电子按一定方向或一定的规律运动就形式(　　)。

145. 在电工中把(　　)的方向规定为电流的方向。

146. 电流的强度的单位是(　　)。

147. 表示电流大小的量是(　　)。

148. 电位差就是(　　)。

149. 通常我们把大地的电位作为(　　)电位。

150. 电压的单位是(　　)。

151. 电流在导体中流动是受一定阻力的,我们把这种阻力叫做导体的(　　)。

152. 电阻的单位是(　　)。

153. 电阻串联的越多等效电阻值(　　)。

154. 并联的各个电阻两端的电压(　　)。

155. 并联电阻越多总电阻值(　　)。

156. 职业道德是从事一定职业的人们在从业过程中所应遵循的,与其特定职业活动相适应的(　　)。

157. 职业道德是一个人从业应有的行为规范,也是事业有成的(　　)。

158. 对企业来说,职业道德是调整人与人、个人与企业、企业与企业之间关系,维持企业正常和谐活动和企业生存发展的(　　)。

159. 一个有(　　)的职业道德的人,他的职业行为没有被强制的色彩,他能够发自内心去热爱本职工作,忠于职守,出色完成各项工作任务,对人民负责,对社会负责。

160. 职业内部,有了职业道德规范,人们行为就有了遵循,有了依据,有了(　　)。

161. 企业之间各部门都有自己的职业道德,如果各部门都能遵守本部门的职业道德,那么部门之间、企业之间就不会再有扯皮、互长、拖拉、改行的现象,从而形成一个(　　)的社会。

162."为人民服务;团结协作、相互服务;主人翁的劳动态度",是社会主义职业道德三条(　　)。

163. 单位对职工,企业对从业人员进行职业道德规范的教育是(　　),这是外部影响,还必须调动职工的内因。

164. 从业人员,在掌握职业道德规范的具体内涵之后,就要身体力行,付诸实施,把自己掌握的职业道德规范回于(　　)。

165. 在多数情况下,遵章守纪本身就是(　　),如果违章违纪,既要受到道德谴责,又要受到纪律处分,甚至追究刑事责任。

二、单项选择题

1. 为了使石灰水增加附着力可以加入适量的(　　)。

(A)牛皮胶　　(B)火棉胶　　(C)人造树脂　　(D)醋酸丁酯

2. 锌钡白一般用于(　　)表面划线涂色。

(A)一般铸锻件毛坯　　(B)重要的铸锻件毛坯

(C)已加工　　(D)精密件

3. 在选择划线的尺寸基准时应使划线的尺寸基准与(　　)一致,从而能直接量取划线尺寸,简化换算手续。

(A)设计基准　　(B)工艺基准　　(C)定位基准　　(D)工序基准

4. 如图 6 所示为一制动滑块,在划高度方向的尺寸线时则应以(　　)平面为划线基准。

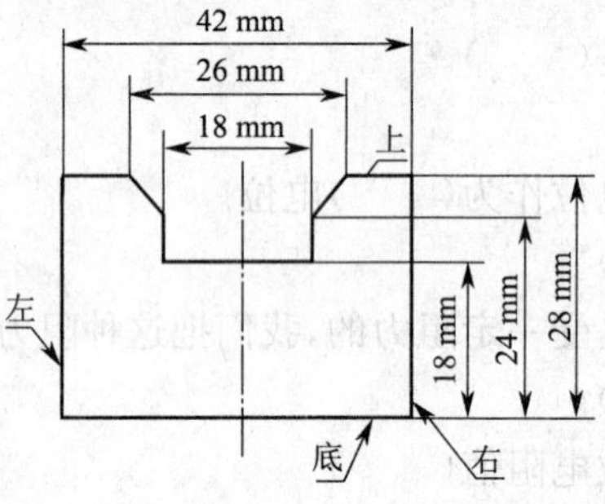

图 6

(A)底　　(B)左　　(C)右　　(D)上

5. 等分圆周的方法有(　　)。

(A)几何作图法　　(B)立体划线法　　(C)素线法　　(D)三角法

6. 划线平板是经过精加工的一块光滑而平的(　　)。

(A)铁板　　(B)钢板　　(C)锌板　　(D)铸铁板

7. 样冲尖角一般都应磨削成(　　)尖角。

(A)30°～45°　　(B)45°～60°　　(C)60°～90°　　(D)90°～120°

8. 用千斤顶支承划线工件一般应用(　　)千斤顶。

(A)两个　　(B)三个　　(C)四个　　(D)多个

9.(　　)是划线工常用的工具之一。

(A)游标卡尺　　(B)高度游标尺　　(C)千分尺　　(D)千分表

10. 只需在工件的一个平面上划线后,就能明确表示加工界限叫做(　　)。

(A)平面划线　　(B)立体划线　　(C)仿划线　　(D)配划线

11. 在工件上几个相关的面上划线,尺寸利用在各个面上的点或线来表示出它们相关位置和加工界限叫(　　)。

(A)平面划线　　(B)立体划线　　(C)仿划线　　(D)配划线

12. 工件划线中可选用的点、线、面作为的基准叫(　　)。

(A)设计基准　　(B)划线基准　　(C)定位基准　　(D)放置基准

13. 划线样冲一般采用(　　)材质制成。

(A)工具钢　　(B)不锈钢　　(C)铸铁　　(D)普通碳素钢

14. 等分圆周的方法有(　　)。

(A)三角形法　　(B)用分度头法　　(C)立体划线法　　(D)纬圆法

15. 划线样板按用途可分为(　　)。

(A)平面划线样板与立体划线样板　(B)齿形样板

(C)曲面样板　(D)平面样板

16. 划在工件表面作为加工依据的线叫(　　)。

(A)基准线　(B)找正线　(C)加工线　(D)轮廓线

17. 常用的划线基准有(　　)。

(A)两种　(B)三种　(C)四种　(D)五种

18. 在已加工过表面打样冲眼应(　　)。

(A)打深　(B)打深、打稀　(C)打浅 打密　(D)打浅、打稀

19. 在直线上打样冲眼应(　　)。

(A)打稀　(B)打密

(C)打歪点以便不伤直线　(D)打浅、打稀

20. 划 $Z=30$ 的齿轮应用简单分度法分度,手柄转一周在 66 孔圆圈上再转(　　)个孔距。

(A)44　(B)33　(C)22　(D)11

21. 在锻铸毛坯件上划线经常使用(　　)作为划线涂料。

(A)蓝油　(B)硫酸铜熔液　(C)红油　(D)石灰水

22. 用划针盘划线时划针应尽量处于(　　)位置。

(A)向上　(B)向下　(C)水平　(D)随意

23. 在一圆工件上 6 等分划完一条线后,分度头手柄应转 20/3 圈应选分度盘数孔为(　　)。

(A)25 孔　(B)26 孔　(C)30 孔　(D)37 孔

24. 无水涂料存贮必须置于(　　)容器中。

(A)敞口的　(B)半密封的　(C)普通的　(D)密封的

25. 在(　　)常常采用仿划线方法。

(A)机修工作中　(B)批量生产中　(C)新产品开发中　(D)无样件情况下

26. 准确的表达物体的形状,尺寸,技术要求的图称为(　　)。

(A)机械图样　(B)图样　(C)零件图　(D)草图

27. 图样中的尺寸,一般采用的单位是(　　)。

(A)厘米(cm)　(B)米(m)　(C)毫米(mm)　(D)分米(dm)

28. 图样中的可见轮廓线用(　　)线分绘制。

(A)粗实　(B)细实　(C)粗点划　(D)虚

29. 三投影体系由三个投影面和三根投影轴组成,侧立位置的平面称为侧投影面,用字母(　　)表示。

(A)Z　(B)H　(C)V　(D)W

30. 在三投影中,由前往后投影,画在 V 面的视图称为(　　)。

(A)主视图　(B)俯视图　(C)左视图　(D)三视图

31. 图样上注明的比例为 2∶1。则图样中尺寸与机件中对应尺寸(　　)。

(A)没关系　(B)相等　(C)缩小　(D)放大

32. 空间点在投影面上,则(　　)坐标等于零。

(A)有两个　(B)有一个　(C)有三个　(D)没有

33. 仅画出机件上某一部分的视图称为(　　)视图。

(A)斜　　(B)局部　　(C)旋转　　(D)基本

34. 采用剖视图是为了更清晰地表达零件的(　　)形状。

(A)内部　　(B)局部　　(C)主视图　　(D)断面

35. 螺纹规定的画法中,牙底用(　　)。

(A)粗实　　(B)细实　　(C)虚线　　(D)点划线

36. 图 7 中,俯视图正确的是(　　)。

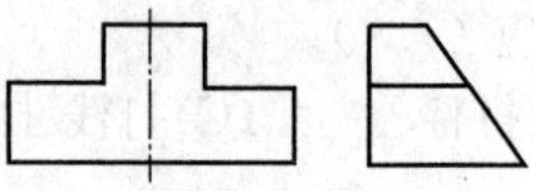

图 7

(A) 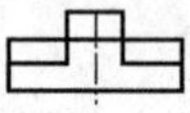　　(B) 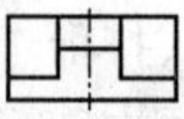　　(C) 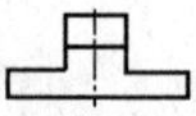　　(D) 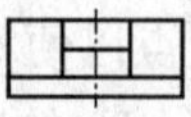

37. 图 8 中,俯视图正确的是(　　)。

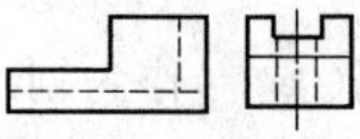

图 8

(A) 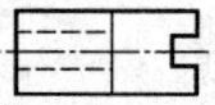　　(B) 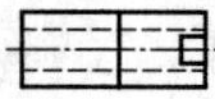　　(C) 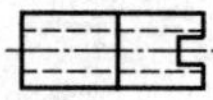　　(D) 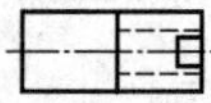

38. 图 9 中,俯视图正确的是(　　)。

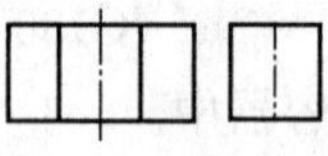

图 9

(A) 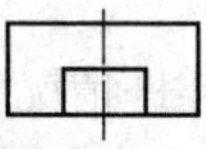　　(B) 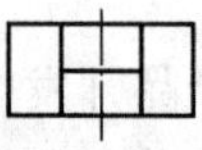　　(C) 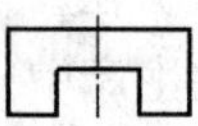　　(D) 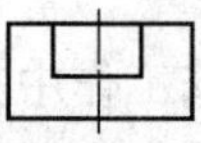

39. 图 10 中,左视图正确的是(　　)。

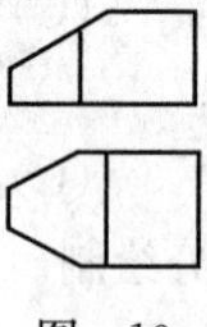

图 10

(A) 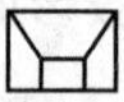　　(B) 　　(C) 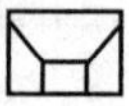　　(D) 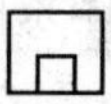

40. 图 11 中,左视图正确的是(　　)。

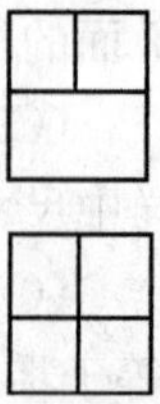

图 11

(A) 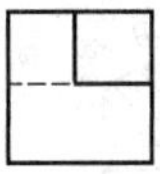
(B) 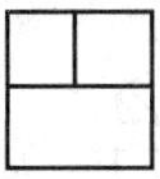
(C) 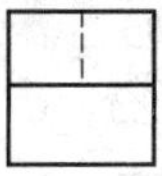
(D) 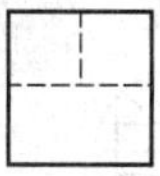

41. 图 12 中,俯视图正确的是(　　)。

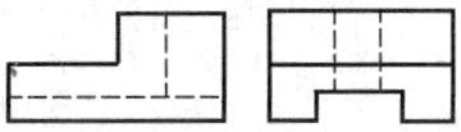

图　12

(A) 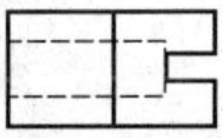
(B) 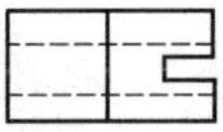
(C) 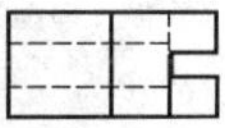
(D) 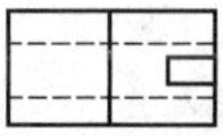

42. 图 13 中,俯视图正确的是(　　)。

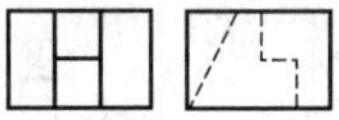

图　13

(A) 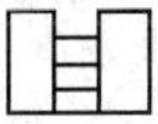
(B) 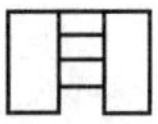
(C) 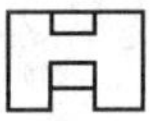
(D) 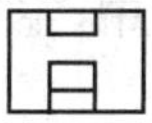

43. 图 14 中,剖面图正确的是(　　)。

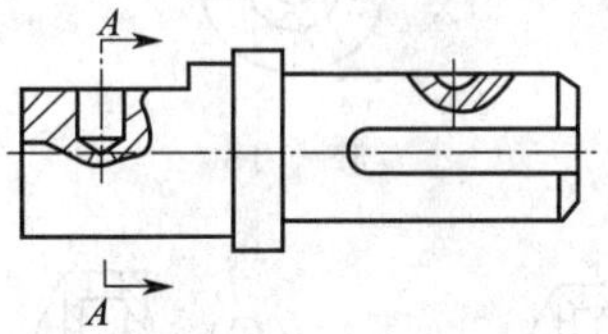

图　14

(A) 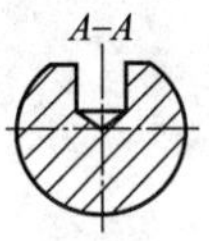

(B) 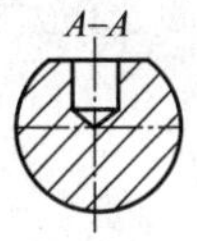

(C) 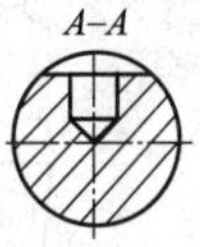

(D) 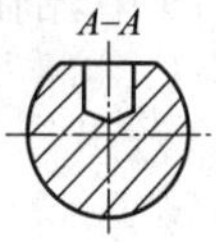

44. 图 15 中,剖面图正确的是(　　)。

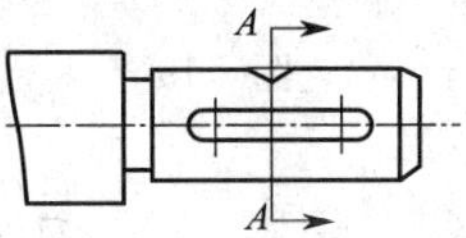

图　15

(A) 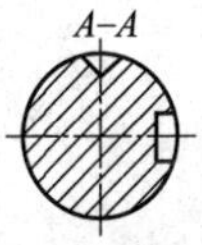

(B) 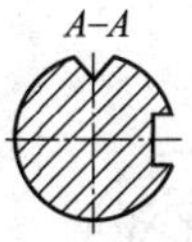

(C) 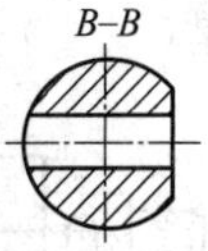

(D) 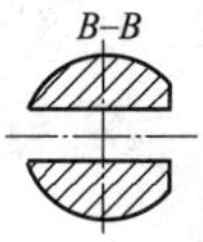

45. 图 16 中,剖面图正确的是(　　)。

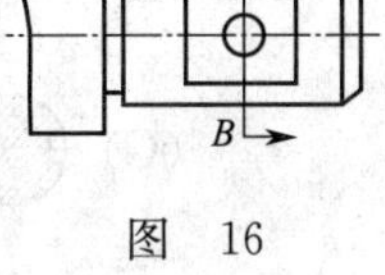

图　16

(A) 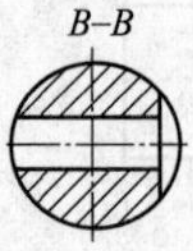 (B)  (C) 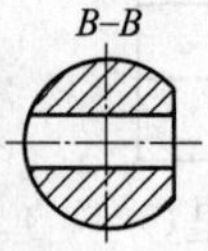 (D) 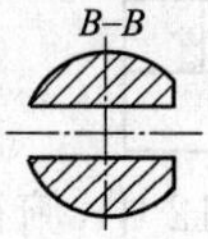

46. 图 17 中,左视图正确的是(　　)。

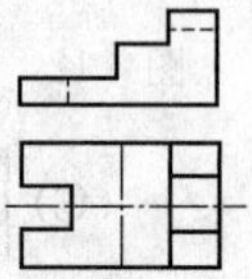

图 17

(A) 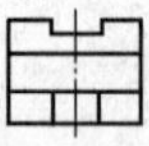 (B) 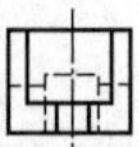 (C) 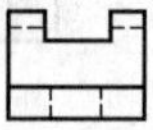 (D) 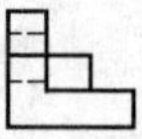

47. 图 18 中,主视图正确的是(　　)。

图 18

(A)  (B)  (C) 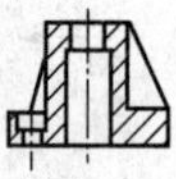 (D) 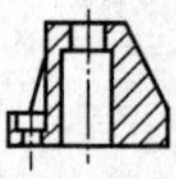

48. 图 19 中,剖面图正确的是(　　)。

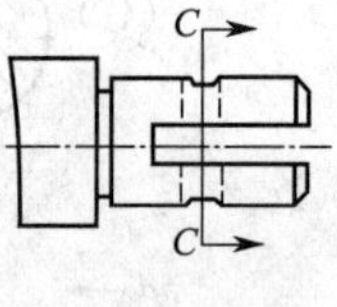

图 19

(A)  (B)  (C) 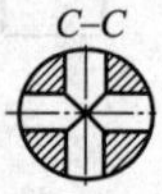 (D) 

49. 图 20 中,剖面图正确的是(　　)。

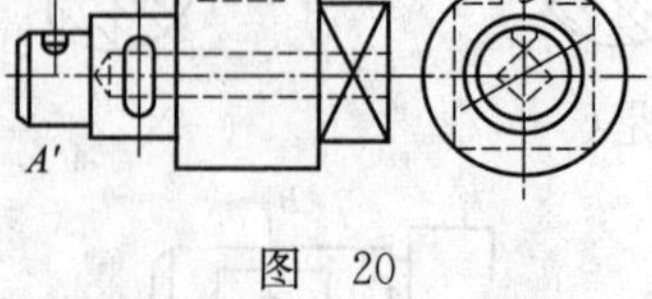

图 20

(A)  (B)  (C) 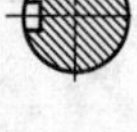 (D) 

50. 图 21 中,剖面图正确的是(　　)。

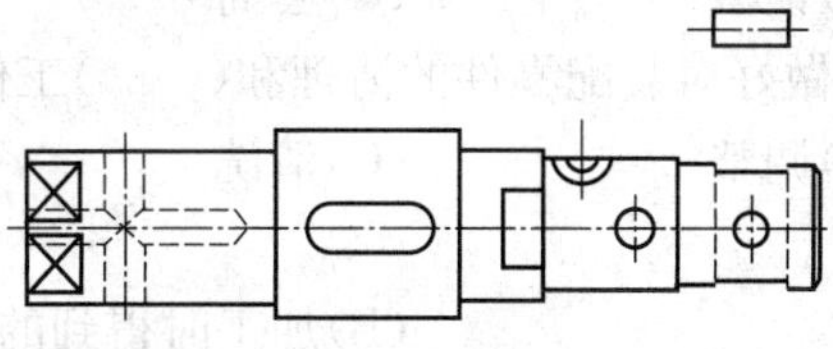

图　21

(A) 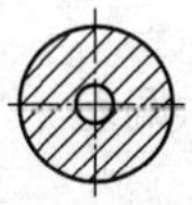 (B) 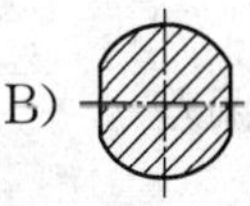 (C) 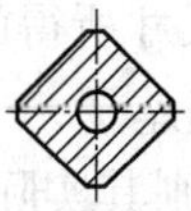 (D) 

51. 錾削时后角一控制在(　　)为宜。

(A)1°～4°　　(B)9°～12°　　(C)13°～15°　　(D)5°～8°

52. 锯削管子和薄板时,应选择(　　)锯条。

(A)粗齿　　(B)中齿　　(C)细齿　　(D)细变中齿

53. 锉削窄齿平面时常使用(　　)锉。

(A)顺向　　(B)横向　　(C)交叉　　(D)推

54. 刮削加工平板精度检查常用点的数目来表示,用边长为(　　)mm 的正方形方框罩在被检查面上。

(A)20　　(B)24　　(C)25　　(D)、50

55. 刮削加工会形成均匀微浅的凹坑,所以它属于(　　)加工。

(A)精　　(B)半精　　(C)粗　　(D)超精

56. 工件的表面粗糙度要求最细时,一般采用(　　)加工。

(A)精车　　(B)磨削　　(C)研削　　(D)刮削

57. 对贮藏液体或气体的薄壁结构,如水箱,气箱和油罐等所采用的铆接方法是(　　)铆接。

(A)紧密或强固　　(B)强密　　(C)强固　　(D)紧密

58. 铆钉铆合头应伸出铆钉长度的(　　)倍,才能铆成半圆头形。

(A)0.8～1　　(B)1～1.25　　(C)1.25～1.5　　(D)1.5～2

59. 攻丝前的底孔直径应(　　)螺纹小径。

(A)略大于　　(B)略小于　　(C)等于　　(D)小于或等于

60. 丝锥由工作部分和(　　)两部分组成。

(A)颈部　　(B)准部分　　(C)切削部分　　(D)柄部

61. 套螺纹时园杆直径应(　　)螺纹大径。

(A)小于　　(B)等于　　(C)大于　　(D)等于或大于

62. 米制普通螺纹的牙型角为(　　)。

(A)30°　　(B)40°　　(C)60°　　(D)55°

63. 材料弯曲变形后,(　　)长度不变。

(A)中间层　　(B)外层　　(C)内层　　(D)中性层

64. 角钢既有弯曲变形又有扭曲变形时,一般应先矫正(　　)。

(A)弯曲变形　　(B)扭曲变形　　(C)变形大的位置　　(D)两种均可

65. 装拆内六角螺钉时;使用的工具是(　　)扳手。

(A)活　(B)锁紧　(C)套筒　(D)内六角

66. 在装配前,必须认真做好对装配零件的清理和(　　)工作。

(A)修配　(B)调整　(C)清洗　(D)去毛倒刺

67. 基本尺寸是(　　)。

(A)测量时得到的　(B)加工时得到的

(C)装配后得到的　(D)设计时给的

68. 最小极限尺寸减其基本尺寸所得的代数差为(　　)。

(A)上偏差　(B)下偏差　(C)基本偏差　(D)实际偏差

69. 某尺寸的实际偏差为零,则其实际尺寸(　　)。

(A)等于基本尺寸　(B)必定合格

(C)为零件的真实尺寸　(D)等于最小极限尺寸

70. 尺寸公差带图的零线表示(　　)。

(A)最大极限尺寸　(B)最小极限尺寸　(C)基本尺寸　(D)实际尺寸

71. 当孔最小极限尺寸与轴的最大极限尺寸之代数差为负值时,此代数差称为(　　)。

(A)最大间隙　(B)最小间隙　(C)最大过盈　(D)最小过盈

72. 当孔的下偏差大于相配合的轴的上偏差时,此配合的性质是(　　)。

(A)过盈配合　(B)无法确定　(C)间隙配合　(D)过渡配合

73. 下列关系式中,表达正确的是(　　)。

(A)$F_f=+0.023$ mm　(B)$X_{max}=0.045$ mm

(C)$E_S=0.024$ mm　(D)$E_S=-0.020$ mm

74. 确定尺寸精确程度的标准公差等级共有(　　)级。

(A)12　(B)20　(C)16　(D)18

75. 当孔的基本偏差为上偏差时,计算下偏差数值的计算公式为(　　)。

(A)$E_I=I_T-E_S$　(B)$E_I=E_S-I_T$　(C)$E_I=E_S+I_T$　(D)$E_I=I_T-E_S$

76. 图 22 的读数尺寸是(　　)mm。

(A)7.10　(B)7.04　(C)0.71　(D)11.10

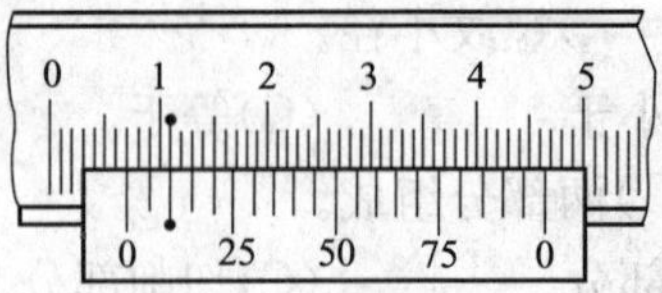

图 22

77. 图 23 的读数尺寸是(　　)mm。

(A)9.42　(B)90.42　(C)139.42　(D)13.41

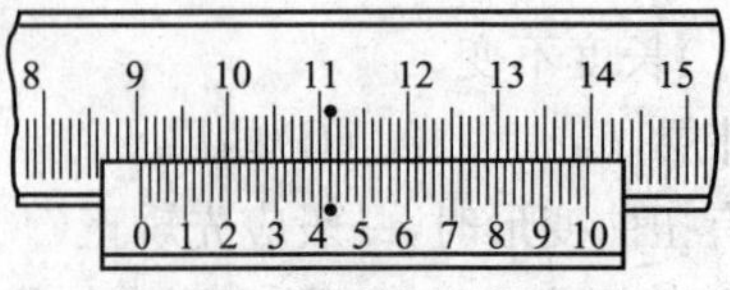

图 23

78. 图 24 的读数尺寸是(　　)mm。

(A)3.24　　(B)32.42　　(C)32.45　　(D)46.45

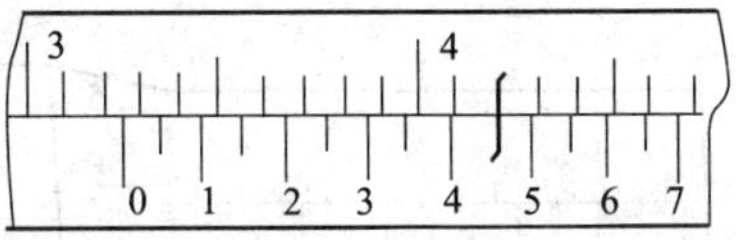

图　24

79. 图 25 的读数尺寸是(　　)mm。

(A)12.32　　(B)140.20　　(C)123.20　　(D)123.34

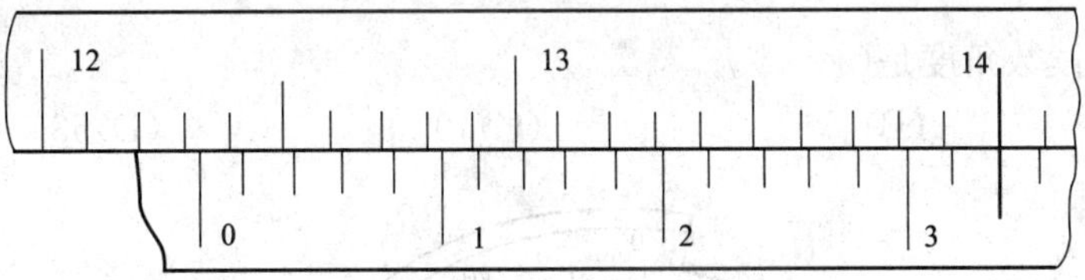

图　25

80. 图 26 的读数尺寸是(　　)mm。

(A)50.45　　(B)5.45　　(C)59.45　　(D)5.9

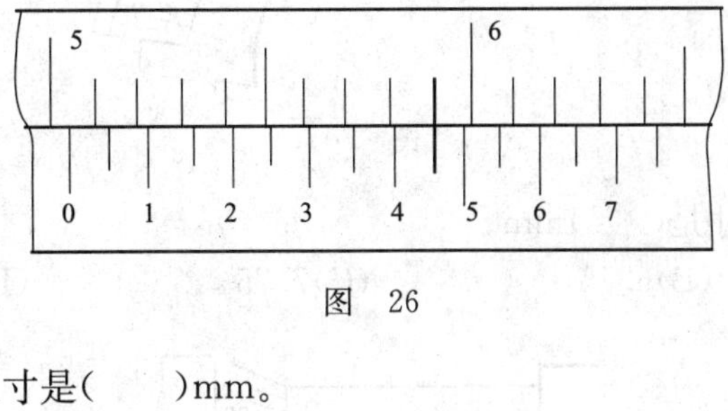

图　26

81. 图 27 的读数尺寸是(　　)mm。

(A)6.23　　(B)60.26　　(C)7.30　　(D)73.00

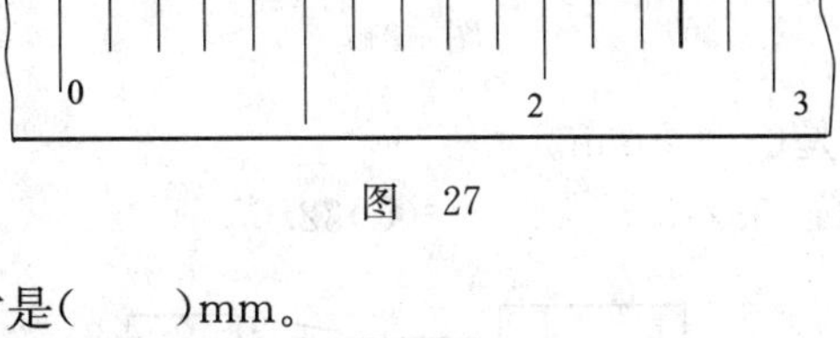

图　27

82. 图 28 的读数尺寸是(　　)mm。

(A)8.35　　(B)7.35　　(C)7.85　　(D)8.85

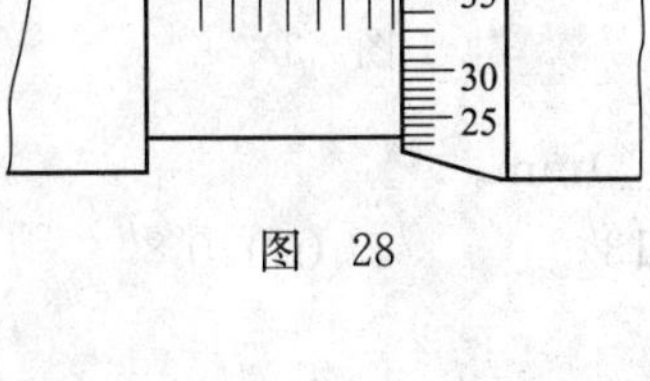

图　28

83. 图 29 的读数尺寸是(　　)mm. 。

(A)37.01　　(B)36.49　　(C)37.49　　(D)36.99

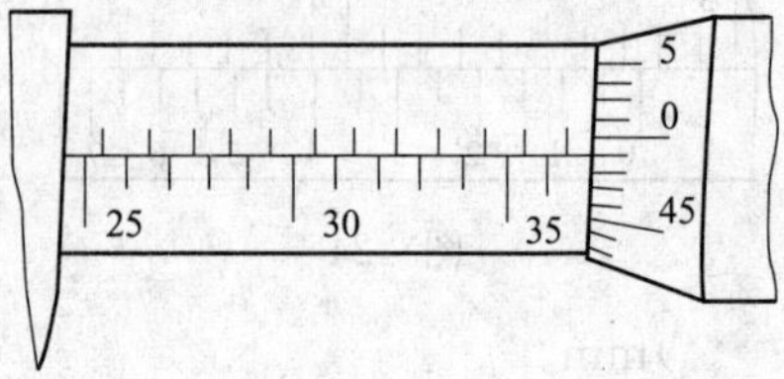

图 29

84. 图 30 的读数角度是(　　)。

(A)40°14′　　(B)47°　　(C)40°35′　　(D)53°

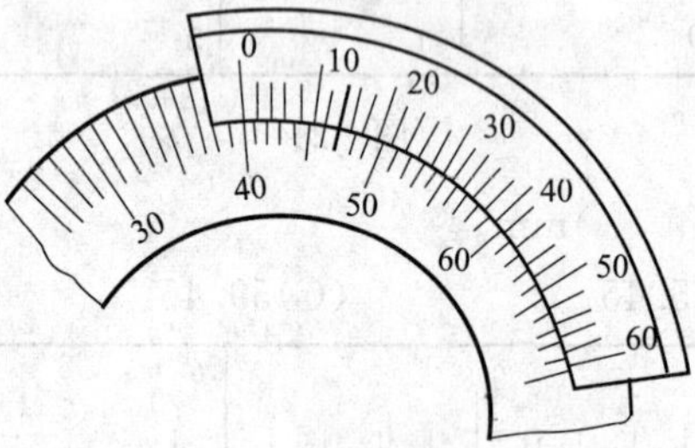

图 30

85. 图 31 的读数尺寸是(　　)mm。

(A)6.25　　(B)6.75　　(C)7.75　　(D)7.25

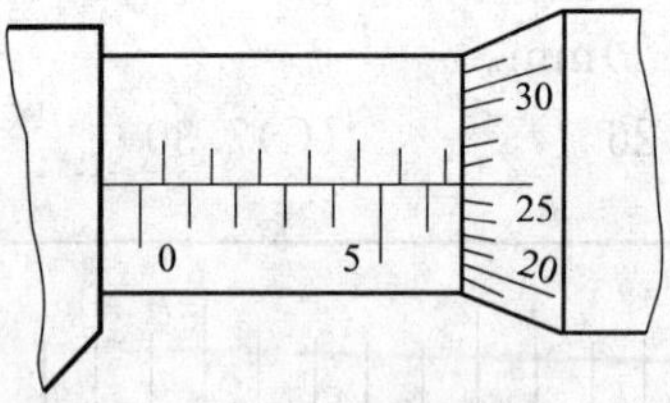

图 31

86. 图 32 的读数尺寸是(　　)mm。

(A)32.15　　(B)33.15　　(C)32.65　　(D)33.65

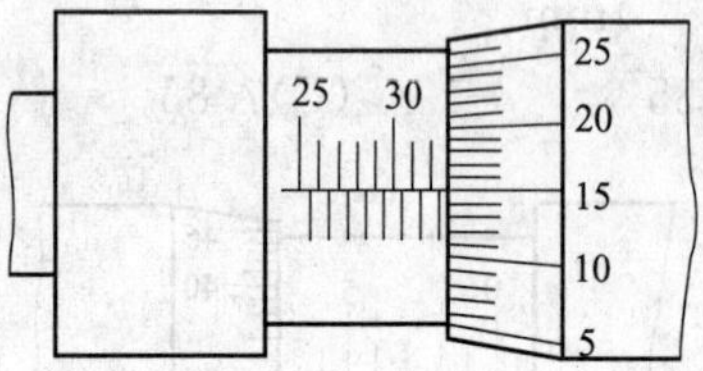

图 32

87. 图 33 的读数角度是(　　)mm。

(A)13°　　(B)10°13′　　(C)10°8′　　(D)2°16′

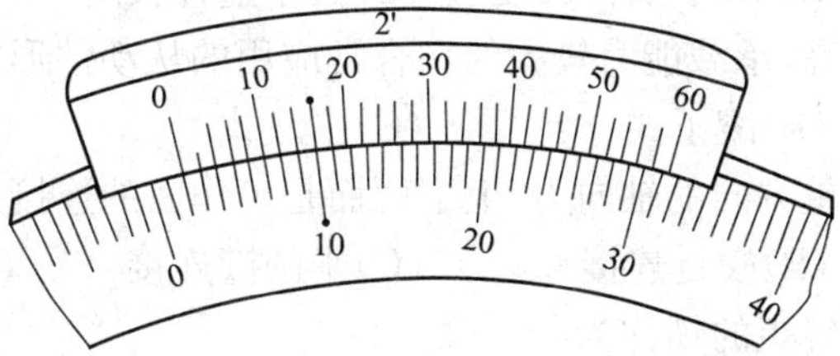

图 33

88. 图 34 的读数尺寸是(　　)mm。

(A)12.19　　(B)13.69　　(C)13.19　　(D)12.69

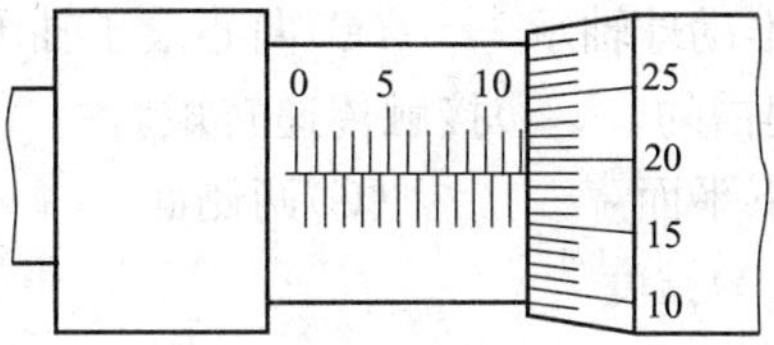

图 34

89. 图 35 的读数角度是(　　)mm。

(A)11°24′　　(B)16°12′　　(C)11°　　(D)22°

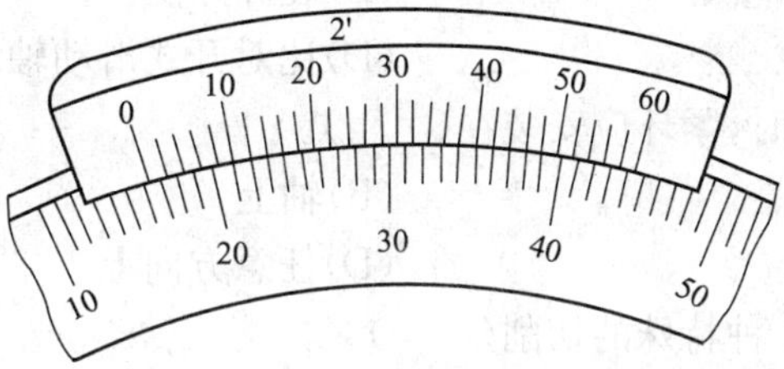

图 35

90. 带传动时带在带轮上的包角应(　　)。

(A)等于 120°　　(B)大于 120°　　(C)大于等于 120°　　(D)小于 120°

91. 带传动机构中,是依靠带与带轮之间(　　)来传递和动力。

(A)摩擦力　　(B)弹力　　(C)拉力　　(D)圆周力

92. 普通螺纹的公差指的是中径和(　　)。

(A)小径　　(B)大径　　(C)螺距　　(D)顶径

93. 欲在两轴相距较远,工件条件恶劣的环境下传递较大功率应选(　　)。

(A)带转动　　(B)齿轮转动　　(C)链转动　　(D)蜗杆传动

94. 定轴轮系的传动比大小与轮系中惰轮的齿数(　　)。

(A)有关　　(B)无关　　(C)成正比　　(D)成反比

95. 能保持瞬时传动比恒定的传动是(　　)。

(A)链传动　　(B)带传动　　(C)齿轮传动　　(D)摩擦轮传动

96. 曲柄摇杆机构中曲柄的长度(　　)。

(A)最短　(B)大于摇杆长度　(C)大于连杆长度　(D)最长

97. 传动要求速度不高，承载能力较大的场合常应用的从动件形式为(　　)。

(A)尖顶式　(B)滚子式　(C)平底式　(D)曲面式

98. 可以承受不大的单方向的轴向力，上下两面是工作面的连接是(　　)。

(A)普通平键连接　(B)楔键连接　(C)半圆键连接　(D)花键连接

99. 用来传递动力和转矩的销称为(　　)。

(A)连接销　(B)安全销　(C)定位销　(D)无法确定的销

100. 既支承回转零件又传递动力的轴称(　　)。

(A)心轴　(B)转轴　(C)心轴或转轴　(D)传动轴

101. 仅承受径向载荷，且载荷较小和平稳时，宜选用(　　)。

(A)向心球轴承　(B)推动球轴承　(C)向心滚子轴承　(D)园锥滚子轴承

102. 平键连接是靠键与键槽的(　　)接触传递转矩。

(A)上平面　(B)下平面　(C)两侧面　(D)上下平面

103. 标准圆锥销具有(　　)锥度。

(A)1∶60　(B)1∶30　(C)1∶15　(D)1∶50

104. 滚动轴承内径与轴颈的配合应为(　　)配合。

(A)基轴制　(B)基孔制　(C)非基准制　(D)具体要求定配合

105. 整体式滑动轴承(　　)。

(A)结构简单，制造成本低　(B)装拆方便

(C)磨损后可调整间隙　(D)比对开式滑动轴承应用广泛

106. 装配推力球轴承时，紧环应安装在(　　)。

(A)静止平面上　(B)轴上

(C)转动零件的平面上　(D)任意方向上

107. 磨削时，砂轮是一种特殊的切削(　　)。

(A)工具　(B)刀具　(C)夹具　(D)设备

108. 前刀面与后刀面的交线称为(　　)。

(A)刀尖　(B)主切削刃　(C)副切削刃　(D)楔角

109. 从零件表面上切去多余的材料，这一层材料的厚度称(　　)。

(A)毛坯　(B)工序尺寸　(C)切削用量　(D)加工余量

110. 切削加工时，工件材料抵抗刀具切削所产生的而阻力称为(　　)。

(A)切削力　(B)作用力　(C)切削抗力　(D)摩擦力

111. 当加工的孔需要依次进行钻、扩、铰等多种工步加工时，一般应使用(　　)。

(A)可换钻套　(B)特殊钻套　(C)多孔钻套　(D)快换钻套

112. 工序基准，定位基准，划线基准和测量基准都属于机械加工的(　　)。

(A)粗基准　(B)工艺基准　(C)精基准　(D)设计基准

113. 工件在夹具中定位时，在工件的底平面均布三个支承点，限制了三个自由度，这个面称(　　)

(A)止动定位面　(B)工艺基准面　(C)主要基准面　(D)导向基准面

114. 装配精度完全依赖于零件加工精度的装配方法，即为(　　)。

(A)修配法　(B)完全互换法　(C)选配法　(D)调整法

115. 将需要修理的部件拆卸下来,换上事先准备好的同类部件叫(　　)修理组织法。

(A)部件　(B)分部　(C)同步　(D)分组

116. 工具制造厂出厂的标准麻花钻,顶角为(　　)。

(A)110°±2°　(B)118°±2°　(C)125°±2°　(D)90°±2°

117. 常用锥形锪钻角度是(　　)。

(A)45°　(B)60°　(C)75°　(D)90°

118. 铰刀的齿数一般是偶数,这样可以(　　)。

(A)便于排出切屑　(B)有利于刀刃的修整刃磨

(C)方便测量铰刀直径　(D)便于制作铰刀

119. 刃磨的钻头若不能切入工件,主要原因是(　　)。

(A)前角不合适　(B)后角小于零　(C)横刃过长　(D)主切削度刃过长

120. 当麻花钻顶角大于118°时,两主切刃呈(　　)形。

(A)直线　(B)曲线　(C)外凸　(D)内凹

121. 在 ϕ20 mm 的底孔上扩 ϕ40 mm 的孔,则切削深度为(　　)mm。

(A)5　(B)10　(C)15　(D)20

122. 在毛坯上扩孔主要解决的是(　　)问题。

(A)定心难　(B)切削深度　(C)进给量　(D)转速选定

123. (　　)是黑色金属。

(A)石墨　(B)铸铁　(C)铝全金　(D)黄铜

124. 洛氏硬度C标尺所用的压头是(　　)。

(A)淬硬钢球　(B)硬质合金球　(C)金刚石圆锥体　(D)金刚石四棱锥体

125. 材料的(　　)越好,则可锻性越好。

(A)强度　(B)硬度　(C)刚度　(D)塑性

126. 20号钢中的平均含碳量为(　　)%。

(A)2　(B)0.2　(C)0.02　(D)0.002

127. 在下列钢中(　　)钢的硬度最高。

(A)T12　(B)Q235-A　(C)0.8F　(D)45号

128. 下列冷却剂冷却能力最大的是(　　)。

(A)空气　(B)自来水　(C)矿物油　(D)食盐水

129. 退火是将钢件加热到一定温度后(　　)冷却的热处理工艺。

(A)快速　(B)缓慢　(C)空气　(D)任意

130. 金属的热膨胀性属于金属的(　　)性能。

(A)物理　(B)化学　(C)力学　(D)工艺

131. H68是(　　)。

(A)普通黄铜　(B)特殊黄铜　(C)青铜　(D)轴承合金

132. 碳素工具钢是含碳量为(　　)的碳钢。

(A)0.02%～0.2%　(B)0.2%～0.77%

(C)0.65%～1.35%　(D)1.35%～2.11%

133. 金属材料抵抗(　　)载荷作用而不破坏的能力称为韧性。

(A)静　(B)冲击　(C)交变　(D)循环

134. 正火的冷却方式是(　　)冷却。

(A)炉内　(B)空气　(C)水中　(D)油中

135. 渗碳钢一般为(　　)。

(A)低碳钢　(B)中碳钢　(C)高碳钢　(D)工具钢

136. 普通质量钢,优质钢,高级优质钢是按(　　)划分的。

(A)力学性能高低　(B)含碳量高低

(C)硫磷含量的多少　(D)硅锰含量多少

137. 40Cr 是(　　)钢。

(A)低合金　(B)中合金　(C)高合金　(D)特殊性能

138. 金属是指具有良好的导电性和导热性,有一定的强度和(　　)并具有光泽的物质。

(A)塑性　(B)磁性　(C)耐腐蚀性　(D)韧性

139. (　　)属于脱氧不完全的钢。

(A)镇静钢　(B)高碳钢　(C)沸腾钢　(D)工具钢

140. 铸造碳钢的含量一般在(　　)之间。

(A)0.02%～0.08%　(B)0.08%～0.15%

(C)0.15%～0.6%　(D)0.6%～1.5%

141. 当电流启动时电路不经负载形成的回路称为(　　)。

(A)电路　(B)短路　(C)闭路　(D)断路

142. 电荷有规则的运动称为(　　)。

(A)电流　(B)电压　(C)电阻　(D)电导

143. 导体截面积一定,导体线长则电阻(　　)。

(A)越小　(B)越大　(C)不定　(D)可能大也可能小

144. 变压器的作用是(　　)。

(A)将交流电压降低并改变频率　(B)将交流电压升的并改变频率

(C)改变直流电压　(D)改变交流电压并保持频率不变

145. 操作人员若发现电气系统异常应立即(　　)。

(A)通知电工　(B)进行检查　(C)切断电源　(D)进行维修

146. 为不使手电钻损坏,使用前一定要了解其(　　)。

(A)钻头规格　(B)转速大少　(C)绝缘情况　(D)额定电压值

147. 当电路发生短路时,电流很大产生大量热量以致产生火灾,可以在电路中必须装设(　　)。

(A)电阻　(B)继电器　(C)保护装置　(D)接触器

148. 我们把电流所做的功叫做(　　)。

(A)电功　(B)电功率　(C)电能　(D)电位

149. 电功率的单位是(　　)。

(A)瓦　(B)伏　(C)欧　(D)安

150. 我们电力工业可采用交流电的频率是(　　)赫兹(Hz)。

(A)220　　(B)110　　(C)60　　(D)50

151. 要改变交流异步电动机的转向可以是(　　)。

(A)线圈重绕　　(B)把三根电源线全部倒换

(C)把三根中的两根倒换　　(D)将三角形接法变为Y形接法

152. 交流电压一秒内重复变化的次数叫做交流电的(　　)。

(A)同期　　(B)频率　　(C)相位　　(D)转速

153. 交流电周期的单位是(　　)。

(A)秒　　(B)赫兹　　(C)角度　　(D)转数

154. 在选择划线基准时,尽可能使划线基准与(　　)一致,以减少尺寸误差和换算手续。

(A)设计基准　　(B)工序基准　　(C)精基准　　(D)粗基准

155. 在我国三相四线制的供电线路可提供的同电压是(　　)V。

(A)220　　(B)110　　(C)170　　(D)380

156. 职业道德是和人们的(　　)紧密联系在一起的。

(A)职业生活　　(B)职业习惯　　(C)文化素质　　(D)行为规范

157. 职业道德是一个人从业应有的(　　),也是事业有成的基本保证。

(A)职业习惯　　(B)行为规范　　(C)工作态度　　(D)文化素质

158. (　　)是社会主义职业道德的核心。

(A)为人民服务　　(B)提高劳动生产率

(C)保证产品质量　　(D)提高经济效益

159. (　　)是铁路企业的宗旨。

(A)多拉快跑　　(B)人民铁路为人民

(C)安全第一　　(D)提速运营

160. 在现代社会条件下,要求职业劳动者具有优良的(　　)素质。

(A)技能　　(B)道德　　(C)文化　　(D)综合

161. 爱岗(　　)是对人们工作态度的一种普遍的要求。

(A)爱厂　　(B)如家　　(C)敬业　　(D)爱民

162. (　　)是企业的生命。

(A)产品　　(B)信誉　　(C)质量　　(D)效益

163. 质量第一,用户至上,是(　　)职业道德的基本要求。

(A)第一产业　　(B)第二产业　　(C)第三产业　　(D)服务行业

164. 为保证产品质量,就必须严格执行(　　)。

(A)规章制度　　(B)工艺文件　　(C)生产计划　　(D)操作规程

165. (　　)是保障正常生产秩序的条件。

(A)劳动纪律　　(B)工艺文件　　(C)生产计划　　(D)操作规程

三、多项选择题

1.《产品质量法》规定合格产品应具备的条件包括(　　)。

(A)不存在危及人身、财产安全的不合理危险

(B)具备产品应当具备的使用性能

(C)符合产品或其包装上注明采用的标准

(D)有保障人体健康、人身财产安全的国家标准、行业标准的，应该符合该标准

2. 以下社会保险中，职工个人需要缴纳保险费的是(　　)。

(A)养老保险　(B)工伤保险　(C)医疗保险　(D)生育保险

3. 下列有关签订集体劳动合同的表述，正确的有(　　)。

(A)依法签订的集体合同对企业和企业全体职工具有约束力

(B)集体合同的草案应提交职工代表大会或全体职工讨论通过

(C)集体合同签订后应报送劳动行政部门审核备案

(D)劳动行政部门自收到集体合同文本之日起 15 日内未提出异议的，集体合同即行生效

4. 爱岗敬业的具体要求是(　　)。

(A)树立职业理想　(B)强化职业责任　(C)提高职业技能　(D)抓住择业机遇

5. 关于勤劳节俭的正确说法是(　　)。

(A)消费可以拉动需求，促进经济发展，因此提倡节俭是不合时宜的

(B)勤劳节俭是物质匮乏时代的产物，不符合现代企业精神

(C)勤劳可以提高效率，节俭可以降低成本

(D)勤劳节俭有利于可持续发展

6. 职工个体形象和企业整体形象的关系是(　　)。

(A)企业的整体形象是由职工的个体形象组成的

(B)个体形象是整体形象的一部分

(C)职工个体形象与企业整体形象没有关系

(D)没有个体形象就没有整体形象

7. 市场经济是(　　)。

(A)高度发达的商品经济　(B)信用经济

(C)是计划经济的重要组成部分　(D)法制经济

8. 维护企业信誉必须做到(　　)。

(A)树立产品质量意识　(B)重视服务质量，树立服务意识

(C) 妥善处理顾客对企业的投诉　(D)保守企业一切秘密

9. 企业文化的功能有(　　)。

(A)激励功能　(B)自律功能　(C)导向功能　(D)整合功能

10. 下列说法中，你认为正确的有(　　)。

(A)岗位责任规定岗位的工作范围和工作性质

(B)操作规则是职业活动具体而详细的次序和动作要求

(C)规章制度是职业活动中最基本的要求

(D)职业规范是员工在工作中必须遵守和履行的职业行为要求

11. 文明生产的具体要求包括(　　)。

(A) 语言文雅、行为端正、精神振奋、技术熟练

(B)相互学习、取长补短、互相支持、共同提高

(C)岗位明确、纪律严明、操作严格、现场安全

(D)优质、低耗、高效

12. 直线的投影(　　)。

(A)永远是直线　(B) 可能是一点　(C) 不可能是点　(D) 不可能是曲线

13. 标注为“M24×1.5”的螺纹是(　　)。

(A)粗牙普通螺纹　(B)左旋螺纹　(C)细牙普通螺纹　(D)右旋螺纹

14. GB/T 1096 键 16×10×100 表示(　　)。

(A)普通 A 型平键　(B)普通 B 型平键　(C)键宽 $b=16$ mm　(D)键宽 $b=10$ mm

15. 摩擦型传动带按其截面形状分为(　　)等。

(A)平带　(B)方型带　(C)V 带　(D)圆型带

16. 电气故障失火时,可使用(　　)灭火。

(A)四氯化碳　(B)水　(C)二氧化碳　(D)干粉

17. 发现有人触电时做法正确的是(　　)。

(A)不能赤手空拳去拉触电者

(B)应用木杆强迫触电者脱离电源

(C)应及时切断电源,并用绝缘体使触电者脱离电源

(D)无绝缘物体时,应立即将触电者拖离电源

18. 碳素钢按质量分类,有(　　)。

(A)碳素工具钢　(B)普通碳素钢　(C)优质碳素钢　(D)高级优质碳素钢

19. 铸铁一般分为(　　)。

(A)白口铸铁　(B)灰铸铁　(C)可锻铸铁　(D)球墨铸铁

20. 影响金属材料可切削加工性的因素有工件材料的(　　)、导热系数等力学性能和物理性能。

(A)硬度　(B)强度　(C)塑性　(D)韧性

21. 以下材料中(　　)是合金结构钢。

(A)40Cr　(B)12CrMo　(C)25Mn　(D)2A50

22. 金属热处理工艺大体可分为(　　)三大类。

(A)调质处理　(B)整体热处理　(C)表面热处理　(D)化学热处理

23. 零件的机械加工精度主要包括尺寸精度、(　　)。

(A)机床精度　(B)刀具精度　(C)几何形状精度　(D)相对位置精度

24. 下列合金牌号中(　　)不属于钨钴类硬质合金。

(A)YT15　(B)YG6　(C)YW2　(D)YA6

25. 基准划线工具包括(　　)。

(A) 划分平台　(B) V 型铁　(C) 直角铁　(D)分度头

26. 划线量具包括(　　)。

(A) 高度尺　(B) 高度游标尺　(C) 钢板尺　(D)万能量角器

27. 绘划工具包括(　　)。

(A) 划针　(B) 划针盘　(C) 划规　(D)钢板尺

28. 划线夹持工具包括(　　)。

(A) 千斤顶　(B) 平行垫铁　(C) 可调滚动支架　(D)C 型夹头等

29. 划线辅助工具包括(　　)。

(A) 手锤　　(B)样冲　　(C)塞块　　(D)磁力座

30. 属于通用夹具的是(　　)。

(A)平口虎钳　　(B)分度头　　(C)回转工作台　　(D)心轴

31. 划线平板工作面精度分为五级,其中做检验用的是(　　)。

(A)0 级　　(B)1 级　　(C)2 级　　(D)3 级

32. 下列形位公差中属于形状公差符号是(　　)。

(A) ▱　　(B) ⌖　　(C) ⊥　　(D) ⌓

33. 平面度检测方法有(　　)。

(A)采用样板平尺检测　　(B)采用涂色对研法检测

(C)采用百分表检测　　(D)使用游标卡尺检测

34. 尺寸精度可用(　　)等来检测。

(A)游标卡尺　　(B)千分尺　　(C)卡规　　(D)直角尺

35. 阶台、直角沟槽的(　　)能用游标卡尺直接测出。

(A)宽度　　(B)平面度　　(C)深度　　(D)长度

36. 键槽是要与键配合的,键槽的(　　)要求较高。

(A)深度尺寸精度　　(B)宽度尺寸精度

(C)长度尺寸精度　　(D)键槽与轴线的对称度

37. 划线工具按用途分为(　　)。

(A)基准工具　　(B)量具　　(C)绘划工具　　(D)夹持工具

38. 划线基准选择应根据图纸所标注的尺寸界限、工件的几何形状大小及尺寸的精度高低或重要程度而定,其基本原则是(　　)。

(A)以两个相互垂直的平面或直线为基准

(B)以一个平面或一条直线和一条中心线为基准

(C)以两条相互垂直的中心线为基准

(D)以两个相互平行的平面或直线为基准

39. 下列工具中(　　)属于划线基准工具。

(A)平板　　(B)方箱　　(C) 垫铁　　(D) 千斤顶

40. 划线时,针尖要紧靠导向工具的边缘,划针(　　)。

(A)上部向外侧倾斜 15°～20°　　(B)上部向外侧倾斜 15°

(C)与划线移动方向垂直　　(D)向划线移动方向倾斜 45°～75°

41. 孔的主要工艺要求包括孔的(　　)。

(A)尺寸精度　　(B)孔的形状精度　　(C)孔的位置精度　　(D)孔的表面结构

42. 常用的机械零件的毛坯有(　　)等几种。

(A)铸件　　(B)型材件　　(C)锻件　　(D)焊接件

43. 大型零件通常采用(　　)毛坯。

(A)自由锻件　　(B)砂型铸件　　(C)焊接件　　(D)粉末冶金件

44. 铸件的主要缺点是(　　)。

(A)内部组织疏松　　(B)生产成本高　　(C)力学性能较差　　(D)材料利用率低

45. 锻件常见缺陷有(　　)。

(A)裂纹　(B)折叠　(C)夹层　(D)尺寸超差

46. 自由锻件的特点是(　　)。

(A)精度和生产率较低　(B)精度和生产率较高

(C)适合小型件和大批生产　(D)适合大型件和小批生产

47. 常见的对刀方法有(　　)

(A)试切对刀法　(B)机械检测对刀仪法

(C)光学检测对刀仪法　(D)调试法

48. 工艺基准按用途不同,可分为(　　)。

(A)加工基准　(B)装配基准　(C)测量基准　(D)定位基准

49. 中间继电器由(　　)等元件组成。

(A)线圈　(B)磁铁　(C)转换开关　(D)触点

50. 接触器由(　　)等元件组成。

(A)线圈　(B)磁铁　(C)骨架　(D)触点

51. 直线的投影(　　)。

(A)永远是直线　(B) 可能是一点　(C) 不可能是点　(D) 不可能是曲线

52. 电气故障失火时,可使用(　　)灭火。

(A)四氯化碳　(B)水　(C)二氧化碳　(D)干粉

53. 以下材料中(　　)是合金结构钢。

(A)40Cr　(B)12CrMo　(C)25Mn　(D)2A50

54. 现代机床夹具的趋势是发展(　　)。

(A)专用夹具　(B)通用可调夹具　(C)成组夹具　(D)数控机床夹具

55. 选择定位精基准选择时,应尽量采用(　　)为定位基准。

(A)设计基准　(B)装配基准　(C)安装基准　(D)测量基准

56. 划线基准选择应根据图纸所标注的尺寸界限、工件的几何形状大小及尺寸的精度高低或重要程度而定,其基本原则是(　　)。

(A)以两个相互垂直的平面或直线为基准

(B)以一个平面或一条直线和一条中心线为基准

(C)以两条相互垂直的中心线为基准

(D)以两个相互平行的平面或直线为基准

57. 麻花钻一般用来钻削(　　)的孔。

(A)精度较低　(B)表面结构要求低　(C)精度较高　(D)表面结构要求高

58. 计量仪器按照工作原理和结构特征,可分为(　　)。

(A)机械式　(B)电动式　(C)光学式　(D)气动式

59. 适用于平面定位的有(　　)。

(A)V 型支承　(B)自位支承　(C)可调支承　(D)辅助支承

60. 划线有(　　)两种类型。

(A)平面划线　(B)直角划线　(C)立体划线　(D)方形划线

61. 等分圆周时的主要方法有(　　)。

(A)几何方法　(B)三角方法　(C)逐点法　(D)使用分度头方法

62. 基准线选定的原则有(　　)。

(A)使划线准确　(B)使划线方便　(C)使划线迅速,省时　(D)使划线好看

63. 圆弧齿轮的优点有(　　)等。

(A)抗点蚀能力强　(B)承载能力高　(C)摩擦损耗小　(D)效率高

64. 常见的齿轮有(　　)等。

(A)正齿轮　(B)斜齿轮　(C)人字齿轮　(D)伞齿轮

65. 分度头上的分度盘有(　　)的。

(A)带一块　(B)带两块　(C)带三块　(D)带四块

66. 工件在划线中的放置方式有以下(　　)等。

(A)三点支持法　(B)四点支持法　(C)放于平台法　(D)方箱支持法

67. 普通化纤盘是由(　　)组成。

(A)底座　(B)支柱　(C)双尖划针　(D)夹紧螺丝

68. 等分分度头:一般采用具有24个槽或孔的等分盘,直接实现2、(　　)8、12、24等分的分度。

(A)3　(B)4　(C)5　(D)6

69. 等分分度头有(　　)三种。

(A)水平式　(B)卧式　(C)立式　(D)立卧式

70. 划线的目的是(　　)。

(A)作为缺陷指导　(B)检查胚件和补救缺陷

(C)检验成品　(D)作为加工时的依据

71. 分度头有(　　)等类型。

(A)直接分度头　(B)简单分度头　(C)万能分度头　(D)光学分度头

72. 常见的分度法有(　　)。

(A)简单分度法　(B)差动分度法　(C)近似分度法　(D)角度分度法

73. 千斤顶是由(　　)组成。

(A)底座　(B)螺杆　(C)顶尖　(D)头部

74. 常用劳动防护用品有(　　)等。

(A)安全头盔　(B)防护手套　(C)防护鞋　(D)眼防护具

75. 常见的环境污染有(　　)等。

(A)污水　(B)空气　(C)垃圾　(D)噪声

76. 棘轮机构主要有(　　)组成。

(A)棘轮　(B)棘齿　(C)棘轴　(D)棘爪

77. 凸轮的种类有(　　)。

(A)盘形凸轮　(B)移动凸轮　(C)圆柱凸轮　(D)圆锥凸轮

78. 划线基准一般可根据以下(　　)类型选择。

(A)以两个互相垂直的平面(或直线)为基准

(B)以两条中心线为基准

(C)以一个平面和一条中心线为基准

(D)以两点和一线为基准

79. 通常用(　　)在已加工表面划线。

(A)酒精色溶液　(B)硫酸铜　(C)石灰水　(D)油漆

80. 粗基准具体选择时参考的原则有(　　)。

(A)应选择不加工表面作为粗基准　(B)应考虑合理分配各加工表面的加工余量

(C)应避免重复使用　(D)平面应平整,没有浇冒口或飞边等缺陷

81. 决定齿轮大小的两大要素是(　　)。

(A)模数　(B)齿顶隙系数　(C)齿数　(D)压力角

82. 测直齿圆柱齿轮一般测量方法中包括(　　)。

(A)公法线长度测量　(B)压力角测量

(C)分度圆弧齿厚测量　(D)固定弧齿厚测量

83. 刃倾角的作用是(　　)。

(A)控制切削流方向　(B)影响切削刃锋利性

(C)影响切削力的大小　(D)影响刀尖强度

84. 以下关于切削液润滑作用说法正确的是(　　)。

(A)减少切削过程中摩擦　(B)减小切削阻力

(C)显著提高表面质量　(D)降低刀具耐用度

85. 影响切削力的因素包括(　　)。

(A)刀具几何参数　(B)工件材料　(C)切削用量　(D)刀具材料

86. 下列合金牌号中(　　)不属于钨钴类硬质合金。

(A)YT15　(B)YG6　(C)YW2　(D)YA6

87. 定心分度器由(　　)组成。

(A)三抓卡盘　(B)分度盘　(C)方箱　(D)心轴

88. 基准线选定的原则有(　　)。

(A)使划线准确　(B)使划线方便　(C)使划线迅速　(D)使划线省力

89. 直流电机分为(　　)。

(A)并励电机　(B)串励电机　(C)复励电机　(D)他励电机

90. 关于量具的保养说法正确的是(　　)。

(A) 要用油石、砂布擦磨量具表面　(B) 存放地点应保持清洁、干燥

(C) 可以用手摸量具的测量面　(D) 不准把卡尺的量爪尖端当作划针使用

91. 蜗轮蜗杆机构传动的特点是(　　)。

(A)摩擦小　(B)摩擦大　(C)效率低　(D)效率高

92. 圆锥齿轮又叫(　　)。

(A)斜齿轮　(B)伞齿轮　(C)八字轮　(D)螺旋齿轮

93. 组合夹具的特点是(　　)。

(A)组装迅速　(B)能减少制造成本　(C)可反复使用　(D)周期短

94. 通用机床型号是由(　　)组成的。

(A)基本部分　(B)辅助部分　(C)主要部分　(D)其他部分

95. 刻线刀的形式是尖头刀,其质量要求主要是(　　)。

(A)刀体　(B)刃口　(C)前刀面　(D)后刀面

96. 刻线是指在工件表面刻(　　)。

(A)圆周等分线　(B)锥面等分线　(C)角度线　(D)直线尺寸线

97. 刻线所使用的刀具较简单,可用(　　)。

(A)高速钢刀块磨制　(B)废旧的钻头改磨

(C)废旧的键槽铣刀改磨　(D)废旧的盘铣刀改磨

98. 斜齿圆柱齿轮的传动特点是(　　)。

(A)逐渐啮合又逐渐分开　(B)传动平稳

(C)受力均匀　(D)承载较小

99. 在难加工材料中,属于加工硬化严重的材料有(　　)。

(A)不锈钢　(B)高锰钢　(C)高温合金　(D)钛合金

100. 在难加工材料中,属于高塑性的材料有(　　)。

(A)纯铁　(B)纯镍　(C)纯铝　(D)纯铜

四、判 断 题

1. 划线基准一般有三种类型:(1)两个互相垂直的平面或线为基准;(2)以两条中心线为基准;(3)以一直线或面和一条中心线为基准。(　　)

2. 在毛坯上划线只是为了划出下道工序加工线。(　　)

3. 在毛坯上划线只是为了检验毛坯误差大小,误差不大时可以通过借料补救,以免毛坯报废。(　　)

4. 划线时必须以不加工表面为找正依据,如果没有不加工表面则应通过各加工面自身位置的找正后再划线。(　　)

5. 量具是否精确将严重影响工件的精度,所以在划线中应选用精确的量具。(　　)

6. 中心线是划线的基准,也是加工和装配时找正的基准。(　　)

7. 划线除了要求划出的线条清晰均匀外,最主要的保证尺寸准确。(　　)

8. 划线样板种类很多根据划线特点不同可以分为直线样板和曲线样板两大类。(　　)

9. 划线中所划出的线不但要符合图纸规定的尺寸等方面的要求,更为重要的还能对工件的缺陷,适当借料减少报废量。(　　)

10. 划在工件表面上作为加工依据的线叫做加工界线。(　　)

11. 划卡是用来求圆形工件的圆心。(　　)

12. 面积很大的大型平台,一般安装高度很高,又称地平台,划线工可站在平台上工作。(　　)

13. 划针的针尖是用硬质合金或淬火的高速钢窄条经焊后用砂轮磨尖制成。(　　)

14. 简单形状的划线,称为平面划线;复杂形状的划线称为立体划线。(　　)

15. 当毛坯有误差时都可以通过划线时的借料方法予以补救。(　　)

16. 箱体工件第一划线位置应选择待加工孔和面最多的一个位置,这样有利于减少划线时的翻转次数。(　　)

17. 划线用的方箱一般都用钢料浇铸而成的。(　　)

18. 批量生产的零件划线为了提高效率,一般用样板或专用工具进行划线。(　　)

19. 所有零件的角度等分线都可以用分度头来划线。(　　)

20. 冲眼用样冲其尖角一般都应磨成 45°～60°度尖角。(　　)

21. 用千斤顶支承工件划线,为了防止工件翻倒应用四个或更多个千斤顶。(　　)

22. 划线中引线误差大的主要原因是在不规则的毛坯面上引起和引线方法不当。(　　)

23. 凡是零件尺寸精度在 0.25～0.5 mm 之间,在加工中只需按线加工就能保证质量。(　　)

24. 紫色、蓝油、硫酸铜溶液、绿油、红油等用于已加工面涂色。(　　)

25. 常用找中心方法有:(1)几何作图法;(2)定中心十字尺找中心法;(3)中心规找中心法;(4)单脚规找中心法;(5)V 型铁、高度游标尺找中心法;(6)分度头找中心法。(　　)

26. 机件的真实大小就是图形的大小。(　　)

27. 广泛应用的三视图为主视图、俯视图、左视图。(　　)

28. 移出剖面图的轮廓线可用粗实线,也可用细实线。(　　)

29. 比例定为 1∶2,说明图样比实物放大一倍。(　　)

30. 剖视图一般应标注剖切位置、投射方向和名称。(　　)

31. 剖面图与剖视图在表达方法上相同。(　　)

32. 三种基本剖视图是:全剖视图、半剖视图、局部剖视图,其他称剖切方法。(　　)

33. 机械图样上所用的单位是 cm。(　　)

34. 若点 $A(0,18,8)$,点 $B(12,4,10)$,则点 B 在点 A 之后。(　　)

35. 在基本几何体中,有一面投影为等腰三角形,则此几何体一定是棱锥。(　　)

36. 棱锥体表面取点可用辅助线法与棱柱体相同。(　　)

37. 标有“A 向旋转”字样的视图一定是旋转视图。(　　)

38. 若点 $A(14,20,18)$,点 $B(14,20,5)$,则 A、B 两点为 H 面的一对重影点。(　　)

39. 若点 $A(20,5,30)$,则 A 点到水平面的距离为 20 mm。(　　)

40. 若点 $A(20,10,20)$,点 $B(10,20,5)$,则点 B 在点 A 之下。(　　)

41. 同一电源的正极电位永远高于其负极电位。(　　)

42. 一台发电机只能产生一个交变电动势。(　　)

43. 三相负载的接法是由电源电压决定的。(　　)

44. 各种机械设备中,使用最多的是三相异步电动机。(　　)

45. 电动机的转子起输出机械转矩作用。(　　)

46. 在电动机中可分为直流电动机和交流电动机两大类。(　　)

47. 图 36 表达方法是否正确。(　　)

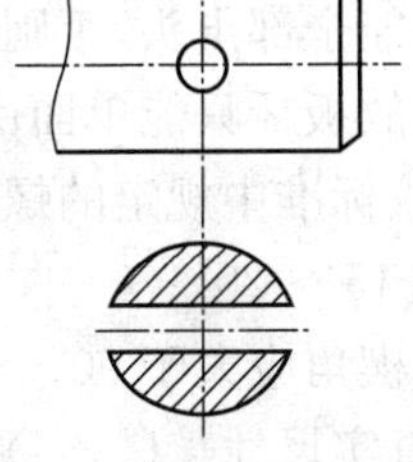

图　36

48. 图 37 表达方法是否正确。(　　)

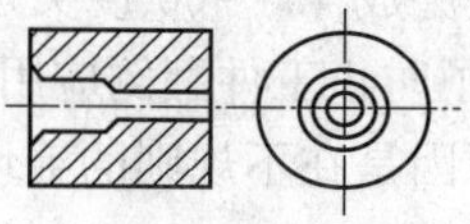

图 37

49. 图 38 表达方法是否正确。( )

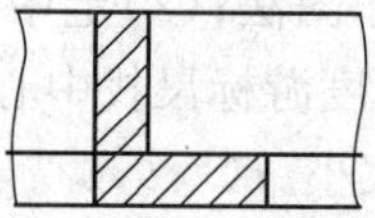

图 38

50. 图 39 表达方法是否正确。( )

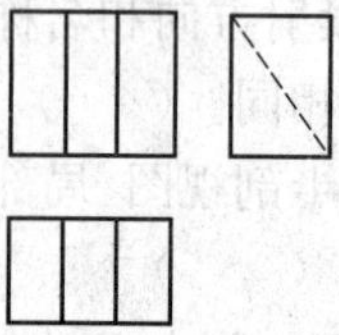

图 39

51. 锯条反装后,由于楔角发生变化,而切削不能正常进行。( )
52. 锯条有了锯路,使工件上锯缝宽度大于锯条背部厚度。( )
53. 錾子在砂轮上刃磨时,必须低于砂轮中心。( )
54. 当錾削距尽头 10 mm 左右时,应掉头錾去余下的部分。( )
55. 锉刀的硬度应在 62～67HRC。( )
56. 同一把锉刀上主锉纹斜角与辅锉纹斜角相等。( )
57. 对屋架、桥梁、车辆等需承受强大作用力和可靠联接强度的铆接是强密铆接。( )
58. 铆钉的直径一般等于板厚的 1.8 倍。( )
59. 有机黏接剂的特点是耐高温,但强度较低。( )
60. 金属材料都能进行矫正和弯形。( )
61. 在冷加工塑性变形过程中,产生材料变硬现象称为冷硬现象。( )
62. 薄材料中间凸起时,说明中间的纤维比四周短。( )
63. 管子直径较大或管壁较薄时,弯形时应在管内灌满干砂。( )
64. 攻螺纹时,丝锥的校准部分不能全部出头,否则退出是时造成螺纹烂牙。( )
65. 板牙只在单面制成切削部分,故板牙只能单面使用。( )
66. 攻螺纹前的底孔必须大于螺纹标准中规定的螺纹小径。( )
67. 套螺纹时,园杆顶端应倒角至 15°～20°。( )
68. 刮削韧性材料用的平面刮刀,楔角应大于 90°。( )
69. 零件的实际尺寸就是零件的真实尺寸。( )
70. 尺寸公差可分为正值或零值。( )
71. 因配合的孔和轴基本尺寸相等,故其实际尺寸不相等。( )

72. 基本偏差为正值时,公差带在零线上方。(　　)
73. 在同一基本尺寸下,公差等级越高,标准公差值越小。(　　)
74. 一般情况下,应优先选用基孔制。(　　)
75. 基准孔的公差带相对零线是浮动的。(　　)
76. 在满足使用要求的前提下,尽可能选较高的公差等级。(　　)
77. 确定尺寸精确程度的等级称为公差等级。(　　)
78. 国标规定了标准公差分 18 级。(　　)
79. 形位公差带的大小由给定的形位公差值所确定。(　　)
80. 国标规定形状和位置公差共有 14 个项目。(　　)
81. 圆度公差带两同心圆的圆心一定与零件轴线重合。(　　)
82. 符号“$\circ\!\!\checkmark$”表示工件表面是用去除材料的方法获得。(　　)
83. 一般说来尺寸精度越高,粗糙度数值越小。(　　)
84. 按量角器测量精度可分为 2′和 5′两种。(　　)
85. 游标卡尺是一种常用量具,能测量各种不同精度要求的零件。(　　)
86. 0～25 mm 千分尺放置时两测量面之间须保持一定间隙。(　　)
87. 多线螺纹的螺距就是螺纹的导程。(　　)
88. 螺纹联接是一种可拆的固定连接。(　　)
89. 花键配合的定心方式,在一般情况下都采用小径定心。(　　)
90. 平键联接是靠平键的上表面与轮槽底面接触传递扭矩。(　　)
91. 销联接在机械中起紧固或定位连接作用。(　　)
92. 弹簧垫圈属于机械方法防松。(　　)
93. 圆锥销以小端直径和长度表示其规格。(　　)
94. V 带装配时,为了增加摩擦力,必须使 V 带底面和两侧面都接触轮槽。(　　)
95. 链条的下垂度是反映链条装配合的松紧程度,所以要适当。(　　)
96. 传动带在带轮上的包角可以小些,否则容易打滑。(　　)
97. 齿轮传动可用来传递运动的转矩,改变转速的大小和方向,还可以把转动变为移动。(　　)
98. 接触精度是齿轮的一项制造精度,所以和装配无关。(　　)
99. 齿轮传动的特点包括能保证一定的瞬时传动比,传动方法更可靠,并有过载保护作用。(　　)
100. 蜗轮齿面上的正确接触斑点位置应在中部,稍偏蜗杆的旋出方向。(　　)
101. 滑动轴承与滚动轴承相比,具有结构简单,噪声小和磨擦系数小,效率高等优点。(　　)
102. 滚动轴承接滚动体的种类,可分为球轴承和滚子轴承两大类。(　　)
103. 滚动轴承的配合制度,内径与轴基轴制外径与外壳孔为基孔制。(　　)
104. 滚动轴承标有代号的端面应靠在不可见的部位,以免磨损。(　　)
105. 铸件的形状及尺寸与零件接近,因而切削加工的工作量较小,能节省金属材料。(　　)
106. 锻造工艺的不足之处是不能锻造外形和内腔复杂的工件。(　　)
107. 电焊是一种不可拆卸的连接。(　　)

108. 电焊条由焊芯和药皮两部分组成。(　　)
109. 钻孔时加切削液的主要目的是提高孔的表面质量。(　　)
110. 钻孔属于粗加工。(　　)
111. 钻头的顶角(2ϕ),钻硬材料应比钻软材料选的大些。(　　)
112. 标准麻花钻横刃斜角 $\Psi=50°\sim55°$。(　　)
113. Z525 钻床的最大钻孔直径为 50 mm。(　　)
114. 柱形锪钻外圆上的切削刃为主切削刃,起主要作用。(　　)
115. 柱形锪钻的螺旋角就是它的前角。(　　)
116. 机铰结束后,应先停机再退刀。(　　)
117. 螺旋槽手铰刀适宜于铰削带有键槽的柱孔。(　　)
118. 铰孔时,铰削用量越小,铰后表面越光洁。(　　)
119. 铰圆锥销孔,钻孔时按销子大端直径选钻头。(　　)
120. 同规格的标准铰刀其直径是一致的。(　　)
121. 扩孔钻的刀齿多,钻心粗,刚度好,因此切削量可大些。(　　)
122. 夹具分为通用夹具,专用夹具,组合夹具等。(　　)
123. 钢和铸铁都是以铁碳为主的合金。(　　)
124. 所有金属都具有磁性,能被磁铁吸引。(　　)
125. 材料的延伸率和断面收缩率数值越大,表明其塑性越好。(　　)
126. 金属在外力作用下先产生塑性变形后产生弹性形变。(　　)
127. 导热性好的金属材料散热性也好。(　　)
128. Q235～A-F 的质量不如 Q235～B-Z 的质量好。(　　)
129. 碳素工具钢是的含碳量一般都大于 0.7%。(　　)
130. 铸钢的铸造性能比铸铁好。(　　)
131. 去应力退火温度一般在 A_1 点以下,故退火过程不发生组织转变。(　　)
132. GCr15 是滚动轴承钢,但又可制作刀具模具和量具。(　　)
133. 低合金钢是指含碳量小于 0.25%的合金钢。(　　)
134. 灰铸铁具有良好的减震性因此机床底座常用灰铸铁铸造。(　　)
135. 纯铝具有较高的强度,常用做工程结构材料。(　　)
136. 除了黄铜和白铜外,所有的铜基合金都称为青铜。(　　)
137. 高碳钢的质量优于中碳钢,中碳钢的质量优于低碳钢。(　　)
138. 冷变形后的金属塑性较变形前有提高。(　　)
139. 化学稳定性是金属材料的耐腐蚀性和抗氧化性的总称。(　　)
140. 铸造性好的金属,可锻性一定好。(　　)
141. 不能站在起吊重物上指挥吊车。(　　)
142. 不能用天车吊运氧气瓶,乙炔发生器等具有爆炸性的危险物品。(　　)
143. 吊挂重物时,要找好重心。重物吊起后不能倾斜,转动。(　　)
144. 重物落吊后,要放置平稳。不准放在蒸汽,煤气管道及电缆线上。(　　)
145. 电子流动的方向就是电流的方向。(　　)
146. 220 V 电压就是安全电压。(　　)

147. 把电流表并联在电阻两端就可测出电流大小。(　　)

148. 把电压表并联在电阻两端就可测其电压降。(　　)

149. 人体电阻最低为 800 Ω,通过 40 V 电压人不会有生命危险。(　　)

150. 人体电阻最低为 800 Ω,通过 40 V 电压时为 0.05 A;为安全起见通常规定安全电压为 36 V 以下,此时电流为 0.045 A 小于 0.05 A,故无生命危险。(　　)

151. 电流表是计量电流的仪表。(　　)

152. 电容器不能隔断交流电。(　　)

153. 接在同一电源上的两个灯泡,电阻小的比电阻大的灯泡要亮。(　　)

154. 电阻并联后总的电阻变大了。(　　)

155. 电位就是电压。(　　)

156. 职业道德与职业习惯的目的是一致的。(　　)

157. 职业纪律本身就是职业道德的一部分,只不过要求高度不同而已。(　　)

158. 人们长期从事某些职业而形成的道德心理和道德行为是有差异的。(　　)

159. 在实际工作中,要求从业者必须具有优良的道德素。(　　)

160. 职业道德与办企业的目的是完全一致的,而且是其先决条件。(　　)

161. 服从分配,听从指挥,遵守纪律,爱岗敬业,坚持原则是职业道德的体现。(　　)

162. "质量第一,用户至上"是第三产业职业道德的基本要求。(　　)

163. 职业道德是一个人从业应有的行为规范,也是事业有成就的基本保证。(　　)

164. 保证产品质量,提高经济效益,就必须严格执行操作规范。(　　)

165. 生产计划是保证正常生产秩序的先决条件。(　　)

五、简 答 题

1. 什么叫划线,划线分哪两大类?
2. 划线的目的是什么?
3. 划线工具按用途分有那几种?
4. 常用的划线涂料有那几种?(回答五种即可)
5. 常用的划线基准有几种?
6. 划线的步骤包括哪些?
7. 常见的找中心方法有哪些?(回答五种即可)
8. 什么叫借料?
9. 借料的方法大致分几个步骤?
10. 打样冲眼应注意哪些问题?
11. 简述划线平板材质,工作面精度分级?
12. 简述分度头的结构。
13. 常用的分度方法有几种?(回答五种即可)
14. 视图有哪几种? 基本视图有哪几个?
15. 剖视图有哪几种? 剖切方法有哪几种?
16. 剖面图有几种? 它与剖视图有什么区别?
17. 什么叫零件图? 一张完整的零件图包括哪些内容?

18. 什么叫装配图？一张完整的装配图包括哪些内容？
19. 什么叫铆接？分类如何？
20. 什么叫矫正？矫正方法有几种？
21. 什么叫弯曲？弯曲方法有几种？
22. 解释刮削、攻丝、套扣、锉削的定义。
23. 简述錾削时的安全注意事项。
24. 起锯的方法有哪几种？注意事项是什么？起锯角度多大为好？
25. 简述锉削时的安全注意事项。
26. 铆钉的种类有哪些？
27. 怎样在斜面上钻孔？
28. 什么是基本尺寸、实际尺寸、极限尺寸？
29. 什么叫尺寸偏差、公差、配合公差？
30. 什么叫基孔制、基轴制？
31. 什么叫标准公差？它体现了什么？与什么有关？
32. 什么叫尺寸误差、形状误差、位置误差？
33. 解释 ϕ40H7、ϕ40f6 标注的含义。
34. 说明 ϕ50H7/k6、ϕ50u7/n6 代号的含义。
35. 形位公差分哪几类、几项？
36. 什么叫表面粗糙度？它是怎样形成的？
37. 表面粗糙度对机器零件的使用性能有哪些影响？
38. 国家标准规定表面粗糙度有哪几种评定参数？常用的是哪种？如何分类？
39. 说明“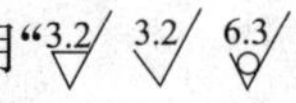”的含义。

40. 简述法定长度单位的名称、符号及进位。
41. 英寸制单位的名称，符号、进位及与定长度单位的换算。
42. 平面角的计量单位，名称，符号、进位及单位的换算。
43. 什么叫量值、计量、测量？
44. 什么叫准确度？什么叫不确定度？不确定度按性质分为哪两类？
45. 解释计量器具的常用术语：刻度间距、分度值、示值范围的含义。
46. 什么叫计量器具的放大比和测量力？
47. 什么叫示值误差和测量范围？
48. 什么叫测量误差？测量误差的来源是什么？
49. 螺纹按牙型分哪几种？螺纹的用途是什么？
50. 常用螺纹标准代号有哪些？（回答五种即可）
51. 解释：M20×2LH-6H、M20×2LH-6H/5g6g 螺纹标记的含义。
52. 解释：G1 $\frac{1}{2}$A、Tr40×14(P7)LH 螺纹标记的含义。
53. 解释：(1)机用丝锥　中锥 M10-H1　GB3464-83；
(2)机用丝锥　2-M12-H2　GB 3464—83；
(3)机用丝锥　中锥 M10　GB 3464—83 的含义。

54. 根据齿轮副两传动轴线相对位置不同分哪几类？举例说明。
55. 齿轮的精度有哪几方面组成？
56. 平键和楔键的工作面是哪个面？它们的结构有何特点？
57. 百(千)分尺读数方法是什么？
58. 简述使用内径千分尺的注意事项。
59. 简述划线产生废品的原因。
60. 什么叫铸造、锻造和焊接？
61. 什么叫金属切削加工？金属切削加工有哪些方法？(回答八种即可)
62. 切削用量包括哪些内容？其定义是什么？
63. 什么叫生产过程？什么叫工艺过程？
64. 什么叫机床夹具？它有哪几种部分组成？
65. 金属材料的物理性能和化学性能各包括哪些内容？
66. 钢的常用分类方法有哪几种？各包括哪些内容？
67. 铸钢按化学成份分哪几类？按碳在铸铁中所处状态不同，铸铁可分为哪几类？
68. 常用热处理方法有哪些？(回答六种即可)什么是调质？调质目的是什么？
69. 什么叫电流、电压、电阻？单位各是什么？
70. 什么叫同步电动机？什么叫异步电动机？

六、综 合 题

1. 阐述较复杂工件借料划线的方法。
2. 在一轴上划出 120°夹角的两键槽，用角度分度法求出手柄转数。
(已知孔盘上的孔数为:53、57、58、59、62、64 孔/圆)
3. 利用分度头，按简单分度法划圆盘工件上的 33 个等分孔，如何分度？
(已知孔盘上的孔数为:46、51、53、57、59、62、66 孔/圆)
4. 利用分度头，按简单分度法，划出圆盘工件上的 11 个等分孔，如何分度？
(已知孔盘上的孔数为:53、54、57、58、59、62、66 孔/圆)
5. 利用分度头，按简单分度法，划出圆盘工件上的 13 个等分孔，如何分度？
(已知孔盘上的孔数为:24、25、28、30、37、38、39、41、42 孔/圆)
6. 利用分度头，按简单分度法，在圆盘形工件的半圆形上划出六条等分线，如何分度？
(已知孔盘上的孔数为:25、26、30、37、38 孔/圆)
7. 画出图 40 物体表面上点的投影。

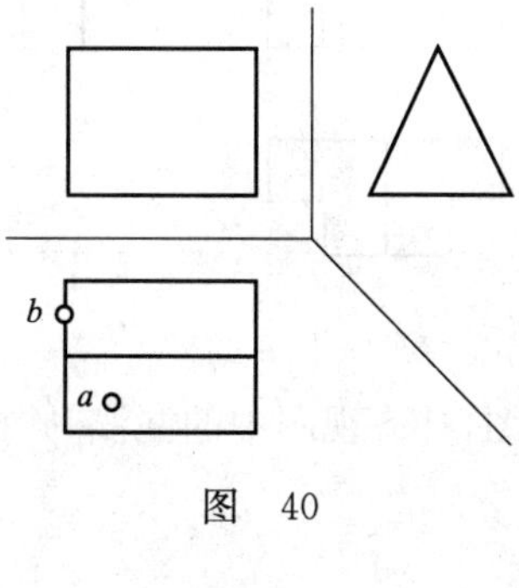

图 40

8. 画出图 41 物体表面上点的投影。

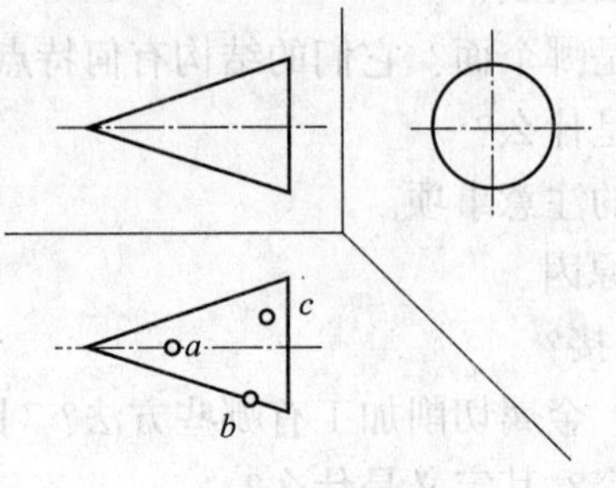

图 41

9. 画出图 42 物体表面上点的投影。

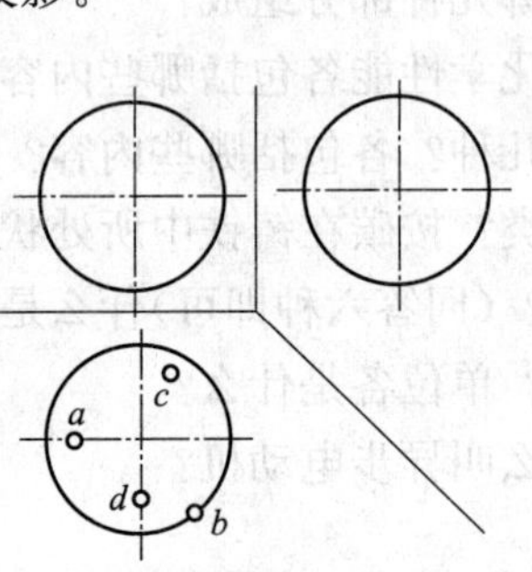

图 42

10. 如图 43 所示,在主视图上按"1""2"顺序定前、后的面,在俯视图上按"1""2"顺序定上、下的面。

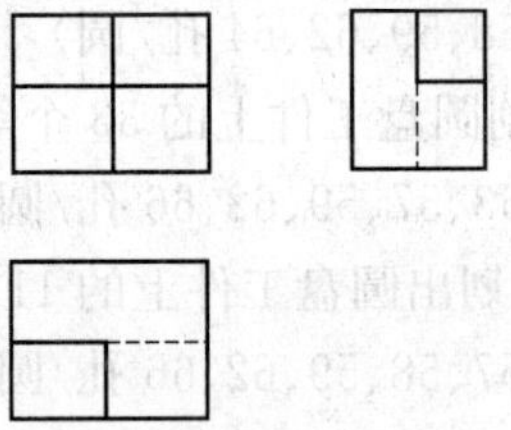

图 43

11. 如图 44 所示,在主视图上按"1""2"顺序定前、后的面,在俯视图上按"1""2"顺序定上、下的面。

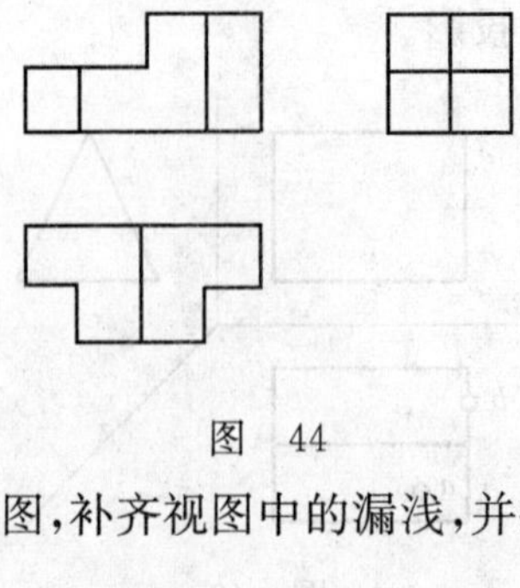

图 44

12. 对照图 45 中立体(轴测)图,补齐视图中的漏线,并把立体(轴测)图中的 A 面用斜细实线在图中表示出来。

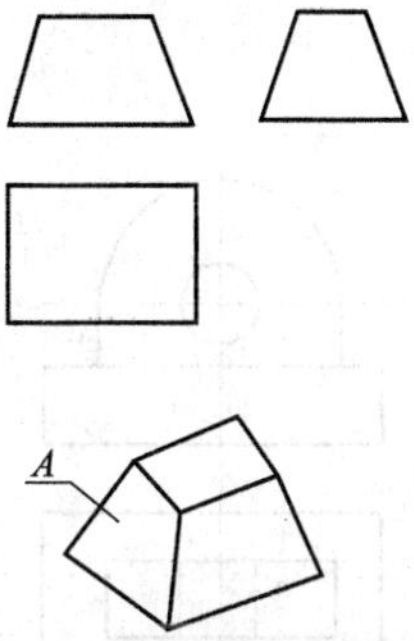

图 45

13. 对照图 46 中立体(轴测)图,补齐视图中的漏浅,并把立体(轴测)图中的 B 面用斜细实线在图中表示出来。

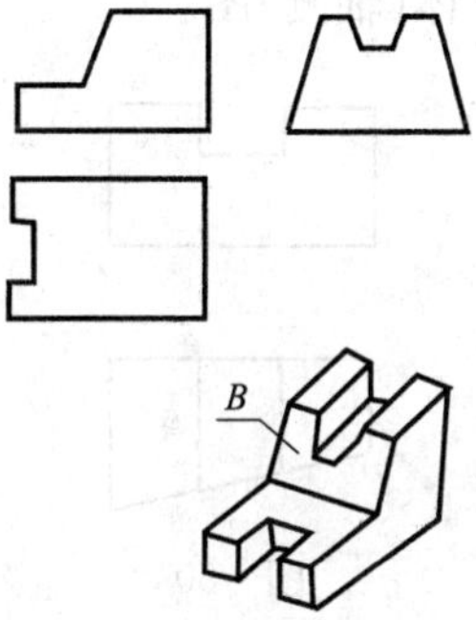

图 46

14. 补齐图 47 中的缺线。

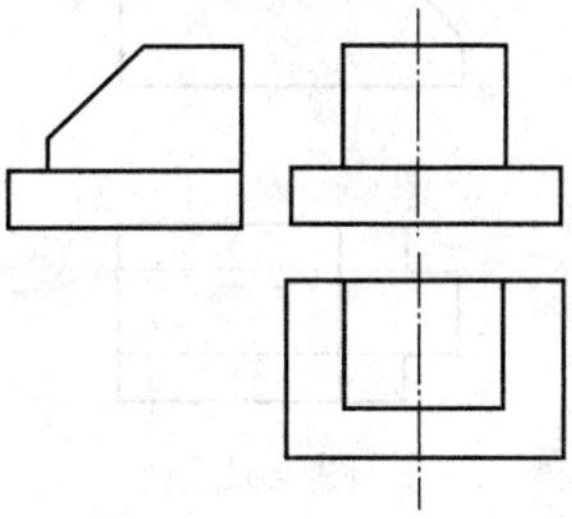

图 47

15. 补齐图 48 中的缺线。

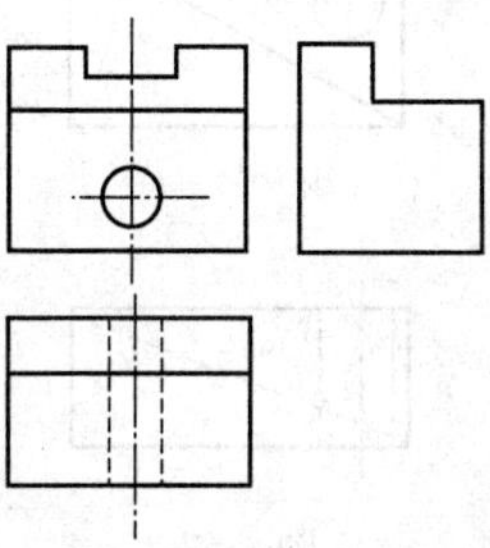

图 48

16. 补齐图 49 的左视图。

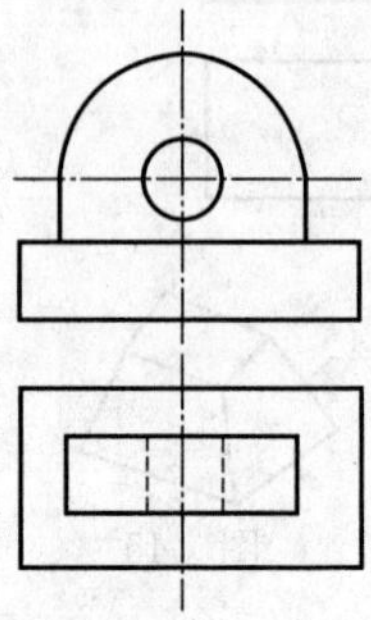

图 49

17. 补齐图 50 的左视图,并画立体(轴测)图。

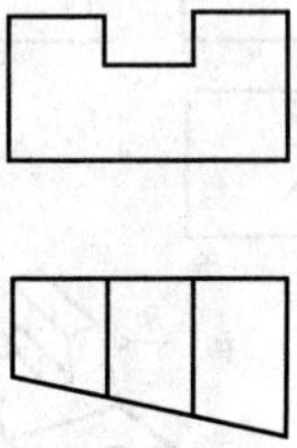

图 50

18. 补齐图 51 的左视图,并画立体(轴测)图。

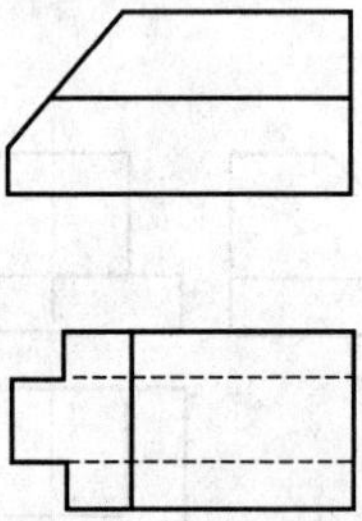

图 51

19. 补齐图 52 的左视图,并画立体(轴测)图。

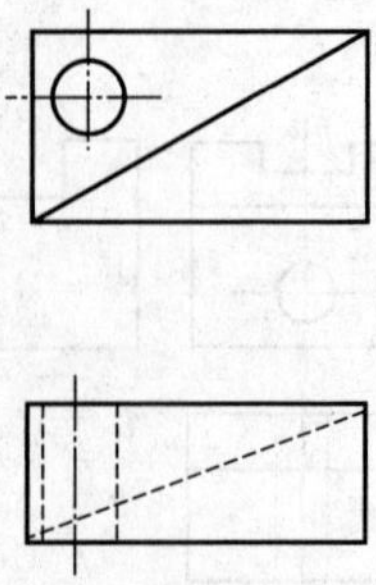

图 52

20. 补齐图 53 的左视图,并画立体(轴测)图。

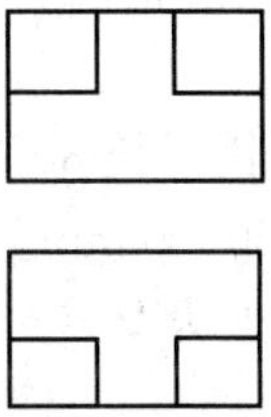

图 53

21. 作圆(ϕ38)的五等分并作内接五边形。

22. 作圆(ϕ45)的七等分并作内接正接七边形。

23. 錾子楔角的大小对錾削产生什么影响?刃磨时确定楔角大小的原则是什么?楔角一般是多大?

24. 作渐开线,基圆为 $\phi d=14$。

25. 铸、焊箱体件划线应注意哪些问题?

26. 用块规组合 43.245 的尺寸。已知块规有 1.001;1.002;1.009;1.01;1.02;……1.09;1.1;1.2……1.9;10.20;……100 等几种,试选用最少块数组成该尺寸。

27. 已知:孔轴配合为 ϕ30H8/m7,$E_I=0$,$e_i=+0.008$,IT7=0.021,IT8=0.033。

求:(1)E_S、e_s、X_{max}、Y_{max};

(2)确定配合性质。

28. 根据下表中的已知条件计算并填表。

项　　目	$50_{-0.01}^{\ 0}$	
基本尺寸		55
最大极限尺寸		
最小极限尺寸		
上偏差		+0.042
下偏差		
公差		0.030

29. 如图 54 所示,用游标卡尺测量两孔分别为 ϕ10.04、ϕ10.02 mm,测孔内侧尺寸为 40.06 mm。求:两孔中心距尺寸。

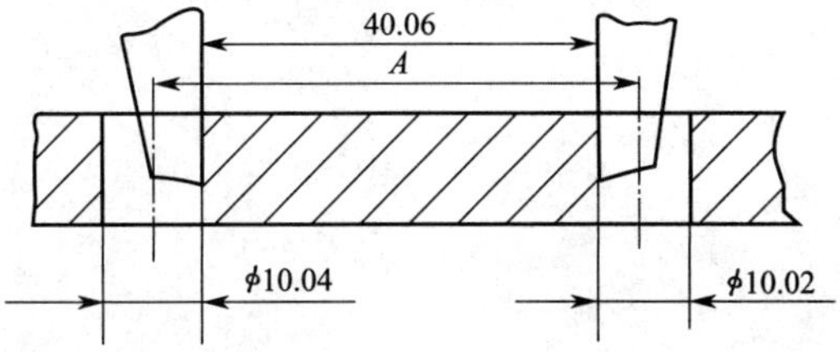

图 54

30. 已知标准直齿圆柱齿轮:$m=4$,$z=20$,$\alpha=20°$,试计算:该齿轮的齿顶圆直径 d_a,分度

圆直径 d，齿全高 h，齿距 P 各是多少?

31. 已知相齿合的一对标准直齿圆标齿轮，$Z_1=20$，$Z_2=50$，$a=210$ mm。试求:两齿轮的分度圆直径 d_1、d_2。

32. 普通圆柱销，若其大端为 8 mm，销子长 80 mm。求:小端直径 d。

33. 在某钻床钻 $\phi10$ 的孔，转速 $n=500$ r/min。求:切削速度 V。

34. 在某钻床上钻 $\phi22$ 的孔，切削速度为 $V=24$m/min 求:钻床主轴转速 n。

35. 简述划线的步骤包括哪些内容。

划线工(初级工)答案

一、填空题

1. 熟石灰	2. 纯白	3. 重要的铸锻件	4. 精密工件
5. 人造树脂	6. 借料	7. 基准平面	8. 误差大小
9. 合格率	10. 划线	11. 立体划线样板	12. 垂直面
13. 基准	14. 稳定	15. 样冲眼	16. 调整
17. 划规	18. 划卡	19. 半径	20. 划针
21. 方箱	22. V型铁	23. 较大平面	24. 厚度均匀
25. 点、线、面	26. 形状尺寸及技术	27. 正投影法	28. 尺寸界限
29. 实际机件相应要素	30. 左视图	31. 底圆直径	32. 小于线段
33. 都是类似	34. 相贯线	35. 截交线	36. 斜视图
37. 基本投影面	38. 所有可见轮廓	39. 局部剖视图	40. 仅画断面
41. 合理	42. 机器或部件	43. 10	44. V面
45. 位置	46. 侧垂	47. 水平	48. 正六棱柱
49. 圆锥台	50. 圆柱	51. 300	52. 40°
53. 油槽	54. 锉身	55. 加工精度	56. 钻成密集的排孔
57. 活动	58. 强密	59. 无机黏结剂	60. 不直
61. 曲面	62. 刮花	63. 标准工具	64. 工件
65. 球墨铸铁	66. 回转式	67. 立式钻床	68. 钻床
69. 变动余量	70. 关联实际要素	71. 标准量	72. 极限范围
73. 对齐	74. 中等	75. 0.5	76. 测量
77. 两个界限	78. 不同基本偏差的轴公差带		79. 精密量具
80. 极限	81. 形状	82. 5′	83. 增加
84. 实际尺寸	85. 变动量	86. 4～5	87. 摩擦力
88. 带与带轮接触面的弧长		89. 无级变速机构	90. 传动螺纹
91. 管子的孔径	92. 直线往复	93. 齿形链	94. 渐开线齿轮
95. 承载能力大	96. 几何尺寸	97. $\alpha=20°$	98. 相反
99. 17	100. 很大	101. 周转轮系	102. 自动化机械
103. 两侧面	104. 圆锥销	105. 外腔及内腔	106. 塑性变形
107. 直流手弧焊机	108. 切削深度 a_p	109. 主剖(截)面	
110. 工件材料的力学性能		111. 电机的旋转运动	112. 靠模法
113. 龙门刨	114. 扩孔	115. 工作部分	116. 刃磨
117. 铰孔或磨孔	118. 工件或铣刀	119. 回转式	120. 燕尾槽

121. 线速度	122. 齿条的啮合	123. 工艺性能	124. 黑色金属
125. σ_b	126. HBW	127. HRC	128. δ
129. 锌	130. 冷却	131. 2.11	132. 外力
133. F	134. 机械制造	135. 表层	136. 高碳钢
137. 万分	138. 灰色	139. 固态	140. 抗氧化性
141. 电量	142. 库伦	143. 正	144. 电流
145. 正电荷移动	146. 安培	147. 电流强度	148. 电压
149. 零	150. 伏特	151. 电阻	152. 欧姆
153. 越大	154. 相同	155. 越小	
156. 道德准则和行为规范		157. 基本保证	158. 保证性条件
159. 良好	160. 目标	161. 和谐、团结	162. 基本原则
163. 必要的	164. 实践中去	165. 职业道德规范的要求	

二、单项选择题

1. A	2. B	3. A	4. A	5. A	6. D	7. B	8. B	9. B
10. A	11. B	12. B	13. A	14. B	15. A	16. C	17. B	18. D
19. A	20. C	21. D	22. C	23. C	24. D	25. A	26. B	27. C
28. A	29. D	30. A	31. D	32. B	33. C	34. A	35. B	36. B
37. C	38. C	39. A	40. A	41. B	42. C	43. D	44. D	45. C
46. A	47. B	48. D	49. A	50. D	51. D	52. C	53. D	54. C
55. A	56. C	57. D	58. C	59. A	60. D	61. A	62. C	63. D
64. B	65. D	66. C	67. D	68. B	69. A	70. C	71. C	72. A
73. D	74. B	75. B	76. A	77. B	78. C	79. D	80. A	81. B
82. C	83. D	84. A	85. B	86. C	87. D	88. A	89. B	90. C
91. A	92. D	93. C	94. B	95. C	96. A	97. B	98. B	99. A
100. D	101. A	102. C	103. D	104. B	105. A	106. C	107. D	108. B
109. D	110. A	111. D	112. B	113. C	114. B	115. A	116. B	117. D
118. C	119. B	120. D	121. B	122. A	123. B	124. C	125. D	126. B
127. A	128. D	129. B	130. A	131. A	132. C	133. B	134. B	135. A
136. C	137. A	138. A	139. C	140. C	141. B	142. A	143. B	144. D
145. C	146. D	147. C	148. A	149. A	150. D	151. C	152. B	153. A
154. A	155 D	156. A	157. B	158. A	159. B	160. D	161. C	162. B
163. B	164. B	165. A						

三、多项选择题

1. ABCD	2. AC	3. ABCD	4. ABC	5. CD	6. ABD	7. ABD
8. ABC	9. ABCD	10. ABCD	11. ABCD	12. BD	13. CD	14. AC
15. ACD	16. ACD	17. ABC	18. BCD	19. ABCD	20. ABCD	21. AB
22. BCD	23. CD	24. ACD	25. ABCD	26. ABCD	27. ABC	28. ABCD

29. ABCD	30. ABCD	31. ABC	32. AD	33. ABC	34. ABC	35. ABD
36. BD	37. ABCD	38. ABC	39. AB	40. AD	41. ABCD	42. ABCD
43. ABC	44. AC	45. ABCD	46. AD	47. ABC	48. BCD	49. ABD
50. ABCD	51. BD	52. ACD	53. AB	54. BCD	55. CD	56. ABC
57. AB	58. ABCD	59. BCD	60. AC	61. ABD	62. ABC	63. ABCD
64. ABCD	65. AB	66. ACD	67. ABCD	68. ACD	69. BCD	70. BCD
71. ABCD	72. ABCD	73. ABD	74. ABCD	75. ABD	76. AD	77. ABCD
78. ABC	79. ABC	80. ABCD	81. AC	82. ABD	83. ABC	84. ABD
85. ABC	86. ABC	87. ABCD	88. ABC	89. ABCD	90. BD	91. BC
92. BC	93. ABCD	94. AB	95. BCD	96. ABCD	97. ABC	98. ABC
99. ABCD	100. ABCD					

四、判 断 题

1. √	2. ×	3. ×	4. √	5. √	6. √	7. √	8. ×	9. √
10. √	11. ×	12. ×	13. √	14. ×	15. ×	16. √	17. ×	18. √
19. ×	20. √	21. ×	22. √	23. ×	24. √	25. √	26. ×	27. √
28. ×	29. ×	30. √	31. ×	32. √	33. ×	34. √	35. ×	36. ×
37. ×	38. √	39. ×	40. √	41. √	42. ×	43. ×	44. √	45. √
46. √	47. ×	48. ×	49. ×	50. √	51. ×	52. √	53. ×	54. √
55. √	56. ×	57. ×	58. √	59. ×	60. ×	61. √	62. ×	63. √
64. √	65. ×	66. √	67. √	68. ×	69. ×	70. ×	71. √	72. ×
73. √	74. √	75. ×	76. ×	77. √	78. ×	79. √	80. √	81. ×
82. ×	83. √	84. √	85. ×	86. √	87. ×	88. √	89. √	90. ×
91. ×	92. ×	93. √	94. ×	95. √	96. ×	97. √	98. ×	99. ×
100. √	101. ×	102. √	103. ×	104. ×	105. √	106. √	107. √	108. √
109. ×	110. √	111. √	112. √	113. ×	114. ×	115. √	116. ×	117. √
118. ×	119. ×	120. ×	121. √	122. √	123. √	124. ×	125. √	126. ×
127. √	128. √	129. √	130. ×	131. √	132. √	133. ×	134. √	135. ×
136. √	137. ×	138. ×	139. √	140. ×	141. √	142. √	143. √	144. √
145. ×	146. ×	147. ×	148. √	149. ×	150. √	151. ×	152. √	153. √
154. ×	155. ×	156. ×	157. √	158. √	159. ×	160. √	161. √	162. ×
163. √	164. ×	165. ×						

五、简 答 题

1. 答:划线是指在毛坯或工件上（0.5 分),用划线工具(0.5 分)划出待加工部位(0.5 分)的轮廓线(0.5 分)或作为基准的点(0.5 分)、线(0.5 分)。划线分为平面划线(1 分)和立体划线(1 分)两大类。

2. 答:(1)确定工件的加工余量(0.5 分),使机械加工有明确的尺寸界线(0.5 分)。

(2)便于复杂工件在机床上安装(0.5 分),可以按划线找正定位(0.5 分)。

(3)能够及时发现和处理不合格的毛坯(1 分),避免加工后造成损失(0.5 分)。

(4)采用借料划线可以使误差不太大的毛坯得到补救(1 分),使加工后的零件仍能符合要求(0.5 分)。

3. 答:(1)基准工具 (1 分);(2)量具(1 分);(3)绘划工具(1 分);(4)夹持工具(1 分);(5)辅助工具(1 分)。

4. 答:(1)白灰水,由大白,桃膠或猪皮水熬成(1 分)。

(2)蓝色:由青莲或普鲁士兰、漆片、酒精混合而成(1 分)。

(3)紫色:由龙胆紫、虫胶漆、酒精混合而成(1 分)。

(4)硫酸铜溶液:由硫酸铜、酒精混合而成(1 分)。

(5)绿油:由孔雀绿、淡金水混合而成(1 分)。

(6)红油:由品红、淡全水混合而成(1 分)。

(7)无水涂料:由醋酸丁脂(俗称香蕉水)、人造树脂、火棉胶、甲基紫配制而成(1 分)。

5. 答:(1)以两个互相垂直的平面(或线)为基准(1.5 分)。

(2)以两个相互垂直的中心平面(或线)为基准(1.5 分)。

(3)以一个平面和一条中心线为基准(2 分)。

6. 答:(1)根据图纸尺寸标注,选设计基准做划线基准(1.5 分)。

(2)根据毛坯形状,回转体以中心线为基准(1.5 分)。

(3)根据加工情况:①以不加工面为基准(1 分);②当工件有两个以上的不加工表面时,以其中面积较大较重要的或外观质量要求较高为基准(1 分)。

7. 答:(1)几何作图法,即三点定圆心法(1 分)。

(2)用定中心十字尺找中心法(1 分)。

(3)用中心块划中心法(1 分)。

(4)用单角规划中心法(1 分)。

(5)用 V 型铁划中心法(1 分)。

(6)用分度头切中心法(1 分)。

8. 答:借料就是通过试划或调整(1 分),使各加工面的加工余量合理分配互相借用(1 分),从而保证各加工表面都有足够的加工余量(1.5 分),使误差不大的毛坯得到补救的划线方法(1.5 分)。

9. 答:(1)确是毛坯的误差程度(1 分)。

(2)确定需要借料的方向和大小(1 分),并划好基准线(1 分)。

(3)划其余所有线(1 分),检查加工余量是否合理(1 分)。

10. 答:(1)样冲眼一定要打在线条的中央和交叉上(1 分)。

(2)样冲应沿竖线放置才能打正(1 分)。

(3)毛坯表面和孔中心要打正,打深些(0.5 分),加工过的表面和薄板打浅些,打稀些(0.5 分)。

(4)直线上打稀些(1 分)。

(5)精加工面软材料不打样冲眼(1 分)。

11. 答:划线平板是经过精加工的一块光滑而平整的铸铁板(2 分)。工作面精度分为五级:00 级,0 级,1 级,2 级,3 级(1 分),其中 00 级,0 级,1 级,2 级平板作检验用(1 分),3 级平板作划线用(1分)。

12. 答:分度头由基座(0.5分)、回转体(0.5分)、(主轴,刻度盘)分度盘(1分),分度叉(0.5分)、分度手柄(0.5分)、定位销(0.5分)、侧轴(0.5分)、螺杆脱落手柄(0.5分)、主轴锁紧手柄组成(0.5分)。

13. 答:(1)直接分度法(1分);(2)简单分度法(1分);(3)角度分度法(1分);(4)差动分度法(1分);(5)近似分度法(1分);(6)直线移距分度法(1分)。

14. 答:视图有:基本视图(0.5分);局部视图(0.5分);斜视图(0.5分)和旋转视图(0.5分)四种。基本视图有:主视图(0.5分)、俯视图(0.5分)、左视图(0.5分)、右视图(0.5分)、仰视图(0.5分)、后视图(0.5分)六个。

15. 答:剖视图有:全剖视图(1分)、半剖视图(0.5分)、局部剖视图三种(1分)。剖切方法有:单一剖切(0.5分),阶梯剖切(0.5分),旋转剖切(0.5分),斜剖切(0.5分),复合剖切(0.5分)。

16. 答:剖面图有:移出剖面(1分)和重合剖面两种(1分):剖面图与剖视图不同之处是剖面图仅画出断面的图形(1.5分)而剖视图则要求画出剖切平面以后的所有部分的投影(1.5分)。

17. 答:零件图是直接指导制造和检验的图样(2分),一张完整的零件图应包括一组图形(1分)、完整的尺寸(0.5分)、必要的技术要求(0.5分)、填写完整的标题栏(1分)。

18. 答:装配图是表达机器或部件整体结构的图样(2分)。

一张完整的装配图应包括:一组视图(0.5分)、必须的尺寸(0.5分)、文字说明的技术要求(0.5分)、零件序号(0.5分)与明细栏(0.5分)和填写完整的标题栏(0.5分)。

19. 答:铆接是用铆钉连接两个或两个以上的工件的操作方法(1分)。

铆接分类:(1)按使用要求分为:活动铆接(0.5分)和固定铆接(0.5分),固定铆接按用途和要求不同又分为:强固铆接(0.5分),紧密铆接(0.5分)和强密铆接(0.5分)。(2)按铆接方法分为:冷铆(0.5分)和热铆(0.5分)、混合铆(0.5分)。

20. 答:矫正是消除金属板材型材的不平,不直或翘曲等缺陷的操作方法(2分)。

矫正的方法:(1)按温度分为冷矫(0.5分)和热矫(0.5分)两种;(2)按产生矫正力方法分为:手工矫正(0.5分)、火焰矫正(0.5分)、机械矫正(0.5分)和高频热点矫正(0.5分)。

21. 答:弯曲是将原来平直的板材或型材弯成所要求的曲线形状或角度的操作方法(2分)。弯曲的方法:(1)按温度分(0.5分):冷弯(0.5分)和热弯(0.5分)两种。(2)按产生弯曲力方法分(0.5分):手工弯曲(0.5分)和机械弯曲(0.5分)两种。

22. 答:(1)刮削用刮刀在工件表面上刮去一层很薄的金属加工方法(1分);

(2)攻丝:用丝锥在孔壁上切削内螺纹的操作方法(1分);

(3)套扣:用板牙在圆杆或管子上切削外螺纹的操作方法(1.5分);

(4)锉削:用锉刀从工件表面进行切削加工的方法(1.5分)。

23. 答:(1)錾子头部的毛刺要经常磨掉,以免伤手(1分);

(2)发现锤子手柄松动或损坏,要立即装牢或更换,以免锤头飞出伤人(1分);

(3)錾削最好带上防护眼镜,前方要有安全网(1分);

(4)保证正确的錾削角度,若后角太小,锤击时錾子易飞出伤人(1分);

(5)锤柄不应沾油,以免滑出伤人(1分)。

24. 答:起锯的方法有远起锯(1 分)和近起锯(1 分)两种。起锯时左手拇指靠住锯条(0.5 分),使锯条能正确地锯在所需的位置上(0.5 分),行程要短(0.5 分),压力小(0.5 分),速度要慢起锯角度约在 15°左右(1 分)。

25. 答:(1)放置锤刀时,不要使锉刀露出钳台外面,以免掉下砸脚(1 分);

(2)不使用无木柄的锉刀和木柄已裂开的锉刀(1 分);

(3)不许用嘴吹锉屑,不许用手清理锉屑(1 分);

(4)不要用手擦模锉削平面,以防打滑或伤手(1 分);

(5)不用锉刀当其它工具使用,以免锉刀折断崩出伤人(1 分)。

26. 答:(1)按形状可分为平头铆钉(0.5 分)、半圆头铆钉(0.5 分)、沉头铆钉(0.5 分)、半圆沉头铆钉(0.5 分)、管状空心铆钉(0.5 分)五种。

(2)按用途可分为锅炉铆钉(0.5 分)、钢结构铆钉和带铆钉(0.5 分)三种。

(3)按材料可分为钢铆钉(0.5 分)、铜铆钉(0.5 分)、铝铆钉(0.5 分)三种。

27. 答:(1)钻前在斜面上加工一个平面,然后再钻孔(1 分);

(2)先用錾子錾一个小平面(0.5 分),再用小钻头先钻一个定心坑(0.5 分),最后再钻孔(1 分);

(3)用圆弧刃多能钻头直接钻,这种钻头相当于铣刀(1 分);

(4)批量大时可采用夹具与特殊钻套钻孔(1 分)。

28. 答:(1)基本尺寸:设计时给定的尺寸(1.5 分)。

(2)实际尺寸:通过测量所得到的尺寸(1.5 分)。

(3)极限尺寸:允许零件尺寸变化的两个界限值(2 分)。

29. 答:(1)尺寸偏差:某一尺寸减去基本尺寸所得的代数差(1.5 分)。

(2)公差:允许尺寸的变动量(1.5 分)。

(3)配合公差:允许间隙或过盈的变动量(2 分)。

30. 答:(1)基孔制:基本偏差为一定的孔的公差带(1 分),与不同基本偏差的轴的公差带形成配合的一种制度(1.5 分)。

(2)基轴制:基本偏差为一定的轴的公差(1 分),与不同基本偏差的孔的公差带形成配合的一种制度(1.5 分)。

31. 答:(1) 标准公差:用以确定公差带大小的任一公差(1.5 分)。

(2)标准公差体现了加工的易难程度(1.5 分)。

(3)标准公差的数值,一与公差等级有关(1 分),二与基本尺寸有关(1 分)。

32. 答:(1)尺寸误差:是指零件的实际尺寸与设计的理想尺寸之变动量(1.5 分)。

(2)形状误差:是指零件的实际要素与其理想要素形状的变动量(1.5 分)。

(3)位置误差:是指零件的关联实际要素与基准之变动量(2 分)。

33. 答:

(1)

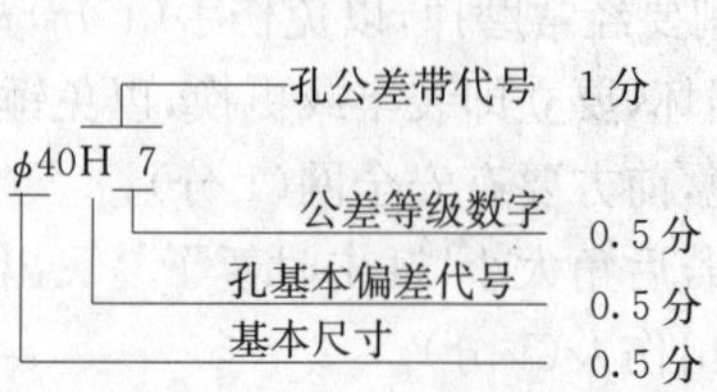

(2)

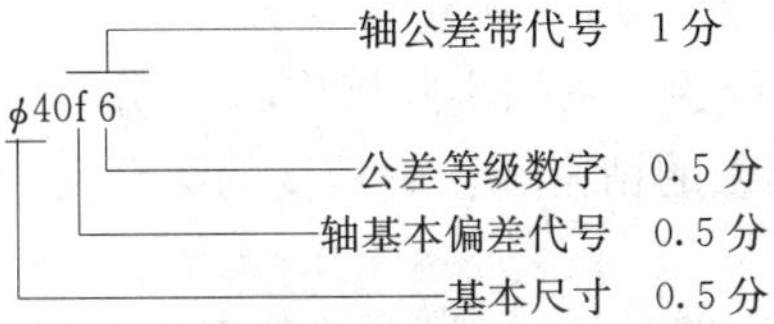

34. 答:(1)基本尺寸为 ϕ50(0.5 分);公差等级孔为 7 级,轴为 6 级(0.5 分);基本偏差代号;孔为 H(基准孔)(0.5 分),轴为 k(0.5 分),属于基孔制的过渡配合(0.5 分)。

(2)基本尺寸为 ϕ50(0.5 分);公差等级:孔为 7 级,轴为 6 级(0.5 分);基本偏差代号:孔为 U(0.5 分),轴为 h(基准轴)(0.5 分),属于基轴制的过盈配合(0.5 分)。

35. 答:(1)分为两类:形状公差(1 分)和位置公差(1 分);

(2)形状公差分六项(1.5 分),位置公差分八项(1.5 分)。

36. 答:表面粗糙度是指零件被加工表面上的微观几何形状误差(2 分)。表面粗糙度主要是由加工过程中(1 分),刀具和零件表面间的磨擦、切屑分离时表面金属层的塑性变形(1 分)及工艺系统的高频振动等原因形成的(1 分)。

37. 答:表面粗糙度对机器零件的配合性质(1 分)、耐磨性(1 分)、耐腐蚀性(1 分)和疲劳强度(1 分)有密切关系,零件表面粗糙度的大小直接影响机器使用性能(0.5 分)和寿命(0.5 分)。

38. 答:(1)高度参数:①轮廓的算术平均偏差 R_a(0.5 分);

②微观不平度十点平均高 R_z(0.5 分);③轮廓的最大高度 R_y(0.5 分)。

(2)间距参数(附加评定用的):

①轮廓微观不平度的平均距 S_m(0.5 分);

②轮廓的单峰平均间距 S(0.5 分);

③轮廓支承长度率 t_p(0.5 分)。

(3)常用的是:轮廓算术平均偏差 R_a(1 分)。

(4)分为第一系列(0.5 分)、第二系列(0.5 分)。

39. 答:$\overset{3.2}{\bigtriangledown\!\!/}$用去除材料方法获得的表面 R_a最大允许值为 3.2 μm(1.5 分)。

$\overset{3.2}{\surd}$用任何方法获得的表面 R_a最大允许值为 3.2 μm(1.5 分)。

$\overset{6.3}{\circ\!\!\!/}$用不去除材料方法获得的表面,$R_a$最大允许值为 6.3μm(2 分)。

40. 答:千米:km(0.5 分);米:m(0.5 分);分米:dm(0.5 分);厘米 cm(0.5 分);毫米 mm(0.5 分);微米:μm(0.5 分)。

1 km=1 000 m(0.5 分);1 m=10 dm=100 cm(0.5 分);1 cm=10 mm(0.5 分);1 mm=1 000 μm(0.5 分)。

41. 答:码:ya(1 分);英尺:ft(1 分);英寸 in(1 分)。

1 码(ya)=3 英尺(ft)(0.5 分);1 英尺(ft)=12 英寸(in)(0.5 分);

1 英寸(in)=8 分(0.5 分);1 分(1/8″)=4 角(0.5 分)。

42. 答:弧度:rad(0.5 分);度:“°”(0.5 分);分:“′”(0.5 分);秒:“″”(0.5 分)。

1 弧度:(rad)$=\frac{180^\circ}{\pi}=57.3^\circ$(1 分);1°(度)=60′(分)(1 分);1′(分)=60″(秒)(1 分)。

43. 答:(1)量值:由数值和计量单位的乘积表示量的大小(2 分)。

(2)计量:保证单位统一,量值准确的测量(1.5 分)。

(3)测量:为确定量值而进行的一系列实际操作(1.5 分)。

44. 答:(1)准确度:是指测量的精密和正确程度的综合反映,说明测量结果与真值的一致程度(1.5 分)。

(2)不确定度:用来描述尚末确定的特征,也就是用误差限规定的各测量结果的分散特征(1.5 分)。

(3)不确定度按性质分:①系统不确定度(指测量器具)(1 分);②随机不确定度(指测量温度工件状况)(1 分)。

45. 答:(1)刻度间距:在计算器具的刻度标尺上相邻两条刻线间的距离(1.5 分)。

(2)分度值:在计算器具刻度尺上相邻两线间的距离所代表的量值(1.5 分)。

(3)示值范围:计算器具所指示的起始值到终值的范围(2 分)。

46. 答:(1)放大比:计算器具的指针直线位移(1 分)或角位移(1 分)与被测参数变化之比(1 分)。

(2)测量力:测量过程中计算器具与被测工件(1 分)之间的接触力(1 分)。

47. 答:(1)示值误差:计算器具指示的测量值(1.5 分)与被测量值的实际值之差(1.5 分)。

(2)测量范围:计算器具所能测量尺寸的最大值(1 分)和最小值(1 分)。

48. 答:(1)测量误差是指测量结果与被测量的真值之差。(1 分)

(2)测量误差的来源有:测量方法误差(1 分);计量器具误差(1 分);环境条件引起的误差(1 分);测量人员引起的误差(1 分)。

49. 答:(1)螺纹牙型分为:三角形螺纹(0.5 分);矩形螺纹(0.5 分);梯形螺纹(0.5 分);锯齿形螺纹(0.5 分)。

(2)螺纹的用途:螺纹联接(0.5 分)、螺纹传动(0.5 分)、螺纹紧固(0.5 分)、防松(0.5 分)及作测量零件用等(1 分)。

50. 答:普通螺纹 M(1 分);梯形螺纹 Tr(1 分);锯齿形螺纹 B(1 分);非密封管螺纹 G(1 分);密封管螺纹:圆柱内螺纹 R_p(1 分)、圆锥内螺纹 R_C(1 分)、圆锥外螺纹 R(1 分)。

51. 答:

(1)

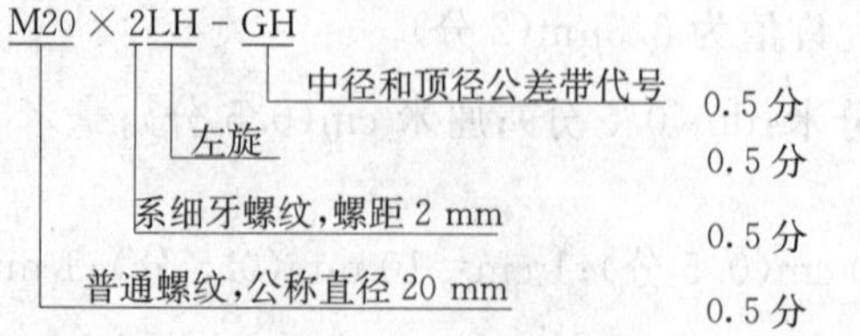

(2)

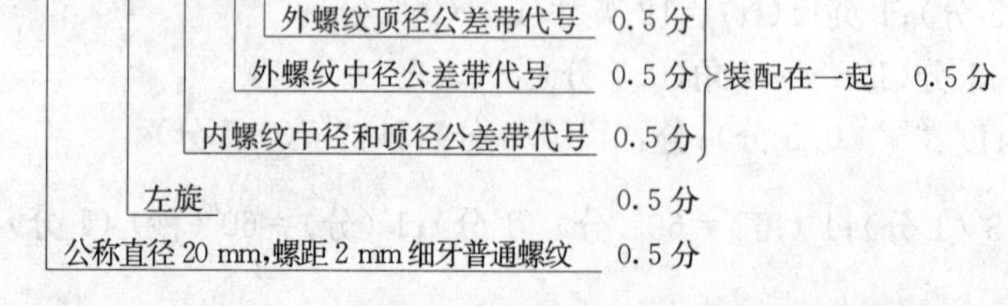

52. 答:

(1)

G1 $\frac{1}{2}$ A

A级 0.5分

公称直径 0.5分

非螺纹密封管螺纹 1分

(2)

Tr 40×14(P7)LH

左旋 0.5分

螺距 0.5分

导程 0.5分

公称直径 0.5分

梯形螺纹 1分

53. 答:(1)粗牙普通螺纹,直径10 mm,螺距1.5 mm(0.5分),H_1公差带(0.5分)单支,中锥,机用丝锥(0.5分)。

(2)粗牙普通螺纹,直径12 mm,螺距1.75 mm(0.5分),H_2公差带(0.5分),2支一组(0.5分),等径机用丝锥(0.5分)。

(3)粗牙普通螺纹,直径10 mm,螺距1.5 mm(0.5分),H_4公差带(0.5分),单支,中锥,手用丝锥(0.5分)。

54. 答:(1)两平行轴齿轮的传动(1分):如直齿圆柱齿轮副(0.5分)、斜齿圆轮副(0.5分);

(2)两相交轴齿轮传动(1分):如直齿圆锥齿轮副(0.5分);

(3)两交错轴齿轮传动(1分):如蜗杆副(0.5分)。

55. 答:齿轮精度由下列四方面(1分)组成:(1)运动精度(1分)、(2)工作平稳性程度(1分)、(3)接触精度(1分)、(4)齿轮副侧隙(1分)。

56. 答:(1)平键:键的两侧面为工作面(1分)。

结构特点:对中性能好,装拆方便适用于高速、高精度和承受变载,冲击的场合。但不能实现轴上零件的轴向定位(1分)。

分类根据键的头部形状不同,分为:圆头,单圆头和方头三种形式,其中圆头应用最广泛,单圆头则多用在轴的端部(1分)。

(2)楔键:键的上下表面为工作面(1分)。

结构特点:上表面制成1∶100的斜度,对中性差,在冲击和变载荷的作用下容易发生松动,可实现轴上零件的轴向固定,并能承受不大的单方向轴向力,适用于对中性要求不高,转速较低,承受单向轴向载荷的场合(1分)。

57. 答:千分尺读数方法可分三步(1分):

(1)读出微分筒边缘在固定套管主尺的毫米(mm)数和半毫米(mm)数(1.5分);

(2)看微分套筒上哪一格与固定套管上基准线对齐,并读出不足半毫米(mm)的数(1.5分);

(3)把两个读数加起来就是测得的实际尺寸(1分)。

58. 答:(1)内径千分尺的测量面与工件的被测面应保持干净(1分);

(2)适应前必须用标准卡规校准尺寸(检查零位)(1分);

(3)测量时,先转动微分筒,当测量面将接近零件时,改用测力装置,直到棘轮发出哒哒声为止(1分);

(4)测量时,内径千分尺要放正,保证被测面与内径千分尺测量面接触良好(2分)。

59. 答:(1)图样上的尺寸有错误,如注错尺寸,更改设计等(1.5分)。

(2)划线工具不精确,如角尺不垂直,钢板尺侧边不直,划针或划规不锋利等使所划各种线条相互间产生较大的误差(1.5分)。

(3)操作疏忽或划线方法不正确,如读错尺寸或因图样上尺寸数字不清楚而发生误解,在米尺上对错尺寸或较大的视觉错误等(2分)。

60. 答:(1)铸造:将金属熔液注定入铸型型腔中,待其凝固后获得一定形状和性能铸件的方法(1.5分)。

(2)锻造:在外力作用下使金属材料产生塑性变形,从而获得一定形状和尺寸的毛坯或零件的一种加工方法(1.5分)。

(3)焊接:通过加热或加压,或两者并用,使焊件达到原子结合的一种加工方法(2分)。

61. 答:(1)金属切加工:利用刀具与工件作相对运动,从毛坯上切去多余的金属,以获得所需几何形状,尺寸精度和表面粗糙度的零件的一种加工方法(1分)。

(2)加工方法有:车削(0.5分)、铣削(0.5分)、铇削(0.5分)、磨削(0.5分)、齿轮加工(0.5分)、钻削(0.5分)、镗削(0.5分)、拉削(0.5分)、钳工(0.5分)等。(此外还有:电解加工(0.5分)、电火花加工(0.5分)、超声波加工(0.5分)、电子加工(0.5分)、激光加工(0.5分)等新工艺。)

62. 答:切削用量包括:切削速度(0.5分),进给量(0.5分),切削深度(0.5分)。

(1)切削速度V指主运动的线速度(1分)。

(2)进给量f:在主运动一个循环内,刀具或工件沿进给方向的相对位移(1.5分)。

(3)切削深度a_p:指工件上已加工表面和待加工表面之间的垂直距离(1分)。

63. 答:(1)生产过程:指从原材料制成产品的全部劳动过程(2分)。

(2)工艺过程:在机器的生产过程中,改变生产对象的形状,尺寸,相对位置和性质等,使之成为成品、半成品时过程(3分)。

64. 答:(1)夹具是机床与工件之间的一种联结装置(2分)。

(2)夹具由:夹具体(1分)、定位元件及定位装置(1分)、夹紧元件及夹紧装置(1分)组成。

65. 答:(1)物理性能包括:密度(0.5分)、熔点(0.5分)、热膨胀性(0.5分)、导热性(0.5分)、导电(0.5分)和磁性(0.5分)。

(2)化学性能包括:耐腐蚀性(0.5分)、抗氧化性(0.5分)、化学稳定性(1分)。

66. 答:(1)按钢的含碳量分类:低碳钢:含碳量<0.25%(0.5分);中碳钢:含碳量0.25%~0.6%(0.5分);高碳钢:含碳量>0.60%(0.5分)。

(2)按钢的品质分:普通碳素钢(0.5分);优质碳素钢(0.5分)。

(3)按钢的用途分:碳素结构钢:含碳量<0.7%(0.5分)、碳素工具钢:含碳量>0.7%(0.5分)。

(4)按脱氧方法分类:沸腾“F”(0.5分)、镇静“Z”(0.5分)、半镇静钢”b”(0.5分)。

67. 答:(1)铸钢分为:碳素铸钢(0.5 分)、合金结构铸钢(0.5 分)、不锈耐酸铸钢(0.5 分)、耐热铸钢(0.5 分)和耐磨铸钢(0.5 分)。

(2)铸铁分为:白口铸铁(0.5 分)、灰口铸铁(0.5 分)、可锻铸铁(0.5 分)、球墨铸铁(0.5 分)和合金铸铁(0.5 分)。

68. 答:(1)常用热处理方法有:退火(0.5 分)、正火(0.5 分)、淬火(0.5 分)、回火(0.5 分)、调质(0.5 分)、高频淬火(0.5 分)、氮化(0.5 分)、渗碳(0.5 分)、时效(0.5 分)、化学处理(0.5 分)、发蓝处理(0.5 分)等。

(2)调质:指淬大后高温回火的热处理方法(1 分)。

(3)目的:使钢件获得良好的综合机械(力学)性能(1 分)。

69. 答:(1)电流:指电荷有规则的运动(1 分),电流的单位是:安培(A) (0.5 分)。

(2)电压:指导线两端的电位差(1.5 分),电压的单位是:伏特(V) (0.5 分)。

(3)电阻:指导体对于它所通过的电流产生的一定阻力(1 分)。电阻的单位是:欧姆(Ω)(0.5 分)。

70. 答案:(1)同步电动机:指电动机转子转速与电机中存在的旋转磁场完全相同的电动机。(2 分)

(2)异步电动机:指电动机转子转速与电机中存在的旋转磁场不同或稍有不同的电动机。(3 分)

六、综 合 题

1. 答:(1)测量毛坯各部尺寸,找出偏移部位和偏移量(2 分)。

(2)根据毛坯的偏移部位和偏移量,确定借料方向和大小,一般向次要表面或非加工表面的方向借料(2 分)。

(3)根据所确定的借料方向和大小划出基准线(2 分)。

(4)按图纸要求,以所划的基准为依据划出工件其余的线(2 分)。

(5)检查各表面的加工余量是否合理。如发现有的主要表面加工余量不足影响工件的使用性能,则应继续借料,重新划线,直到各表面都能有合理的加工余量为止(2 分)。

2. 答:解:$n=\frac{\alpha}{9^\circ}=\frac{120^\circ}{9^\circ}=13\frac{1}{3}$ (5 分)

选 57 孔/圈,$57\times\frac{1}{3}=19$ (3 分)

答:手柄转 13 圈又 19 个孔距(2 分)。

3. 答:解:$n=\frac{40}{Z}=\frac{40}{33}=1\frac{7}{33}$ (5 分)

选 66 孔/圈,$66\times\frac{7}{33}=14$(3 分)

答:手柄转 1 圈又 14 个孔距(2 分)。

4. 答:解:$n=\frac{40}{Z}=\frac{40}{11}=3\frac{7}{11}$(5 分)

选 66 孔/圈,$66\times\frac{7}{11}=42$(3 分)

答:手柄转 3 圈又 42 个孔距(2 分)。

5. 答:解:$n=\frac{40}{Z}=\frac{40}{13}=3\frac{1}{13}$(5 分)

选 39 孔/圈,$39\times\frac{1}{13}=3$(3 分)

答:手柄转 3 圈又 3 个孔距(2 分)。

6. 答:解:在半圆上 6 等分,对于整圆来说则为 12 等分。

$$n=\frac{40}{Z}=\frac{40}{12}=3\frac{1}{3}\text{(5 分)}$$

选 30 孔/圈,$30\times\frac{1}{3}=10$(3 分)

答:手柄转 3 圈又 10 个孔距(2 分)。

7. 答:解:如图 1 所示(评分标准:每条线 1 分,共 9 分,凡错、漏、多一条线,各扣 1 分;线粗细符合规定 1 分)。

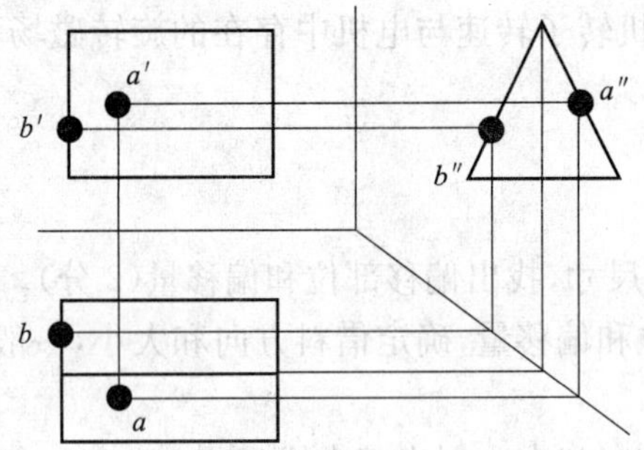

图 1

8. 答:解:如图 2 所示(评分标准:每条线 0.5 分,共 9 分,凡错、漏、多一条线,各扣 0.5 分;线形符合规定 1 分)。

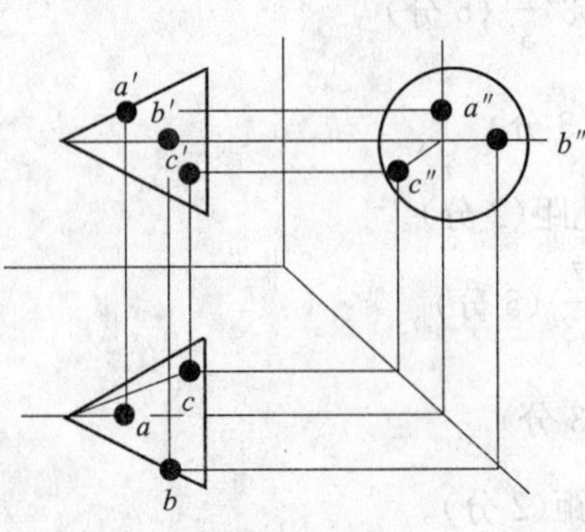

图 2

9. 答:解:如图 3 所示(评分标准:每条线 0.5 分,共 9.5 分,凡错、漏、多一条线,各扣 0.5 分;线形符合规定 0.5 分)。

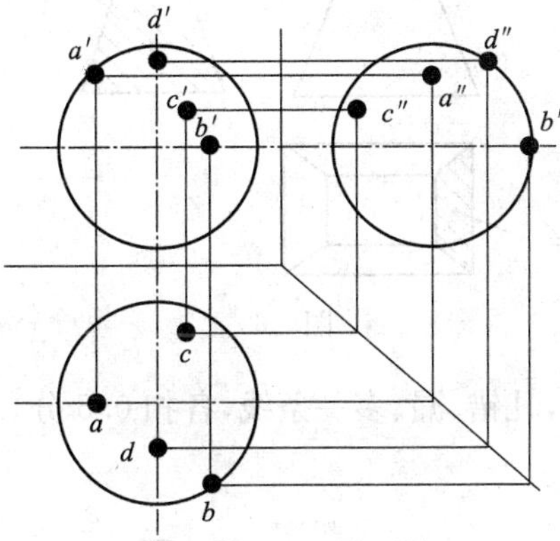

图 3

10. 答:解:如图 11 所示(评分标准:主视图每处 2 分,共 8 分,凡错、漏、多一处,各扣 2 分;俯视图每处 1 分,共 2 分,凡错、漏、多一处,各扣 1 分)。

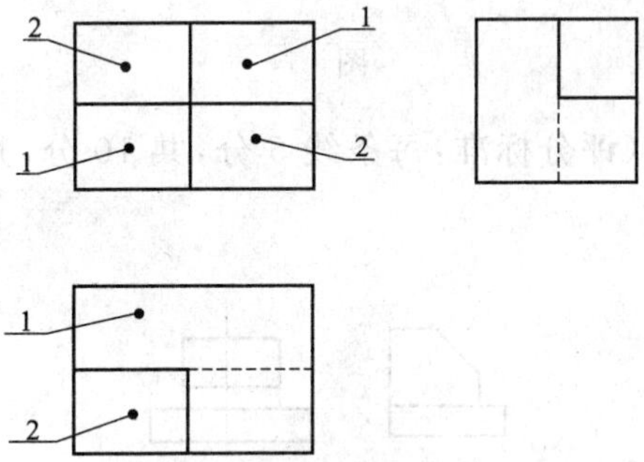

图 4

11. 答:解:如图 5 所示(评分标准:每处 2 分,共 10 分,凡错、漏、多一处,各扣 2 分)。

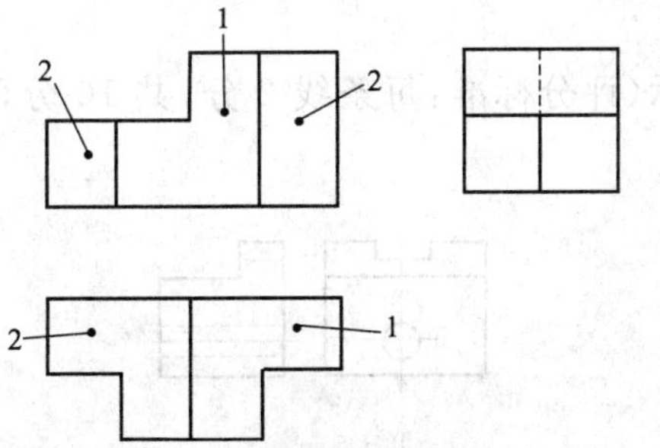

图 5

12. 答:解:如图 6 所示(评分标准:A 面斜细实线每处 2 分,共 4 分,凡错、漏、多一处,各扣 2 分;俯视图每条线 1 分,共 6 分,凡错、漏、多一条线,各扣 1 分)。

13. 答:解:如图 7 所示(评分标准:B 面斜细实线每处 1 分,共 2 分,凡错、漏、多一处,各

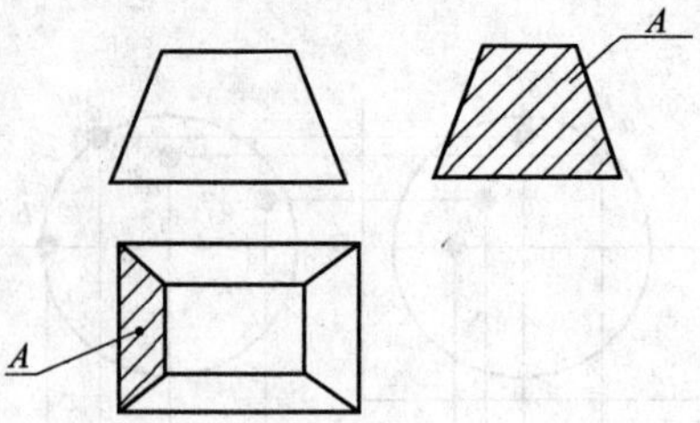

图 6

扣 1 分;每条线 0.5 分,共 8 分,凡错、漏、多一条线,各扣 0.5 分)。

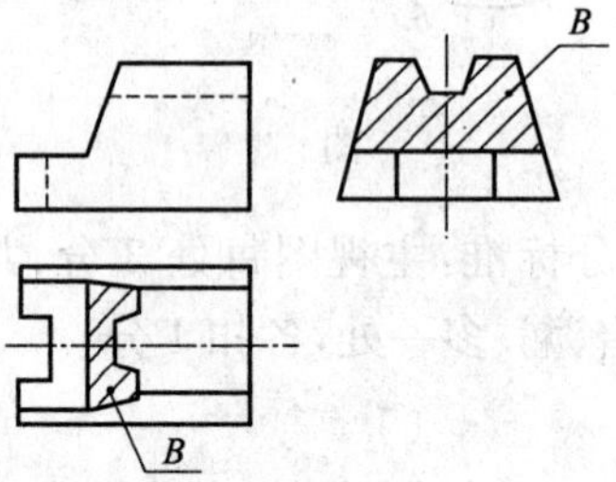

图 7

14. 答:解:如图 8 所示(评分标准:每条线 5 分,共 10 分,凡错、漏、多一条线,各扣 5 分)。

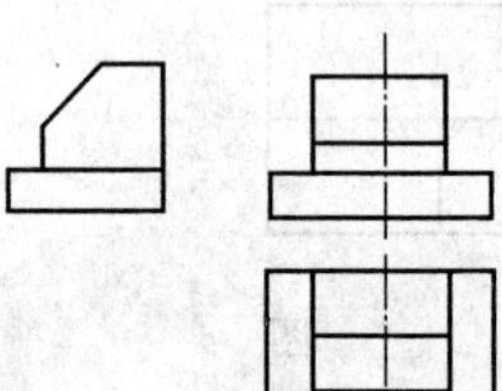

图 8

15. 答:解:如图 9 所示(评分标准:每条线 2 分,共 10 分,凡错、漏、多一条线,各扣 2 分)。

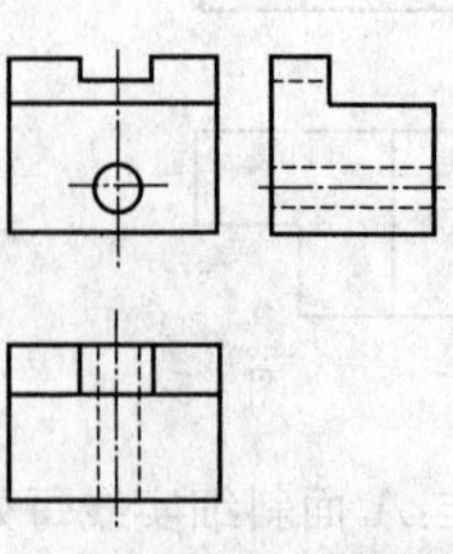

图 9

16. 答:解:如图 10 所示(评分标准:每条线 1 分,共 10 分,凡错、漏、多一条线,各扣 1 分)。

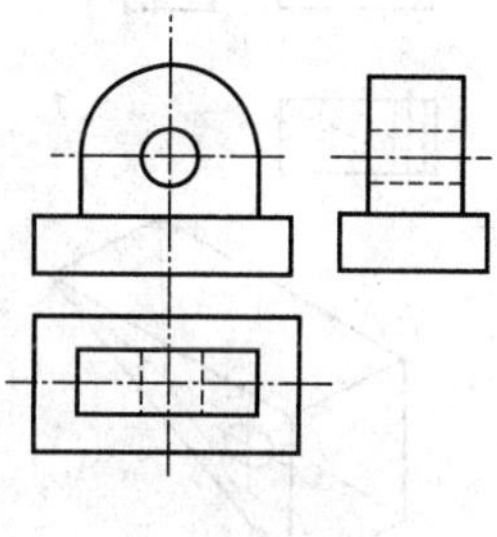

图 10

17. 答:解:如图 11 所示(评分标准:左视图 4 分,凡错、漏、多画扣 4 分;立体图 6 分,凡错、漏、多画线扣 1 分)。

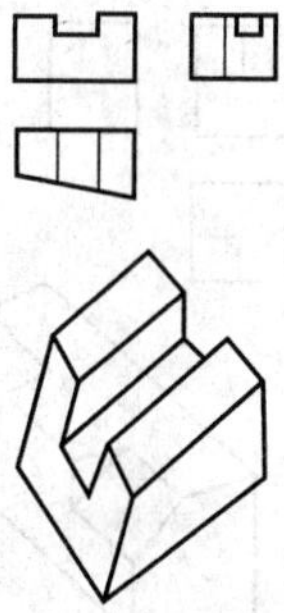

图 11

18. 答:解:如图 12 所示(评分标准:左视图 4 分,凡错、漏、多画扣 4 分;立体图 6 分,凡错、漏、多画线扣 1 分)。

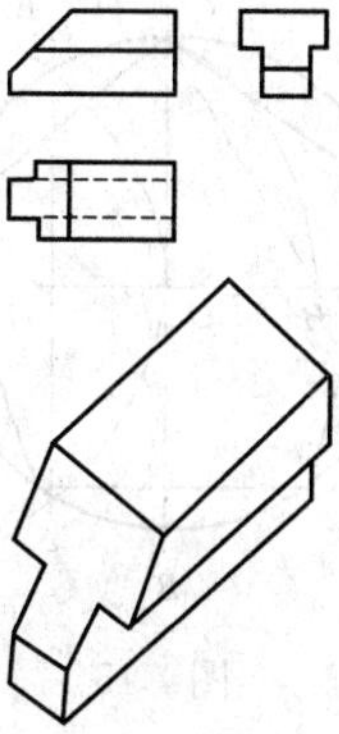

图 12

19. 答:解:如图 13 所示(评分标准:左视图 4 分,凡错、漏、多画扣 4 分;立体图 6 分,凡错、漏、多画线扣 1 分)。

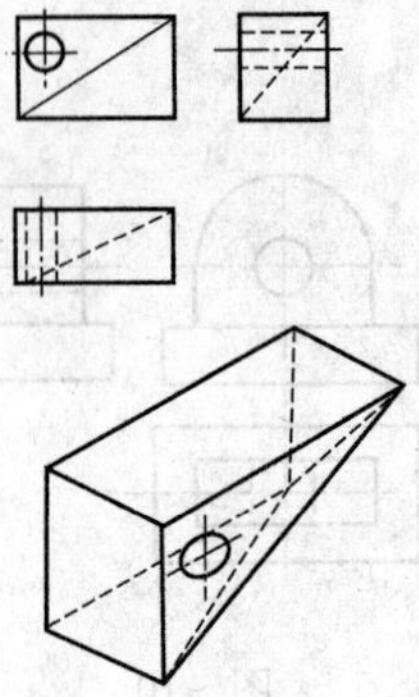

图 13

20. 答:解:如图 14 所示(评分标准:左视图 4 分,凡错、漏、多画扣 4 分;立体图 6 分,凡错、漏、多画线扣 1 分)。

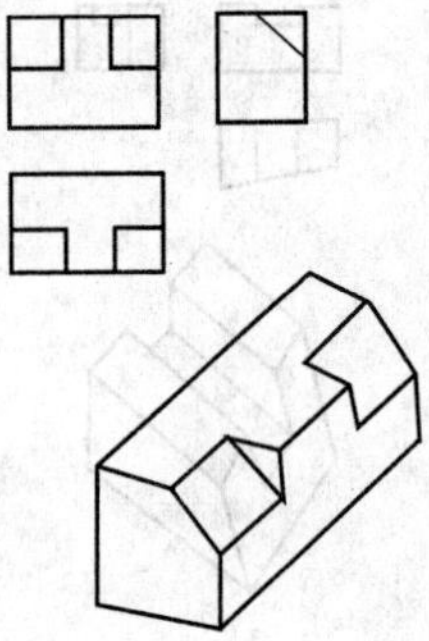

图 14

21. 答:解:作图步骤:(如图 15 所示)(评分标准:图 7 分,凡错、漏、多画线扣 1 分;每步 0.5 分,共 3 分,错一步扣 1 分)

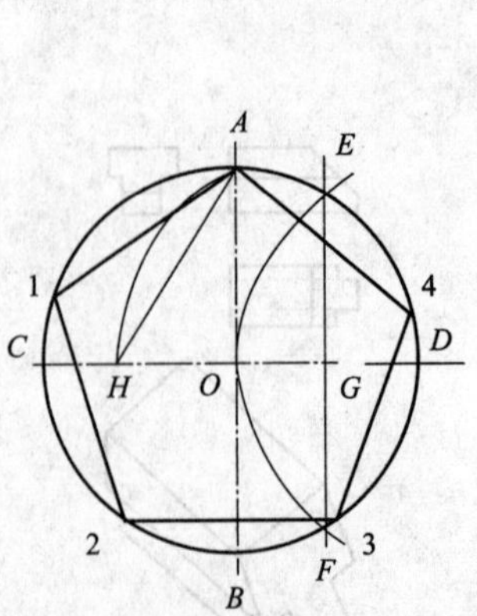

图 15

(1)作已知圆直径 AB、CD 互相垂直;

(2)以 D 为圆心,以该圆半径作弧交圆周于 E、F 两点;

(3)连接 EF 交 CD 于 G;

(4)以 G 为圆心,以 AG 为半径作弧交 CD 于 H;

(5)连接 AH,AH 即为内接五边形边长;

(6)以 AH 为边长,在圆周截取 1,2,3,4 点,连接 $A1$, 12,23, 34,$4A$,即得圆内接正五边形。

22. 答:解:作图步骤:(如图 16 所示)(评分标准:图 7.5 分,凡错、漏、多画线扣 1 分;每步 0.5 分,共 3 分,错一步扣 1 分)

(1)作已知圆直径 AB;

(2)把直径 AB 分成七等分;

(3)分别以 A、B 为圆心 AB 长为半径作弧交于 C 点;

(4)连接 $C2$,并延长交圆周于 D,AD 即为所求的正七边形边长;

(5)依 AD 为边长,在圆周上截取 $1'$,$2'$,$3'$,$4'$,$5'$点,连接 AD,$D1'$,$1'2'$,$2'3'$,$3'4'$,$4'5'$,即得圆内正七边形。

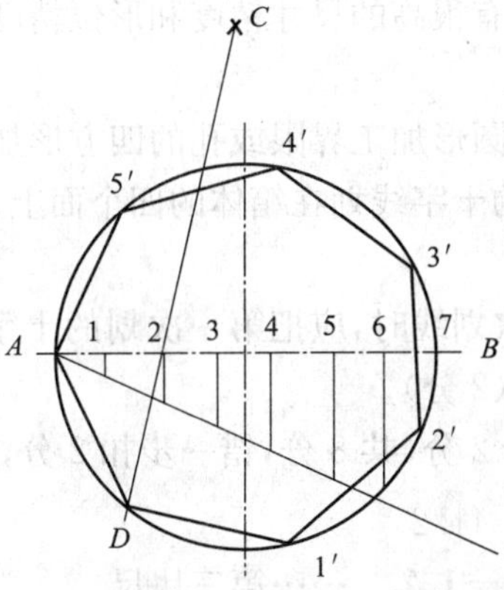

图 16

23. 答:錾子楔角越大,切削部分强度越高(1 分),但阻力(錾削力)越大(1 分),楔角愈小,刃口愈锋利(1 分),但楔角过小则强度差,刃口易崩裂(2 分)。

楔角选用原则是:在保证强度足够的前提下,楔角尽量取小值(2 分),通常是錾削硬材料楔角为 60°～70°(1 分);錾削中等硬度材料楔角为 50°～60°(1 分);錾削软材料楔角为 30°～50°(1 分)。

24. 答:解:作图步骤:如图 17 所示。(评分标准:作图共 6 分,凡错、漏、多画线扣 1 分;每步 1 分,共 4 分,错一步扣 1 分)

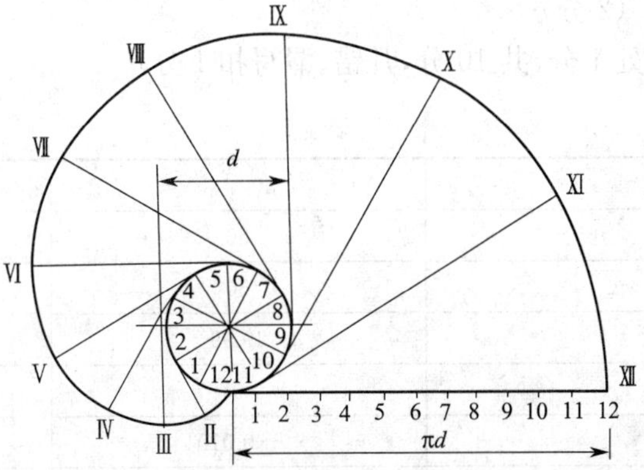

图 17

(1)将已知圆分划12等分；

(2)过各点作圆的切线；

(3)在第一条切线上，截取一个πd并分划12等分；

(4)在各切线上依次截取$\frac{1}{12}\pi d$，$\frac{2}{12}\pi d$，$\frac{3}{12}\pi d$，……，得Ⅰ、Ⅱ、Ⅲ、……等点；(5)将这些点圆滑相连接，即得圆的渐开线。

25. 答：箱体划线很少是一次划全线，往往经过多次划线，通常应注意点是：

(1)划线前要看懂图纸，了解技术要求，明确零件加工次序，按工艺要求找出本划线工序所应划的线，不可把所有的加工线全部划到工件上去(2分)。

(2)大多数箱体内壁不需要加工，而且内壁与箱内机件装配后的间隙往往很小，所以在划线时应特别注意找正箱体内壁，以保证划线和加工后的箱体能顺利装配(2分)。

(3)箱体工件孔多且各孔间有很高的尺寸精度和形位精度，所以在划线前应按图纸对照工件毛坯检查毛坯质量(2分)。

(4)划线时各孔应划出孔的圆形加工界限或孔的四方形加工界限，但无论哪种情况都应划出十字校正线。一般把基准孔的十字线划在箱体的四个面上，作为十字校正线，其它孔的十字线仅划一个面上(2分)。

(5)划线后经机械加工，再次划线时，应把第一次划的十字校正线涂去，重划校正十字线，以消除加工误差，保证划线精度(2分)。

26. 答：解：(评分标准：每步2分，共8分，错一步扣2分，块规标注每处0.5分，共2分)

43.245
−1.005 ……第一块尺
42.24
−1.04 ……第二块尺

41.2
−1.2 ……第三块尺
40 ……第四块尺

答：共用1.005 mm，1.04 mm，1.2 mm，40 mm四块组成。

27. 答：解：(1)$E_S = E_I + IT8 = 0 + 0.033 = +0.033$ mm (2分)

$e_s = e_i + IT7 = +0.008 + 0.021 = +0.029$ mm (2分)

$X_{max} = E_S - e_i = +0.033 - (+0.008) = +0.025$ mm (2分)

$Y_{max} = E_S - e_s = 0 - (+0.029) = -0.029$ mm (2分)

(2)属于过渡配合。(2分)

28. 答：见表1：(每处1分，共10分，凡错、漏写扣1分)

表 1

项 目	$50_{-0.01}^{0}$	$55_{+0.012}^{+0.042}$
基本尺寸	50	55
最大极限尺寸	50	55.042
最小极限尺寸	49.99	55.012
上偏差	0	+0.042
下偏差	−0.010	+0.012
公差	0.010	0.030

29. 答:解:$A=40.06+\frac{10.02}{2}+\frac{10.04}{2}=50.09$ mm (8 分)

答:两孔中心距为 $A=50.09$ mm (2 分)。

30. 答:解:$d_a=m(z+2)=4\times(20+2)=88$ mm (2 分)

$d=m_z=4\times20=80$ mm (2 分)

$h=2.25m=2.25\times4=9$ mm (2 分)

$P=\pi m=3.14\times4=12.56$ mm (2 分)

答:齿顶圆直径 $d_a=88$ mm,分度圆直径 $d=80$ mm,齿全高 $h=9$ mm,齿距 $P=12.56$ mm(2 分)。

31. 答:解:$m=\frac{2a}{z_1+z_2}=\frac{2\times210}{20+50}=6$ mm (3 分)

$d_1=m\cdot z_1=6\times20=120$ mm (3 分)

$d_2=m\cdot z_2=6\times50=300$ mm (3 分)

答:分度圆直径 $d_1=120$ mm,$d_2=300$ mm (1 分)。

32. 答:解:因为普通圆柱销的锥度为:$K=1:50=\frac{1}{50}$(3 分)

且又 $K=\frac{D-d}{L}$ (3 分)

则 $d=D-LK=80-\frac{1}{50}\times80=7.84$ mm (3 分)

答:销子小端直径 $d=7.84$ mm。(1 分)

33. 答:解:$V=\frac{10\times500\cdot\pi}{1000}=15.7$ m/min(或$\frac{15.7}{60}=0.26$ m/s) (8 分)

答:切削速度为 $V=15.7$ m/min(0.26 m/s) (2 分)。

34. 答:解:

因为 $V=\frac{\pi dn}{1\,000}$

所以 $n=\frac{1\,000V}{\pi d}=\frac{1\,000\times24}{22\times\pi}=350$ n/min (8 分)

答:钻床主轴转速 $n=350$ n/min (2 分)。

35. 答:(1)详细消化图纸或实物,了解工件工艺过程,确定工件需要划线的部位(2 分)。

(2)选定划线基准并考虑下道工序要求,确定加工余量(2 分)。

(3)初步检查毛坯误差情况,确定是否要借料(2 分)。

(4)正确安放工件和选用划线工具(1 分)。

(5)划加工线,找正线,检查线(1 分)。

(6)对照图纸或实物检查划线的正确性及是否有漏划线条(1 分)。

(7)检查无误,在已划线上打样冲眼(1 分)。

划线工(中级工)习题

一、填 空 题

1. 石灰水为常用划线涂料用熟石灰加水制成,如再加入定量的(　　)可增加附合力。

2. 锌钡白俗称立德粉为常用划线涂料,颜色纯白,耐热抗碱,受日光长久暴晒虽会变色,但只要重新放在阴暗处仍可(　　)。

3. 实际划线中直接按照原样件进行划线,这种方法称为(　　)。

4. 法兰盘、观察板、门盖上的螺钉孔常常直接投射到主体件上,从而可划出主体上的螺孔,这种方法称为(　　)。

5. 划线应注意样件(　　),考虑其适当补偿量。

6. 划线用的品紫由(　　)的紫颜料、3%～5%漆片,其余加酒精混合而成的。

7. 锌钡白俗称立德粉为常用划线涂料,主要成分由硫化锌和(　　)组成。

8. 分度头是精密工具,但蜗杆和蜗轮之间仍有间隙,因此使用时手柄必须保持(　　)摇,从而消除间隙。

9. 形状复杂加工面或批量较大的工件可采用(　　)划线。

10. 划线次数是根据工件的(　　)来决定的。

11. 机修工作中为了争取时间,人们往往不再测绘图纸而是按照(　　)进行仿划线作为加工时的依据。

12. 对于位置精度要求不高的螺孔和油孔可以将样板上的样孔改为(　　)直接用样冲把孔中心冲在工件上,这样可以减少圆划线的工时。

13. 法兰盘上往往有若干个等分螺孔,假设这些螺孔中心线半径为 75 mm,划线时常采用等分距离在圆周上节取,若是 6 个等分螺孔,等分距离应为(　　) mm。

14. 凸轮划线必须保持清晰、准确、曲线连接要求(　　),不需要的辅助线应去掉,突出加工线。

15. 配划线的方法有用工件直接配划的,但对于工件上不通的螺孔或者配划的工件拆装不方便处,可采用(　　)方法配划。

16. 划线找正要考虑工件在平台、划线方箱、V 型铁上的位置,应选择工件(　　)的放置位置。

17. 锌钡白俗称立德粉,为常用划线涂料,主要成分由(　　)和硫酸钡组成。

18. 划线工作实际上是按照(　　)和借料两个过程进行的。

19. 划线分为平面划线与立体划线,平面划线时一般要选择(　　)个划线基准。

20. 通过(　　)使经过划线和加工后的工件其非加工后对加工面之间保持正确的几何形状,而且厚度均匀,外观质量良好。

21. 无水涂料其主要成分由(　　)(俗称香蕉水)及人造树脂、火棉胶、甲基紫配制而成。

22. 选择划线尺寸基准时,应使划线的尺寸基准与(　　)一致,从而能直接量取划线尺寸简化换标手续。

23. 划线样板的厚度视(　　)的大小而定。

24. 划线样板制作时,可采用一段圆弧代替渐开线齿形的近似划法,这种方法较简单,适用于(　　)的齿形划线。

25. 在一个半径为 75 mm 的圆内划一个内接正方形,正方形边长应为(　　)mm。

26. 图样中机件要素的线性尺寸与(　　)的线性尺寸之比称比例。

27. 机械图上的尺寸线的终端一般画(　　)。

28. 同一张图样上,尺寸线终点形式只能采用(　　)。

29. 对于球面尺寸,通常还需在"ϕ"或"R"前加注(　　)。

30. 锥台的锥度表达式为(　　)与台高之比。

31. 制图时常用(　　)代替焦点法画椭圆。

32. 一直线在圆周上作无滑动的纯滚动,该直线上(　　),即为这个圆的渐开线。

33. 摆线分为内摆线和(　　)。

34. 平面图形的尺寸分为定形尺寸和(　　)。

35. 平面图形的已知线段,是指(　　)齐全的线段。

36. 平面图形所注尺寸从国家标准方面说,符合(　　),并且清晰无误。

37. 画平面图形时,当基准线定位线画出后,先画(　　),再画其他线段。

38. 投影射线(　　)投影面时为直角投影。又叫正投影。

39. 工程上采用的是(　　)法画图。

40. 位于同一投射线上的两点,它们的正投影(　　)。

41. 一般位置直线,对三个投影面都(　　)。

42. 投影面的平行面,其三面投影必有(　　)为直线。

43. 已知点 A 的坐标(10,0,0),则点 A 在(　　)上。

44. 对于规定预紧力的螺纹连接,通常控制转距或控制(　　)的方法来保证预紧力大小。

45. 机器安装完毕,试运转前除检查使用性能外,还需检查其(　　)设施的灵敏可靠性。

46. 各种百分表基本都有表体及(　　)和读数装置所组成。

47. 螺旋测微量具,按用途分为外径千分尺,内径千分尺和(　　)。

48. 内径千分尺测量范围有限,为扩大范围,可采用(　　)的方法。

49. 内径百分表主要用以测量孔径和(　　)。

50. 内径百分表由百分表和(　　)组成。

51. 内径百分表的测量范围有 10～18mm 至 250～450mm,共(　　)种测量范围。

52. 杠杆百分表的分度值为 0.01 mm,测量范围为(　　) mm。

53. 水平仪的读数方法有相对读数法和(　　)读数法。

54. 工艺基准按其作用可分为装配基准、定位基准、工序基准和(　　)。

55. 机床、刀具、工件和(　　)加工时形成一个整体,称为工艺系统。

56. 用来引导刀具,使其相对工件有一个正确位置的元件叫(　　)。

57. 某尺寸链共有 n 个组成环,应有(　　)个封闭环。

58. 装配组织形式有固定装配和(　　)装配。

59. 表示装配单元的划分及其装配先后顺序的图称为( )图。

60. 装配单元系统图能简明直观地反映产品的( )。

61. 引起机床振动的振源有机内振源和( )。

62. 机外振源来自机床外部,它是通过( )将振动传给机床。

63. 剖分式滑动轴承一般都用与其( )来研点。

64. 装配尺寸链每个独立尺寸的( )都将影响装配精度。

65. 滚动轴承内圈滚道和其内孔偏心时,则主轴的几何轴线将产生( )误差。

66. 机床装配精度是在( )下通过检验后得出。

67. 开合螺母机构具有接通( )的功能。

68. 活塞上止点和下止点之间的距离称为( )。

69. 用以限制( )变动的区域,称为形位公差带。

70. 任意方向上直线度公差带形状是( )。

71. 表面粗糙度将直接影响机械零件的( )。

72. 轮廓中线是评定表面粗糙度数值的( )。

73. 国标规定,评定表面粗糙度高度参数有( )个项目。

74. 表面粗糙度代号在图样上应标注在( )线、尺寸界线或其延长线上,也可采用指引线进行标注。

75. 当零件的大部分表面具有相同的表面粗糙度要求时,对其中使用最多的一种代号可以统一标注在图样上的右上角,且加( )两字。

76. 尺寸偏差是指某一尺寸减去基本尺寸所得的( )。

77. 尺寸公差带包括公差带大小与公差带( )两要素。

78. 允许( )的变动量称为配合公差。

79. 用特定的配合公差带表示配合性质的( )称为配合公差带图。

80. 国标规定了两种基准制度,即基孔制和( )。

81. 标准公差数值大小,一与公差等级有关,二与( )有关。

82. 国标规定了标准公差等级分( )级。

83. 国标规定,孔与轴各有( )个基本偏差。

84. 孔、轴公差带代号由基本偏差代号与( )组成。

85. 国标规定孔与轴优先配合为( )种。

86. 基准制的选用,应优先选用( )。

87. 滚动轴承主要有外圆、内圆、滚动体和( )组成。

88. 液压传动是以液体作为工作介质,利用( )来传递动力和进行控制的一种传动方式。

89. 用于传动的螺纹有梯形螺纹、矩形螺纹和( )螺纹。

90. 直齿圆柱齿轮副的正确啮合条件是:$m_1=m_2$,( )。

91. 齿轮的切削加工,就形成原理不同,可以分为仿型法和( )两类。

92. 斜齿圆柱齿轮不能作变速( )。

93. 为使凸轮机构结构紧凑,压力角 α 不宜( )。

94. 机械中常用的有级变速机构有( )种。

95. 楔键的上下表面为工作表面,上表面相对下表面有(　　)。

96. 常用V带,它们的楔角(两侧面夹角)(　　)。

97. 普通V带截面尺寸分(　　)种型号。

98. 国标规定渐开线圆柱齿轮及其齿轮副共有(　　)个精度等级。

99. 当蜗杆的导程角小于蜗杆副材料的当量摩擦角时,蜗杆传动具有(　　)。

100. 轮系中加偶数个惰轮、主、从动轮转向(　　)。

101. 根据所受载荷不同,直轴分为心轴、转轴和(　　)三类。

102. 轴的结构应满足:(1)轴上零件可靠固定;(2)(　　);轴上零件便于安装和拆卸三方面要求。

103. 对开式滑动轴承装拆方便,(　　)可调整,因此应用较广泛。

104. 根据齿轮的使用要求,齿轮精度由(　　)项内容组成。

105. 标准麻花钻通常刃磨(　　)个部位。

106. 铰孔是用铰刀从工件孔壁上切去(　　)以提高尺寸精度和减小表面粗糙度的精加工。

107. 铣床有卧式铣床、(　　)和龙门铣床三大类。

108. 铸造的适用范围广,机械中很多(　　)的毛坯是采用铸造方法制成的。

109. 锻压包括锻造和(　　)两种加工方法。

110. 手工电弧焊接时,必备的焊接用具有(　　),焊钳,面罩和辅助工具等。

111. 气焊常用的可燃气是乙炔气,也可采用(　　)等。

112. 常用刀具材料有:碳素工具钢、合金工具钢、高速钢和(　　)。

113. 车削成形面方法有:联进给法,靠模法和(　　)。

114. 在刨床上可以刨平面,沟槽及(　　)等。

115. 在插床上可以加工孔内:键槽、方孔、多边形孔及(　　)。

116. 常用的钻床有台式钻床、立式钻床和(　　)等。

117. 溜板箱作用是把丝杠或光杠的旋转运动变为(　　)的进给运动。

118. T形槽铣刀颈部较细容易折断,因此(　　)不宜过大。

119. 砂轮是由磨粒和(　　)黏结成的多孔物体。

120. 砂轮选用一般磨软材料时用(　　)的砂轮。

121. 齿轮的轮廓形状有圆弧形、渐开线形、摆线形,但大多数为(　　)。

122. 插齿是用插齿刀按展成法或成形法加工(　　)或齿条的齿面。

123. 决定碳素钢性能最主要的元素是(　　)。

124. 内部原子杂乱堆积的物质叫做非晶体,原子规则排列的物质叫晶体,一般固态金属都属于(　　)。

125. 硬铝是由铝、铜和镁组成的(　　)元合金。

126. 钢的质量高低取决于钢中硫和(　　)含量的多少。

127. 铜合金根据主加元素的不同,可分为黄铜、青铜和(　　)三类。

128. 珠光体是铁素体和渗碳体的(　　)。

129. 正火的热处理工艺代号为(　　)。

130. 在机械设计时,零件或构件工作应力不应超过(　　)。

131. 常见金属的晶格类型有体心立方晶格(　　)晶格密排六方晶格等。

132. 铁由 α-Fe 到 γ-Fe 的理论转变温度为(　　)。

133. 共析钢的含碳量为(　　)%。

134. 硫使钢能产生(　　)性。

135. 磷使钢能产生(　　)性。

136. 铸造用碳钢一般用于制造(　　)及力学性能要求较高的机械零件。

137. 在实际生产中,选用退火和正火时,应考虑切削加工性能、使用性能和(　　)等三方面的因素。

138. 常用淬火方法有单液淬火法、双介质淬火法,马氏体分级淬火法和(　　)。

139. 生产中常把淬火及高温回火的复合热处理工艺称为(　　)。

140. 金属材料在较高的温度下,仍能保持高硬度的能力称为(　　)。

141. 电路是由(　　)、负载、连接设备和控制设备四个基本部分组成。

142. 带正电荷的物体的电位(　　)大地的电位。

143. 在磁铁外部,磁力线从 N 极出发进入(　　)级。

144. 通电流直导线周围磁力线的方向用(　　)手螺旋法则判断。

145. 当导体与周围的磁场发生相对运动时,在导体中会产生(　　)。

146. 大小和方向都随着时间按规律变化的电流叫(　　)电流。

147. 我们把交流电变化一周可需时间叫做交流电的(　　)。

148. 交流电一秒内重复变化的次数叫做交流电的(　　)。

149. 交流电频率的单位是(　　)。

150. 我们电力工业可用的交流电的频率是(　　)Hz。

151. 在我国三相四线制供电线路中,可提供的相电压是(　　)V。

152. 在我国三相四线制供电线路中,可提供的线电压是(　　)V。

153. 远程输电通常要用变压器将电压(　　)后再进行。

154. 输电电压高低的原则是:容量越大、距离越远,输电电压就越(　　)。

155. 已知:A 点电动势为 20 V,B 点电动势为 10 V,那么 AB 两点之间的电压是(　　)。

156. 职业道德是从事一定职业的人们在从业过程中所应遵循的,与其特定职业活动相适应的(　　)。

157. 职业道德是一个人从业应有的行为规范,也是事业有成的(　　)。

158. 对企业来说,职业道德是调整人与人、个人与企业、企业与企业之间关系,维持企业正常和谐活动和企业生存发展的(　　)。

159. 一个有(　　)职业道德的人,他的职业行为没有被强制的色彩,他能够发自内心去热爱本职工作,忠于职守,出色完成各项工作任务,对人民负责,对社会负责。

160. 职业内部,有了职业道德规范,人们行为就有了遵循,有了依据,有了(　　)。

161. 企业之间各部门都有自己的职业道德,如果各部门都能遵守本部门的职业道德,那么部门之间、企业之间就不会再有扯皮、互长、拖拉、改行的现象,从而形成一个(　　)的社会。

162. "为人民服务;团结协作、相互服务;主人翁的劳动态度",是社会主义职业道德三条(　　)。

163. 单位对职工,企业对从业人员进行职业道德规范的教育是(　　),这是外部影响,还必须调动职工的内因。

164. 从业人员,在掌握职业道德规范的具体内涵之后,就要身体力行,付诸实施,把自己掌握的职业道德规范回于(　　)。

165. 在多数情况下,遵章守纪本身就是(　　),如果违章违纪,既要受到道德谴责,又要受到纪律处分,甚至追究刑事责任。

166. 在机械加工中要对箱体类的复杂工件进行加工,(　　)工序是加工前的一道重要工序又是加工时的校正的依据。

167. 划线样板一般分为平面划线样板和(　　)两类。

168. 划线时要用划针盘校正工件水平方向上的非加工面,还要用角尺或线坠校正工件上的(　　)或成角度的非加工面。

169. 合理地选择划线(　　)是做好划线工作的关键。

170. 辅助基准不起定位作用只增加工件的(　　)性。

171. 在划线工作中为了避免线条被擦伤模糊需要打(　　)作为划线标记。

172. (　　)是用碳素工具钢制成,常用于在圆柱体端面或铸成的孔上求近似圆心,还可以划出平面的对称中心及平行线等。

173. 用划卡求近似圆心应把划卡张开尽可能为圆的(　　)尺寸。

174. (　　)是用高速工具钢制成,形如铅笔,使用方法也与铅笔相同。

175. (　　)是用铸铁铸造是经过精加工的空心立方体,上面常有 V 形槽和夹紧装置,用于较小或适中直径圆柱体工件划线。

二、单项选择题

1. 锌钡白俗称立德粉,这种涂料成品是粉末,使用时必须加水和适量熬成糊状的(　　)调匀。

(A)牛皮胶　(B)火棉胶　(C)人造树脂　(D)醋酸丁脂

2. 品紫一般用于(　　)划线时涂色。

(A)铸锻件毛坯表面　(B)已加工表面　(C)精密件　(D)未加工表面

3. 箱体的第一划线位置一般应选择在箱体上待加工的(　　)。

(A)面　(B)孔　(C)孔和面　(D)线

4. (　　)是仿照样件,直接从中量取尺寸进行划线的方法。

(A)配划线　(B)印迹划线　(C)样板划线　(D)仿划线

5. 畸形工件需多次划线时,为了保证加工质量必须做到(　　)。

(A)安装方法一致　(B)划线方法一致　(C)划线基准统一　(D)借料方法相同

6. 箱体首次加工时,是用箱体的(　　)来找正的。

(A)面　(B)孔　(C)安装基准　(D)划线

7. 箱体上划出(　　)是机械加工过程的校正依据。

(A)平行线　(B)十字找正线

(C)两条成角度的交线　(D)一条直线

8. 红油是由(　　)加淡金水而成。

(A)龙胆紫　(B)硫酸铜溶液　(C)孔雀绿　(D)品红

9. 划线平台、V型铁、方箱、分度头按用途分类属于(　　)。

(A)基准工具　　(B)量具　　(C)绘划工具　　(D)夹持工具

10. 高度尺、高度游标尺、钢架尺、万能量角尺等按用途分类属于(　　)。

(A)基准工具　　(B)量具　　(C)绘划工具　　(D)辅助工具

11. 划针、划针盘、划规等按用途分类属于(　　)。

(A)绘划工具　　(B)辅助工具　　(C)量具　　(D)基准工具

12. 立体划线一般要在(　　)方向上进行。

(A)长　　(B)宽　　(C)高　　(D)长、宽、高

13. 将金属板制品表面全部或一部分的形状作成的平面图叫(　　)。

(A)平面图　　(B)展开图　　(C)投影图　　(D)视图

14. (　　)就是根据施工图或零件图要求,按1∶1尺寸比例准确绘制板金制件展开图的过程。

(A)划线　　(B)放样　　(C)制图　　(D)制样板

15. 当已知圆沿一条直线滚动时,其圆周上任一点的轨迹称为(　　)。

(A)阿基米德螺旋线　　(B)平摆线　　(C)内摆线　　(D)外摆线

16. 当已知圆沿一个圆周外侧滚动时,其圆周上任一点的轨迹称为(　　)。

(A)阿基米德螺旋线　　(B)平摆线　　(C)内摆线　　(D)外摆线

17. 当已知圆沿一个圆周内侧滚动时,其圆周上任一点的轨迹称为(　　)。

(A)阿基米德螺旋线　　(B)平摆线　　(C)内摆线　　(D)外摆线

18. 大多数箱体内壁不需加工,箱内机件间隙很小,所以在划线时应特别注意找正箱体的(　　)。

(A)两侧壁　　(B)外壁　　(C)内壁　　(D)上下侧壁

19. 划线后经机械加工再次划线时,(　　),以消除误差,保证划线精度。

(A)不应把第一次划的十字校正线涂去

(B)应把第一次划的十字校正线涂去,重划校正十字线

(C)应保留第一次划的十字校正线,并重划一边校正十字线使之重合

(D)按第一次划线校正

20. 图样中的尺寸界线用(　　)线绘制。

(A)粗实　　(B)细实　　(C)虚　　(D)细点划

21. 机械图样中的汉字号成(　　),并采用国家正式公布的简化字。

(A)宋体　　(B)楷体　　(C)隶书　　(D)长仿宋体

22. 角度尺寸标注时,角度的数字应(　　)书写。

(A)水平　　(B)横向　　(C)倾斜　　(D)任意

23. 图样上注明的比例为1∶5,则图样中尺寸与机件中对应尺寸(　　)关系。

(A)放大　　(B)相等　　(C)缩小　　(D)无

24. 在三投影中,由上往下投影,画在H面的视图称为(　　)图。

(A)三视　　(B)主视　　(C)左视　　(D)俯视

25. 空间点在投影轴上,则(　　)坐标值等于零。

(A)有两个　　(B)没有　　(C)有一个　　(D)有三个

26. 用两个相交的剖切平面,将机件剖开,所得的剖视图称为(　　)剖视图。

(A)半　(B)旋转　(C)阶梯　(D)复合

27. 仅画出机件上某一倾斜部分实形的视图称为(　　)视图。

(A)局部　(B)基本　(C)斜　(D)旋转

28. 当空间平面平行投影面时,其投影与原平面的形状大小相比(　　)。

(A)相等　(B)减小　(C)增大　(D)无法确定

29. 直线 AB 与 H 面平行,与 W 面倾斜,与 V 面倾斜,则 AB 是(　　)线。

(A)正平　(B)侧平　(C)水平　(D)一般位置

30. 图 1 中,俯视图正确的是(　　)。

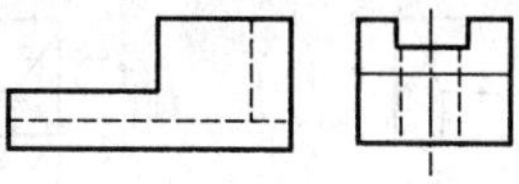

图 1

(A)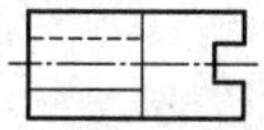　(B)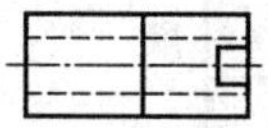　(C)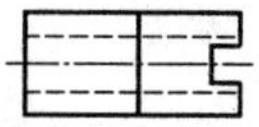　(D)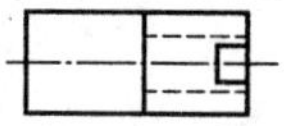

31. 图 2 中,俯视图正确的是(　　)。

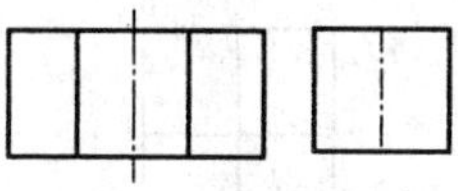

图 2

(A)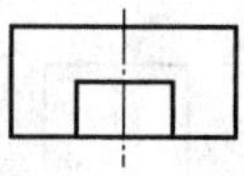　(B)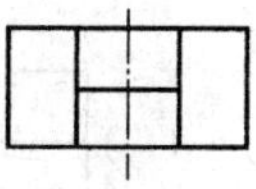　(C)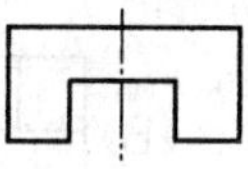　(D)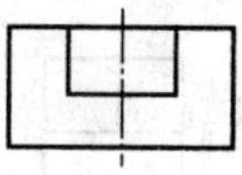

32. 图 3 中,俯视图正确的是(　　)。

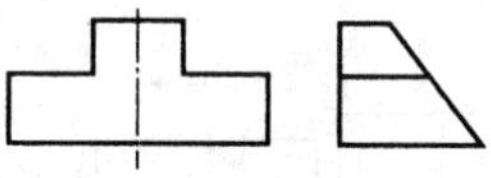

图 3

(A)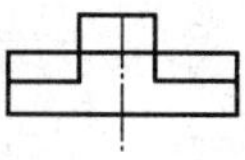　(B)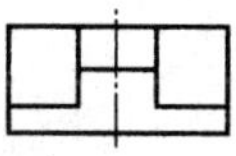　(C)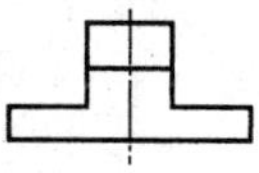　(D)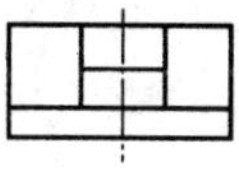

33. 图 4 中,俯视图正确的是(　　)。

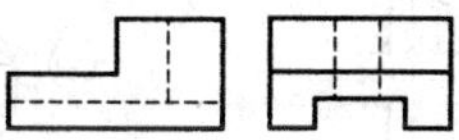

图 4

(A)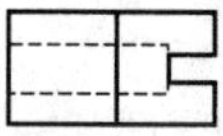　(B)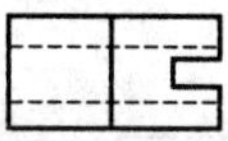　(C)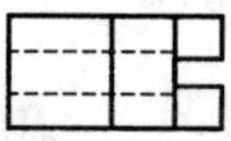　(D)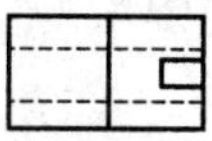

34. 图 5 中,俯视图正确的是(　　)。

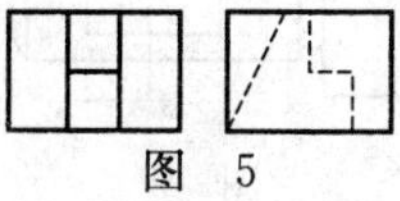

图 5

(A)  (B)  (C) 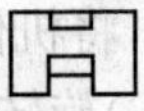 (D) 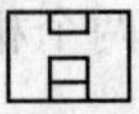

35. 图 6 中,左视图正确的是(　　)。

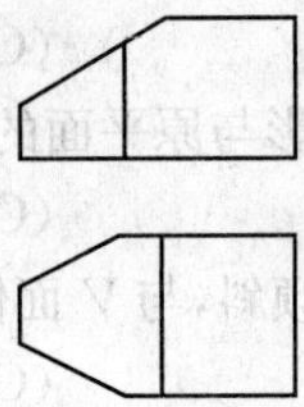

图 6

(A) 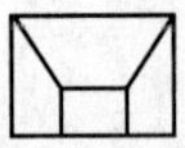 (B)  (C)  (D) 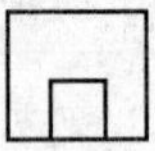

36. 图 7 中,左视图正确的是(　　)。

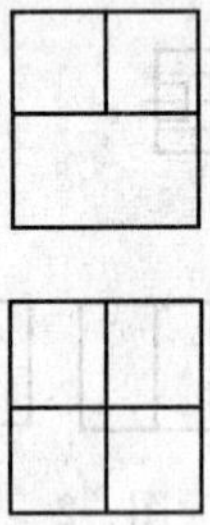

图 7

(A) 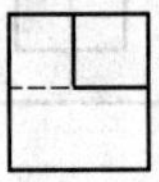 (B) 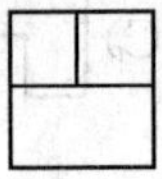 (C) 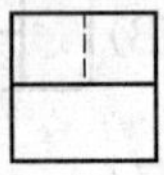 (D) 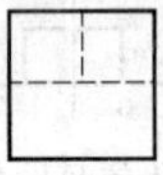

37. 图 8 中,剖面图正确的是(　　)。

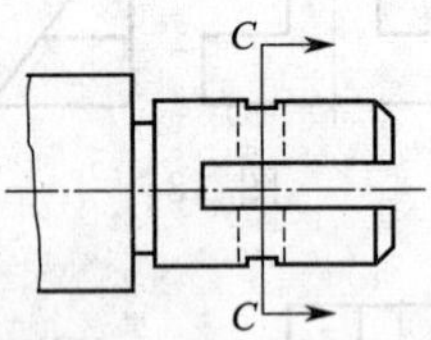

图 8

(A) 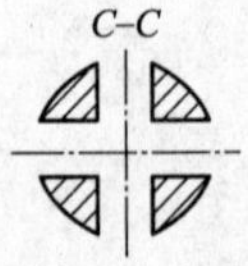

(B) 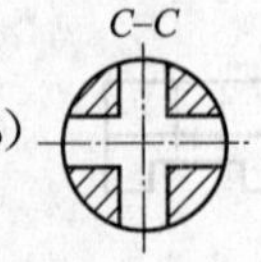

(C) 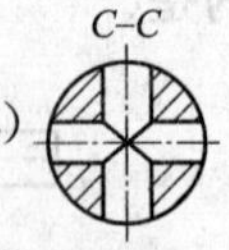

(D) 

38. 图 9 中,剖面图正确的是(　　)。

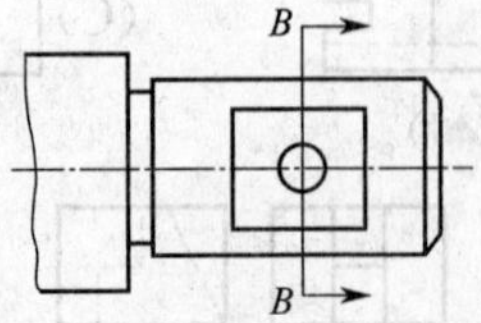

图 9

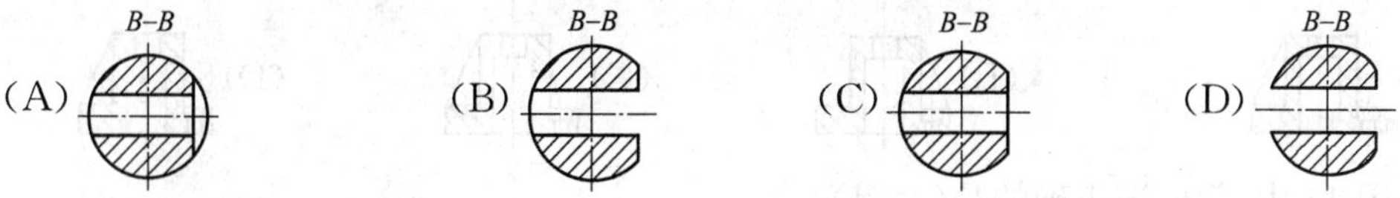

39. 图 10 中,剖面图正确的是(　　)。

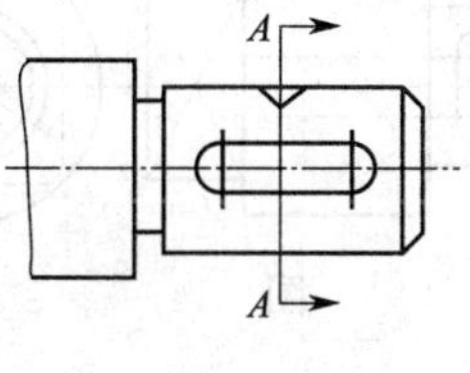

图　10

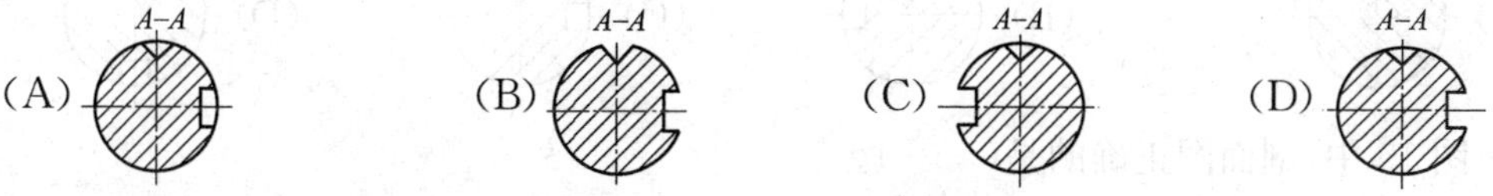

40. 图 11 中,剖面图正确的是(　　)。

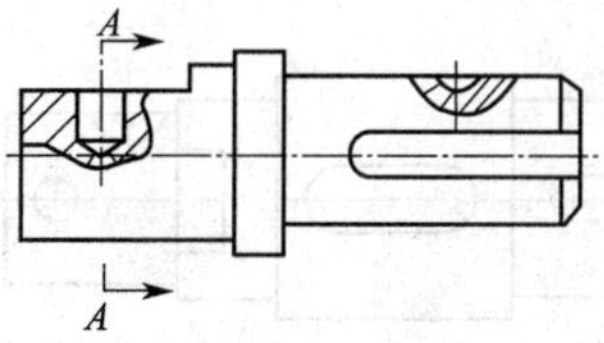

图　11

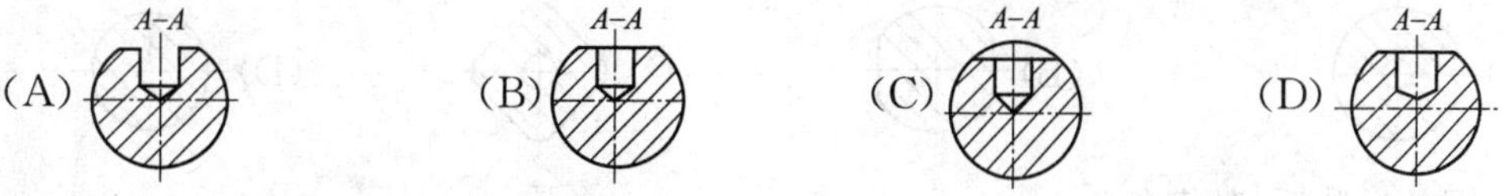

41. 图 12 中,左视图正确的是(　　)。

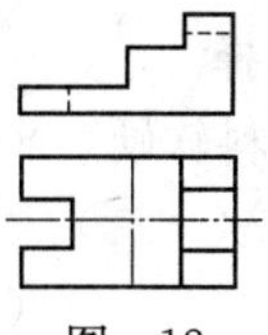

图　12

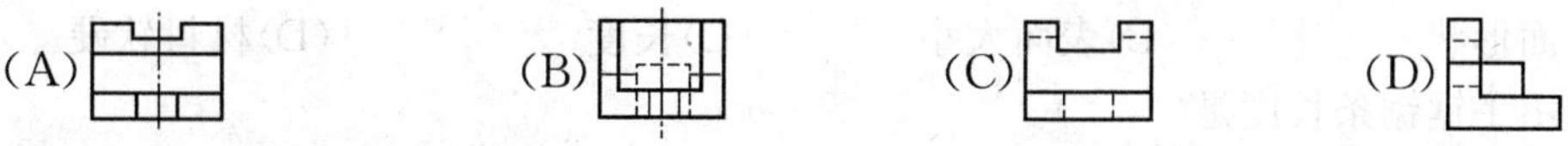

42. 图 13 中,左视图正确的是(　　)。

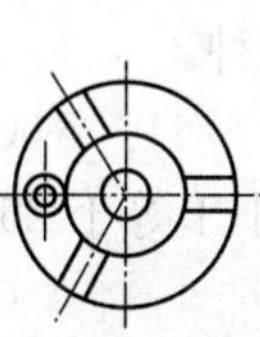

图　13

(A) 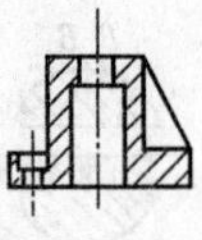 (B) 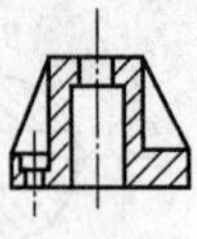 (C) 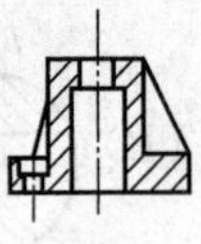 (D) 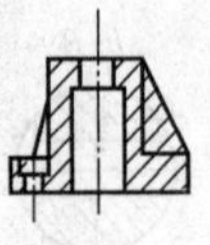

43. 图 14 中,剖面图正确的是(　　)。

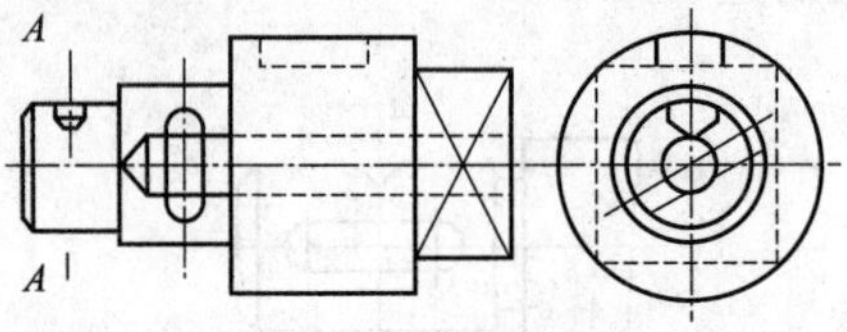

图 14

(A) 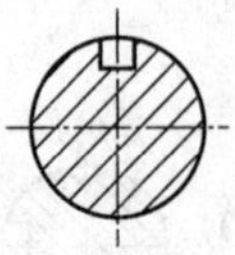 (B) 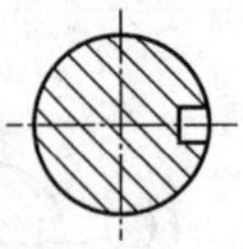 (C) 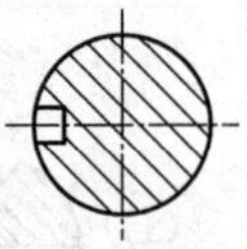 (D) 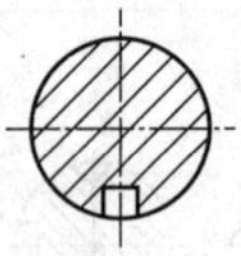

44. 图 15 中,剖面图正确的是(　　)。

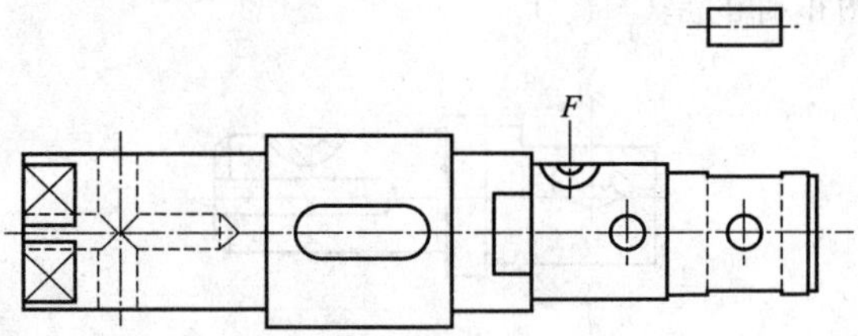

图 15

(A) 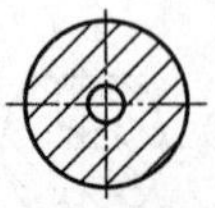 (B) 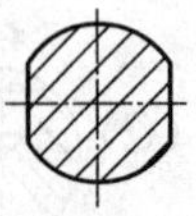 (C) 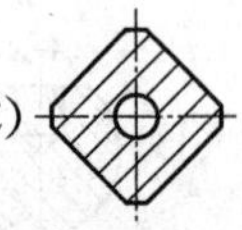 (D) 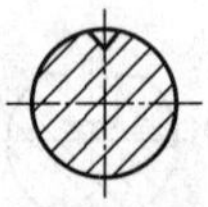

45. 锯条反装后,其楔角(　　)。

(A)不变　(B)增大　(C)减小　(D)可能大也可能小

46. 錾子楔角的大小应根据(　　)选择。

(A)工件形状大小　(B)工件材料软硬　(C)前角大小　(D)錾削余量大小

47. 錾削时,锤击力最大的挥锤方法是(　　)。

(A)手挥　(B)臂挥　(C)肘挥　(D)手臂一齐挥

48. 锉刀断面形状的选择取决于工件的(　　)。

(A)表面形状　(B)表面大小　(C)长度　(D)材料软硬

49. 常用手锯锯条长度是(　　)。

(A)200 mm　(B)250 mm　(C)300 mm　(D)320 mm

50. 锉刀的粗细规格一般分为(　　)种。

(A)6　(B)5　(C)4　(D)3

51. 刮削导轨的接触精度(导轨宽度小于等于 250 mm),高精度机床导轨为(　　)点。

(A)10　(B)12　(C)20　(D)25

52. 铆接时,铆钉直径的大小与被联接板的(　　)有关。

(A)大小　(B)厚度　(C)硬度　(D)韧性

53. 铆钉的铆合头应伸出铆钉长度的(　　)倍,才可铆沉头形。

(A)0.8～1　(B)1～1.25　(C)1.25～1.5　(D)1.5～2

54. 手锯锯条的楔角是(　　)。

(A)30°　(B) 40°　(C) 50°　(D) 60°

55. 钢板下料应采用(　　)。

(A)带锯　(B)电剪刀　(C)弓锯　(D)剪板机

56. 在攻制工件台阶旁边或机体内部的螺孔时,可选用(　　)铰杠。

(A)普通　(B)普通活动　(C)固定或活动　(D)丁字

57. 攻不通孔螺纹时,孔底深度要(　　)所需的螺纹深度。

(A)小于　(B)大于　(C)小于或等于　(D)等于

58. 在承受单方向轴向力的机械上,如压力机、冲床的螺杆,一般采用(　　)螺纹。

(A)锯齿形　(B)三角形　(C)矩形　(D)梯形

59. 螺纹从左向右升高的称为(　　)螺纹。

(A)左旋　(B)右旋　(C)非密封管　(D)密封管

60. 对刮削平面进行粗刮时应采用(　　)刮法。

(A)点　(B)短　(C)长　(D)推

61. 刮削内孔时,接触点的合理分布应为(　　)。

(A)中间少两端多　(B)均匀分布　(C)中间多两端少　(D)分段均匀分布

62. 细刮时,在整个刮削面上,每边长 25 mm 的正方形面积内应达到(　　)个点时,细刮即告结束。

(A)3～4　(B)12～15　(C)15～18　(D)20 以上

63. 研磨余量的大小应根据(　　)来考虑。

(A)零件的耐磨性　(B)材料的硬度

(C)研磨前预加工精度高低　(D)研磨剂成份

64. 矫正弯形时,材料产生的冷作硬化,可采用(　　)方法,使其恢复原来的力学性能。

(A)回火　(B)淬火　(C)调质　(D)正火

65. 对扭曲变形的材料,可用(　　)进行矫正。

(A)弯曲法　(B)扭转法　(C)延展法　(D)抽打

66. 当轴径小于 50 mm,轴的弯曲大于 0.6 mm/1 000 mm 时,可采用(　　)。

(A)冷校和热校　(B)热校　(C)冷校　(D)冷校或热校

67. 关于偏差与公差之间的关系,下列说法中正确的是(　　)。

(A)实际偏差愈大,公差愈大　(B)上偏差愈大,公差愈大

(C)下偏差愈大,公差愈大　(D)上、下偏差的绝对值愈大公差愈大

68. 基本偏差确定公差带的位置,一般情况下,基本偏差是(　　)。

(A)上偏差或下偏差中靠近零线的那个　(B)上偏差

(C)下偏差　(D)实际偏差

69. 当孔的下偏差大于相配合的轴的上偏差时,此配合性质是(　　)。

(A)过渡配合　(B)间隙配合　(C)过盈配合　(D)无法确定

70. 当孔的上偏差小于相配合的轴的上偏差，而大于相配合的轴的下偏差时，此配合过渡是(　　)。

(A)间隙配合　　(B)过渡配合　　(C)过盈配合　　(D)无法确定

71. 在基孔制配合中，基准孔的公差带确定后，配合的最小间隙或最小过盈是由的(　　)确定。

(A)轴的基本偏差　　(B)公差等级　　(C)公差数值　　(D)实际偏差

72. 国家标准规定优先选用基孔制配合是(　　)。

(A)因为孔比轴难加工

(B)为了减少孔和轴的公差带数量

(C)为了减少定尺寸孔用刀，量具的规格和数量

(D)因为从工艺上，应先加工孔，后加工轴

73. 图 16 的读数尺寸是(　　)。

(A)13.19　　(B)12.69　　(C)12.19　　(D)13.69

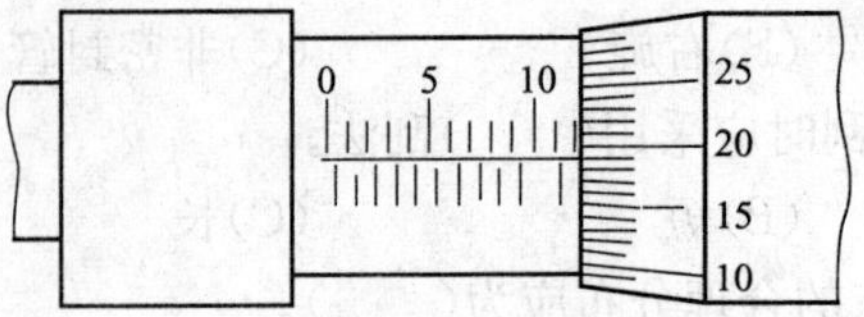

图　16

74. 图 17 的读数尺寸是(　　)。

(A)123.34　　(B)12.32　　(C)140.20　　(D)123.20

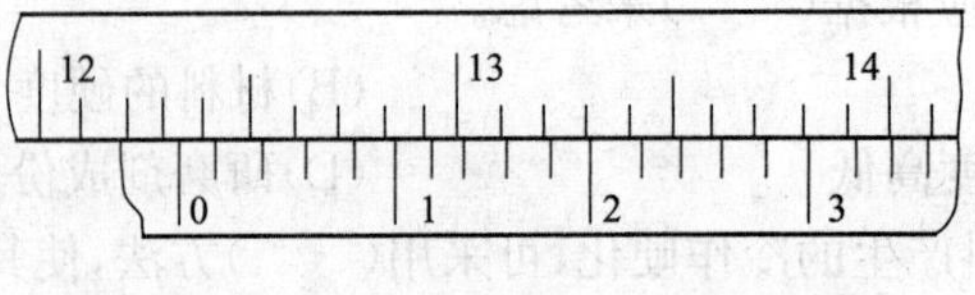

图　17

75. 图 18 的读数尺寸是(　　)。

(A)41.55　　(B)4.55　　(C)81.45　　(D)8.55

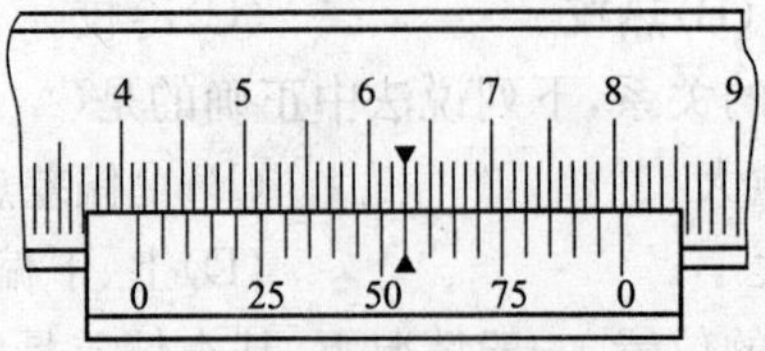

图　18

76. 图 19 的读数尺寸是(　　)。

(A)20.02　　(B)2.02　　(C)69.02　　(D)6.92

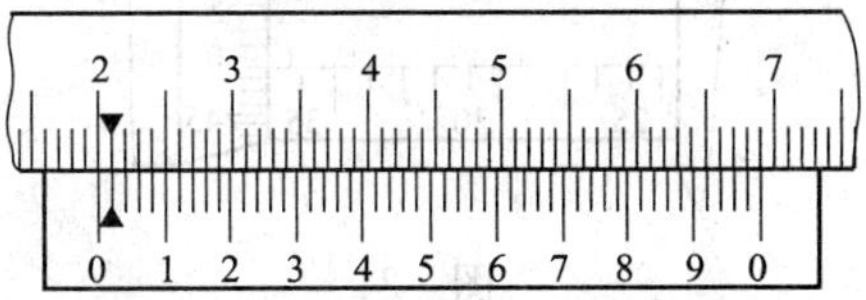

图 19

77. 图 20 的读数尺寸是(　　)。

(A)46.45　　(B)3.24　　(C)32.42　　(D)32.45

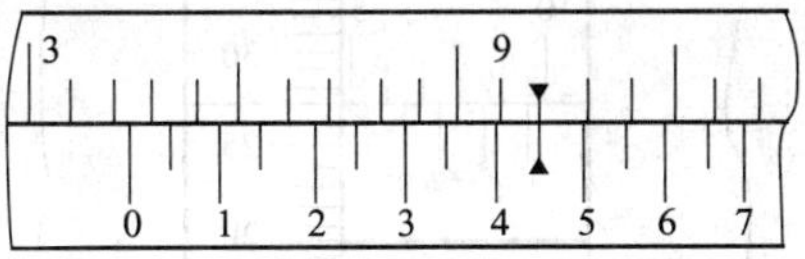

图 20

78. 图 21 的读数尺寸是(　　)。

(A)73.00　　(B)6.23　　(C)60.26　　(D)7.30

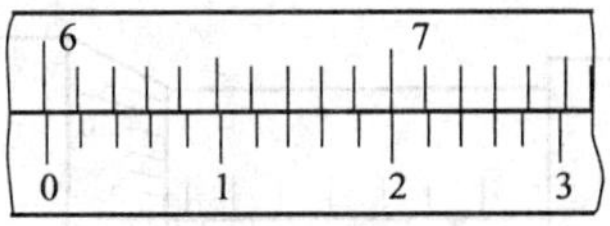

图 21

79. 图 22 的读数尺寸是(　　)。

(A)5.9　　(B)50.45　　(C)5.45　　(D)59.45

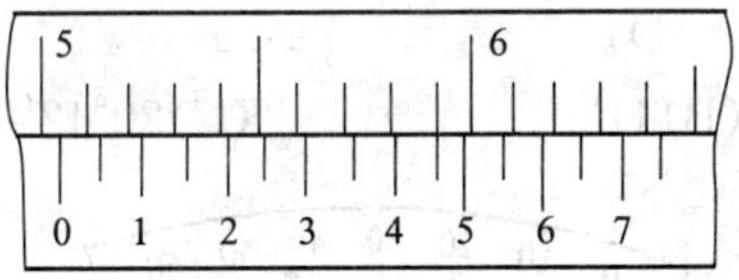

图 22

80. 图 23 的读数角度是(　　)。

(A)53°　　(B)40°14′　　(C)47°　　(D)40°35′

图 23

81. 图 24 的读数尺寸是(　　)。

(A)36.49　　(B)37.49　　(C)36.99　　(D)37.01

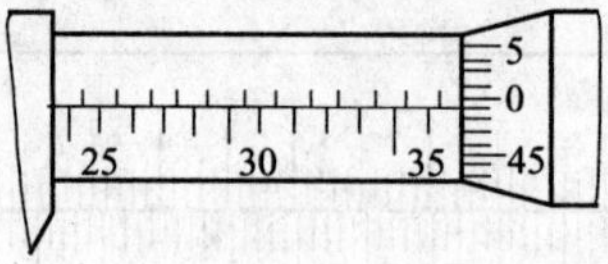

图 24

82. 图 25 的读数尺寸是(　　)。

(A)5.27　　(B)5.33　　(C)50.33　　(D)5.77

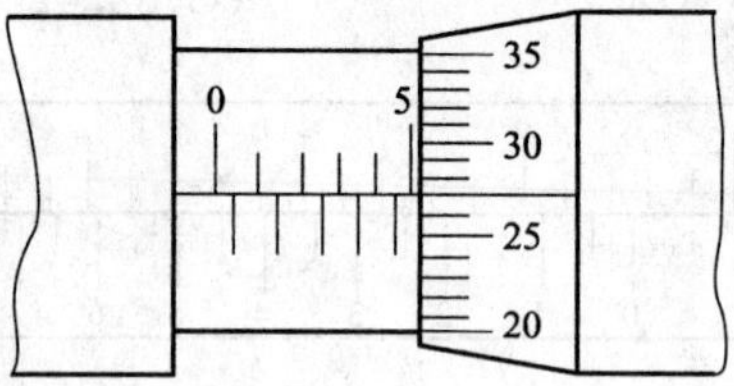

图 25

83. 图 26 的读数尺寸是(　　)。

(A)7.25　　(B)6.25　　(C)6.75　　(D)7.75

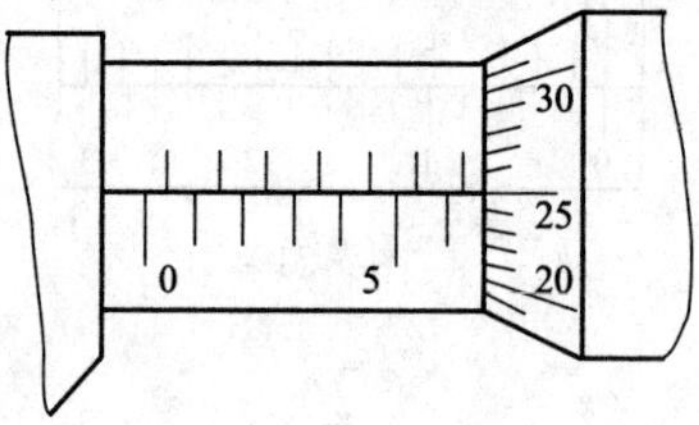

图 26

84. 图 27 的读数角度是(　　)。

(A)70°　　(B)41°　　(C)20°42′　　(D)69°42′

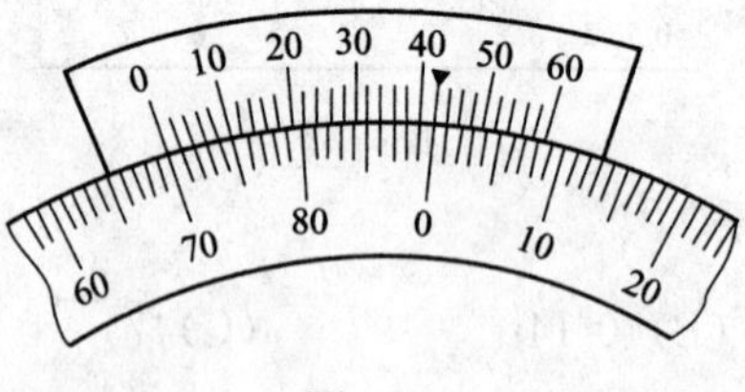

图 27

85. 图 28 的读数是(　　)。

(A)2°16′　　(B)13°　　(C)10°13′　　(D)10°8′

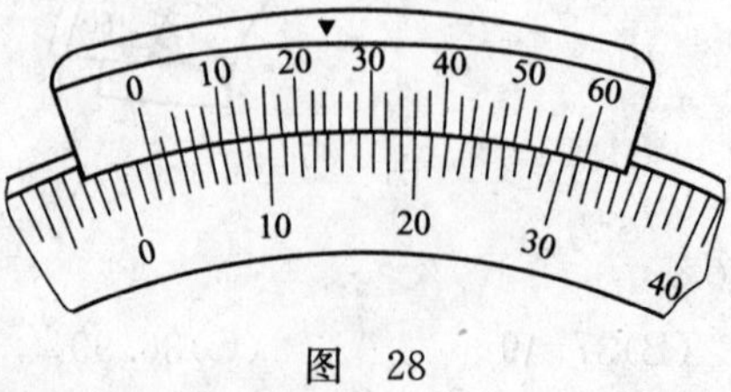

图 28

86. 图 29 的读数尺寸是(　　)。

(A)33.15　(B)32.65　(C)33.65　(D)32.15

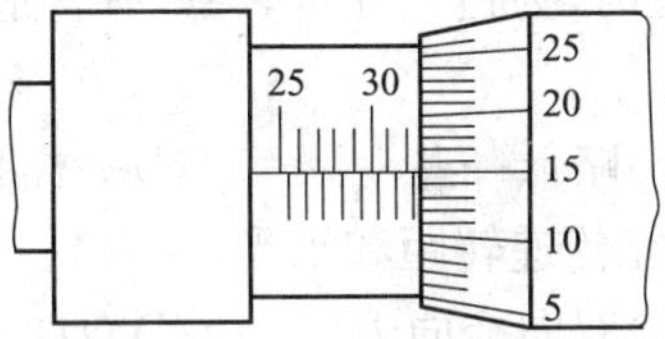

图　29

87. 滚动轴承外径与外壳孔的配合应为(　　)。

(A)具体要求定配合　(B)基孔制　(C)基轴制　(D)非机制

88. 按等速运动规律工作的凸轮机构(　　)。

(A)会产生柔性冲击　(B)会产生刚性冲击

(C)不会产生冲击　(D)适用于凸轮作高速运动的场合

89. 机械式有机变速机构(　　)。

(A)变速平衡,有噪声　(B)结构紧凑,零件种类和数量少

(C)变速可靠,传动比准确　(D)存在着打滑现象

90. V 带传动机构装配时,要求两轴的中间平面重合,因而要求其倾斜角不超过(　　)。

(A)10°　(B)5°　(C)0.1°　(D)1°

91. 双螺母锁紧属于(　　)防松装定。

(A)附加摩擦力　(B)拧紧力矩　(C)预紧力　(D)机械

92. 齿轮传动的特点有(　　)。

(A)传递的功率和速度范围大　(B)使用寿命长,但传动效率低

(C)制造和安装精度不高　(D)能实现无级变速

93. 一对外齿合的标准直齿圆柱齿轮,中心距 $a=160$ mm,齿轮的齿距 $p=12.56$ mm,传动以 $i=3$,则两齿轮的齿数和为(　　)。

(A)60　(B)80　(C)100　(D)120

94. 传动比大而且准确的传动是(　　)。

(A)带传动　(B)链传动　(C)齿轮传动　(D)蜗杆传动

95. 定轴轮系的传动比大小与轮系中惰轮的齿数(　　)。

(A)无关　(B)有关　(C)成正比　(D)成反比

96. 下列机构中具有急回特性的是(　　)。

(A)双曲柄机构　(B)双摇杆机构

(C)对心曲柄滑块机构　(D)曲柄摇杆机构

97. 加工方便且应用广泛的花键连接是(　　)。

(A)矩形齿花键连接　(B)圆柱斜齿花键连接

(C)渐开线齿花键连接　(D)三角形齿花键连接

98. 机构简单,定位可靠,能承受较大轴向力的轴向固定方式是(　　)。

(A)弹性挡圈固定　(B)轴肩和轴环固定

(C)圆锥销固定　(D)套筒或圆螺母固定

99. 仅承受轴向载荷，且载荷不大转速不高时，宜选用(　　)。

(A)向心球轴承　(B)推力轴承　(C)向心滚子轴承　(D)圆锥滚子轴承

100. 薄壁轴瓦与轴承座装配时，为达到配合紧密，有合适的过盈量，其轴瓦剖分面应比应比轴承座的剖分面(　　)。

(A)略高一些　(B)略低一些　(C)一样高　(D)按要求定

101. 楔键是一种紧键联接，能传递转距和承受(　　)。

(A)单向径向力　(B)双向径向力　(C)双向轴向力　(D)单向轴向力

102. 滚动轴承游隙分为(　　)游标两类。

(A)原始、配合　(B)配合、工作　(C)径向、轴向　(D)原始、工作

103. 液压系统的执行元件是(　　)。

(A)电动机　(B)液压泵

(C)液压缸或液压马达　(D)液压阀

104. 液压系统中液压泵属于(　　)。

(A)执行部分　(B)控制部分　(C)辅助部分　(D)动力部分

105. 刀具的几何角度中起控制排屑方向作用的主要角度是(　　)。

(A)前角　(B)后角　(C)刀尖角　(D)刃倾角

106. 切削时，切屑流出的表面称为(　　)。

(A)主刀面　(B)切削表面　(C)前刀面　(D)基面

107. 一般情况下，曲轴轴颈都是经过(　　)来完成的。

(A)车削和钻削　(B)车削和磨削　(C)车削和铣削　(D)钻削和铣削

108. 钻削塑性材料时，以产生(　　)为主。

(A)崩碎切屑　(B)粒状切屑　(C)节状切屑　(D)带状切屑

109. 车削时，传递切削热量最多的是(　　)。

(A)刀具　(B)工件　(C)切屑　(D)夹具

110. 封闭环的公差等于(　　)。

(A)减环公差之和　(B)各组成环公差之和

(C)增环公差之和　(D)各组成环公差之差

111. 修配法解尺寸链的主要任务是确定(　　)在加工中的实际尺寸。

(A)增环　(B)减环　(C)封闭环　(D)修配环

112. 拆卸精度较高的零件时，采用(　　)。

(A)击卸法　(B)拉拔法　(C)破坏法　(D)温差法

113. 为了使钻头在切削过程中，既能保证正确的切削方向，又能减小钻头与孔壁的摩擦，钻头的直径应当(　　)。

(A)向柄部逐渐减小　(B)向柄部逐渐增大

(C)保持不变　(D)比要求钻孔的孔径尺寸大

114. 磨短麻花钻的横刃，其目的是(　　)。

(A)减小轴向抗力和挤刮现象　(B)增强横刃的强度

(C)减小横刃斜角　(D)增大横刃斜角

115. 当麻花钻顶角小于是 118°时，两主切削刃呈(　　)形。

(A)直线　(B)曲线　(C)外凸　(D)内凹

116. 钻黄铜或青铜主要要解决钻头的(　　)问题。

(A)抗力　(B)挤刮　(C)散热　(D)扎刀

117. 普通麻花钻扩孔切削时容易产生(　　)问题。

(A)进给困难　(B)扎刀　(C)加工效率低　(D)加工质量差

118. 在 ϕ20 mm 的底孔上扩 ϕ45 mm 的孔,则切削深度为(　　)。

(A)5 mm　(B)7.5 mm　(C)12.5 mm　(D)15 mm

119. 一大型机件上加工尺寸为 $\phi 10^{+0.018}_{0}$ 的孔,应选择(　　)加工方法合适。

(A)钻削　(B)镗削　(C)铰削　(D)研磨

120. 采用分组选配法装配时,尺寸链各尺寸均按(　　)制造。

(A)经济公差　(B)选配公差　(C)封闭环公差　(D)装配精度要求

121. 多工位加工可以减少(　　),提高生产率。

(A)刀具的数量　(B)工位数　(C)工步数　(D)工件的安装次数

122. 在夹具中,用来确定刀具对工件相对位置和相同进给方向,以减少加工中位置误差的元件和机构称为(　　)。

(A)刀具导向装置　(B)定心装置　(C)对刀块　(D)夹紧装置

123. 钢淬火是为了获得(　　)组织。

(A)铁素体　(B)珠光体

(C)铁素体或珠光体　(D)马氏体或贝氏体

124. 金属的冷加工和热加工是以(　　)来划分的。

(A)室温　(B)重结晶温度　(C)再结晶温度　(D)溶点温度

125. (　　)值是用球面压痕单位表面积上所承受的平均压力来表示。

(A)布氏硬度　(B)洛氏硬度　(C)维氏硬度　(D)肖氏硬度

126. 不具有同素异构转变的金属是(　　)。

(A)铁　(B)锡　(C)铜　(D)锰

127. (　　)是无磁性。

(A)铁素体　(B)奥氏体　(C)珠光体　(D)渗碳体

128. 灰铸铁中的碳主要是以(　　)形式存在。

(A)渗碳体　(B)渗碳体+石墨　(C)片状石墨　(D)球状石墨

129. 轴承合金是用来制造(　　)的材料。

(A)滚动轴承　(B)滑动轴承　(C)滚动体　(D)轴承外圈

130. 机械设计的主要依据是材料的(　　)。

(A)σ_s　(B)σ_b　(C)HB　(D)σ_{-1}

131. 疲劳试验时,试样承受的载荷为(　　)。

(A)静载荷　(B)冲击载荷　(C)拉伸载荷　(D)交变载荷

132. 改善零件的结构形状,降低零件的表面粗糙度,采用各种表面强化的方法,可提高零件的(　　)。

(A)σ_b　(B)σ_{-1}　(C)$\sigma_{0.2}$　(D)σ_s

133. 铁碳合金状态图上的共析线是(　　)线。

(A) D (B)E、F (C)P、S、K (D)G、S

134. 从奥氏体中析出的渗碳体为(　　)。

(A)一次渗碳 (B)二次渗碳体 (C)三次渗碳体 (D)共晶渗碳体

135. 各种受力的机械零件,要求强度、塑性、韧性都比较好的材料,可选(　　)。

(A)低碳钢 (B)中碳钢 (C)高碳钢 (D)高合金钢

136. 球化退火一般适用于(　　)。

(A)低碳钢 (B)结构钢 (C)工具钢 (D)特殊性能钢

137. 钢淬火后经高温回火获得的组织为(　　)。

(A)回火珠光体 (B)回火马氏体 (C)回火屈氏体 (D)回火索氏体

138. 化学热处理与其他热处理方法的基本区别是(　　)。

(A)加热温度 (B)加热时间

(C)组织变化 (D)改变表面化学成分

139. Cr12MoV 是属于(　　)。

(A)高碳低合金钢 (B)高碳高合金钢

(C)低碳高合金钢 (D)低碳低合金钢

140. 钢正火后一般得到的组织是(　　)。

(A)铁素体 (B)渗碳体 (C)索氏体 (D)莱氏体

141. 衡量电荷多少的量叫做(　　)。

(A)电流强度 (B)电压 (C)电势 (D)电量

142. 电流强度的单位是(　　)。

(A)安培 (B)库伦 (C)伏特 (D)欧姆

143. 电源具有把正负电荷分开的能力,衡量电源这种能力的量叫做(　　)。

(A)电位 (B)电压 (C)电动势 (D)功

144. 在电阻串联的电路中,各个电阻上流过的电流(　　)。

(A)相等 (B)不等

(C)电阻大的电流大 (D)电阻小的电流大

145. 在电阻串联的电路中,各个电阻上两端电压(　　)。

(A)相等 (B)不一定

(C)电阻大的电压大 (D)电阻大的电压小

146. 一电源电动势 $E=48$ V,内阻 $r=0.04$ Ω,负载电阻 $R=0.96$ Ω,电源电压 U 为(　　)。

(A)48 V (B)大于 48 V (C)小于 48 V (D)不定

147. 在电路中电容器可以(　　)。

(A)隔断直流 (B)隔断交流

(C)交、直流均可隔断 (D)交、直流均不可隔断

148. 电容量的单位是(　　)。

(A)伏特 (B)欧姆 (C)法拉 (D)安培

149. 当二个电容器并联时其等效电容量等于(　　)。

(A)二个电容器的电容量之和 (B)二个电容器的电容量倒数之和

(C)二个电容器的电容量之差 (D)二个电容器电容量之积

150. 电容器存贮电荷的能力叫做电容器的(　　)。
(A)电量　(B)电容量　(C)电势　(D)电势差
151. 我国规定(　　)以下的电压为安全电压。
(A)220 V　(B)110 V　(C)50 V　(D)36 V
152. 加工后的精密零件吊运应使用(　　)作吊具。
(A)钢丝绳　(B)三角皮带　(C)尼龙绳　(D)带绝缘皮的电线
153. 钢丝绳折断(　　)股或绳股松散即应报废。
(A)一　(B)二　(C)三　(D)四
154. 安全标志有红、蓝、黄、绿四种颜色,其中红色的含义是(　　)。
(A) 禁止、停止　(B)指令遵守　(C)警告注意　(D)安全通行
155. 在发生事故后出现混乱局面,万一卷入到混乱人流中,应(　　)。
(A)随着人流的移动而移动　(B)逆着人流的移动而移动
(C)站着不动　(D)大声呼救
156. 职业道德是和人们的(　　)紧密联系在一起的。
(A)职业生活　(B)职业习惯　(C)文化素质　(D)行为规范
157. 职业道德是一个人从业应有的(　　),也是事业有成的基本保证。
(A)职业习惯　(B)行为规范　(C)工作态度　(D)文化素质
158.(　　)是社会主义职业道德的核心。
(A)为人民服务　(B)提高劳动生产率
(C)保证产品质量　(D)提高经济效益
159.(　　)是铁路企业的宗旨。
(A)多拉快跑　(B)人民铁路为人民
(C)安全第一　(D)提速运营
160. 在现代社会条件下,要求职业劳动者具有优良的(　　)素质。
(A)技能　(B)道德　(C)文化　(D)综合
161. 爱岗(　　)是对人们工作态度的一种普遍的要求。
(A)爱厂　(B)如家　(C)敬业　(D)爱民
162.(　　)是企业的生命。
(A)产品　(B)信誉　(C)质量　(D)效益
163. 质量第一,用户至上,是(　　)职业道的基本要求。
(A)第一产业　(B)第二产业　(C)第三产业　(D)服务行业
164. 为保证产品质量,就必须严格执行(　　)。
(A)规章制度　(B)工艺文件　(C)生产计划　(D)操作规程
165. (　　)是保障正常生产秩序的条件。
(A)劳动纪律　(B)工艺文件　(C)生产计划　(D)操作规程
166. 基本尺寸是(　　)。
(A)测量时得到的　(B)加工时得到的
(C)装配后得到的　(D)设计时给的
167. 最小极限尺寸减其基本尺寸所得的代数差为(　　)。

(A)上偏差　(B)下偏差　(C)基本偏差　(D)实际偏差

168. 某尺寸的实际偏差为零,则其实际尺寸(　　)。

(A)等于基本尺寸　(B)必定合格

(C)为零件的真实尺寸　(D)等于最小极限尺寸

169. 尺寸公差带图的零线表示(　　)。

(A)最大极限尺寸　(B)最小极限尺寸　(C)基本尺寸　(D)实际尺寸

170. 当孔最小极限尺寸与轴的最大极限尺寸之代数差为负值时,此代数差称为(　　)。

(A)最大间隙　(B)最小间隙　(C)最大过盈　(D)最小过盈

171. 当孔的下偏差大于相配合的轴的上偏差时,此配合的性质是(　　)。

(A)过盈配合　(B)无法确定　(C)间隙配合　(D)过渡配合

172. 普通螺纹的公差指的是中径和(　　)。

(A)小径　(B)大径　(C)螺距　(D)顶径

173. 从零件表面上切去多余的材料,这一层材料的厚度称(　　)。

(A)毛坯　(B)工序尺寸　(C)切削用量　(D)加工余量

174. 切削加工时,工件材料抵抗刀具切削所产生的而阻力称为(　　)。

(A)切削力　(B)作用力　(C)切削抗力　(D)摩擦力

175. 当加工的孔需要依次进行钻、扩、铰等多种工步加工时,一般应使用(　　)。

(A)可换钻套　(B)特殊钻套　(C)多孔钻套　(D)快换钻套

176. 工序基准,定位基准,划线基准和测量基准都属于机械加工的(　　)。

(A)粗基准　(B)工艺基准　(C)精基准　(D)设计基准

177. (　　)是黑色金属。

(A)石墨　(B)铸铁　(C)铝全金　(D)黄铜

178. 洛氏硬度 C 标尺所用的压头是(　　)。

(A)淬硬钢球　(B)硬质合金球　(C)金刚石圆锥体　(D)金刚石四棱锥体

179. 材料的(　　)越好,则可锻性越好。

(A)强度　(B)硬度　(C)刚度　(D)塑性

180. 在三投影中,由前往后投影,画在 V 面的视图称为(　　)。

(A)主视图　(B)俯视图　(C)左视图　(D)三视图

三、多项选择题

1.《产品质量法》规定合格产品应具备的条件包括(　　)。

(A)不存在危及人身、财产安全的不合理危险

(B)具备产品应当具备的使用性能

(C)符合产品或其包装上注明采用的标准

(D)有保障人体健康、人身财产安全的国家标准、行业标准的,应该符合该标准

2. 以下社会保险中,职工个人需要缴纳保险费的是(　　)。

(A)养老保险　(B)工伤保险　(C)医疗保险　(D)生育保险

3. 下列有关签订集体劳动合同的表述,正确的有(　　)。

(A)依法签订的集体合同对企业和企业全体职工具有约束力

(B)集体合同的草案应提交职工代表大会或全体职工讨论通过
(C)集体合同签订后应报送劳动行政部门审核备案
(D)劳动行政部门自收到集体合同文本之日起15日内未提出异议的,集体合同即行生效

4. 爱岗敬业的具体要求是(　　)。
(A)树立职业理想　(B)强化职业责任　(C)提高职业技能　(D)抓住择业机遇

5. 关于勤劳节俭的正确说法是(　　)。
(A)消费可以拉动需求,促进经济发展,因此提倡节俭是不合时宜的
(B)勤劳节俭是物质匮乏时代的产物,不符合现代企业精神
(C)勤劳可以提高效率,节俭可以降低成本
(D)勤劳节俭有利于可持续发展

6. 职工个体形象和企业整体形象的关系是(　　)。
(A)企业的整体形象是由职工的个体形象组成的
(B)个体形象是整体形象的一部分
(C)职工个体形象与企业整体形象没有关系
(D)没有个体形象就没有整体形象

7. 市场经济是(　　)。
(A)高度发达的商品经济　(B)信用经济
(C)是计划经济的重要组成部分　(D)法制经济

8. 维护企业信誉必须做到(　　)。
(A)树立产品质量意识　(B)重视服务质量,树立服务意识
(C)妥善处理顾客对企业的投诉　(D)保守企业一切秘密

9. 企业文化的功能有(　　)。
(A)激励功能　(B)自律功能　(C)导向功能　(D)整合功能

10. 下列说法中,你认为正确的有(　　)。
(A)岗位责任规定岗位的工作范围和工作性质
(B)操作规则是职业活动具体而详细的次序和动作要求
(C)规章制度是职业活动中最基本的要求
(D)职业规范是员工在工作中必须遵守和履行的职业行为要求

11. 文明生产的具体要求包括(　　)。
(A)语言文雅、行为端正、精神振奋、技术熟练
(B)相互学习、取长补短、互相支持、共同提高
(C)岗位明确、纪律严明、操作严格、现场安全
(D)优质、低耗、高效

12. 直线的投影(　　)。
(A)永远是直线　(B)可能是一点　(C)不可能是点　(D)不可能是曲线

13. 标注为"M24×1.5"的螺纹是(　　)。
(A)粗牙普通螺纹　(B)左旋螺纹　(C)细牙普通螺纹　(D)右旋螺纹

14. GB/T 1096 键 16×10×100 表示(　　)。
(A)普通A型平键　(B)普通B型平键

(C)键宽 $b=16$ mm (D)键宽 $b=10$ mm

15. 摩擦型传动带按其截面形状分为(　　)等。

(A)平带 (B)方型带 (C)V带 (D)圆型带

16. 电气故障失火时，可使用(　　)灭火。

(A)四氯化碳 (B)水 (C)二氧化碳 (D)干粉

17. 发现有人触电时做法正确的是(　　)。

(A)不能赤手空拳去拉触电者

(B)应用木杆强迫触电者脱离电源

(C)应及时切断电源，并用绝缘体使触电者脱离电源

(D)无绝缘物体时，应立即将触电者拖离电源

18. 碳素钢按质量分类，有(　　)。

(A)碳素工具钢 (B)普通碳素钢

(C)优质碳素钢 (D)高级优质碳素钢

19. 铸铁一般分为(　　)。

(A)白口铸铁 (B)灰铸铁 (C)可锻铸铁 (D)球墨铸铁

20. 影响金属材料可切削加工性的因素有工件材料的(　　)、导热系数等力学性能和物理性能。

(A)硬度 (B)强度 (C)塑性 (D)韧性

21. 以下材料中(　　)是合金结构钢。

(A)40Cr (B)12CrMo (C)25Mn (D)2A50

22. 金属热处理工艺大体可分为(　　)三大类。

(A)调质处理 (B)整体热处理 (C)表面热处理 (D)化学热处理

23. 零件的机械加工精度主要包括尺寸精度、(　　)。

(A)机床精度 (B)刀具精度 (C)几何形状精度 (D)相对位置精度

24. 下列合金牌号中(　　)不属于钨钴类硬质合金。

(A)YT15 (B)YG6 (C)YW2 (D)YA6

25. 基准划线工具包括(　　)。

(A)划分平台 (B)V型铁 (C)直角铁 (D)分度头

26. 划线量具包括(　　)。

(A)高度尺 (B)高度游标尺 (C)钢板尺 (D)万能量角器

27. 绘划工具包括(　　)。

(A)划针 (B) 划针盘 (C)划规 (D)钢板尺

28. 划线夹持工具包括(　　)。

(A)千斤顶 (B) 平行垫铁 (C) 可调滚动支架 (D)C型夹头等

29. 划线辅助工具包括(　　)。

(A)手锤 (B)样冲 (C)塞块 (D)磁力座

30. 属于通用夹具的是(　　)。

(A)平口虎钳 (B)分度头 (C)回转工作台 (D)心轴

31. 划线平板工作面精度分为五级，其中做检验用的是(　　)。

(A)0　(B)1　(C)2　(D)3

32. 下列形位公差中属于形状公差符号是(　　)。

(A)▱　(B)⌖　(C)⊥　(D)⌓

33. 平面度检测方法有(　　)。

(A)采用样板平尺检测　(B)采用涂色对研法检测

(C)采用百分表检测　(D)使用游标卡尺检测

34. 尺寸精度可用(　　)等来检测。

(A)游标卡尺　(B)千分尺　(C)卡规　(D)直角尺

35. 阶台、直角沟槽的(　　)能用游标卡尺直接测出。

(A)宽度　(B)平面度　(C)深度　(D)长度

36. 键槽是要与键配合的,键槽的(　　)要求较高。

(A)深度尺寸精度　(B)宽度尺寸精度

(C)长度尺寸精度　(D)键槽与轴线的对称度

37. 划线工具按用途分为(　　)。

(A)基准工具　(B)量具　(C)绘划工具　(D)夹持工具

38. 划线基准选择应根据图纸所标注的尺寸界限、工件的几何形状大小及尺寸的精度高低或重要程度而定,其基本原则是(　　)。

(A)以两个相互垂直的平面或直线为基准

(B)以一个平面或一条直线和一条中心线为基准

(C)以两条相互垂直的中心线为基准

(D)以两个相互平行的平面或直线为基准

39. 下列工具中(　　)属于划线基准工具。

(A)平板　(B)方箱　(C) 垫铁　(D) 千斤顶

40. 划线时,针尖要紧靠导向工具的边缘,划针(　　)。

(A)上部向外侧倾斜 15°～20°　(B)上部向外侧倾斜 15°

(C)与划线移动方向垂直　(D)向划线移动方向倾斜 45°～75°

41. 孔的主要工艺要求包括孔的(　　)。

(A)尺寸精度　(B)孔的形状精度　(C)孔的位置精度　(D)孔的表面结构

42. 常用的机械零件的毛坯有(　　)等几种。

(A)铸件　(B)型材件　(C)锻件　(D)焊接件

43. 大型零件通常采用(　　)毛坯。

(A)自由锻件　(B)砂型铸件　(C)焊接件　(D)粉末冶金件

44. 铸件的主要缺点是(　　)。

(A)内部组织疏松　(B)生产成本高　(C)力学性能较差　(D)材料利用率低

45. 锻件常见缺陷(　　)。

(A)裂纹　(B)折叠　(C)夹层　(D)尺寸超差

46. 自由锻件的特点是(　　)。

(A)精度和生产率较低　(B)精度和生产率较高

(C)适合小型件和大批生产　　(D)适合大型件和小批生产

47. 常见的对刀方法有(　　)。

(A)试切对刀法　　(B)机械检测对刀仪法

(C)光学检测对刀仪法　　(D)调试法

48. 工艺基准按用途不同,可分为(　　)。

(A)加工基准　　(B)装配基准　　(C)测量基准　　(D)定位基准

49. 中间继电器由(　　)等元件组成。

(A)线圈　　(B)磁铁　　(C)转换开关　　(D)触点

50. 接触器由(　　)等元件组成。

(A)线圈　　(B)磁铁　　(C)骨架　　(D)触点

51. 直线的投影(　　)。

(A)永远是直线　　(B)可能是一点　　(C)不可能是点　　(D)不可能是曲线

52. 电气故障失火时,可使用(　　)灭火。

(A)四氯化碳　　(B)水　　(C)二氧化碳　　(D)干粉

53. 以下材料中(　　)是碳素结构钢。

(A)Q235　　(B)12CrMo　　(C)42Cr　　(D)45

54. 现代机床夹具的趋势是发展(　　)。

(A)专用夹具　　(B)通用可调夹具　　(C)成组夹具　　(D)数控机床夹具

55. 选择定位精基准选择时,应尽量采用(　　)为定位基准。

(A)设计基准　　(B)装配基准　　(C)安装基准　　(D)测量基准

56. 划线基准选择应根据图纸所标注的尺寸界限、工件的几何形状大小及尺寸的精度高低或重要程度而定,其基本原则是(　　)。

(A)以两个相互垂直的平面或直线为基准

(B)以一个平面或一条直线和一条中心线为基准

(C)以两条相互垂直的中心线为基准

(D)以两个相互平行的平面或直线为基准

57. 麻花钻一般用来钻削(　　)的孔。

(A)精度较低　　(B)表面结构要求低

(C)精度较高　　(D)表面结构要求高

58. 计量仪器按照工作原理和结构特征,可分为(　　)。

(A)机械式　　(B)电动式　　(C)光学式　　(D)气动式

59. 适用于平面定位的有(　　)。

(A)V型支承　　(B)自位支承　　(C)可调支承　　(D)辅助支承

60. 划线有(　　)两种类型。

(A)平面划线　　(B)直角划线　　(C)立体划线　　(D)方形划线

61. 等分圆周时的主要方法有(　　)。

(A)几何方法　　(B)三角方法　　(C)逐点法　　(D)使用分度头方法

62. 基准线选定的原则有(　　)。

(A)使划线准确　　(B)使划线方便

(C)使划线迅速,省时　　(D)使划线好看

63. 圆弧齿轮的优点有(　　)等。

(A)抗点蚀能力强　　(B)承载能力高　　(C)摩擦损耗小　　(D)效率高

64. 常见的齿轮有(　　)等。

(A)正齿轮　　(B)斜齿轮　　(C)人字齿轮　　(D)伞齿轮

65. 分度头上的分度盘有(　　)的。

(A)带一块　　(B)带两块　　(C)带三块　　(D)带四块

66. 工件在划线中的放置方式有以下(　　)等。

(A)三点支持法　　(B)四点支持法　　(C)放于平台法　　(D)方箱支持法

67. 普通化纤盘是由(　　)组成。

(A)底座　　(B)支柱　　(C)双尖划针　　(D)夹紧螺丝

68. 等分分度头:一般采用具有24个槽或孔的等分盘,直接实现2、(　　)8、12、24等分的分度。

(A)3　　(B)4　　(C)5　　(D)6

69. 等分分度头有(　　)三种。

(A)水平式　　(B)卧式　　(C)立式　　(D)立卧式

70. 划线的目的是(　　)。

(A)作为缺陷指导　　(B)检查胚件和补救缺陷

(C)检验成品　　(D)作为加工时的依据

71. 分度头有(　　)等类型。

(A)直接分度头　　(B)简单分度头　　(C)万能分度头　　(D)光学分度头

72. 常见的分度法有(　　)。

(A)简单分度法　　(B)差动分度法　　(C)近似分度法　　(D)角度分度法

73. 千斤顶是由(　　)组成。

(A)底座　　(B)螺杆　　(C)顶尖　　(D)头部

74. 常用劳动防护用品有(　　)等。

(A)安全头盔　　(B)防护手套　　(C)防护鞋　　(D)眼防护具

75. 常见的环境污染有(　　)等。

(A)污水　　(B)空气　　(C)垃圾　　(D)噪声

76. 棘轮机构主要有(　　)组成。

(A)棘轮　　(B)棘齿　　(C)棘轴　　(D)棘爪

77. 凸轮的种类有(　　)。

(A)盘形凸轮　　(B)移动凸轮　　(C)圆柱凸轮　　(D)圆锥凸轮

78. 划线基准一般可根据(　　)类型选择。

(A)以两个互相垂直的平面(或直线)为基准　　(B)以两条中心线为基准

(C)以一个平面和一条中心线为基准　　(D)以两点和一线为基准

79. 通常用(　　)于已加工表面划线。

(A)酒精色溶液　　(B)硫酸铜　　(C)石灰水　　(D)油漆

80. 粗基准具体选择时参考下列(　　)原则。

(A)应选择不加工表面作为粗基准
(B)应考虑合理分配各加工表面的加工余量
(C)应避免重复使用
(D)平面应平整,没有浇冒口或飞边等缺陷
81. 决定齿轮大小的两大要素是(　　)。
(A)模数　(B)齿顶隙系数　(C)齿数　(D)压力角
82. 测直齿圆柱齿轮一般测量方法中包括(　　)。
(A)公法线长度测量　(B)压力角测量
(C)分度圆弧齿厚测量　(D)固定弧齿厚测量
83. 基本视图包括(　　)。
(A)主视图　(B)下视图　(C)左视图　(D)右视图
84. 下列说法正确的是(　　)。
(A)剖视图分为全剖视图和局部剖视图两种
(B)剖面图分为移出剖面和重合剖面两种
(C)零件图是直接指导制造和检验的图样
(D)装配图是表达机器或部件整体结构的图样
85. 影响切削力的因素包括(　　)。
(A)刀具几何参数　(B)工件材料　(C)切削用量　(D)刀具材料
86. 下列说法正确的是(　　)。
(A)表面粗糙度是指零件被加工表面上的微观几何形状误差
(B)零件表面粗糙度的大小直接影响机器使用性能和寿命
(C)表面粗糙度与机器零件的配合性质、耐磨性、疲劳强度有关,与耐腐蚀性无关
(D)表面粗糙度常用的是轮廓的算术平均偏差 R_a
87. 刃倾角的作用(　　)。
(A)控制切削流方向　(B)影响切削刃锋利性
(C)影响切削力的大小　(D)影响刀尖强度
88. 以下关于切削液润滑作用说法正确的是(　　)。
(A)减少切削过程中摩擦　(B)减小切削阻力
(C)显著提高表面质量　(D)降低刀具耐用度
89. 下列合金牌号中(　　)不属于钨钴类硬质合金。
(A)YT15　(B)YG6　(C)YW2　(D)YA6
90. 定心分度器由(　　)组成。
(A)三抓卡盘　(B)分度盘　(C)方箱　(D)心轴
91. 蜗轮蜗杆机构传动的特点是(　　)。
(A)摩擦小　(B)摩擦大　(C)效率低　(D)效率高
92. 圆锥齿轮又叫(　　)。
(A)斜齿轮　(B)伞齿轮　(C)八字轮　(D)螺旋齿轮
93. 组合夹具的特点是(　　)。
(A)组装迅速　(B)能减少制造成本

(C)可反复使用　　(D)周期短

94. 通用机床型号是由(　　)组成的。

(A)基本部分　　(B)辅助部分　　(C)主要部分　　(D)其他部分

95. 刻线刀的形式是尖头刀,其质量要求主要是(　　)。

(A)刀体　　(B)刃口　　(C)前刀面　　(D)后刀面

96. 刻线是指在工件表面刻(　　)。

(A)圆周等分线　　(B)锥面等分线　　(C)角度线　　(D)直线尺寸线

97. 刻线所使用的刀具较简单,可用(　　)。

(A)高速钢刀块磨制　　(B)废旧的钻头改磨

(C)废旧的键槽铣刀改磨　　(D)废旧的盘铣刀改磨

98. 斜齿圆柱齿轮的传动特点是(　　)。

(A)逐渐啮合又逐渐分开　　(B)传动平稳

(C)受力均匀　　(D)承载较小

99. 在难加工材料中,属于加工硬化严重的材料有(　　)。

(A)不锈钢　　(B)高锰钢　　(C)高温合金　　(D)钛合金

100. 在难加工材料中,属于高塑性的材料有(　　)。

(A)纯铁　　(B)纯镍　　(C)纯铝　　(D)纯铜

101. 下列方法属于复杂工件借料划线的方法是(　　)。

(A)测量毛坯各部尺寸,找出偏移部位和偏移量

(B)根据所确定的借料方向和大小划出基准线

(C)检查各表面的加工余量是否合理

(D)根据毛坯的偏移部位和偏移量,确定借料方向和大小

102. 下列有关地规用途不正确的是(　　)。

(A)板金件展开划线　　(B)大罐体的结合法兰

(C)小圆盘等划圆　　(D)划圆、不等分划线

103. 下列划法属于渐开线齿形的划法的有(　　)。

(A)近似划法　　(B)几何作图法

(C)直角坐标法　　(D)基圆盘划齿形法

104. 展开划线的方法有(　　)。

(A)等线法　　(B)放射线法　　(C)三角形法　　(D)基圆盘划齿形法

105. 重型工件在地面上划线的说法正确的是(　　)。

(A)按工件形状取围线法　　(B)走条与平尺调整法

(C)水准法去拼凑大型平台划线法　　(D)拉线与吊线法

106. 线段实长的作图方法有(　　)。

(A)直角三角形法　　(B)直角梯形法　　(C)旋转法　　(D)换面法

107. 下列有关冷作方样划线顺序组合正确的是(　　)。

①看懂图纸,弄清它的空间几何形状和尺寸

②划出放样图

③根据具体情况采取不同的放样划线方法

④用几何作图法划出所需的必要线条
⑤按板厚处理原则进行板厚处理
⑥确定各部位的放样尺寸
(A)①②③ (B)④⑤⑥ (C)①⑤⑥ (D)④②③
108. 下列方法属于曲面立体上作交线的方法的是(　　)。
(A)素线法 (B)纬圆法 (C)球面法 (D)内切球法
109. 以下求线段实长的作图方法正确的是(　　)。
(A)等腰三角形法 (B)等腰梯形法 (C)旋转法 (D)换面法
110. 下列锉刀的使用方法是正确的是(　　)。
(A)锉刀可以用来锉毛坯件的硬皮及淬火件
(B)新锉刀使用时应先用一面,用钝后再用另一面
(C)每次使用后应用锉刷刷去锉纹中的残留切屑
(D)锉刀使用前应用油或水擦拭
111. 下列机构能实现间歇运动的有(　　)。
(A)棘轮机构 (B)槽轮机构 (C)凸轮机构 (D)间歇齿轮机构
112. 加工阶段分为(　　)。
(A)粗加工阶段 (B)半精加工阶段 (C)精加工阶段 (D)检查阶段
113. 下列属于直流电机的有(　　)。
(A)并励电机 (B)串励电机 (C)复励电机 (D)他励电机
114. 下列说法是错误的有(　　)。
(A)运动副:两构件直接接触而又能产生一定相对运动的连接
(B)转动副:两构件在接触处不允许相对转动
(C)移动副:两构件在接触处只允许相对移动
(D)螺旋副:两构件在接触处允许作所有的复合运动
115. 下列关于箱体划线,正确的是(　　)。
(A)箱体划线需确定第一划线位置
(B)箱体经过加工后再次划线时,以原十字校正线为基准即可,无须重划
(C)应尽量减少划线时工件的翻转次数
(D)箱体加工余量不足时可以进行借料划线
116. 基准线选定的原则有(　　)。
(A)使划线准确 (B)使划线方便 (C)使划线迅速 (D)使划线省力
117. 关于量具的保养说法正确的是(　　)。
(A)要用油石、砂布擦磨量具表面 (B)存放地点应保持清洁、干燥
(C)可以用手摸量具的测量面 (D)不准把卡尺的量爪尖端当作划针使用
118. 下列划线涂料可用于已加工表面的有(　　)。
(A) 硫酸铜溶液 (B)红油 (C)绿油 (D)白灰水
119. 下列说法中正确的是(　　)。
(A)样冲眼一定要打在线条的中央和交叉上
(B)划线平板是经过精加工的一块光滑而平整的铸铁板

(C)精加工面软材料可以打样冲眼

(D)允许在划线平板上锤击

120. 下列弯曲方法属于按产生弯曲方法的有(　　)。

(A)手工弯曲　(B)冷弯曲　(C)机械弯曲　(D)高频热点弯曲

121. 下列说法中正确的是(　　)。

(A)实际尺寸是指通过测量所得到的尺寸

(B)尺寸偏差是指某一尺寸减去基本尺寸所得的代数差

(C)公差是指允许尺寸的变动量

(D)标准公差的数值只与公差等级有关

122. 下列说法中正确的是(　　)。

(A)标准公差体现了加工的易难程度　(B)形位公差分为形状公差和位置公差

(C)直线度、圆柱度是形状公差　(D)平面度、平行度是位置公差

123. 下列单位换算中正确的是(　　)。

(A)1 厘米(cm)=10 毫米(mm)　(B)1 码(ya)=3 英尺(ft)

(C)1 英尺(ft)=8 英寸(in)　(D)1 弧度(rad)=55.3°

124. 下列说法中正确的是(　　)。

(A)计量器具的放大比是指计算器具的指针直线位移或角位移与被测参数变化之比

(B)测量力是指测量过程中计算器具与被测工件之间的接触力

(C)测量误差是指计算器具指示的数值与被测量真值之差

(D)示值偏差是指测量结果与被测量真值之差

125. 下列螺纹代号中错误的是(　　)。

(A)普通螺纹 M　(B)梯形螺纹 B

(C)锯齿形螺纹 G　(D)圆锥内螺纹 R

126. 表面粗糙度代(符)号在图样上应标注在(　　)。

(A)可见轮廓线上　(B)尺寸界线上

(C)虚线上　(D)符号尖端从材料外指向被标注表面

127. 对于尺寸链封闭环的确定,下列论述正确的有(　　)。

(A)图样中未注尺寸的那一环　(B)在装配过程中最后形成的一环

(C)精度最高的那一环　(D)在零件加工过程中最后形成的一环

128. 圆柱度公差可以同时控制(　　)。

(A)圆度　(B)素线直线度

(C)径向全跳动　(D)同轴度

129. 公差与配合标准的应用主要解决(　　)。

(A)公差等级　(B)基本偏差　(C)配合性质　(D)配合基准制

130. 下列关于块规的说法中正确的是(　　)。

(A)可作为长度标准,用来传递长度尺寸

(B)用来定准和校正测量仪器和量具的读数

(C)制造精密零件时可用来校正和调正机床及夹具

(D)不可直接度量或划线

131. 下列说法中正确的是(　　)。
(A)样板直尺使用时不得碰撞,应确保棱边的完整性
(B)00 级和 0 级直度角尺一般用于检验精密量具
(C)游标卡尺使用前,需将万能角度尺擦拭干净
(D)平板能够承受冲击和重压,但不能长时间堆放物品
132. 一般液压系统应具备哪些基本性能(　　)。
(A)可把机械能转换成油液的液压能　(B)不可把油液的液压能转换成机械能
(C)具有速度调节的功能　(D)具有改变运动方向的功能
133. 游标卡尺使用方法错误的是(　　)。
(A)使用前要一定要检查游标卡尺零位,不须擦拭即可使用
(B)不能用游标卡尺测量运动着的工件
(C)测量外尺寸时,读数后,可从被测工件上直接抽下游标卡尺
(D)不准以游标卡尺代替卡钳在工件上来回拖拉
134. 零件的失效形式主要有(　　)。
(A)过量变形失效　(B)断裂失效　(C)表面损伤失效　(D)裂纹失效
135. 零件的使用要求包括(　　)。
(A)零件形状　(B)表面粗糙度　(C)零件性能　(D)经济性
136. 以下几项属于锻件中常见缺陷的是(　　)。
(A)锻造裂纹　(B)过热和过烧
(C)冷成形件中缺陷　(D)气孔
137. 切削用量包括(　　)。
(A)切削速度　(B)切削深度　(C)进给量　(D)刀具直径
138. 下列属于金属材料的物理性能的有(　　)。
(A)熔点　(B)耐腐蚀性　(C)磁性　(D)密度
139. 下列属于钢的含碳量分类的有(　　)。
(A)低碳钢　(B)普通碳素钢　(C)碳素结构钢　(D)高碳钢
140. 下列说法中正确的是(　　)。
(A)退火能降低刚的硬度,提高塑性
(B)正火可使钢件获得较高的硬度和耐磨性
(C)淬火可改善组织结构和切削加工性能
(D)回火能消除内应力
141. 下列说法中是正确的有(　　)。
(A)电气设备着火,首先必须采取的措施是停电
(B)割断电源线时必须使用符合相应电压等级的绝缘工具
(C)在有爆炸和火灾危险场所使用手持式或移动式电动工具时,必须采用有防爆措施的电动工具
(D)短路电流会使导线的绝缘层燃烧起来,并引燃周围建筑物内的可燃物
142. 常用淬火介质有(　　)。
(A)清水　(B)盐水　(C)机油　(D)变压器油

143. 下列说法正确的是(　　)。
(A)游标卡尺不要放在强磁场附近
(B)外径千分尺在使用时应该用手握住隔热装置,否则会增加测量误差
(C)测量完毕后,应用汽油把万能角度尺洗净,用干净纱布仔细擦干,涂以防锈油,然后装入匣内
(D)平板安放平稳,一般用三个支承点调整水平面
144. 下列属于"四不伤害"原则的是(　　)。
(A)不伤害自己　(B)不伤害他人
(C)不伤害公有财产　(D)保护他人不受伤害
145. 下列属于"四不放过"原则的是(　　)。
(A)事故原因未查清不放过
(B)事故制订切实可行的整改措施没有落实不放过
(C)事故责任人未受到处理不放过
(D)事故防范疏忽不放过
146. 下列说法中正确的是(　　)。
(A)塑料安全帽的使用期限为不超过两年半
(B)从业人员发现直接危及人身安全的紧急情况时,应停止作业
(C)电焊工使用的防护面罩,应不导电、不导热
(D)操作旋转机械时佩戴手套是错误的
147. 触电急救的原则是(　　)。
(A)迅速　(B)准确　(C)就地　(D)坚持
148. 安全帽在使用前应检查(　　)下颏带等附件完好无损。
(A)帽壳　(B)帽衬　(C)帽箍　(D)顶衬
149. 下列说法中正确的是(　　)。
(A)电流为 50 mA 时,称为致死电流
(B)静电电压最高达到 50 V 时,可现场放电,产生静电火花,引起火灾
(C)加强安全教育是提高职工安全技术素质的有效措施
(D)钳工不属于特种作业人员
150. 正确佩戴安全帽的两个要点是(　　)。
(A)安全帽的帽衬与帽壳之间应有一定间隙　(B)必须系紧下颚带
(C)必须时刻配带　(D)必须涂上黄色
151. 要做到"安全第一",下列措施不正确的是(　　)。
(A)将高危作业统统关掉　(B)危险系数越低越好
(C)实行"安全优先"的原则　(D)高危作业人员越少越好
152. 下列工种属于的特种作业工种的有(　　)。
(A)电工　(B)钳工　(C)焊工　(D)喷漆工
153. 下面气体不属于易燃气体的有(　　)。
(A)二氧化碳　(B)氧气　(C)乙炔　(D)氮气
154. 下列是安全帽的基本性能的有(　　)。

(A)抗冲击性能　(B)耐穿透性能　(C)耐低温性能　(D)耐燃烧性能

155. 下列要求中正确的是(　　)。

(A)划线是工件加工中的一道重要工序,直接影响工件的质量和生产效率

(B)划线工应能够熟练使用各种划线基本工具及测量仪器

(C)划线工能够看懂图纸,熟悉各种划线工艺及方法

(D)划线工应熟悉各种几何图形的基本划法

156. 划线工的岗位目的是(　　)。

(A)作为加工的依据

(B)协助工艺及操作者对无法直接测量的工件进行测量

(C)对成品按公差的要求通过划线加以检验

(D)检查坯件和补救缺陷

157. 关于划线工的岗位职责,下列说法中正确的是(　　)。

(A)划线工必须正确使用,各种划线工具、量具、测量仪器

(B)对常使用的测量仪器、量具等定期检查、保养、检验

(C)对工作平台及工具做好定期保养和维护

(D)在工件划线结束后,由下工序人员对划线进行检验

158. 吊物下放时,要做到(　　)。

(A)应垫好垫物　(B)不准强行抽拉钢丝绳

(C)禁止堵塞安全通道　(D)堆放时要整齐平稳

159. 起重指挥人员在指挥吊运作业时应选择的位置是(　　)。

(A)与驾驶员之间无障碍物,且视线清楚　(B)应始终能清楚地看到被吊物

(C)被吊物在运行过程中,不构成威胁　(D)随便选个自己没有危险的位置

160. 下列说法中正确的是(　　)。

(A)工件上有人时不允许进行吊装作业　(B)吊钩、吊索属于吊具

(C)夜间进行吊装作业时,必须要有足够的照明　(D)平衡梁不属于吊具

161. 下列说法中正确的是(　　)。

(A)平面划线是指在板料上划线

(B)平面划线时,通常要选择两个相互垂直的划线基准

(C)立体划线时,通常要选择两个相互垂直的划线基准

(D)平面划线是指只在工件某一个表面内划线

162. 划线产生废品的主要原因有哪些(　　)。

(A)没看懂图样和工艺资料,盲目乱划　(B)基准选择不当或基准本身误差太大

(C)划线工、量具的误差造成划线尺寸不准　(D)划完线后,没有从多方面进行校核

163. 装配前面的准备工作有哪些内容(　　)。

(A)研究和熟悉产品装配图、工艺文件及技术要求

(B)确定装配方法、顺序和装配所需要的工具

(C)对待装配的零件进行清理

(D)对有些部件还需进行刮削等修配工作

164. 装配图的内容包括(　　)。

(A)一组图形　　(B)尺寸

(C)技术要求　　(D)零件序号和明细栏

165. 装配工艺规程的内容不包括(　　)。

(A)装配技术要求及检验方法　　(B)工人出勤情况

(C)设备损坏修理情况　　(D)物资供应情况

四、判 断 题

1. 划线的线条越粗越清晰效果越好。(　　)
2. 划线是机械加工的第一道工序。(　　)
3. 划线广泛应用于单件小批量生产。(　　)
4. 划线是确定加工尺寸的根本依据。(　　)
5. 合理选择划线基准是做好划线工作的关键之一。(　　)
6. 划线的线条要清晰,所以应该反复多划几次。(　　)
7. 在已划的加工线条上,样冲眼是为了加强界限标志。(　　)
8. 在所划的加工线条上冲眼,若为曲线,点距要小些,若为直线,点距应大一些。(　　)
9. 划线的目的,就是使毛坯有明确的加工标志。(　　)
10. 一般划线基准与设计基准应一致。(　　)
11. 划线检查毛坯的形状和尺寸的合格程度,剔除不合格的毛坯是划线目的之一。(　　)
12. 划线就是为了通过借料挽救有缺陷毛坯,从而提高毛坯合格。(　　)
13. 箱体划线通常都要多次进行。(　　)
14. 对畸形工件划线一般都采用千斤顶作三点支承。(　　)
15. 划线基准必须以两个相互垂直的平面为基准。(　　)
16. 以两个相互垂直的中心平面为基准是常见划线基准的一种。(　　)
17. 详细看懂图纸或实物,了解工件工艺过程,确定工件划线部位是划线工作的一个重要步骤。(　　)
18. 划线的目的就是划出加工线、找正线、检查线。(　　)
19. 通过借料弥补加工余量不足及存在铸造缺陷的毛坯是划线的目的之一。(　　)
20. 平板用完后应擦干净,较长时间不用应涂油防锈蚀。(　　)
21. 使用平板尽量在一处使用,避免整个磨损。(　　)
22. 正确安放工件和选用划线工具的是划线工作的一项重要内容。(　　)
23. 对照图纸或实物检查划线的正确性及是否有漏划的线条,是划线工作的重要步骤。(　　)
24. 机械制造业中使用的图样称为机械图样。(　　)
25. 平行投影法中,投影线与投影面倾斜时的投影称为正投影。(　　)
26. 图样中所注的尺寸,为该图样所示的最后完工尺寸。(　　)
27. 机件的每一个尺寸,为看图方便,可在几个视图中同时注出。(　　)
28. 实际机件要素的线性尺寸与图样中机件要素的线性尺寸之比称为比例。(　　)
29. 机件向基本投影面投影所得的视图称为基本视图。(　　)
30. 用几个互相平行的剖切平面剖开机件的方法称为旋转剖。(　　)

31. 假想的用剖切平面将机件某处切断,仅画出断面的图形,称为剖面图。( )

32. 金属材料的剖面符号一般应画成与水平线成 60°角的相互平行,间隔均匀的细实线。( )

33. 平行于一个投影面。而与其他的两个投影面倾斜的直线,称为投影面的平行线。( )

34. 垂直于某投影面的平面,称为该投影面的垂直面。( )

35. 点的 X 坐标值,表示空间点到侧面的距离。( )

36. 任何复杂的零件,都可以看作为由若干个组合体组成。( )

37. 组合体中的各基本几何体表面之间有相贴,相切和相交三种情况。( )

38. 机件上某一部分向不平行于任何基本投影面投影所得到的视图称为局部视图。( )

39. 零件图的尺寸标注,必须做到正确,完整清晰、合理。( )

40. 插座容量应与用电负荷相适应,每一插座只允许接用一个用具。( )

41. 短路电流使短路处甚至使整个电路过热,会使导线的绝缘层燃烧起来,并引燃周围建筑物内的可燃物。( )

42. 任何电气设备在未验明无电时,可一律认为无电 。( )

43. 含碳量低于 0.6%的钢都称为低碳钢。( )

44. 表面淬火包括:电感应加热淬火、火焰表面淬火、激光淬火、渗碳等。( )

45. 精基准选择原则中“基准重合原则”是指工艺基准和设计基准重合。( )

46. 分析工件定位被限制的不定度时,必须考虑各种外力对定位的影响。( )

47. 工序的集中与分散只取决于工件的加工精度要求。( )

48. 机床、夹具、量具的磨损值,在一定时间内,可以看作为常值系统性误差。( )

49. 粗基准绝对不允许重复使用。( )

50. 錾子热处理时,应尽提高其硬度。( )

51. 锉削过程中,两手对锉刀的压力的大小应保持不变。( )

52. 顺向锉法可使锉削表面得到正直的锉痕,比较整齐美观。( )

53. 两钢板互相垂直或组成一定角度的铆接称为角接。( )

54. 使用无机黏结剂时,联接表面应尽量粗糙。( )

55. 管子直径在 12 mm 以上可用冷弯法进行弯形。( )

56. 对毛坯划线时,划线的线条宽度应在 0.1~0.15 mm 范围内。( )

57. 精刮刀和细刮刀的切削刃都呈圆弧形,但精刮刀的圆弧半径较大。( )

58. 研具的材料应当比工件材料稍硬,否则其几何精度不易保持,而影响研磨的精度。( )

59. 把零件和部件装配成完整产品的过程称为部件装配。( )

60. 定期性的计划修理工作形式有大修,小修和一级保养。( )

61. 对长径比小的高速旋转件,只需进行静平衡。( )

62. 矩形导轨适用于载荷较大而导向性要求稍低的机床上。( )

63. 可以单独进行装配的零件,称为装配单元。( )

64. 产品的装配顺序,基本上是由产品的结构和装配组织形式决定。( )

65. 尺寸链中,当封闭环增大时,增环也随之增大。( )

66. 评定主轴旋转精度的主要指标,是主轴的径向跳动和轴向窜动。( )

67. 机床的装配精度是在动态下通过检验后得出的。(　　)
68. 千分尺活动套转一周,测微螺杆就移动 0.5 mm。(　　)
69. 塞尺是一种极限量规。(　　)
70. 千分尺上的棘轮,其作用是限制测量精度的高或低的机构。(　　)
71. 水平仪用表测量水平面或垂直面内的形状和位置误差。(　　)
72. 尺寸偏差可分为正值,负值或零。(　　)
73. 某一零件的实际尺寸正好等于其基本尺寸,则这尺寸必然不合格。(　　)
74. √○符号表示工件表面是用不去除材料的方法获得。(　　)
75. 所谓粗糙度小,就是指粗糙度的高度参数的数值小。(　　)
76. 游标卡尺尺身和游标上的刻线向距都是 1 mm。(　　)
77. 只有在具有明显的经济效果的情况下,才采用基孔制。(　　)
78. 基孔制的下偏差等于基本偏差。(　　)
79. 基准孔的公差带相对零线是固定的。(　　)
80. 在满足使用要求的前提下,尽可能选用较高的公差等级。(　　)
81. 标准公差的数值,一与公差等级有关,二与基本尺寸有关。(　　)
82. 标准公差的数值相等,但加工的易难程度不一定相同。(　　)
83. 相同公差等级的孔与轴,其标准公差数值,与基本尺寸的大小无关。(　　)
84. 相互配合的孔和轴,其基本尺寸必须相等。(　　)
85. 在间隙配合中轴的公差带永远在孔的公差带之上。(　　)
86. 螺纹的旋合长度分为短旋合长度和长旋合长度两种。(　　)
87. 在蜗杆传动中,主动件一定是蜗杆,从动件一定是蜗轮。(　　)
88. 轮系中使用惰轮,既可变速,又可变向。(　　)
89. 凸轮机构广泛用于自动化和半自动化机械中。(　　)
90. 滚动轴承主要特点是摩擦阻力小,效率高、寿命长。(　　)
91. 滚动轴承的密封装置可分为毡圈式密封和皮碗式密封两大类。(　　)
92. 滚动轴承的配合游隙既小于原始游隙又小于工作游隙。(　　)
93. M16×1 含义是细牙普通螺纹,大径 16 mm,螺距 1 mm。(　　)
94. V带传动中,动力的传递是依靠张紧在带轮上的带与带轮之间的磨擦力来传递的。(　　)
95. 传动带的张紧力过大,会使带急剧磨损,影响传动效率。(　　)
96. 带传动主要特点是能过载保护和传动比准确。(　　)
97. 水平安装的链条应比垂直安装的链条下垂度大些。(　　)
98. 分度机构中的齿轮传动,装配技术要求主要是保证传递运动的准确性。(　　)
99. 齿轮传动机构装配后的磨合,是为了提高接触精度减小噪声。(　　)
100. 齿轮传动中的运动精度是指齿轮在转动一周中的最大转角误差。(　　)
101. 模数反映了齿轮轮齿的大小,模数越大,轮齿越大,齿轮的承载能力越大。(　　)
102. 蜗杆传动效率较高,工作时发热小,不需要良好的润滑。(　　)
103. 蜗杆轴线与蜗轮轴线垂直度超差则不能正确啮合。(　　)

104. 标准群钻在后面上磨有两边对称的分屑槽。(　　)
105. 刀具两次刃磨之间的纯切削时间称为刀具的耐用度。(　　)
106. 切削量就是切削用量。(　　)
107. 刀具磨损主要是指刃口的磨损。(　　)
108. 钻头刃磨时,主要磨后刀面。(　　)
109. 由于铸造是一项较为简单的工艺,所以不易产生缺陷。(　　)
110. 锻造和冲压应用非常广泛,是目前机械制造中毛坯生产的主要方法之一。(　　)
111. 焊芯主要作用是溶化后作为焊缝的填充物。(　　)
112. 平焊是焊接时最容易的操作方法。(　　)
113. 带有圆弧刃的标准群钻,在钻孔过程中,孔底切削出一道圆环肋与棱边能共同起稳定钻头方向的作用。(　　)
114. 标准群钻圆弧刃上各点的前角比磨出圆弧刃之前减小,楔角增大,强度提高。(　　)
115. 钻孔时选择切削用量只需选择切削速度和进给量。(　　)
116. 刃磨钻头时应选择细砂轮。(　　)
117. 在台钻上钻通孔时应使用垫铁,以免损坏工作台。(　　)
118. 用麻花钻钻较硬材料,钻头的顶角应比钻软材料时磨的小些。(　　)
119. 将要钻透孔时,应减小钻头的进给量,否则易断钻头或卡住钻头等。(　　)
120. 钻孔时加切削液的目的是以润滑为主。(　　)
121. 钻精度高孔的钻头,其刃倾角为0°。(　　)
122. 金属材料的力学性能是由其内部组织结构决定的。(　　)
123. 室温下的金属加工都属于冷加工。(　　)
124. 淬火后的钢,回火温度越高,其强度和硬度边越高。(　　)
125. 除Fe、C外,还含有其他元素的钢就是合金钢。(　　)
126. 可锻铸铁的塑性比灰铸铁的塑性好,因此可以进行锻造。(　　)
127. T12钢表面含碳量很高,可选作渗碳零件用钢。(　　)
128. 在实际应用中维氏硬度值是根据测定压痕对角线长度通过查表得到的。(　　)
129. 沸腾钢的组织较致密,因此力学性能比镇静钢好。(　　)
130. 体心立方晶格的原子位于立方体的8个顶角及立方体6个面的中心。(　　)
131. 在Fe、合金状态图中,A_1 温度是随含碳量的增加而上升。(　　)
132. 硫是钢中的有害元素,它可以使钢产生冷脆性。(　　)
133. 磷是钢中的有益元素,它可以减少钢中的冷脆性。(　　)
134. 钢的晶粒因过热粗化时,就有变脆的倾向。(　　)
135. 一切增加过冷奥氏体稳定性,增加临界冷却速度的因素都是可以提高钢的淬透性。(　　)
136. GCr15SiMn属于高合金钢。(　　)
137. 合金钢只有经过适宜的热处理,才能显著提高力学性能否则性能与相同含碳量的碳钢差不多。(　　)
138. 黄铜中含锌量越高,其强度也越高。(　　)
139. 60钢和T12钢都是优质碳素钢。(　　)

140. 用电器在额定工作状态下工作叫满载。(　　)
141. 交流电的频率都是 50 Hz。(　　)
142. 同一电源的正极电位永远高于其负极电位。(　　)
143. 一台发电机只能产生一个交变电动势。(　　)
144. 三相负载的接法是由电源电压决定的。(　　)
145. 各种机械设备中,使用最多的是三相异步电动机。(　　)
146. 当电源电压为 380 V,负载的额定电压为 220 V 时应作三角形联接。(　　)
147. 当电源电压为 380 V,负载的额定电压为 380 V 时应作星形联接。(　　)
148. 正弦交流电的三大要素是最大值、角频率、初相角。(　　)
149. 变压器油的主要作用是绝缘。(　　)
150. 电动机的定子绕组是电动机的电路部分。(　　)
151. 电动机的转子起输出机械转矩作用。(　　)
152. 在电动机中可分为直流电动机和交流电动机两大类。(　　)
153. 在有易燃气体的场所应采用封闭式电机。(　　)
154. 在有易燃气体的场所应选用防爆式电机。(　　)
155. 职业道德与职业习惯的目的是一致的。(　　)
156. 职业纪律本身就是职业道德的一部分,只不过要求高度不同而已。(　　)
157. 人们长期从事某些职业而形成的道德心理和道德行为是有差异的。(　　)
158. 在实际工作中,要求从业者必须具有优良的道德素质。(　　)
159. 职业道德与办企业的目的是完全一致的,而且是其先决条件。(　　)
160. 服从分配,听从指挥,遵守纪律,爱岗敬业,坚持原则是职业道德的体现。(　　)
161."质量第一,用户至上"是第三产业职业道德的基本要求。(　　)
162. 职业道德是一个人从业应有的行为规范,也是事业有成就的基本保证。(　　)
163. 保证产品质量,提高经济效益,就必须严格执行操作规范。(　　)
164. 生产计划是保证正常生产秩序的先决条件。(　　)
165. 比例定为 1∶2,说明图样比实物放大一倍。(　　)
166. 剖视图一般应标注剖切位置、投射方向和名称。(　　)
167. 剖面图与剖视图在表达方法上相同。(　　)
168. 三种基本剖视图是:全剖视图、半剖视图、局部剖视图,其他称剖切方法。(　　)
169. 机械图样上所用的单位是 cm。(　　)
170. 若点 $A(0,18,8)$,点 $B(12,4,10)$,则点 B 在点 A 之后。(　　)
171. 基本偏差为正值时,公差带在零线上方。(　　)
172. 在同一基本尺寸下,公差等级越高,标准公差值越小。(　　)
173. 一般情况下,应优先选用基孔制。(　　)
174. 基准孔的公差带相对零线是浮动的。(　　)
175. 在满足使用要求的前提下,尽可能选较高的公差等级。(　　)

五、简 答 题

1. 简述如图 30 所示地规的结构及用途。

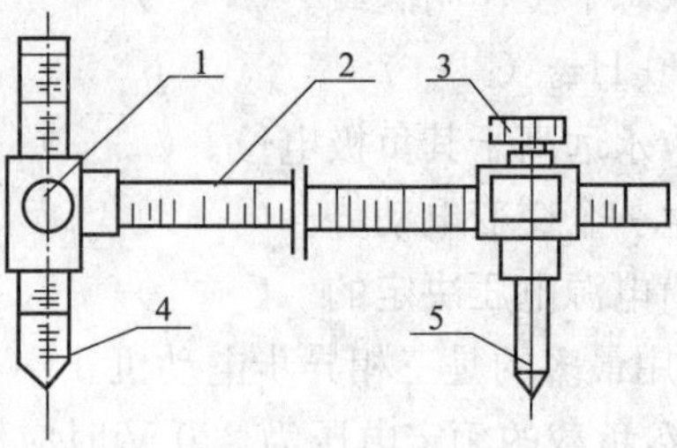

图 30

2. 简述如图 31 所示可调量高尺的构造及用途。

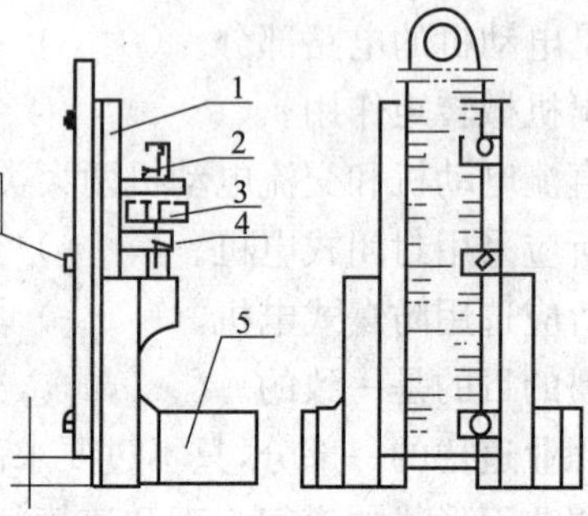

图 31

3. 较复杂工件划线基准选择原则是什么?

4. 较复杂工件的安装方法是什么?

5. 简述重型工件在地面上划线的方法有哪些?

6. 简述冷作放样划线的步骤。

7. 简述划线产生废品的原因。

8. 渐开线齿形的划法有哪几种?

9. 什么叫展开图?展开划线的方法有哪几种?

10. 凸轮的三要素是什么?说明其意义。

11. 请写出凸轮的三要素的计算公式。

12. 已知圆盘凸轮两条工作曲线升高量均为 8 mm,曲线 AB 所占圆周中心角为 122.4°,曲线 CD 所占圆周中心角为 237.6°。试求:AB、CD 曲线的导程。

13. 已知圆盘凸轮两条工作曲线升高量均为 8 mm,曲线 AB 所占圆周为 34 个等分数,曲线 CD 所占圆周为 66 个等分数。试求:AB、CD 曲线的导程。

14. 求线段实长的作图方法有哪几种。

15. 求线段实长的三角形法是什么。

16. 求线段实长的三角形法包含哪几个因素。应用时需知其中几个因素。

17. 简述求线段实长的直接作图法要领。

18. 在曲面立体上作交线的方法有哪几种?

19. 錾子楔角的大小对錾削产生什么影响?刃磨时确定楔角大小的原则是什么?

20. 錾子楔角一般是多大?

21. 锯削安全注意事项有哪些?
22. 如何保养锉刀?
23. 简述刮削的方法。
24. 什么是公差等级?
25. 国标对标准公差符号及分级作何规定?
26. 什么叫间隙配合、过盈配合、过渡配合?它们的公差带特点是什么?
27. 对下列零件的技术要求改用形位公差代号表示,并注明形位公差指引线指向位置。
(1)孔 $\phi 50_{-0.027}^{+0.012}$ 的圆柱度公差 0.02 mm,圆度公差 0.015 mm。
(2)B 面平面度公差 0.01 mm,B 面对 C 面平行度公差 0.03 mm。
(3)平面 F 对 $\phi 50_{-0.027}^{+0.012}$ 轴线的圆跳动公差 0.03 mm。
(4)$\phi 80_{-0.224}^{-0.150}$ 外圆柱面轴线对 $\phi 50_{-0.027}^{+0.012}$ 孔轴线同轴度公差 $\phi 0.03$ mm。
28. 识读如图 32 所示中形位公差标注,按要求填空。

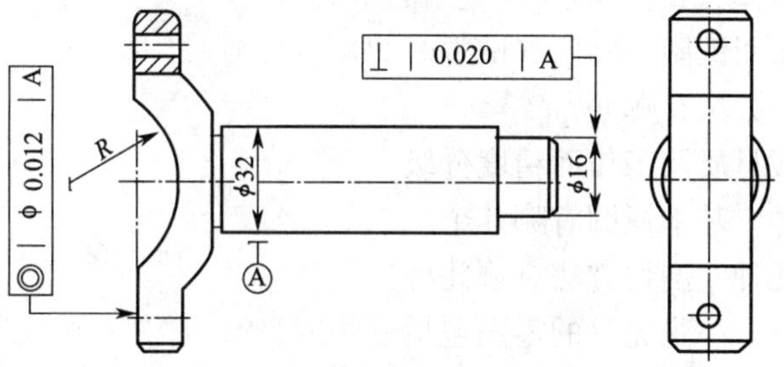

图 32

(1) ⊥|0.020|A 被测要素:__________;基准要素:__________;
公差项目:__________;公差值:__________mm。
(2) ◎|ϕ0.012|A 被测要素:__________;基准要素:__________;
公差项目:__________;公差值__________mm。
29. 百(千)分尺读数方法是什么?
30. 根据图 33,试说明百分表刻线原理是什么。

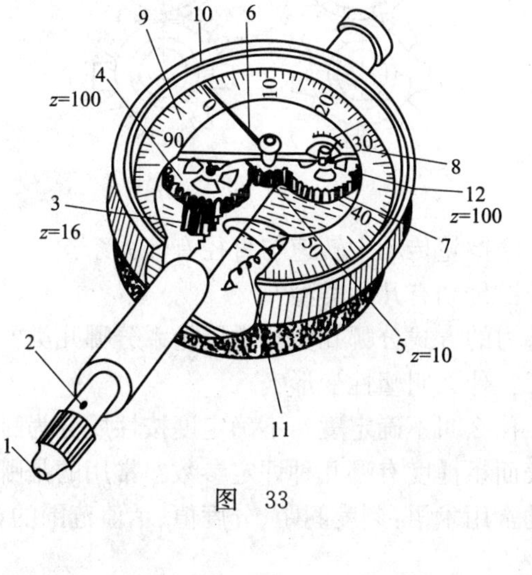

图 33

31. 根据图 34,简述正弦规的测量原理。

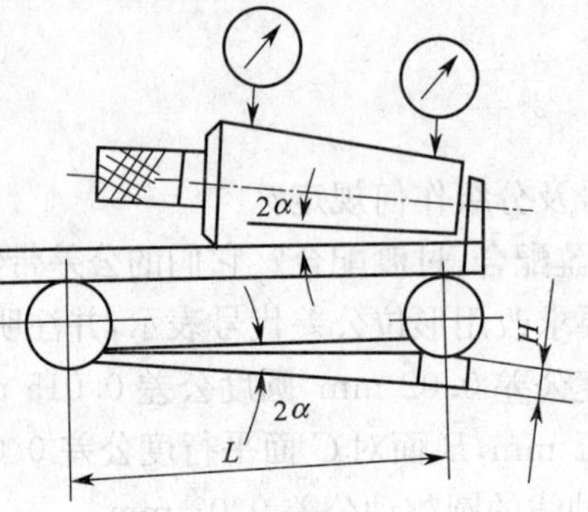

图 34

32. 解释构件、机构、机器、机械的定义。
33. 解释运动副、转动副、移动副、螺旋副的定义。
34. 举例说明什么叫低副、高副。(试举 3 例)
35. 常见的找中心方法有哪些?
36. 简述划线平板材质及工作面精度分级。
37. 视图有哪几种?基本视图有哪几个?
38. 剖视图有哪几种?剖切方法有哪几种?
39. 什么叫零件图?一张完整的零图包括哪些内容?
40. 什么叫间歇运动机构?能实现间歇运动的机构有哪些?
41. 如图 35 所示回答下列问题:
(1)指出主动轮、被(从)动轮;
(2)该机构名称;
(3)若将主、被(从)动轮互换能否运动?为什么?

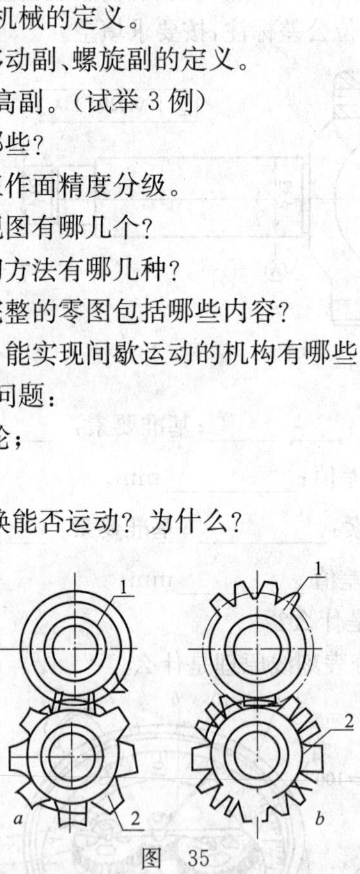

图 35

42. 什么叫传动比?摩擦轮传动中转速与直径有何关系?
43. 什么叫链传动?链传动有几种类型?
44. 机械运动按传递力的方式分哪几类?常用轮系分哪几类?
45. 什么叫弹性变形?什么叫塑性变形?
46. 什么叫准确度?什么叫不确定度?不确定度按性质分为哪两类?
47. 国家标准规定表面粗糙度有哪几种评定参数?常用的是哪种?如何分类?
48. 解释计量器具的常用术语:刻度间距、分度值、示值范围的含义。

49. 什么叫测量误差？影响测量误差的因素是什么？
50. 什么叫生产过程？什么叫工艺过程？
51. 什么叫刨削、磨削和铣削？
52. 什么叫工序、工步、安装？
53. 什么叫基准？基准分哪几大类？
54. 什么叫设计基准、工艺基准、划线基准？
55. 什么叫测量基准和定位基准？
56. 什么叫机械加工工艺规程？
57. 编制工艺规程主要依据有哪些？
58. 简述工艺规程的作用有哪些。
59. 铸钢按化学成份分哪几类？按碳在铸铁中所处状态不同，铸铁可分为哪几类？
60. 简述粗基准选择原则。
61. 安排工序顺序的原则有哪些？
62. 什么叫工艺装备？什么叫工件安装？什么叫辅具？
63. 夹具按类型分哪几类？机床夹具又分哪几类？
64. 什么叫自由度？物体在空间中有几种运动？
65. 什么叫硬度？常用的硬度单位有哪些？
66. 什么叫六点定位原理？
67. 简述錾子的材料及热处理方法。
68. 简述刮刀的材料及热处理方法。
69. 绘图时选择主视图的原则是什么？
70. 部分电路欧姆定律的内容是什么？其数学表达式是什么？

六、综 合 题

1. 已知：$Z=61$ 齿轮，假定等分数 $Z_0=60$ 试用：差动分度选取配换齿轮和分度盘的孔圈，并确定手柄转数。(现有分度盘上的孔数为：46、51、53、57、59、62、66 孔/圈，分度头定数 40)。

2. 已知：如图 36，图 37 所示正弦规和楔键的测量与结构尺寸($h=27.56$，$l=100$，$L=60$，$\beta=34'$)。

试计算：塞规的锥度、楔键大端 H 为多少？(单位为 mm)

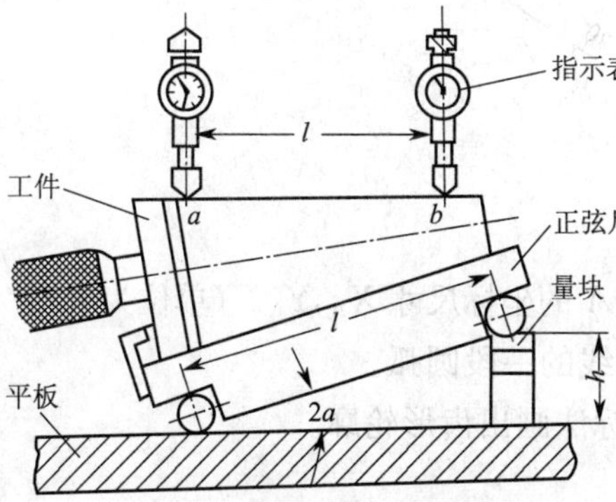

图 36

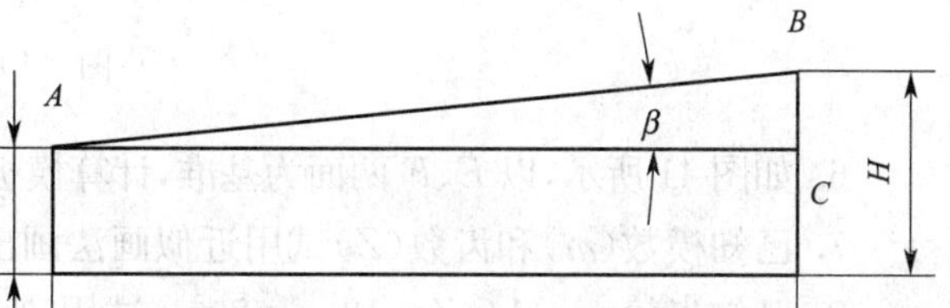

图 37

3. 已知：如图 38 所示万能外圆磨床挡水板的侧视图。求展开长。(单位为 mm)

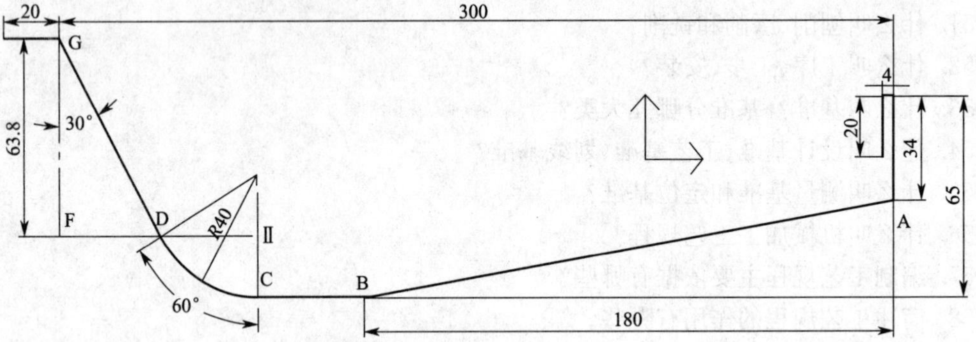

图 38

4. 作图如 39 所示划线样板，若要以 $(A)B$ 为圆心用划规划 C 孔的中心，如何计算划规张开尺寸 AC 和 BC？

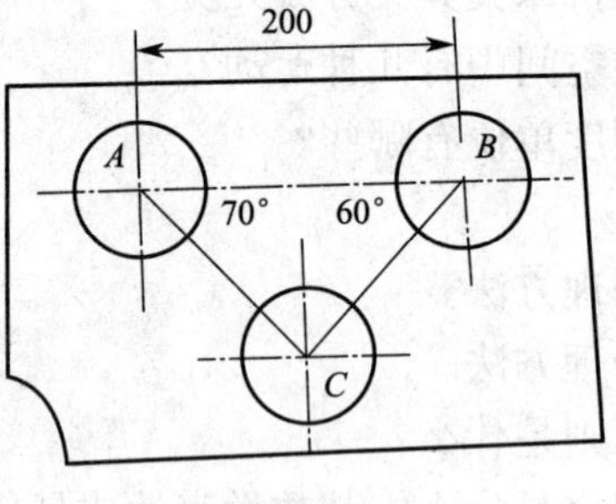

图 39

5. 计算图 40 中 2-ϕ10.5 的测量尺寸 L。(单位为 mm)

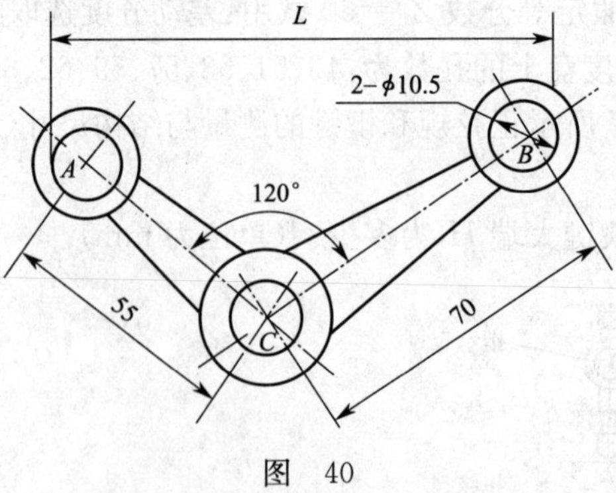

图 40

6. 如图 41 所示，以 E、F 两面为基准，计算模板上孔 A 的坐标尺寸 X_A，Y_A。(单位为 mm)

7. 已知模数(m)和齿数(Z)试用近似画法画出渐开线的一段圆弧。

8. 已知齿轮 $m=14$、$Z=18$、$\alpha=20°$。试用：直角坐标法画出齿形轮廓。

9. 试用简化画法作等径圆弯头展开图。

10. 试作：正圆锥展开划线。

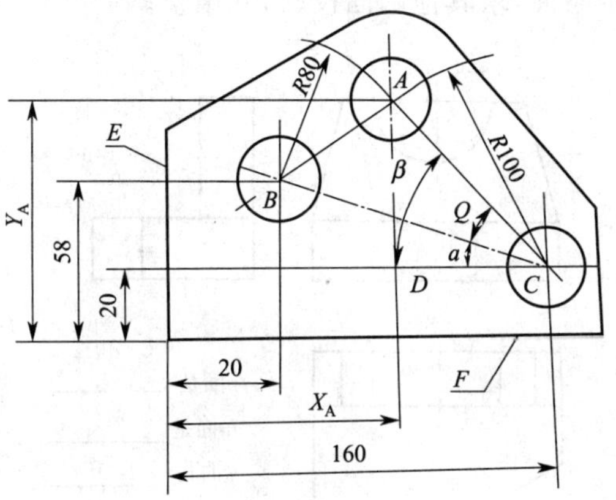

图 41

11. 什么叫平摆线？试作 ϕ30 滚圆的平摆线。
12. 试作:斜圆锥的展开图。
13. 已知:图 42 斜四棱台。求:展开图。

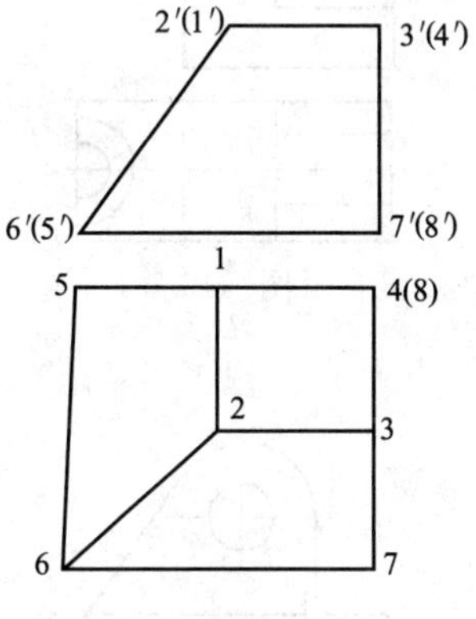

图 42

14. 已知如图 43 所示条件,求其他两面投影,并填空。

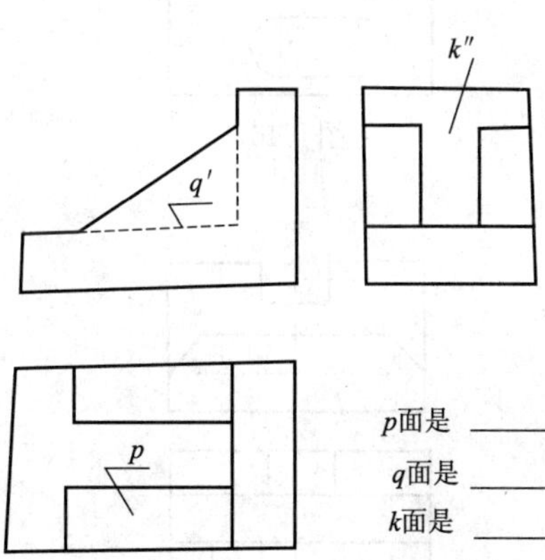

p面是 ________
q面是 ________
k面是 ________

图 43

15. 已知如图 44 所示条件，求其他两面投影，并填空。

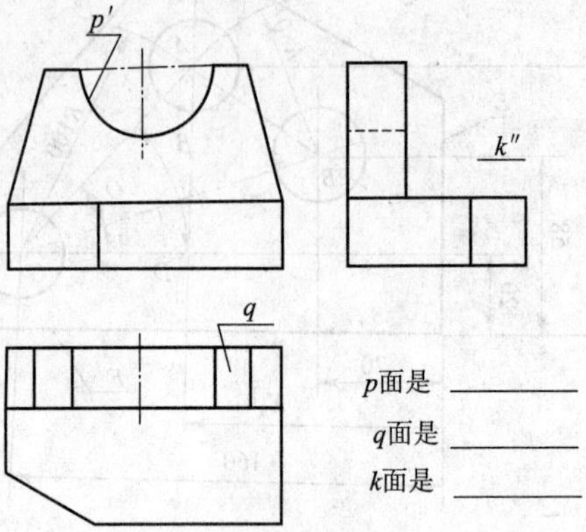

图 44

16. 补画图 45 第三视图。

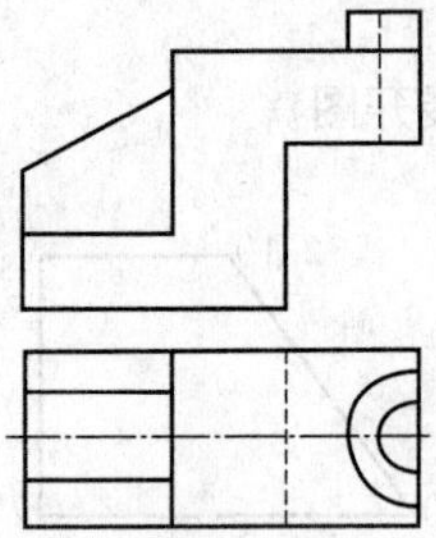

图 45

17. 补画图 46 第三视图。

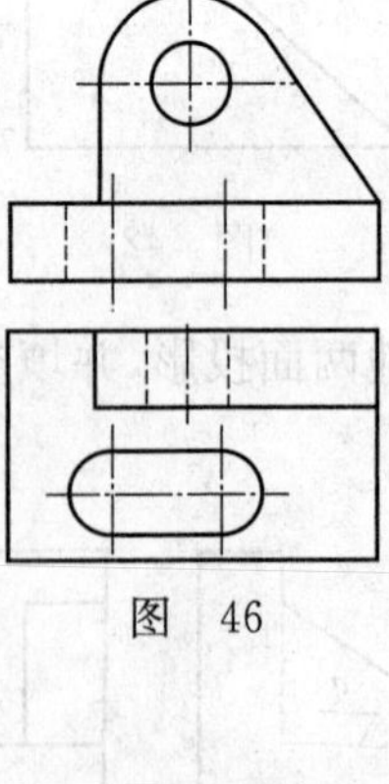

图 46

18. 补画图 47 第三视图。

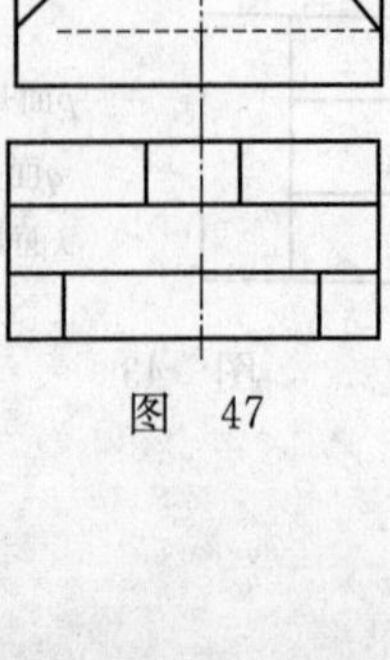

图 47

19. 补画图 48 第三视图。

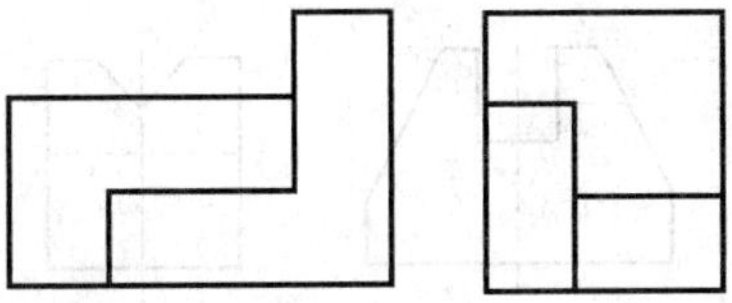

图 48

20. 补画图 49 第三视图。

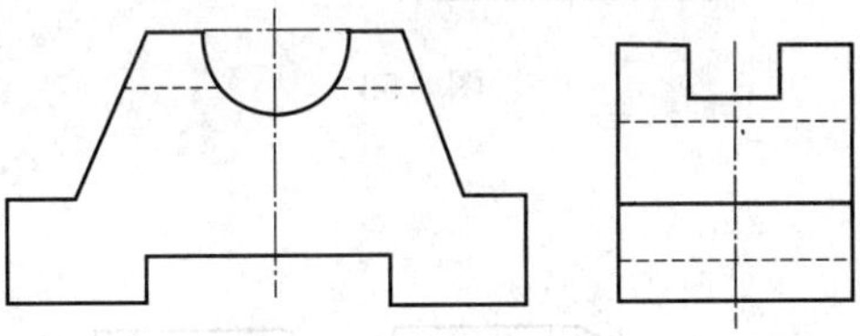

图 49

21. 补画图 50 中漏线。

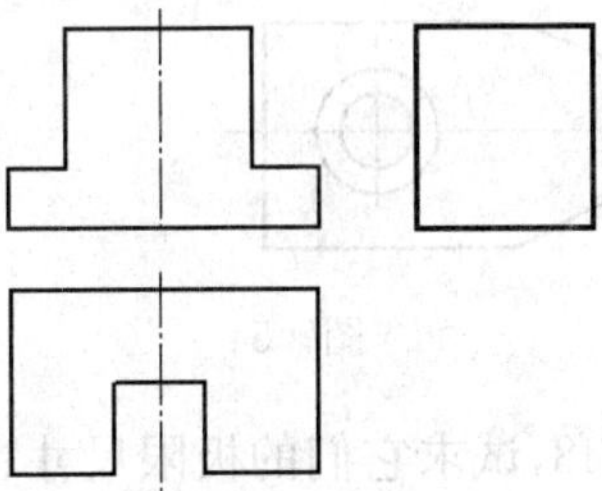

图 50

22. 补画图 51 中漏线。

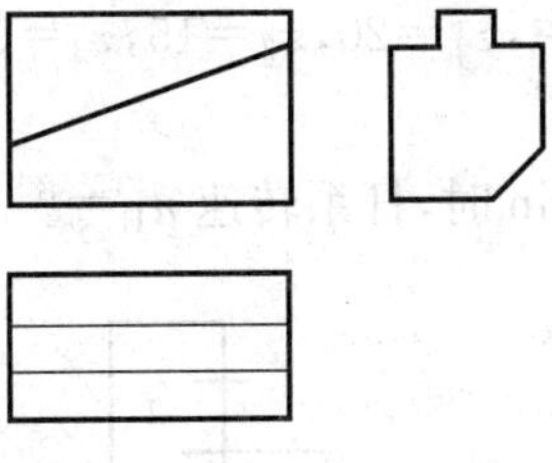

图 51

23. 补画图 52 中漏线。

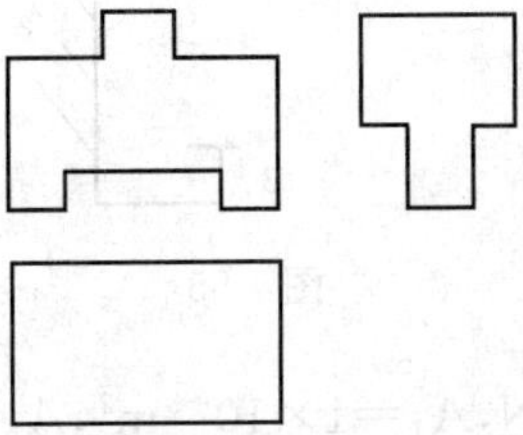

图 52

24. 补画图 53 中漏线。

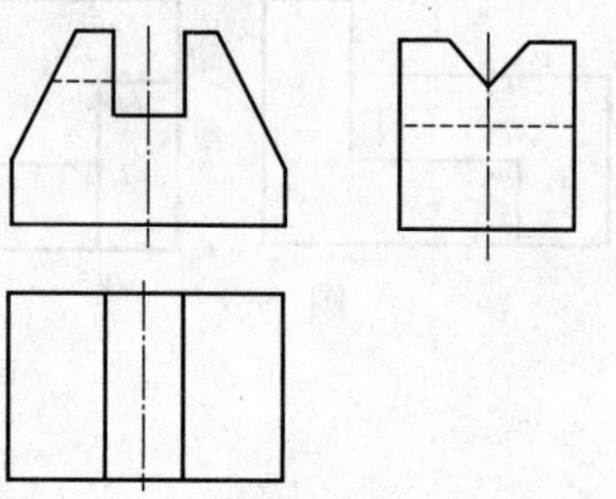

图 53

25. 补画图 54 中漏线。

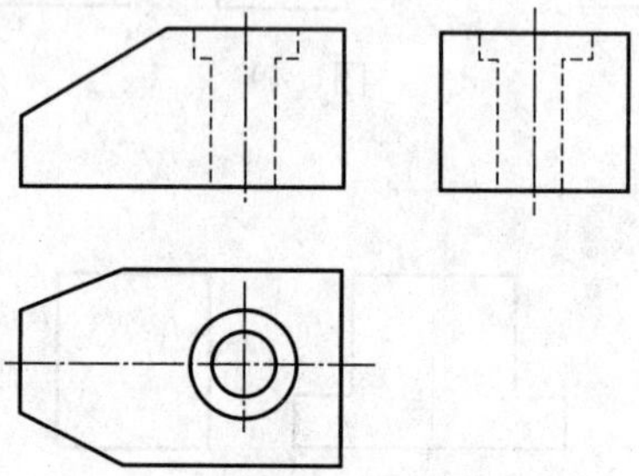

图 54

26. 有一孔轴配合为 $\phi10H8/f8$,试求它们的极限尺寸、偏差配合性质、配合公差、绘制公差带图。

27. 凸轮从动件端部结构有几种类型?各有什么应用特点?

28. 简述划线的步骤包括哪些内容。

29. 如图 55 所示求行星轮系中,$z_1=20$,$z_2=15$,$z_3=50$ 中心轮 3 固定不动。

试求:(1)行星轮系传动比 i_{1H}

(2)当中心轮转速 $n_1=70$ r/min 时,杆系转速 $n_H=$?

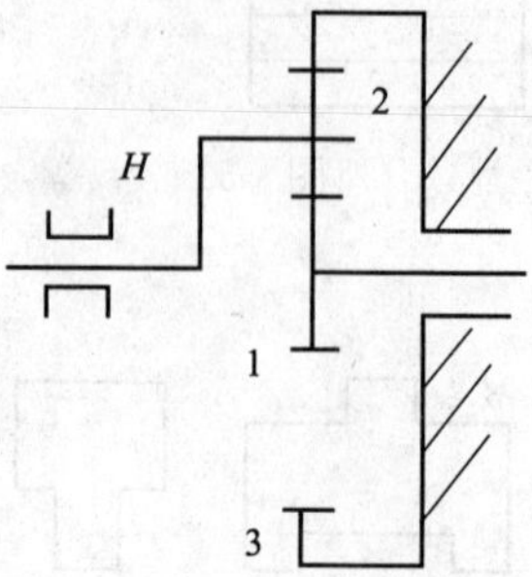

图 55

30. 如图 56 所示外力 $R=294N$,$A_1=1\times10^{-3}m^2$,$A_2=5\times10^{-3}m^2$

试求:(1)F_1;(2)系统压力 P;(3)活塞 1、活塞 2 的速度 v_1、v_2 及关系如何?

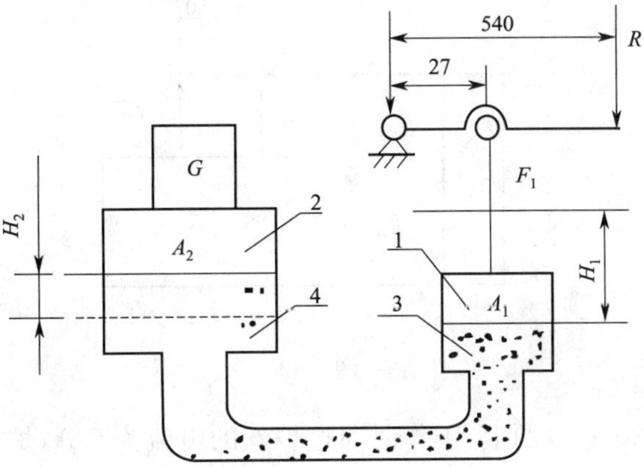

图 56

31. 编制工艺规程步骤大致有几个方面?

32. 如图 57 所示,钻削圆盘上的小孔 $\phi8$,用 $\phi50^{+0.025}_{0}$ 圆柱孔作定位面,心轴为定位元件,心轴尺寸为 $\phi50^{-0.009}_{-0.025}$。问计算此种方法能否满足两孔距 70 ± 0.05 的技术要求。(单位为 mm)

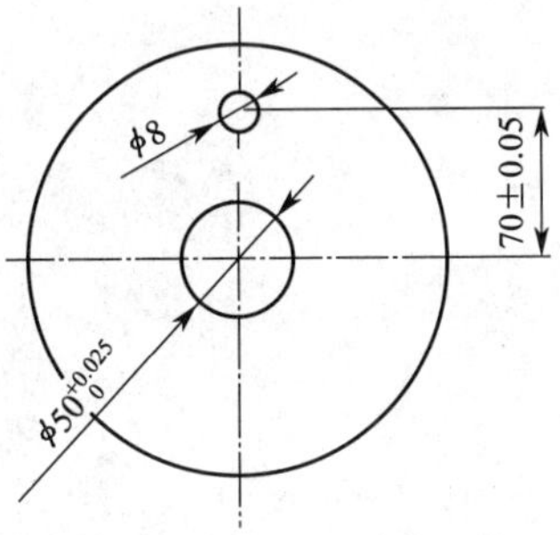

图 57

33. 如图 58 所示,圆柱面上铣削加工 80×30 表面。

试问:若用 V 型铁定位(90°)其误差多大?(单位为 mm)

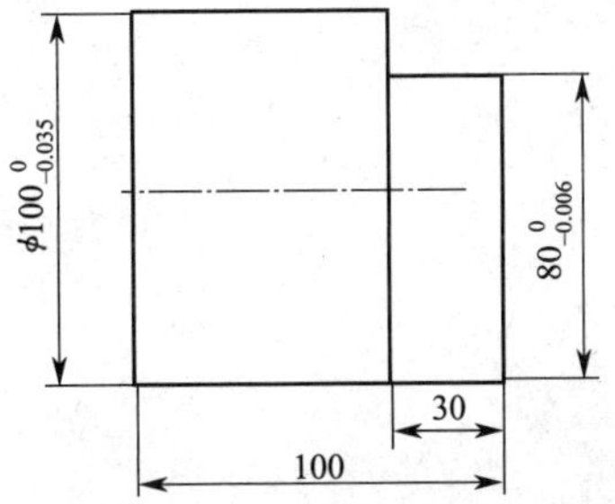

图 58

34. 如图 59 所示零件加工,现仅有外径千分尺进行测量,只能通过测量 A、B 间尺寸加工 A 面。试求:A、B 间应控制的极限尺寸 L_{ABmax},L_{ABmin} 各为多少。(单位为 mm)

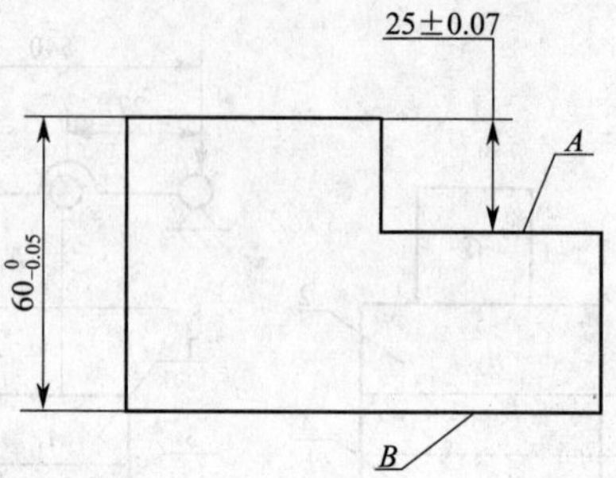

图 59

35. 一电炉接在 220 V 电源上，工作时通过炉丝的电流为 5 A，炉丝的截面积 0.6 mm^2，电阻率为 1.2×10^{-6} Ω/m。试计算：所需长度。

划线工(中级工)答案

一、填 空 题

1. 牛皮胶　2. 恢复原色　3. 仿划线　4. 配划线
5. 磨损较多部位　6. 2%～4%　7. 硫酸钡　8. 向一个方向
9. 样板　10. 加工工艺　11. 原样件　12. 小锥孔
13. 75 mm　14. 平滑　15. 纸板托印或印迹配划
16. 最合理　17. 硫化锌　18. 找正　19. 两
20. 校正基准　21. 醋酸丁脂　22. 设计基准　23. 工件批量
24. 一般精度　25. 106　26. 实际机件相应要素
27. 箭头　28. 一种　29. S　30. 两底圆直径之差
31. 四心扁圆法　32. 一点的轨迹　33. 外摆线　34. 定位尺寸
35. 定形尺寸和定位尺寸　36. 有关规定　37. 已知线段
38. 垂直于　39. 多面正投影　40. 重合　41. 倾斜
42. 两个面投影　43. X 轴　44. 螺纹伸长量　45. 安全
46. 传动部分　47. 深度千分尺　48. 加长接杆　49. 形状误差
50. 触头和传感器部分　51. 七　52. 0～0.8
53. 绝对　54. 测量基准　55. 夹具　56. 引导元件
57. 一　58. 移动　59. 装配单元系统　60. 装配顺序
61. 机外振源　62. 地基　63. 相配的轴　64. 偏差
65. 径向圆跳动　66. 静态　67. 丝杠转动　68. 活塞行程
69. 实际要素　70. 圆柱形　71. 使用性能和寿命　72. 基准线
73. 三　74. 可见轮廓　75. 其余　76. 代数差
77. 位置　78. 间隙或过盈　79. 坐标图　80. 基轴制
81. 基本尺寸　82. 20　83. 28　84. 公差等级符号
85. 13　86. 基孔制　87. 保持架　88. 液体压力
89. 锯齿形　90. $\alpha_1=\alpha_2$　91. 展成法　92. 滑移齿轮
93. 过小　94. 四　95. 1∶100 的斜度　96. 40°
97. 七　98. 12　99. 自锁性　100. 相反
101. 传动轴　102. 便于加工和尽量避免或减小应力集中　103. 间隙
104. 四　105. 五个　106. 微量金属层　107. 立式铣床
108. 金属零件　109. 冲压　110. 焊接电缆　111. 液化石油气
112. 硬质合金　113. 用样板刀法　114. 曲面　115. 花键孔
116. 摇臂钻床　117. 溜板和车刀　118. 铣削用量　119. 结合剂

120. 较硬 121. 渐开线形 122. 内、外啮合齿轮 123. 碳
124. 晶体 125. 三 126. 磷 127. 白铜
128. 混合物 129. 5 121 130. 许用应力 131. 面心立方
132. 912° 133. 0.77 134. 热脆 135. 冷脆
136. 形状复杂 137. 经济性 138. 等温淬火法 139. 调质处理
140. 红硬性 141. 电源 142. 高于 143. S
144. 右 145. 电动势 146. 交流 147. 周期
148. 频率 149. 赫兹 150. 50 151. 220
152. 380 153. 升高 154. 高 155. 10 V
156. 道德准则和行为规范 157. 基本保证 158. 保证性条件
159. 良好 160. 目标 161. 和谐、团结 162. 基本原则
163. 必要的 164. 实践中去 165. 职业道德规范的要求
166. 划线 167. 立体划线样板 168. 垂直面 169. 基准
170. 稳定 171. 样冲眼 172. 划卡 173. 半径
174. 划针 175. 方箱

二、单项选择题

1. A 2. B 3. C 4. D 5. C 6. D 7. B 8. D 9. A
10. B 11. A 12. D 13. B 14. B 15. B 16. D 17. C 18. C
19. B 20. B 21. D 22. A 23. C 24. D 25. A 26. B 27. C
28. A 29. C 30. C 31. C 32. B 33. B 34. C 35. A 36. D
37. B 38. A 39. B 40. A 41. A 42. B 43. C 44. A 45. A
46. B 47. C 48. A 49. C 50. B 51. D 52. B 53. D 54. C
55. D 56. D 57. B 58. A 59. B 60. C 61. A 62. D 63. C
64. A 65. B 66. C 67. D 68. A 69. B 70. B 71. A 72. C
73. C 74. A 75. A 76. A 77. D 78. C 79. B 80. B 81. C
82. A 83. C 84. D 85. A 86. B 87. C 88. B 89. C 90. D
91. A 92. A 93. B 94. D 95. A 96. D 97. A 98. B 99. B
100. A 101. D 102. C 103. C 104. D 105. D 106. C 107. B 108. D
109. C 110. B 111. D 112. B 113. A 114. A 115. C 116. D 117. B
118. C 119. C 120. A 121. D 122. A 123. D 124. C 125. A 126. C
127. B 128. C 129. B 130. A 131. D 132. B 133. C 134. B 135. B
136. C 137. D 138. D 139. B 140. C 141. D 142. A 143. C 144. A
145. C 146. C 147. A 148. C 149. A 150. B 151. D 152. C 153. A
154. A 155. A 156. A 157. B 158. A 159. B 160. D 161. C 162. B
163. B 164. B 165. A 166. D 167. B 168. A 169. C 170. C 171. A
172. D 173. D 174. A 175. D 176. B 177. B 178. C 179. D 180. A

三、多项选择题

1. ABCD 2. AC 3. ABCD 4. ABC 5. CD 6. ABD 7. ABD

8. ABC	9. ABCD	10. ABCD	11. ABCD	12. BD	13. CD	14. AC
15. ACD	16. ACD	17. ABC	18. BCD	19. ABCD	20. ABCD	21. AB
22. BCD	23. CD	24. ACD	25. ABCD	26. ABCD	27. ABC	28. ABCD
29. ABCD	30. ABCD	31. ABC	32. AD	33. ABC	34. ABC	35. ABD
36. BD	37. ABCD	38. ABC	39. AB	40. AD	41. ABCD	42. ABCD
43. ABC	44. AC	45. ABCD	46. AD	47. ABC	48. BCD	49. ABD
50. ABCD	51. BD	52. ACD	53. AD	54. BCD	55. CD	56. ABC
57. AB	58. ABCD	59. BCD	60. AC	61. ABD	62. ABC	63. ABCD
64. ABCD	65. AB	66. ACD	67. ABCD	68. ACD	69. BCD	70. BCD
71. ABCD	72. ABCD	73. ABD	74. ABCD	75. ABD	76. AD	77. ABCD
78. ABC	79. ABC	80. ABCD	81. AC	82. ABD	83. ACD	84. BCD
85. ABC	86. ABD	87. ABC	88. ABD	89. ABC	90. ABCD	91. BC
92. BC	93. ABCD	94. AB	95. BCD	96. ABCD	97. ABC	98. ABC
99. ABCD	100. ABCD	101. ABCD	102. CD	103. ABCD	104. ABC	105. BCD
106. ABCD	107. CD	108. ABCD	109. CD	110. BC	111. ABCD	112. ABC
113. ABCD	114. BD	115. ABD	116. ABC	117. BD	118. ABC	119. AB
120. AC	121. ABC	122. ABC	123. AB	124. AB	125. BCD	126. ABD
127. BD	128. AB	129. ACD	130. ABC	131. ABC	132. ACD	133. AC
134. ABCD	135. ABC	136. ABC	137. ABC	138. ACD	139. AD	140. AD
141. ABCD	142. ABCD	143. ABCD	144. ABD	145. ABC	146. ABD	147. ABCD
148. ABCD	149. ACD	150. AB	151. ABD	152. ACD	153. ABD	154. ABCD
155. ABCD	156. ABCD	157. ABC	158. ABCD	159. ABC	160. ABC	161. BD
162. ABCD	163. ABCD	164. ABCD	165. BCD			

四、判 断 题

1. ×	2. ×	3. √	4. ×	5. √	6. ×	7. √	8. √	9. ×
10. √	11. √	12. ×	13. √	14. ×	15. ×	16. √	17. √	18. ×
19. √	20. √	21. ×	22. √	23. √	24. √	25. ×	26. √	27. ×
28. ×	29. √	30. ×	31. √	32. ×	33. √	34. ×	35. √	36. ×
37. √	38. ×	39. √	40. √	41. √	42. ×	43. ×	44. ×	45. √
46. √	47. ×	48. √	49. ×	50. ×	51. ×	52. √	53. √	54. √
55. ×	56. √	57. ×	58. ×	59. ×	60. ×	61. ×	62. √	63. ×
64. √	65. ×	66. ×	67. ×	68. √	69. √	70. ×	71. √	72. √
73. ×	74. ×	75. ×	76. ×	77. ×	78. √	79. √	80. ×	81. √
82. √	83. ×	84. √	85. ×	86. ×	87. √	88. ×	89. √	90. ×
91. ×	92. √	93. √	94. √	95. ×	96. ×	97. √	98. √	99. √
100. √	101. √	102. ×	103. √	104. ×	105. √	106. ×	107. ×	108. ×
109. ×	110. √	111. ×	112. √	113. √	114. ×	115. √	116. ×	117. √
118. ×	119. √	120. ×	121. ×	122. √	123. ×	124. ×	125. ×	126. ×

127. ×	128. √	129. ×	130. ×	131. ×	132. ×	133. ×	134. √	135. ×
136. ×	137. √	138. ×	139. √	140. √	141. ×	142. √	143. ×	144. ×
145. √	146. ×	147. ×	148. √	149. ×	150. √	151. √	152. √	153. ×
154. √	155. ×	156. √	157. √	158. ×	159. √	160. √	161. ×	162. √
163. ×	164. ×	165. ×	166. √	167. ×	168. √	169. ×	170. √	171. ×
172. √	173. √	174. ×	175. ×					

五、简 答 题

1. 答：(1)结构：由固定螺钉1(0.5分)、规梁2(0.5分)、紧固螺钉3(0.5分)、垂直调节规脚4(0.5分)、水平调节规脚5(0.5分)组成。

(2)用途：常用于板金件展开划线(0.5分)，大罐体的结合法兰(0.5分)，大圆盘等划圆(0.5分)、划弧(0.5分)、等分(0.5分)等划线(2.5分)。

2. 答：(1)结构：由尺柱1(0.5分)，螺杆2(0.5分)，手轮3(0.5分)，钢板尺4(0.5分)，尺座5(0.5分)，卡板6(0.5分)，螺钉7(0.5分)组成。

(2)用途：做尺寸基准，用来计算其他尺寸(1.5分)。

3. 答：(1)划线基准尽量与设计基准一致(2分)，可直接量取划线性尺寸，减少换算误差，简化划线过程，提高划线质量(1分)。(2)选择较大的平直的面为划线基准(1分)。(3)在选择基准的同时要兼顾复杂工件的安装(1分)。

4. 答：(1)如工件是毛坯件，一般用三只千斤顶把工件支撑起来(1分)。当工件表面有圆弧时，可用样冲在放置千斤顶的位置上打一样冲眼，再用千斤顶把工件支撑(1分)。(2)工件是半成品，划线基准是已加工表面，工件可以直接放置在划线平板上(1分)。(3)工件是轴类零件，可把工件放在V型块(1分)或带V型槽的方箱上(1分)。

5. 答：(1)按工件形状取中线法(1分)。(2)走条与平尺调整法(1分)。(3)水准法去拼凑大型平台划线法(1分)。(4)拉线(1分)与吊线法(1分)。

6. 答：(1)看懂图纸，弄清它的空间几何形状和尺寸(1.5分)。

(2)按板厚处理原则进行板厚处理，确定各部位的放样尺寸(1.5分)。

(3)用几何作图法划出所需的必要线条，划出放样图(1分)。

(4)根据具体情况采取不同的放样划线方法(1分)。

7. 答：(1)图样上的尺寸有错误，如注错尺寸，更改设计等(1分)。

(2)划线工具不精确，如角尺不垂直，钢板尺侧边不直，划针或划规不锋利等使所划各种线条相互间产生较大的误差(2分)。

(3)操作疏忽或划线方法不正确，如读错尺寸或因图样上尺寸数字不清楚而发生误解，在米尺上对错尺寸或较大的视觉错误等(2分)。

8. 答：(1)近似划法(1分)。(2)几何作图法(1分)。(3)根据渐开线的定义用基圆盘划齿形法(1.5分)。(4)直角坐标法(1.5分)。

9. 答：(1)展开图是把板金零件的全部或部分表面形状，通过几何作图的方法展开成平面图形的图(2分)。

(2)方法有：1)等线法(1分)；2)放射线法(1分)；3)三角形法(1分)。

10. 答：(1)凸轮的升高量 H(1分)，指凸轮工作曲线的最大半径与最小半径之差(0.5分)。

(2)凸轮的升高率 h(1 分):指凸轮转过一个单位角度或转过等分圆周的一等分时,被推动的杆上升或下降的距离(0.5 分)。

(3)导程 P_Z(1 分):指工作曲线按一定升高率旋转一周时的升高量(1 分)。

11. 答:(1)凸轮的升高量:$H=r_{max}-r_{min}$(1 分)。

(2)凸轮的升高率:$h=H/\theta=H/Z$(1 分),

式中 θ:工作曲线在圆周上所占中心角(0.5 分);Z:工作曲线在圆周上所占等分格数(0.5 分)。

(3)导程 P_Z:凸轮圆周按 360°角等分时 $P_Z=360\cdot H/\theta$(1 分),

凸轮圆周按 100 格等分时 $P_Z=100\cdot H/\theta$(1 分)。

12. 答:(1)$P_Z(AB)=360°H/\theta=360°\times 8/122.4°=23.53$ mm(2.5 分)

(2)$P_Z(CD)=360°H/\theta=360°\times 8/237.6°=12.12$ mm(2.5 分)。

13. 答:(1)$P_Z(AB)=100\cdot H/\theta=100\times 8/34=23.53$ mm(2.5 分)

(2)$P_Z(CD)=100\cdot H/\theta=100\times 8/66=12.12$ mm(2.5 分)。

14. 答:(1)直角三角形法(1 分)。(2)直角梯形法(1 分)。(3)旋转法(1.5 分)。(4)换面法(1.5 分)。

15. 答:直角三角形法是以空间线段一个投影长度为直角边(2 分),以另一投影到该面距离差为另一直角边(2 分),得出三角形的斜边(1 分),即为所求空间倾斜线的实长。

16. 答:(1)直角三角形法有:投影长(1 分)、坐标差(1 分)、实长(1 分)、倾角(1 分)四个因素(4 分)。(2)应用时只要知道其中两个因素,就可求出其他两个(1 分)。

17. 答:(1)主视投影求实长(1 分),侧视图里取其宽(1 分)。(2)俯视投影求实长(1 分),主视图里取其高(1 分)。(3)侧视投影求实长(0.5 分),俯视图里取其长(0.5 分)。

18. 答:在曲面立体上作交线的方法有:(1)素线法(1 分);(2)纬圆法(1 分);(3)素线法和纬圆法(1 分);(4)球面法(1 分);(5)内切球法(1 分)。

19. 答:錾子楔角越大,切削部分强度越高(1 分),但阻力(錾削力)越大(1 分),楔角越小,刃口越锋利(1 分),但楔角过小则强度差,刃口易崩裂(1 分)。楔角选用原则是:在保证强度足够的前提下,楔角尽量取小值(1 分)。

20. 答:一般錾削硬材料楔角为 60°～70°(1 分);錾削中等硬度材料楔角为 50°～60°(2 分);錾削软材料楔角为 30°～50°(2 分)

21. 答:锯削时的安全注意事项有:

(1)锯条装夹应松紧适度,锯削中不要突然用力过猛,防止工作中锯条折断,崩出伤人(2 分)。(2)工件将锯断时,压力要小,防止工件突然折断使身体前冲造成事故。一般工件将要锯断时,要用左手扶住工件即将断开部分,防止断开部分掉下砸伤脚(3 分)。

22. 答:保养锉刀时应注意如下事项:(1)不锉毛坯件的硬皮及淬火件(1 分)。(2)新锉刀使用时应先用一面,用钝后再用另一面(1 分)。(3)每次使用后应用锉刷刷去锉纹中的残留切屑(1 分)。(4)不要与其他硬件相碰(0.5 分)。(5)防止沾油、沾水(0.5 分)。(6)不要拿锉刀,当其他工具使用(0.5 分)。(7)使用整形锉时,切忌用力过大,过猛,以免折断锉刀(0.5 分)。

23. 答:刮削前在工件与校准工具(或相配工件)之间涂一层显示剂(2 分),经过对研使工件上高点部位显示出来(1 分),然后再用刮刀刮去较高部位(1 分)。这样经过反复显示和反复刮削使工件精度达到预定要求(1 分)。

24. 答:公差等级是确定尺寸精确程度的等级(2 分),以等级系数(指公差单位 i 的倍数)的大小作为分级的唯一指标(2 分),对于孔和轴都一样,且不随配合而改变(1 分)。

25. 答:国标规定:标准公差符号用“IT”表示(1 分),公差等为 20 级(1 分),用阿拉伯数字表示,即 IT01,IT0,IT1~IT18(1 分)。其中 IT01 为最高级(1 分),依次降低,IT18 为最低级(1 分)。

26. 答:(1)具有间隙的配合叫间隙配合,孔公差带在轴公差带之上(1.5 分)。

(2)具有过盈的配合叫过盈配合,孔公差带在轴公差带之下(1.5 分)。

(3)可能具有间隙或过盈的配合,叫过渡配合,对一批零件配合而言,孔公差带和轴公差带相互交叠(2 分)。

27. 答:

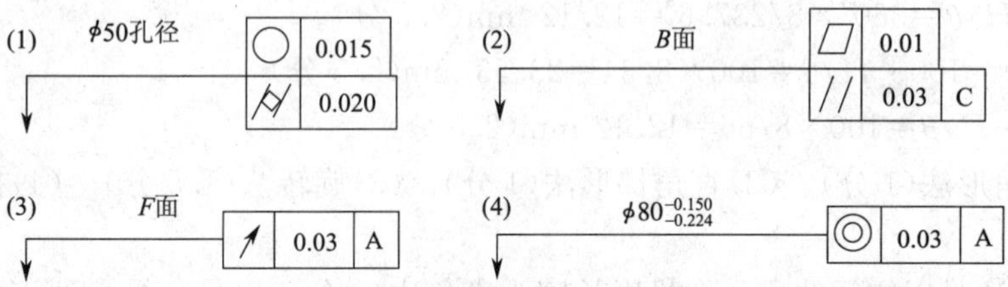

(每项 1 分,共 4 分)

A:$\phi\ 50^{+0.012}_{-0.027}$孔轴心线基准(0.5 分);C:平面基准 (0.5 分)。

28. 答:(1)左端大平面(1 分);ϕ32 轴线(1 分);垂直度(0.5 分);0.020 mm(0.5 分),(2)ϕ16 轴线(0.5 分);ϕ32 轴线(0.5 分);同轴度(0.5 分);ϕ0.012 mm(0.5 分)。

29. 答:千分尺读数方法可分三步:(1)读出微分筒边缘在固定套管主尺的毫米数和半毫米数(2 分)。(2)看微分套筒上哪一格与固定套管上基准线对齐,并读出不足半毫米的数(2 分)。(3)把两个读数加起来就是测得的实际尺寸(1 分)。

30. 答:如图所示,百分表刻线原理,百分表内的齿杆 2 和齿轮 3 的齿距是 0.625 mm(1 分),当齿杆上升 16 齿时,齿轮 3(Z=16)转一周(1 分),同时齿轮 4(Z=100)也转一周,就带动齿轮 5(Z=10)和长指针 6 转 10 周(1 分)。当齿杆移动 1 mm 时,长指针转一周(1 分),由于表盘 9 上共刻 100 个等分格,所以长指针每转一个格表示齿杆移动 0.01 mm(1 分)。

31. 答:如图所示,正弦规的测量需先建立一个三角形,然后进行正弦三角函数计算,得出被测零件的准确角度(2 分)。

正弦计算公式 $\sin 2\alpha = H/L$(2 分)

式中:H——所垫量块高度;

　　2α——被测工件锥角;

　　L——正弦规中心距(1 分)

32. 答:(1)构件:相互之间能作相对运动的物体(1 分)。(2)机构:具有确定相对运动构件的组合(1 分)。(3)机器:是构件的组合,它的各部分之间具有确定的相对运动,并能用来代替人的劳动完成有用的机械功或实现能量转换(2 分)。(4)机械:是机构和机器的通称(1 分)。

33. 答:(1)运动副:两构件直接接触而又能产生一定相对运动的联接(1 分)。(2)转动副:两构件在接触处只允许相对转动(1 分)。(3)移动副:两构件在接触处只允许相对移动(1 分)。(4)螺旋副:两构件在接触处只允许作一定关系的转动和移动的复合运动(2 分)。

34. 答:(1)低副:两构件之间作面接触的运动副(1 分)。例如:滑动轴承与轴(0.5 分),滑块与导槽(0.5 分),车床导轨与滑板等(0.5 分)。

(2)高副:两构件之间作点或线接触的运动副(1 分)。例如:滚动轴承内滚动体与内、外圈(0.5 分);凸轮机构中凸轮与从动件(0.5 分);齿轮啮合(0.5 分)。

35. 答:(1)几何作图法,即三点定圆心法(1 分)。(2)用定中心十字尺找中心法(1 分)。(3)用中心块划中心法(1 分)。(4)用单角规划中心法(1 分)。(5)用 V 形铁划中心法(1 分)。

36. 答:划线平板是经过精加工的一块光滑而平整的铸铁板(2 分)。工作面精度分为五级:00,0,1,2,3 级(1 分);其中 00,0,1,2 级平板作检验用(1 分),3 级平板作划线用(1 分)。

37. 答:视图有:基本视图(0.5 分);局部视图(0.5 分);斜视图(0.5 分)和旋转视图(0.5 分)四种。基本视图有:主视图(0.5 分、俯视图(0.5 分)、左视图(0.5 分)、右视图(0.5 分)、仰视图(0.5 分)、后视图(0.5 分)六个。

38. 答:剖视图有:全剖视图(1 分)、半剖视图(1 分)、局部剖视图(1 分)三种。剖切方法有:单一剖切(0.5 分),阶梯剖切(0.5 分),旋转剖切(0.5 分),复合剖切(0.5 分)。

39. 答:零件图是直接指导制造和检验的图样(1 分),一张完整的零件图应包括一组图形(1 分)、完整的尺寸(1 分)、必要的技术要求(1 分)、填写完整的标题栏(1 分)。

40. 答:(1)间歇运动机构:主动件作连续运动时,从动件跟随作周期性的间歇运动的装置(2 分)。(2)能实现间歇运动的有:棘轮机构(0.5 分)、槽轮机构(0.5 分)、四杆机构(0.5 分)、凸轮机构(0.5 分)、间歇齿轮机构(0.5 分)、空间间歇机构(0.5 分)等。

41. 答:(1)图中标号 1(有一个齿,有 4 个齿)轮为主动轮(1 分),标号 2 轮为从动轮(1 分)。(2)该机构是间歇齿轮机构(1 分)。(3)a 图中主动轮转一周,从动轮转 1/8 周;b 图中主动轮转一周,从动轮转 1/4 周。为主动轮连续运转时,从动轮实现周期性间歇运动(1 分)。(4)主、从动轮不能互换。因两啮合齿脱离后,轮 2 只能自转无法带动原主动轮 1 运动(1 分)。

42. 答:(1)传动比:指主动轮转速 n_1 与从动轮转速 n_2 的比值(2 分)。用符号 i_{12} 表示(1 分)。

(2)摩擦轮传动中的转速之比与其值径成反比即 $n_1/n_2=D_2/D_1$(2 分)。

43. 答:(1)链传动:由一个具有特殊齿形的主动链轮,通过链条带动另一个具有特殊齿形的从动链轮传递运动和动力的一套传动装置(2 分)。

(2)链运动按用途分为:传动链(1 分)、起重链(1 分)、牵引链(1 分)三种。

44. 答:(1)机械传动按传递力方式分两类(0.5 分):

1)摩擦传动:又分摩擦轮传动(0.5 分)和带传动(0.5 分)。

2)啮合传动:又分齿轮传动(0.5 分)、螺旋传动(0.5 分)、链传动(0.5 分)、蜗轮蜗杆传动(0.5 分)。

(2)轮系分为两类:

1)定轴轮系(1 分)。

2)周转轮系:又分差动轮系(0.5 分)和行星轮系(0.5 分)。

45. 答:(1)弹性变形:金属在外力作用下产生变形,当外力去消后能恢复原来形状和尺寸的变形(2.5 分)。

(2)塑性变形:金属在外力作用下产生变形,当外力去消后不能恢复原来形状和尺寸的变形(2.5 分)。

46. 答:(1)准确度:是指测量的精密和正确程度的综合反映,说明测量结果与真值的一致程度(2 分)。

(2)不确定度:用来描述尚未确定的特征,也就是用误差限规定的各测量结果的分散特征(2 分)。

(3)不确定度按性质分:1)系统不确定度(指测量器具)(0.5 分),2)随机不确定度(指测量温度工件状况)(0.5 分)。

47. 答:(1)高度参数(0.5 分):

1)轮廓的算术平均偏差 R_a(0.5 分);

2)微观不平度十点平均高 R_z(0.5 分);

3)轮廓的最大高度 R_y(0.5 分)。

(2)间距参数(附加评定用的)(0.5 分):

1)轮廓微观不平度的平均距 S_m(0.5 分);

2)轮廓的单峰平均间距 S(0.5 分);

3)轮廓支承长度率 t_p(0.5 分)。

(3)常用的是:轮廓算术平均偏差 R_a(0.5 分)。

(4)分为第一系列、第二系列(0.5 分)。

48. 答:(1)刻度间距:在计算器具的刻度标尺上相邻两条刻线间的距离(2 分)。

(2)分度值:在计算器具刻度尺上相邻两线间的距离所代表的量值(2 分)。

(3)示值范围:计算器具所指示的起始值到终值的范围(1 分)。

49. 答:(1)测量误差:是指测量结果与被测量的真值之差(1 分)。

(2)测量误误差的来源有:标准件误差(1 分)、测量方法误差(1 分)、计量器具误差(1 分)、环境条件引起的误差(1 分)。

50. 答:(1)生产过程:指从原材料制成产品的全部劳动过程(2 分)。

(2)工艺过程:在机器的生产过程中,改变生产对象的形状、尺寸、相对位置和性质等,使之时为成品、半成品的过程(3 分)。

51. 答:(1)刨削:是用刨刀对工件作水平相对直线往复运动的切削加工的方法(2 分)。

(2)磨削:是砂轮和砂带以较高的线速度对工件表面进行切削加工的方法(2 分)。

(3)铣削:是以铣刀旋转作主运动,工件或铣刀作进给运动的切削加工的方法(1 分)。

52. 答:(1)工序:指一个(或一组)工人,在同一台机床(或一个工地)上,对同一个或同时几个工件所连续完成的那一部分工艺过程(2 分)。

(2)工步:是在加工表面不变,切削工具不变,切削用量不变的条件下所连续完成的那部分工艺过程(2 分)。

(3)安装:指工件在机床上(或夹具中)定位后加以夹紧的过程(1 分)。

53. 答:(1)基准:是指零件上用来确定其他点、线、面的位置的那些点、线、面(2 分)。

(2)基准分两大类:1)设计基准(0.5 分) 2)工艺基准(0.5 分):又分定位基准(0.5 分)、划线基准(0.5 分)、测量基准(0.5 分)、装配基准(0.5 分)等。

54. 答:(1)设计基准:指在零件图上用以确定其他点、线、面位置的基准(2 分)。

(2)工艺基准:指在加工和装配过程中使用的基准(2 分)。

(3)划线基准:指划线时选择工件上的基准(1 分)。

55. 答:(1)测量基准:指用以检验已加工表面尺寸及位置的基准(2 分)。

(2)定位基准：指在加工中，工件在机床或夹具占有正确位置所采用的基准(3 分)。

56. 答：机械加工工艺规程：是指比较合理的在各种机床上用切削加工方法加工零件的工艺过程确定下来，写成作为施工依据的文件(5 分)。

57. 答：编定工艺规程的依据是：(1)零件图及技术要求(1 分)；(2)零件的年产量(1 分)；(3)零件的毛坯图和材料参考表(1 分)；(4)现有设备和车间生产条件(1 分)；(5)人员素质、生产组织、运输条件等(1 分)。

58. 答：工艺规程的作用是：(1)是组织生产的指导性文件(1 分)；(2)是生产准备工作的依据；(1 分)；(3)是新建生产基地(1 分)和扩建厂房的参考依据(1 分)；(4)具有交流和推广作用(1 分)。

59. 答：(1)铸钢分为：碳素铸钢(0.5 分)、合金结构铸钢(0.5 分)、不锈耐酸铸钢(0.5 分)、耐热铸钢(0.5 分)和耐磨铸钢(0.5 分)。(2)铸铁分为：白口铸铁(0.5 分)、灰口铸铁(0.5 分)、可锻铸铁(0.5 分)、球墨铸铁(0.5 分)和合金铸铁(0.5 分)。

60. 答：粗基准的选择原则是：(1)以不加工面作为粗基准时，应以与加工面的位置精度要求较高的表面作粗基准(2 分)。(2)如工件需保证其重要表面的加工余量均匀时，则应以该面为粗基准(1 分)。(3)已能用精基准定位时，不再重复使用粗基准(1 分)。(4)已确定的粗基准应力求定位准确、夹紧可靠、夹具结构简单、操作方便(1 分)。

61. 答：(1)安排工序的原则是：1)先基准后其他(1 分)；2)先平面后加工孔(1 分)；3)先主后次(1 分)；4)先粗加工后精加工(1 分)；5)根据零件的材料和热处理目的要求适当安排热处理工序(1 分)。

62. 答：(1)工艺装备：指刀具、量具、夹具、辅具的统称(2 分)。(2)工件安装：指工件定位和夹紧的总称(2 分)。(3)辅具：装夹和支承刀具、工件用的工具(1 分)。

63. 答：(1)夹具按类型分为：1)通用夹具(0.5 分)；2)专用夹具(0.5 分)；3)成组夹具(0.5 分)；4)组合夹具(0.5 分)；5)随行夹具(0.5 分)。

(2)机床夹具分为：1)钻床夹具(0.5 分)；2)铣床夹具(0.5 分)；3)镗床夹具(0.5 分)；4)车床及磨床夹具(0.5 分)；5)其他机床夹具(0.5 分)。

64. 答：(1)自由度：指物体在空间可能具有的运动(2 分)。(2)物体在空间有六种运动(1 分)：1)三个沿 x,y,z 轴的平移运动(1 分)；2)三个沿 x,y,z 轴的回转运动(1 分)。

65. 答：(1)硬度：是指金属材料抵抗硬物压入表面的能力(1 分)；(2)常用的硬度单位有：1)布氏硬度(HB)(1 分)；2)洛氏硬度(HRA、HRB、HRC)(1 分)；3)维氏硬度(HV)(1 分)；4)肖氏硬度(HS)(1 分)。

66. 答：六点定位原理：指采用六个按一定规则布置的约束点，限制工件的六个自由度，即可实现完全定位的方法(5 分)。

67. 答：(1)錾子用 T7，T8 钢制造，其热处理方法是将錾子的工作部分浸入铅浴炉或盐浴炉内加热(浸入长度为 25～30 mm) (1 分)，然后投入水中冷却到一定温度，再移到油中继续冷却(1 分)。(2)再将敲击部分加热 10 mm 长，并淬入油中冷却，硬度为 HRC32～40(1 分)。(3)工作部分经 250～320 ℃，回火时间 20～30 min(1 分)，淬火和回火后硬度为 HRC52～57(1 分)。

68. 答：(1)刮刀采用 T11A、T12A、T13A 制作(2 分)，淬火时将粗磨好的刮刀放炉中加热至 780～800 ℃，取出立即放入冷却液中冷却(1 分)。浸入长度：平面刮刀为 5 mm 左右，三角刮刀为刀刃全长蛇头刮刀以圆弧部分全部浸入为宜(1 分)。(2)刮刀在冷却液中不时移动，待水面上部分呈黑色，即将刮刀全浸入冷却液中会令后取出，硬度 HRC60 以上(1 分)。

69. 答：主视图是最主要的视图，是一组图形的核心，确定零件表达方案，应首先合理选择主视图(1 分)，选择的原则是：(1)选择能反映组合体形体特征及其相互位置，并能减少俯、左视图上虚线的哪个方向(2 分)。(2)选择组合体自然安放位置，或使组合体的表面对投影面尽可能多地处于平行或垂直的位置(2 分)。

70. 答：(1)部分电路欧姆定律是：流过导体的电流①与这段导体两端的电压(U)成正比，与这段电路导体电阻(R)成反比(3 分)。(2)数学表达式：$I=U/R$(2 分)。

六、综合题

1. 答：(1)等分数 $Z_0=60$

所以 $n=40/Z_0=40/60=2/3=44/66$(2 分)

即每分度次，分度手柄在分度盘 66 孔圈转过 44 个孔距数(1 分)

(2)配换齿轮 $Z_1/Z_2=Z_2/Z_4=40\times(Z_1-Z)/Z_0$

$=40\times(60-61)/60$

$=-40/60$(3 分)

即主动轮 $Z_1=40$，被动轮 $Z_4=60$，负号表示分度盘和分度手柄转动方向相反(3 分)。

2. 答：(1)锥度计算：

$\sin2\alpha=H/L=27.56/100=0.275\ 6$(2 分)

查表得 $2\alpha=16°$(1 分)

(2)楔键计算：因为 $H=BC+10$(2 分)

ΔABC 中　　因为 $\tan\beta=BC/L$

所以 $BC=L\cdot\tan\alpha=60\times\tan34'$

$=60\times0.0098\ 9$

$=0.6$ mm(4 分)

所以 $H=0.6+10=10.6$ mm(1 分)

答：圆锥塞规的锥度为 16°；键大头尺寸 $H=10.6$mm。

3. 答：由图可知：$L=20+4+34+20+AB+BC+CD+DG$(2 分)

$AB=\sqrt{190^2+(65-34)^2}=192.5$ mm(1 分)

$BC=300-190-FD-DH$

$=110-GF\tan30°-40\sin60°$

$=110-64\times0.577-40\times0.866$

$=110-36.9-34.6=38.5$ mm(2 分)

$CD=R\cdot\pi/3=40\times3.1416/3=41.9$ mm(2 分)

$DG=GF/\cos30°=64/0.866=73.9$ mm(2 分)

所以 $L=78+192.5+38.5+41.9+73.9=424.8$ mm(1 分)

答：展开长为 424.8mm

4. 答：由图可知：

$\angle C=180°-\angle A-\angle B=180°-70°-60°=50°$(3 分)

因为 $AB/\sin C=AC/\sin B=BC/\sin A$(3 分)

所以 $AC=AB\cdot\sin B/\sin C=200\cdot\sin60°/\sin50°=226.1$ mm(2 分)

所以 $BC=AB\cdot\sin A/\sin C=200\cdot\sin70°/\sin50°=245.3$ mm(2 分)

答:$AB=226.1$ mm;　$BC=245.3$ mm。

5. 答:因为 $AB=\sqrt{AC^2+BC^2-2AC\cdot BC\cdot\cos C}$(4 分)

所以 $AB=\sqrt{55^2+70^2-2\times55\times70\cdot\cos120°}=108.51$ mm(2 分)

所以 $L=AB+10.5=108.51+10.5=119.01$ mm(4 分)

答:两孔外测尺寸 $L=119.01$ mm

6. 答:(1)计算 α 角

因为 $\tan\alpha=58-20/140=0.27143$(1 分)

查表得:$\alpha=15°11'$(1 分)

(2)计算 BC 长

$BC=\sqrt{38^2+140^2}=145.064$ mm(1 分)

(3)计算 θ 角:

因为 $AB^2=AC^2+BC^2-2AC\cdot BC\cdot\cos\theta$

所以 $\cos\theta=(AC^2+BC^2-AB^2)/2AC\cdot BC$

$=(100^2+145.064^2-80^2)2\times100\times145.064=0.8494$(1 分)

查表得:$\theta=31°51'$(1 分)

(4)计算 β:$\beta=\alpha+\theta=15°11'+31°51'=47°2'$(1 分)

(5)计算:AD、CD

在 ΔADC 中:$AD=AC\cdot\sin\beta=100\sin47°2'=73.175$ mm(1 分)

$CD=AC\cdot\cos\beta=100\cos47°2'=68.157$ mm(1 分)

(6)计算 X_A、Y_A:

$X_A=160-CD=160-68.157=91.843$ mm(1 分)

$Y_A=20+AD=20+73.175=93.175$ mm(1 分)

答:坐标尺寸 $X_A=91.843$ mm ,$Y_A=93.175$ mm。

7. 答:计算 $d=m\cdot Z$(0.5 分)

$d_a=m(Z+2)$(0.5 分)

$d_f=m(Z-2.5)$(0.5 分)

$P=m\pi$(0.5 分)

当 $\alpha=20°$时,$d_b=d\cdot\cos20°=0.94$ d(0.5 分)

当 $\alpha=15°$时,$d_b=d\cdot\cos15°=0.96$ d(0.5 分)

作图步骤如图 1 所示(图形完整正确 3 分,凡错、漏、多一条线,各扣 1 分,作图步骤每点 0.5 分)

(1)以 O 为圆心画出分度圆、齿顶圆、齿根圆、基圆(0.5 分)。

(2)在分度圆周上按齿距截取等分点,以等分起点截取 $AA'=19P/40$,$A'D=21P/40$(0.5 分);

(3)求出 OA 中点 O_1(0.5 分);

(4)以 O_1为圆心,O_1A 为半径作圆弧交基圆于 O_2点(0.5 分);

(5)以 O_2为圆心,O_2A 为半径作圆弧 CB,CB 就为基圆到顶圆之间的齿形轮廓线(0.5

分)；

(6)连接 CO，CM 为齿形连线部分(0.5 分)；

(7)以 $r=0.2$ mm 为半径，作齿根处圆角与齿根圆和直线部分 CM 相切(0.5 分)；

(8)根据以上步骤或用截取对应点的方法可画出另一条近似齿形齿廓(0.5 分)。

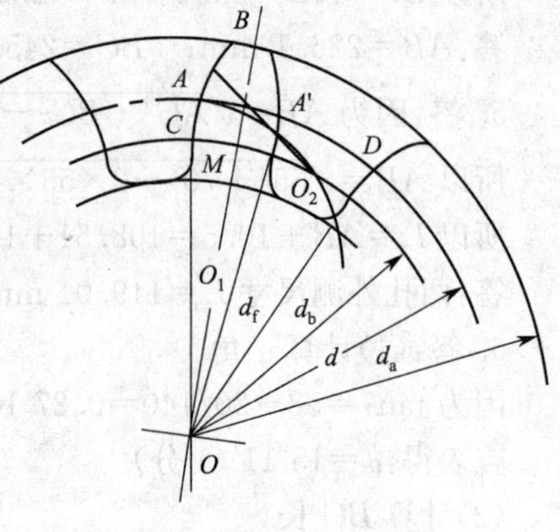

图 1

8. 答：作图步骤图 2：(图形完整正确 5 分，凡错、漏、多一条线，各扣 1 分，作图步骤每点 1 分)

(1)划出直角坐标轴 ox、oy、o 为坐标原点(1 分)；

(2)计算渐开线齿形各点的坐标。(按三号齿形选取 $x'y'$)；

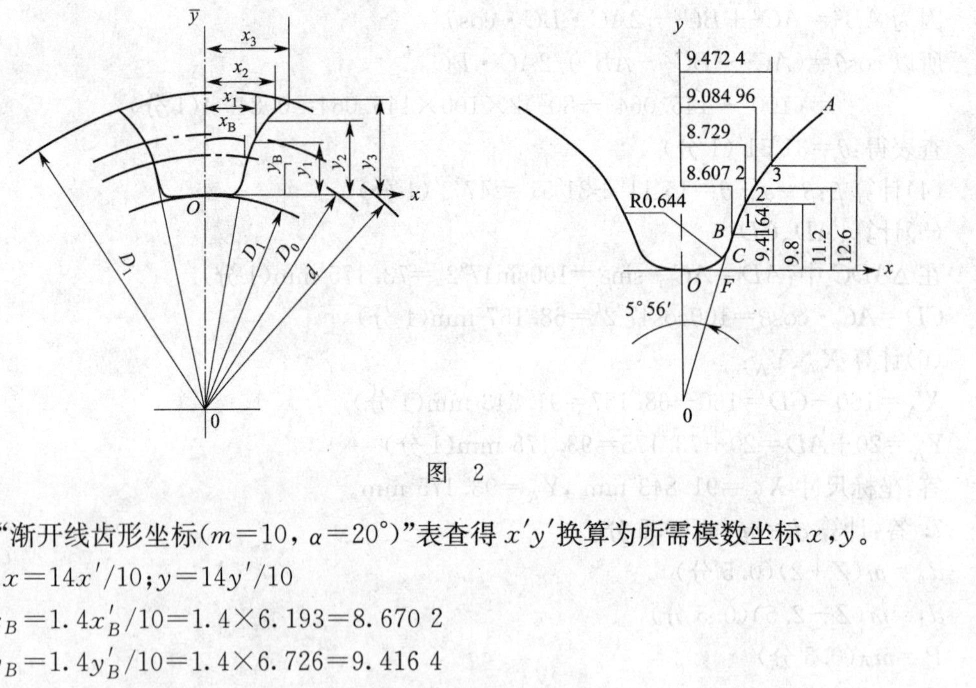

图 2

按"渐开线齿形坐标($m=10$，$\alpha=20°$)"表查得 $x'y'$ 换算为所需模数坐标 x，y。

则 $x=14x'/10$；$y=14y'/10$

$x_B=1.4x'_B/10=1.4\times6.193=8.670\ 2$

$y_B=1.4y'_B/10=1.4\times6.726=9.416\ 4$

$x_1=1.4x'_1=1.4\times6.235=8.729$

$y_1=1.4y'_1=1.4\times7=9.8$

$x_2=1.4x'=1.4\times6.464=9.049\ 6$

$y_2=1.4y'_2=1.4\times8=11.2$

$x_3=1.4x'_3=1.4\times6.766=9.472\ 4$

$y_3=1.4y'_3=1.4\times9=12.6$ (1 分)

(3)划出渐开线齿形(1 分)；

(4)划出过渡曲线：从渐开线起点 B 开始作直线 BF 与 Y 轴形成夹角查表得 $5°56'$，与 X 轴交，于 F 点

查表得 $R'=4.6$ mm

因为 $R=1.4R'/10$

所以 $R=1.4\times4.6/10=0.644$ mm

以 R 为半径将 BF 与 OX 轴光滑连接为齿形过渡曲线(1 分)。

(5)以 Y 轴为对称轴划出另一条齿形曲线(1 分)。

9. 答:作图步骤如图 3 所示:(图形完整正确 5 分,凡错、漏、多一条线,各扣 1 分,作图步骤每点 1 分)

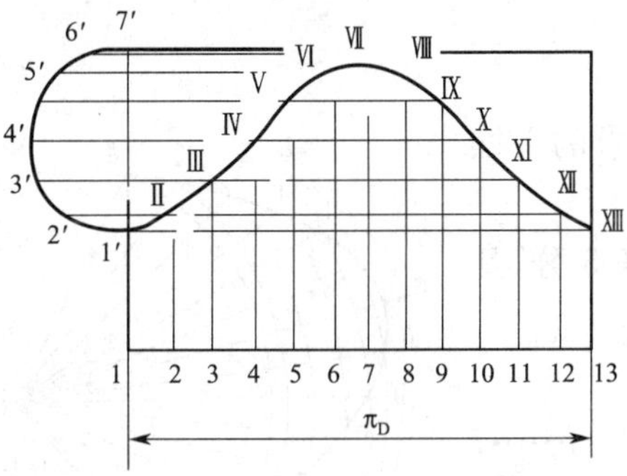

图 3

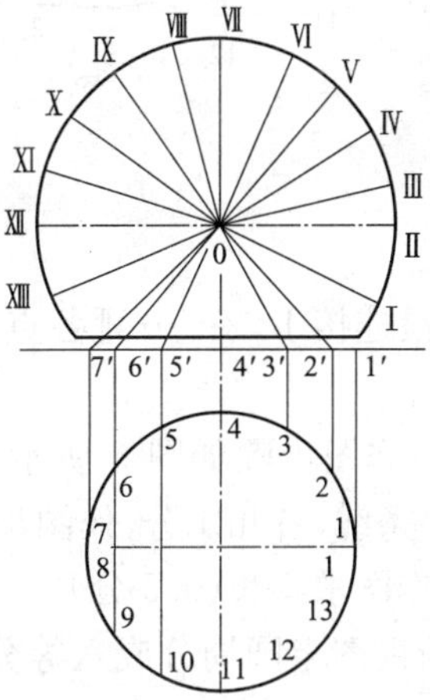

图 4

(1)先按圆管展开图划出矩形(1 分);

(2)将水平线分为 12 等分,等分点为 1,2……13。由各等分点(1 分);

(3)向上引垂线,与半圆周上的等分点向右引水平线相交,得出Ⅰ,2……Ⅷ(1 分);

(4)将各点连成一光滑曲线即为两节等径直角弯头展开图(1 分)。

10. 答:采用放射线法作图步骤如图 4 所示:(图形完整正确 5 分,凡错、漏、多一条线,各扣 1 分,作图步骤每点 1 分)

(1)将俯视图半圆分成六等分,等分点为 1,2……7(1 分);

(2)由各点向上作垂线,与主视图底线相交得交点 1′,2′……7′。把各交点与 O 点连成几条直线(即放射线)(1 分);

(3)以点 O 为圆心,以 $O1'$ 为半径(圆锥母线长)划圆弧(1 分);

(4)圆弧由点 I 开始,用划规以俯视图圆周上等分弦长依次截取 12 等分。其等分点为Ⅰ,2,Ⅲ……Ⅲ(1 分);

(5)分别连接 OI 和 OⅧ,则该扇形就是该圆锥展开图(1 分);

11. 答:平摆线:当已知圆沿一直线(导线)滚动时,其圆周上任一点的轨迹称平摆线(2 分)。

作图步骤图如 5 所示(图形完整正确 5 分,凡错、漏、多一条线,各扣 1 分,作图步骤每点 0.5 分)

(1)将滚圆圆周等分成 12 分(也可 n 等分,等分数多,曲线准确)(0.5 分)。

(2)取导线 O-12_1 为圆周长,并将其分为与滚圆圆周相同的 12 等分(0.5 分)。

(3)在导线各分点 $1_1 2_1$……12_1 作导线 O-12_1 的垂线与连圆心作导线 O-12_1 平行线,分别相交,其交点为 1_0,2_0……12(0.5 分)。

(4)由圆周各点作平行于导线 O-12_1 的平行线(0.5 分)。

(5)分别以 1_0,2_0……12。为圆心,以滚圆半径划圆弧与相应平行线相交于Ⅰ,2……Ⅶ等

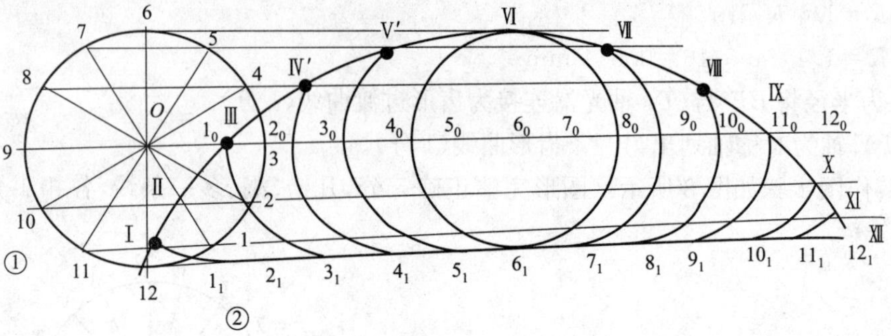

图 5

点(0.5 分)。

(6)圆滑连接Ⅰ,2……Ⅶ各点所得曲线即为所求的平摆线(0.5 分)。

12. 答:作图步骤如图 6 所示 :(图形完整正确 5 分,凡错、漏、多一条线,各扣 1 分,作图步骤每点 0.5 分)

(1)先作图求实长(0.5 分)

1)将俯视图半圆周分成六等分,其等分点为 1,2,3……7(0.5 分);

2)各等分点与 O 连成直线(即各直线是以实长为斜边的直角三角形的一直角边)(0.5 分);

3)以 O 为圆心,以 O 到各点的距离为半径划同心圆弧与水平中心线相交于 $2_1,3_1$……6_1各点(0.5 分);

4)从俯视图水平中心线上 $2_1,3_1$……$6_1 7$,分别向上引垂线,与主视图 AB 线相交交点为 $1',2'$……$7'$(0.5 分);

5)将 AB 线上各点与 o'点连接,则 O′-1′,O′-2′, ……O′-6′,O′-7′为各直角形斜边的实长(0.5 分);

(2)作展开图(0.5 分)

1)以 O′为圆心,以各实长 O′-7′,O′6′,O′-1′为半径在主视图左上侧划同心圆弧(0.5 分);

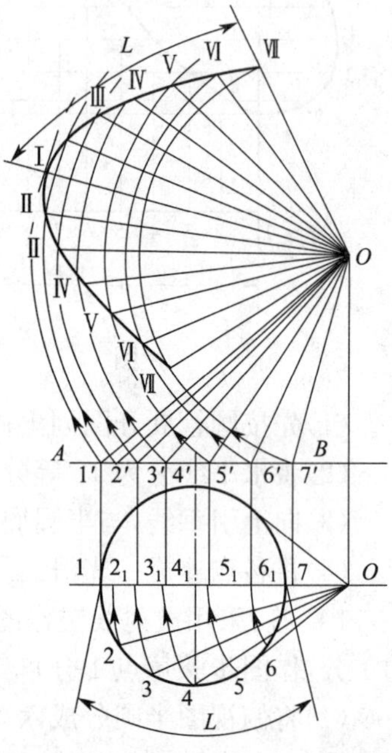

图 6

2)以 O′-7′为半径的圆弧上任取一点Ⅶ为圆心,以俯视图上等分弧长为半径划圆弧与以 O′为圆心 O′-6′为半径划圆弧交于Ⅵ点,依次类推;可求出Ⅴ,Ⅳ…… Ⅰ各点(0.5 分);

3)连接Ⅶ和点 O′,并将Ⅶ-Ⅰ-Ⅶ各点连成一圆滑曲线,此曲线与直线所围成的平面图形就是斜圆锥的展开图(0.5 分)。

13. 答:(1)分析图求线段实长

1)已知上台 . 下台在俯视图中反映实形(长),后板在主视图中反映实形如图 7 所示(1 分)。

2)做 5-2,6-3 辅助线,则 2-5,2-6,3-6,3-7 为所求线段(1 分)。

3)求出Ⅰ-Ⅳ侧面投影 1″(4″),过 1″(4″)作水平方向垂线,与 5′-8′沿长线成直角,即为直角三角形一直角边(1 分)。

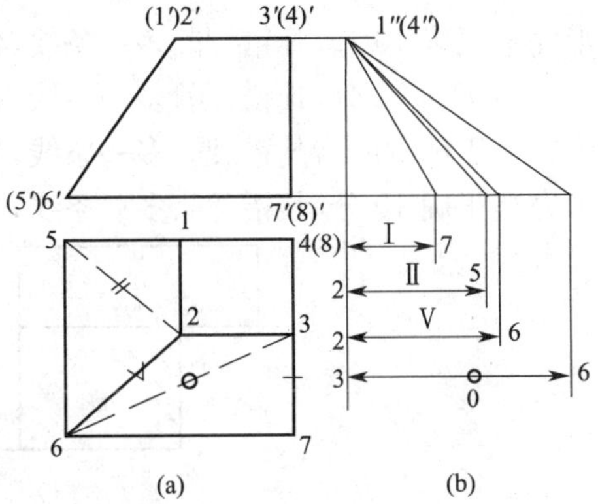

图 7

4)分别以 3-7,2-5,2-6,3-6 为另一直角边,则其对应而成的三角形斜边为 3-7,2-5,2-6,3-6 实长[图(b)](3 分)

(2)作展开图

1)做直角梯形Ⅰ—Ⅳ—Ⅷ—Ⅴ其长度从主视图中对应点量取(1 分)。

2)做四边形Ⅰ—Ⅴ—Ⅵ—Ⅱ借助已求实长Ⅴ—Ⅱ先找Ⅱ点(1 分)。

3)做四边形Ⅱ—Ⅵ—Ⅶ—Ⅲ借助已求实长Ⅵ—Ⅲ先找Ⅲ点(1 分)。

4)做四边形Ⅲ—Ⅶ—Ⅷ—Ⅳ,即所得展开图(1 分)。

14. 答:两面投影如图 8 所示。(图形完整正确 4 分,凡错、漏、多一条线,各扣 1 分)

15. 答:两面投影如图 9 所示。(图形完整正确 4 分,凡错、漏、多一条线,各扣 1 分)

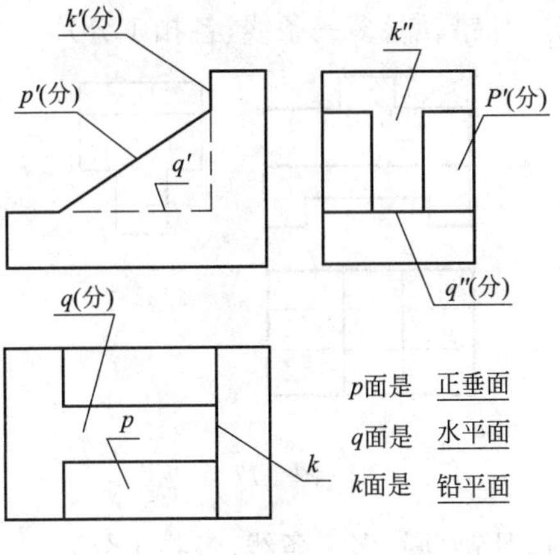

图 8

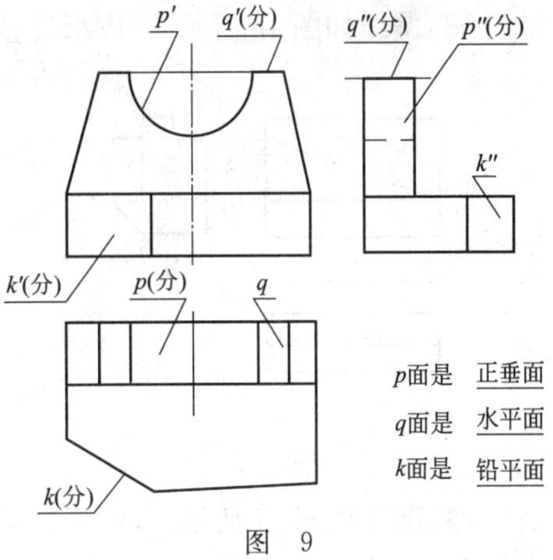

图 9

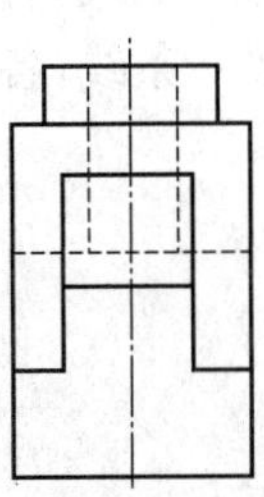

图 10

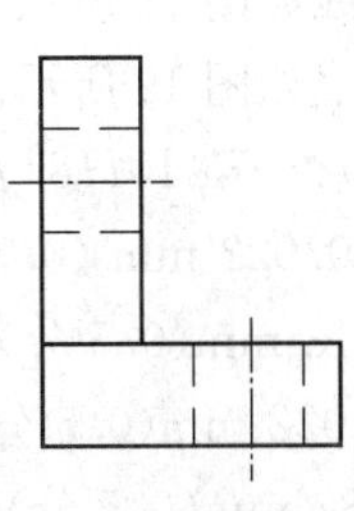

图 11

16. 答:三视图如图 10 所示。(图形完整正确 10 分,凡错、漏、多一条线,各扣 1 分)
17. 答:三视图如图 11 所示。(图形完整正确 10 分,凡错、漏、多一条线,各扣 1 分)
18. 答:三视图如图 12 所示。(图形完整正确 10 分,凡错、漏、多一条线,各扣 1 分)
19. 答:三视图如图 13 所示。(图形完整正确 10 分,凡错、漏、多一条线,各扣 1 分)

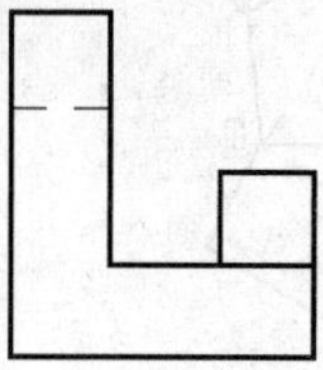

图 12

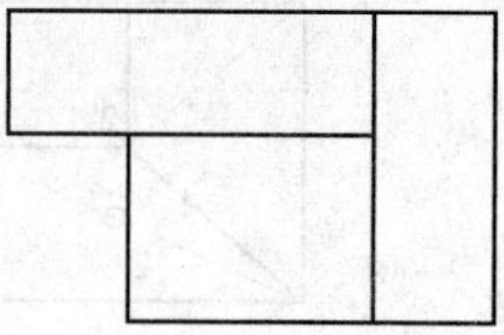

图 13

20. 答:三视图如图 14 所示。(图形完整正确 10 分,凡错、漏、多一条线,各扣 1 分)
21. 答:漏线如图 15 所示。(图形完整正确 10 分,凡错、漏、多一条线,各扣 1 分)

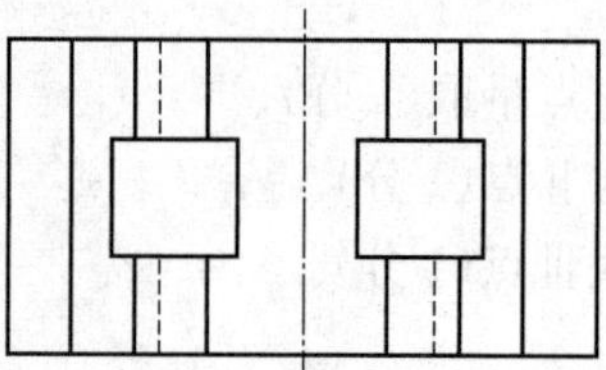

图 14

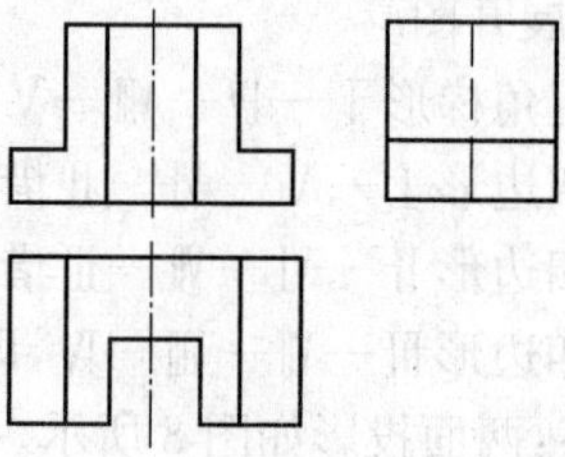

图 15

22. 答:漏线如图 16 所示。(图形完整正确 10 分,凡错、漏、多一条线,各扣 1 分)

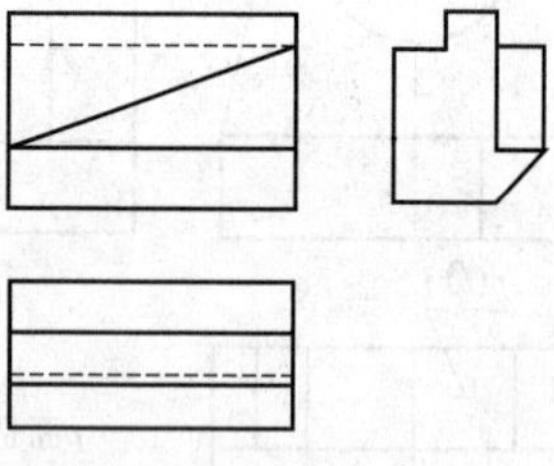

图 16

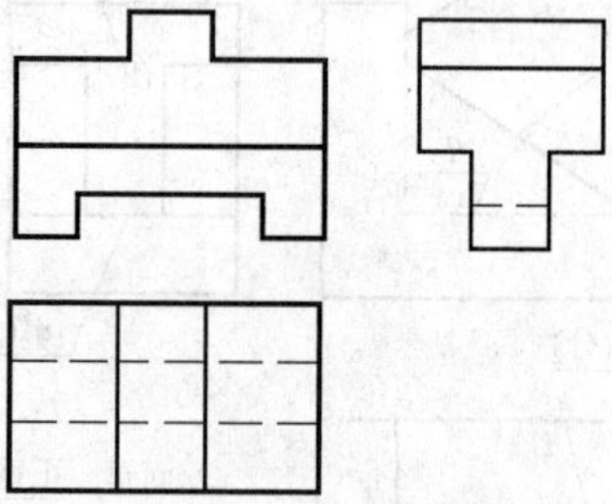

图 17

23. 答:漏线如图 17 所示。(图形完整正确 10 分,凡错、漏、多一条线,各扣 1 分)
24. 答:漏线如图 18 所示。(图形完整正确 10 分,凡错、漏、多一条线,各扣 1 分)
25. 答:漏线如图 19 所示。(图形完整正确 10 分,凡错、漏、多一条线,各扣 1 分)
26. 答:(1)查表 $\phi 10H8/f8=\phi 10(^{+0.022}_{0})/(^{-0.013}_{-0.035})$(0.5 分)

则 $E_s=+0.022$ mm (0.5 分)　　$E_I=0$ (0.5 分)

$e_s=-0.013$ mm(0.5 分)　　$e_i=-0.035$ mm(0.5 分)

$L_{max}=10.022$ mm(0.5 分)　　$L_{min}=10$ mm(0.5 分)

$l_{max}=9.987$ mm(0.5 分)　　$l_{min}=9.965$ mm(0.5 分)

$T_h=0.022$ mm(0.5 分)　　$T_s=0.022$ mm(0.5 分)

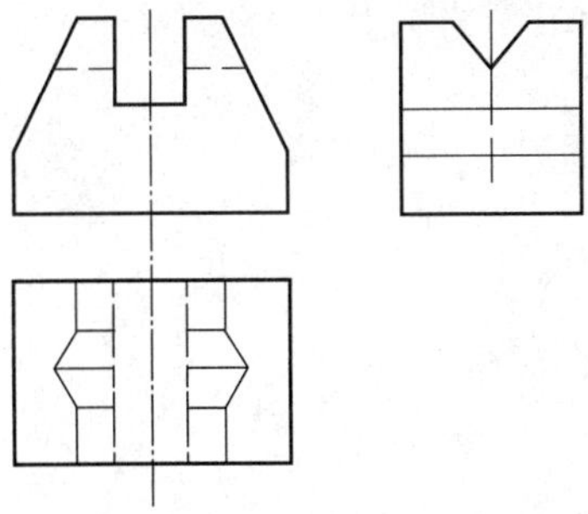

图 18

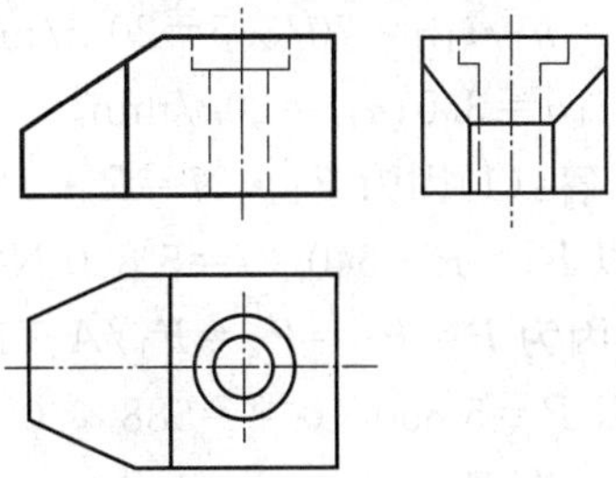

图 19

(2)计算:

$X_{max}=E_S-e_i=+0.022-(-0.035)=+0.057$ mm(0.5 分)

$X_{min}=E_I-e_s=0-(-0.013)=+0.013$ mm(0.5 分)

$T_f=X_{max}-X_{min}=+0.057-(+0.013)=0.044$ mm(0.5 分)

(3)属于间隙配合(1 分)。

公差带图如图 20 所示(2 分)

27. 答:凸轮从动杆有四种类型:(2 分)

(1)尖顶式(1 分):结构简单、紧凑,可准确的实现任意运动规律,易磨损承载能力小。多用于传递力小,速度低,传动灵敏的场合(1 分)。

(2)滚子式(1 分):摩擦阻力小,不易磨损,承载能力较大,但运动规律有局限性,滚子处有间隙,不易用于速度高的场合(1 分)。

(3)平底式(1 分);结构紧凑,润滑性能好,摩擦阻力小,但凸轮轮廓不允许呈凹性,故运动规律受到一定限制。适用于高速场合(1 分)。

(4)曲面式(1 分):介于滚子式与平底式之间(1 分)。

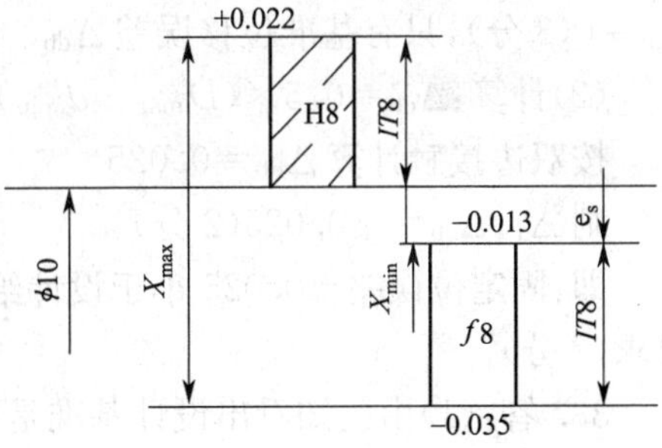

图 20

28. 答:(1)详细消化图纸或实物,了解工件工艺过程,确定工件需要划线的部位(2 分)。(2)选定划线基准并考虑下道工序要求,确定加工余量(2 分)。(3)初步检查毛坯误差情况,确定是否要借料(2 分)。(4)正确安放工件和选用划线工具(1 分)。(5)划加工线,找正线,检查线(1 分)。(6)对照图纸或实物检查划线的正确性及是否有漏划线条(1 分)。(7)检查无误,在已划线上打样冲眼(1 分)。

29. 答:因为 $i_{1.3}^{H}=n_1^H/n_3^H=n_1-n_H/n_3-n_H=(-)z_2\cdot z_3/z_1\cdot z_2$(3 分)

所以行星轮 2 是惰轮 z_1 和 z_3 转向相反,故取"—"号(2 分)。

因为 $n_3=0$

所以 $n_1-n_H/0-n_H=-z_3/z_1$

所以 $n_1=n_H(1+z_3/z_1)$

所以 $i_{1H}=n_1/n_H=1+z_3/z_1=1+50/20=3.5$

所以 $n_H = n_1/i_{1H} = 70/3.5 = 20\ r/\text{min}$(每式 1 分)

答:$i_{1H}=3.5$;$n_H=20r/\text{min}$。

30. 答:(1)因为 $F_1 \cdot 27 = R \cdot 540$(2 分)

所以 $F_1 = R \cdot 540/27 = 5\ 880\ \text{N}$(1 分)

(2)因为 $P = P_1 = P_2 = F_1/A_1$(1 分)

所以 $P = 5\ 880/10^{-3} = 588 \times 10^4\ \text{Pa}$(1 分)

(3)因为 $F_2 = P_2 \cdot A_2$(1 分)

所以 $F_2 = 588 \times 10^4 \times 5 \times 10^{-3} = 294 \times 10^2\ \text{N}$(1 分)

因为 $A_1V_1 = A_2V_2$(1 分)

所以:$V_1/V_2 = A_2/A_1 = 5/1$(1 分)

所以:$V_1 = 5V_2$ 即小活塞是大活塞速度的 5 倍(1 分)。

答:$F_1 = 5\ 880\ \text{N}$,$P = 588 \times 10^4\ \text{Pa}$,$V_1 = 5V_2$。

31. 答:编制工艺规程的步骤是:(1)分析零件图和产品装配图(1 分);(2)确定毛坯类型,并考虑运输方法,生产手段(1 分);(3)拟定工艺路线:选择工艺基准面(0.5 分);确定加工方法(0.5 分);划分加工阶段(0.5 分),合理安排加工顺序(0.5 分),(4)确定工序所采用的机床、夹具、刀具和量具、并提出设计任务书(1 分);(5)确定加工余量,计算工序尺寸及公差(1 分);(6)确定各工序的切削用量和工时定额(1 分);(7)确定各重要工序的检查方法(1 分);(8)填写工艺文件(1 分);(9)工艺文件的审核、签字(1 分)。

32. 答:解:(1)由题意可知,设计基准为轴线,定位基准也为轴线,所以基准不重合误差 $\Delta_{\text{jb}} = 0$(3 分),只有基准位移误差 Δ_{db}

(2)计算:$\Delta_{\text{db}} = 0.5 \times (D_{\max} - d_{\min}) = 0.5 \times (50.025 - 49.975) = 0.025$(3 分)

按双边接触计算 $\Delta_{\text{db}} = 0.025$

则 $\Delta_{\text{dw}}\Delta_{\text{db}} = \pm 0.025$(2 分)

即:固定位误差 ± 0.025 小于设计给定公差 ± 0.05,所以能满足加工要求(2 分)。

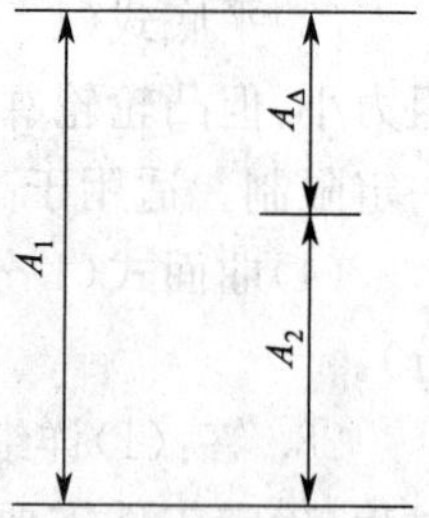

图 21

33. 答:(1)由已知看出设计基准是下母线、定位基准是轴线,故同时存在 Δ_{jb} 和 Δ_{db}(3 分),由误差分析可知,此状况总误差为两项之差即:$\Delta_{dw} = \Delta_{db} - \Delta_{jb}$(3 分)

$$\Delta_{dw} = \frac{\Delta k}{2}\left(\frac{1}{\sin\frac{\alpha}{2}} - 1\right) = \frac{0.035}{2}\left(\frac{1}{\sin 45^\circ} - 1\right) = 0.007\text{(2 分)}$$

式中 Δ_{dw}——定位误差(0.5 分);

Δ_{jb}——基准不重合误差(0.5 分);

Δ_{db}——基准位移误差(0.5 分);

Δ_K——工件外圆直径公差(0.5 分);

答:定位误差为 0.007 mm。

34. 答:解:(1)画尺寸链如图 21 所示(2 分)

(2)确定增环 $\overrightarrow{A_1} = 60_{-0.05}^{\ 0}$ 减环 $\overleftarrow{A_2} = L_{\text{AB}}$ 封闭环 $A_\Delta = 25 \pm 0.07$(3 分)

(3)计算

因为 $A_{\Delta max}=\overrightarrow{A_{1max}}-\overleftarrow{A_{2min}}$

所以 $A_{2min}=\overrightarrow{A_{1max}}-A_{\Delta max}=60-25.07=34.93$ mm

因为 $A_{\Delta min}=\overrightarrow{A_{min}}-\overleftarrow{A_{2max}}$ (4 分)

所以 $\overleftarrow{A_{2max}}=\overrightarrow{A_{1min}}-A_{\Delta min}=59.95-24.93=35.02$ mm

所以 $L_{AB}=35^{+0.02}_{-0.07}$

答:$L_{ABmax}=35.02$ mm(0.5 分)

$L_{ABmin}=34.93$ mm(0.5 分)

35. 答:因为 $R=U/I=220/5=44\ \Omega$(3 分)

所以 $L=RS/\rho$(3 分)

所以 $L=44\times0.6\times10^{-6}/1.2\times10^{-6}=22$ m(1 分)

式中 R——导体电阻(Ω)(0.5 分);

U——导体两端电压 V(0.5 分);

I——导体中的电流(A)(0.5 分);

L——导体长度(m)(0.5 分);

S——导体截面积(m)^2(0.5 分);

ρ——电阻率(Ω/m)(0.5 分)。

答:所需炉丝长度 22m。

划线工(高级工)习题

一、填 空 题

1.《产品质量法》所称的产品是指经过加工、制作、(　　)的产品。

2. 产品标识可以用文字、符号、数字、(　　)以及其他说明物等表示。

3. 专利法所称的发明创造是指发明、实用新型和(　　)。

4. 中国北车的核心价值观是:诚信为本、创新为魂、(　　)、勇于进取。

5. 中国北车的团队建设目标是(　　)。

6. 我国的安全生产方针安全第一、(　　)、综合治理。

7. 国家鼓励企业产品质量达到并且超过(　　)、国家标准和国际标准。

8. 发生触电事故后应立即(　　)或用绝缘物使触电者脱离电源,就地人工呼吸,并立即报告医院。

9. 5S管理起源于日本,是指在生产现场中对人员、机器、材料、方法等生产要素进行有效的管理,5S即(　　)、整顿、清扫、清洁和素养五个项目。

10. 安全与生产的关系是(　　),安全促进生产。

11. 职业纪律具有明确的(　　)和一定的(　　)的特点。

12.《安全生产法》是我国生产经营单位及从业人员实现安全生产所必须遵循的(　　)。

13. 石灰水为常用划线涂料用熟石灰加水制成,如再加入定量的(　　)可增加附合力。

14. 锌钡白俗称立德粉为常用划线涂料,颜色纯白,耐热抗碱,受日光长久爆晒虽会变色,但只要重新放在阴暗处仍可(　　)。

15. 实际划线中直接按照原样件进行划线,这种方法称为(　　)。

16. 法兰盘,观察板,门盖上的螺钉孔常常直接投射到主体件上,从而可划出主体上的螺孔,这种方法称为(　　)。

17. 划线应注意样件(　　),考虑其适当补偿量。

18. 划线用的品紫由(　　)紫颜料、3%～5%漆片,其余加酒精混合而成的。

19. 锌钡白俗称立德粉为常用划线涂料,主要成分由硫化锌和(　　)组成。

20. 分度头是精密工具,但蜗杆和蜗轮之间仍有间隙,因此使用时手柄必须保持(　　)摇,从而消除间隙。

21. 形状复杂加工面或批量较大的工件可采用(　　)划线。

22. 划线次数是根据工件的(　　)来决定的。

23. 机修工作中为了争取时间,人们往往不再测绘图纸而是按照(　　)进行仿划线作为加工时的依据。

24. 对于位置精度要求不高的螺孔和油孔可以将样板上的样孔改为(　　)用样冲把孔中心冲在工件上,这样可以减少圆划线的工时。

25. 法兰盘上往往有若干个等分螺孔,假设这些螺孔中心线半径为 75 mm,划线时常采用等分距离在圆周上节取,若是 6 个等分螺孔,等分距离应为(　　)mm。

26. 凸轮划线必须保持清晰、准确、曲线连接要求(　　),不需要的辅助线应去掉,突出加工线。

27. 配划线的方法有用工件直接配划的,但对于工件上不通的螺孔或者配划的工件拆装不方便处,可采用(　　)方法配划。

28. 划线找正要考虑工件在平台、划线方箱、V 型铁上的位置,应选择工件(　　)的放置位置。

29. 锌钡白俗称立德粉为常用划线涂料主要成份由(　　)和硫酸钡组成。

30. 划线工作实际上是按照(　　)和借料两个过程进行的。

31. 划线分为平面划线与立体划线,平面划线时一般选择(　　)个划线基础。

32. 通过(　　)使经过划线和加工后的工件其非加工后对加工面之间保持正确的几何形状,而且厚度均匀,外观质量良好。

33. 无水涂料其主要成份由(　　)俗称香蕉水及人造树脂、火棉胶、甲基紫配制而成。

34. 选择划线尺寸基准时,应使划线的尺寸基准与(　　)一致,从而能直接量取划线尺寸简化换标手续。

35. 划线样板的厚度视(　　)的大小而定。

36. 划线样板制作时,可采用一段圆弧代替渐开线齿形的近似划法,这种方法较简单,适用于(　　)的齿形划线。

37. 在一个半径为 75 mm 的圆内划一个内接正方形,正方形边长应为(　　)mm。

38. 图样中机件要素的线性尺寸与(　　)的线性尺寸之比称比例。

39. 机械图上的尺寸线的终端一般画(　　)。

40. 同一张图样上,尺寸线终点形式只能采用(　　)。

41. 对于球面尺寸,通常还需在"ϕ"或"R"前加注(　　)。

42. 锥台的锥度表达式为(　　)与台高之比。

43. 制图时常用(　　)代替焦点法画椭圆。

44. 一直线在圆周上作无滑动的纯滚动,该直线上(　　),即为这个圆的渐开线。

45. 摆线分为内摆线和(　　)。

46. 平面图形的尺寸分为,定形尺寸和(　　)。

47. 平面图形的已知线段,是指(　　)齐全的线段。

48. 平面图形所注尺寸从国家标准方面说,符合(　　),并且清晰无误。

49. 画平面图形时,当基准线定位线画出后,先画(　　),再画其它线段。

50. 投影射线(　　)投影面时为直角投影。又叫正投影。

51. 工程上采用的是(　　)法画图。

52. 位于同一投射线上的两点,它们的正投影(　　)。

53. 一般位置直线,对三个投影面都(　　)。

54. 投影面的平行面,其三面投影必有(　　)为直线。

55. 已知点 A 的坐标(10,0,0),则点 A 在(　　)上。

56. 对于规定预紧力的螺纹连接,通常控制转距或控制(　　)的方法来保证预紧力大小。

57. 机器安装完毕，试运转前除检查使用性能外，还需检查其(　　)设施的灵敏可靠性。

58. 锌钡白俗称立德粉是一种划线涂料，一般用于(　　)毛坯表面划线时涂色。

59. 无水涂料一般用于(　　)划线时涂色。

60. 无水涂料其主要成份醋酸丁酯俗称香蕉水加(　　)及火棉胶甲基紫配置而成。

61. 当划线时发现某些部位加工余量不够时要(　　)从而保证这些加工部位都有一定的加工余量，而使偏差反映在非加工部位的允许范围内。

62. 平台的平面是划线的(　　)。

63. 在毛坯上划线，一是为了划下道工序加工线，另外也是为了检验毛坯工件(　　)。

64. 借料划线是提高毛坯件(　　)的方法之一。

65. 在机械加工中要对箱体类的复杂工件进行加工，(　　)工序是加工前的一道重要工序又是加工时的校正的依据。

66. 划线样板一般分为平面划线样板和(　　)两类。

67. 划线时要用划针盘校正工件水平方向上的非加工面，还要用角尺或线坠校正工件上的(　　)或成角度的非加工面。

68. 合理地选择划线(　　)是做好划线工作的关键。

69. 辅助基准不起定位作用只增加工件的(　　)性。

70. 在划线工作中为了避免线条被擦伤模糊需要打(　　)作为划线标记。

71. 千斤顶用于较大工件及不规则工件划线时作(　　)工具。

72. 由碳素工具钢制成，常用于在毛坯或样品上划出圆、圆弧、圆周等分及分割线段等的划线工具是(　　)。

73. 由碳素工具钢制成，常用于在圆柱体端面或铸成的孔上求近似圆心，还可以划出平面的对称中心及平行线等的划线工具是(　　)。

74. 用划卡求近似圆心应把划卡张开尽可能为圆的(　　)尺寸。

75. 由高速工具钢制成，形如铅笔，使用方法也与铅笔相同的划线工具是(　　)。

76. 由铸铁铸造，经过精加工的空心立方体，上面常有 V 型槽和夹紧装置，用于较小或适中直径圆柱体工件划线的工具是(　　)。

77. 通常是以两件形状、尺寸完全相同的为一组联合使用，用于较长光滑圆柱体工件的划线工具是(　　)。

78. 在划线时为了使工件放置安全平稳常常选择(　　)作为放置基准。

79. 划线校正基准时要注意使非加工面与加工面之间(　　)并使其形状误差反映在次要部位或不显著部位。

80. 所谓划线基准就是在划线时选择工件上的某些(　　)作为依据用它确定工件的各部分尺寸，几何形状和相对位置。

81. 准确的表达物体的(　　)要求的图称为图样。

82. 生产中广泛采用的按(　　)绘制零件图。

83. 一个完整的尺寸应包括(　　)、尺寸线和尺寸数字组成。

84. 图样中的机件要素的线性尺寸与(　　)的线性尺寸之比称为比例。

85. 三视图由主视图、俯视图、(　　)组成。

86. 锥度是指正圆锥(　　)与锥高的比。

87. 一般位置直线的三个投影(　　)的实长。
88. 一般位置平面的三面投影(　　)的几何图形。
89. 两形体表面相交所得的交线称(　　)。
90. 平面与立体表面的交线称(　　)。
91. 国标规定视图分为基本视图、局部视图、(　　)和旋转视图。
92. 机件某一部分向(　　)投影的视图称为局部视图。
93. 机件剖开后处在切平面之后的(　　)向投影面投影所得到的图形称为剖视图。
94. 按剖切范围的大小,剖视图可分为全剖视图、半剖视图和(　　)。
95. 假想用剖切平面将机件某处切断,(　　)图形,称为断面图。
96. 零件图中的尺寸标注,必须做到正确,清晰,完整和(　　)。
97. 装配图是表达(　　)图样。
98. 已知空间点,A 的坐标(15,10,20),则距 V 面距离(　　)mm。
99. 已知空间点,A 的坐标(15,0,20),则点 A 在(　　)上。
100. 尺寸公差带包括公差带大小与公差带(　　)两要素。
101. 图 1 为(　　)面。

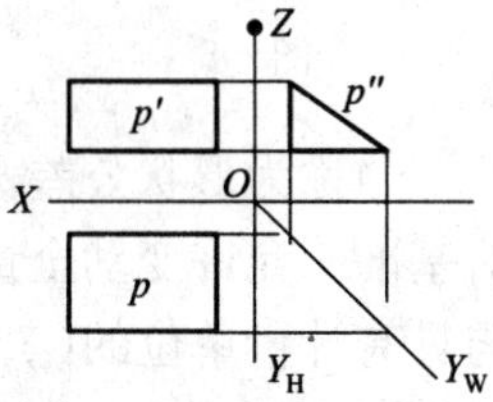

图　1

102. 图 2 为(　　)面。

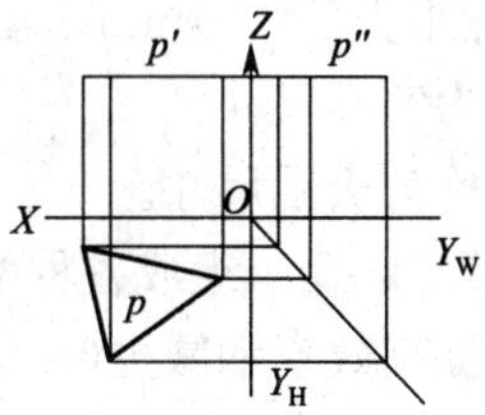

图　2

103. 图 3 为(　　)体。

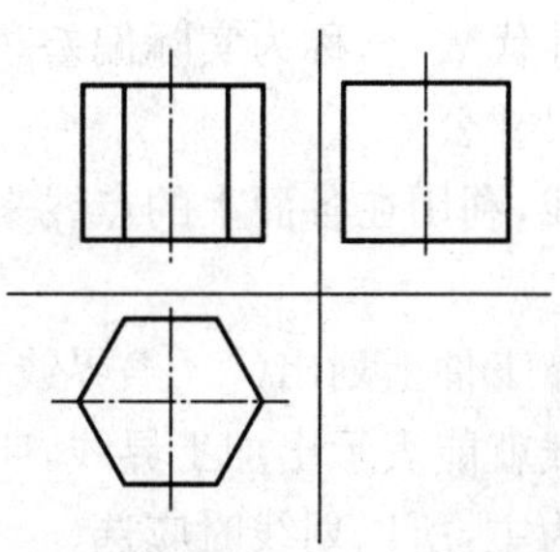

图　3

104. 图 4 为(　　)体。

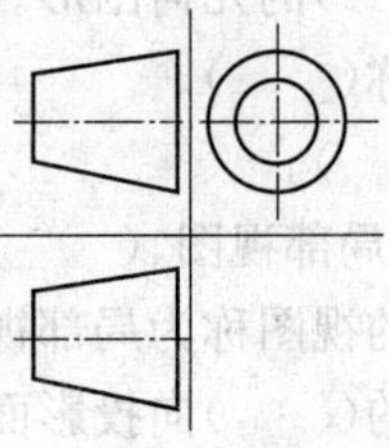

图 4

105. 图 5 为(　　)体。

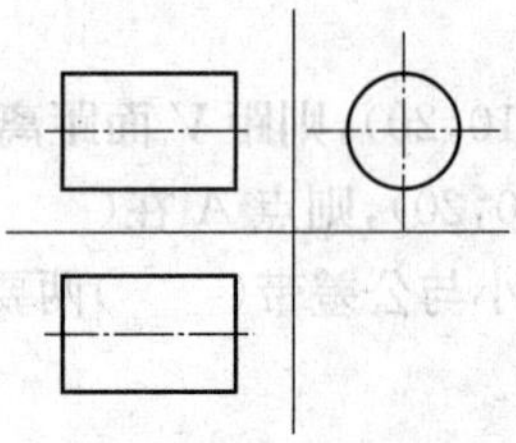

图 5

106. 单一要素的形状所允许的(　　)称为形状公差。

107. 位置公差是(　　)的位置对基准所允许变动全量。

108. 所谓测量就是把被测的量与具有计量单位的(　　)进行比较。

109. 检验是指只确定被测几何量是否在规定的(　　)之内。

110. 当游标卡尺两量爪贴合时,尺身和游标零线要(　　)。

111. 游标卡尺是用于(　　)精度尺寸的测量和检验。

112. 百分尺测量螺杆上螺纹的螺距为(　　)mm。

113. 通过(　　)所得的尺寸,称为实际尺寸。

114. 允许尺寸变化的(　　)值,称为极限尺寸。

115. 基本偏差为一定的孔公差带与(　　)组成各种配合的一种制度,称为基孔制。

116. 在大量生产时,为使用方便提高效率和减少(　　)的损耗,一般都采用极限量规。

117. 内径百分表用来测量孔径和孔的(　　)误差。

118. 万能角度器按游标测量精度分为 2′和(　　)两种。

119. 在同一尺寸段里,标准公差值随公差等级降低而(　　)。

120. 零件的(　　)与基本尺寸代数差,称为实际偏差。

121. 允许尺寸的(　　)称为尺寸公差。

122. 在工件几个相关面上划线,利用在各面上的点线来表示出它们的相关位置和加工界限叫(　　)划线。

123. 划线就是在毛坯或半成品工件上划出(　　)界线和找正线。

124. 在工件的一个平面上划线就能表示出加工界线,叫(　　)划线。

125. 加工轴时多以加工外圆为主,所以划线时应选(　　)为划线的基准。

126. 在划线工作中,常常利用划针盘和 90°角尺等工具使工件有关的毛坯表面均能处于合适的位置,这个过程我们称为(　　)。

127. 当已知圆沿一个圆周外侧滚动时,其圆周上任一点的轨迹称为(　　)

128. 等速凸轮轮廓曲线有逐点划线法,圆弧划线法及(　　)。

129. 当已知圆沿一条直线滚动时,其圆周上任一点的轨迹称为(　　)。

130. 在凸轮划线中对于曲线的公切点、起始点及装配的零件都应打上明确的(　　)。

131. 等速凸轮其轮廓曲线即为(　　)螺旋线。

132. 分度头是划线工作中的重要工具,分度头主轴转数与手柄转数之比是一个定值,它等于(　　)。

133. 使用分度头用分度时,当遇到分度数是 79,127,131 等,这些数为质数,不能用简单分度法解决,这时要用(　　)。

134. 在遇到大型零件划线时,由于没有相应的大型平台,工人们常用(　　)及拉线与吊线的方法解决。

135. 拉线与(　　)的方法适用于特大型工件的划线。

136. 机械图上的尺寸线的终端一般画成箭头,也允许采用(　　)。

137. 角度的数字一律(　　)书写。

138. 尺寸数字不允许被(　　)所通过。

139. 一动点到两定点的(　　)为一常数,该动点的轨迹为椭圆。

140. 一动点沿一直线作匀速直线运动,同时该直线又绕(　　)作匀角速度回转运动时,该动点的轨迹为阿基米德螺线。

141. 一滚圆在一导线上作无滑动的滚动时,该圆周上(　　)为一摆线。

142. 平面图形中,有时一个尺寸可兼有(　　)两种作用。

143. 平面图形中的连接线段,只有定形尺寸而无(　　)的线段。

144. 平面图形所注尺寸从几何上讲(　　)。

145. 画平面图形时,应首先画出(　　)。

146. 工程上常用的投影方法是中心投影法和(　　)。

147. 平行投影中可分为(　　)和直角投影。

148. 点的一个投影(　　)的空间位置。

149. 只有物体的一个投影是(　　)物体的形状和各种几何关系的。

150. 当直线和投影方向一致时,其投影(　　)。

151. 若 A、B 为重影点,则它们坐标(　　)。

152. 一般位置直线求实长的方法为辅助投影面法和(　　)。

153. 采用铸造方法,可获得(　　)复杂的毛坯。

154. 锻压是在外力作用下使金属材料产生(　　),从而获得具有一定形状和尺寸的毛坯或零件的一种加工方法。

155. 手工电弧焊机按其供给电流种类不同,可分为交流手弧焊机和(　　)两大类。

156. 切削用量包括切削速度 v,进给量 f 和(　　)。

157. 辅助平面主要有:基面、切削平面和(　　)三个。

158. 影响切削力的主要因素有:刀具角度、切削用量、切削液和(　　)。

159. 主轴变速箱作用是把(　　)传给主轴。

160. 车圆锥面具体方法有斜置上溜板法,偏移尾座法和(　　)等。

161. 刨床有牛头刨和(　　)两大类。

162. 钻削加工包括钻孔和(　　)两项内容。

163. 麻花钻由柄部、颈部和(　　)组成。

164. 标准麻花钻通常(　　)后,才能使用。

165. 扩孔是用扩孔钻对已有的孔扩大,为(　　)做准备。

166. 铣削加工是铣刀旋转作主运动,(　　)作进给运动的切削加工方法。

167. 平口钳有固定式和(　　)两种。

168. 铣床能加工的沟槽种类很多,常见的有直槽,T 形槽,V 形槽,(　　)和各种键槽。

169. 磨削加工是用砂轮,以较高的(　　)对工件表面进行加工方法。

170. 滚齿是利用齿轮与(　　)原理加工齿面的。

171. 金属材料的性能一般分为使用性能和(　　)两种。

172. 金属材料一般可分为(　　)和有色金属两大类。

173. 抗拉强度的符号用(　　)表示。

174. 布氏硬度的符号用 HBS 或用(　　)表示。

175. 我国常用的洛氏硬度标尺有三种,分别是 HRA、HRB 和(　　)。

176. 伸长率是衡量金属材料塑性的指标用符号(　　)表示。

177. 普通黄铜是由铜和(　　)组成的二元合金。

178. 热处理工艺都是由加热、保温和(　　)个阶段组成。

179. 铸铁是含碳量大于(　　)%的铁碳合金。

180. 力学性能是指金属在(　　)作用时表现出来的性能。

181. 铁素体用符号(　　)表示。

182. 合金结构钢按用途可分为低合金结构钢和(　　)用钢两大类。

183. 仅对工件(　　)进行淬火的工艺称为表面淬火。

184. 碳素钢按钢的含碳量可分为低碳钢、中碳钢和(　　)。

185. 优质碳素钢结构钢的牌号用两位数字表示,这两位数字表示该钢的平均含碳量为(　　)之这个数字。

186. 灰铸铁其断口呈(　　)。

187. 热处理是将(　　)金属或合金,采用适当方式加热、保温冷却以获得所需要的组织结构与性能的工艺。

188. 金属的化学稳定性是指金属材料的耐腐蚀性和(　　)的总称。

189. 衡量电荷多少的量叫做(　　)。

190. 电量的单位是(　　)。

191. 当原子失去一个电子后,这个原子就成为一个带(　　)电的粒子。

192. 自由电子按一定方向或一定的规律运动就形式(　　)。

193. 在电工中把(　　)的方向规定为电流的方向。

194. 电流的强度的单位是(　　)。

195. 表示电流大小的量是(　　)。

196. 电位差就是(　　)。

197. 通常我们把大地的电位作为(　　)电位。

198. 电压的单位是(　　)。

199. 电流在导体中流动是受一定阻力的,我们把这种阻力叫做导体的(　　)。

200. 电阻的单位是(　　)。

二、单项选择题

1. 职业道德是指人们在履行本职工作中(　　)。
(A)应遵守的行为规范和准则　(B)所确立的奋斗目标
(C)所确立的价值观　(D)所遵守的规章制度

2. 职业道德不仅是从业人员在职业活动中的行为标准和要求,而且是本行业对社会所承担的(　　)和义务。
(A)道德责任　(B)产品质量　(C)社会责任　(D)服务责任

3. 职业道德是安全文化的深层次内容,对安全生产具有重要的(　　)作用。
(A)思想保证　(B)组织保证　(C)监督保证　(D)制度保证

4. 仪表端庄实质上是一个人的思想情操、道德品质、文化修养和(　　)的综合反映。
(A)衣帽整齐　(B)衣着洁净　(C)人格气质　(D)衣着时尚

5. 在发展生产中,协作不仅提高个人生产力,而且创造了新的(　　)。
(A)生产关系　(B)生产秩序　(C)生产力　(D)生产模式

6. 先进的(　　)要求职工具有较高的文化和技术素质,掌握较高的职业技能。
(A)管理思路　(B)技术装备　(C)经营理念　(D)机构体系

7. 职业道德是一种(　　)的约束机制。
(A)强制性　(B)非强制性　(C)随意性　(D)自发性

8. 用人单位应当在解除或者终止劳动合同后为劳动者办理档案和社会保险关系转移手续,具体时间为解除或终止劳动合同后的(　　)。
(A)7 日内　(B)10 日内　(C)15 日内　(D)30 日内

9. 以下关于诚实守信的认识和判断中,正确的选项是(　　)。
(A)诚实守信与经济发展相矛盾
(B)诚实守信是市场经济应有的法则
(C)是否诚实守信要视具体对象而定
(D)诚实守信应以追求利益最大化为准则

10. 以下有关专利权期限的说法哪些是正确的(　　)。
(A)专利权的期限自办理登记日起计算
(B)专利权的期限自授权公告日起计算
(C)专利权的期限自优先权日起计算
(D)专利权的期限自申请日起计算

11. 下列没有违反诚实守信的要求的是(　　)。
(A)保守企业秘密
(B)派人打进竞争对手内部,增强竞争优势
(C)根据服务对象来决定是否遵守承诺

(D)所有利于企业利益的行为

12. 现实生活中，一些人不断地从一家公司“跳槽”到另一家公司。虽然这种现象在一定意义上有利于人才的流动，但它同时也说明这些从业人员缺乏(　　)。

(A)工作技能　(B)强烈的职业责任感

(C)光明磊落的态度　(D)坚持真理的品质

13. 以下关于“节俭”的说法，你认为正确的是(　　)。

(A)节俭是美德，但不利于拉动经济增长

(B)节俭是物质匮乏时代的需要，不适应现代社会

(C)生产的发展主要靠节俭来实现

(D)节俭不仅具有道德价值，也具有经济价值

14. 工作现场有一工具半年才用上一次，该如何处理(　　)。

(A)放置于工作台面 (B)工作现场　(C)仓库储存　(D) 变买

15. 指使人们注意可能发生的危险的标志是(　　)，几何图形是正三角形。颜色为黑色，图形是黑色，背景是黄色。

(A)禁止标志　(B)警告标志　(C)指令标志　(D)提示标志

16. 锯条反装后，其楔角(　　)。

(A)不变　(B)增大　(C)减小　(D)可能大也可能小

17. 锉刀断面形状的选择取决于工件的(　　)。

(A)表面形状　(B)表面大小　(C)长度　(D)材料软硬

18. 常用手锯锯条长度是(　　)。

(A)200 mm　(B)250 mm　(C)300 mm　(D)320 mm

19. 锉刀的粗细规格一般分为(　　)种。

(A)6　(B)5　(C)4　(D)3

20. 刮削导轨的接触精度(导轨宽度小于等于 250 mm)，高精度机床导轨为(　　)点。

(A)10　(B)12　(C)20　(D)25

21. 铆接时，铆钉直径的大小与被联接板的(　　)有关。

(A)大小　(B)厚度　(C)硬度　(D)韧性

22. 铆钉的铆合头应伸出铆钉长度的(　　)倍，才可铆沉头形。

(A)0.8～1　(B)1～1.25　(C)1.25～1.5　(D)1.5～2

23. 手锯锯条的楔角是(　　)。

(A)30°　(B) 40°　(C) 50°　(D) 60°

24. 钢板下料应采用(　　)。

(A)带锯　(B)电剪刀　(C)弓锯　(D)剪板机

25. 在攻制工件台阶旁边或机体内部的螺孔时，可选用(　　)铰杠。

(A)普通　(B)普通活动　(C)固定或活动　(D)丁字

26. 攻不通孔螺纹时，孔底深度要(　　)所需的螺纹深度。

(A)小于　(B)大于　(C)小于或等于　(D)等于

27. 在承受单方向轴向力的机械上，如压力机、冲床的螺杆，一般采用(　　)螺纹。

(A)锯齿形　(B)三角形　(C)矩形　(D)梯形

28. 螺纹从左向右升高的称为(　　)螺纹。

(A)左旋　(B)右旋　(C)非密封管　(D)密封管

29. 对刮削平面进行粗刮时应采用(　　)刮法。

(A)点　(B)短　(C)长　(D)推

30. 刮削内孔时,接触点的合理分布应为(　　)。

(A)中间少两端多　(B)均匀分布

(C)中间多两端少　(D)分段均匀分布

31. 细刮时,在整个刮削面上,每边长 25 mm 的正方形面积内应达到(　　)个点时,细刮可以结束。

(A)3～4　(B)12～15　(C)15～18　(D)20 以上

32. 机械式有机变速机构(　　)。

(A)变速平衡,有噪声　(B)结构紧凑,零件种类和数量少

(C)变速可靠,传动比准确　(D)存在着打滑现象

33. V 带传动机构装配时,要求两轴的中间平面重合,因而要求其倾斜角不超过(　　)。

(A)10°　(B)5°　(C)0.1°　(D)1°

34. 双螺母锁紧属于(　　)防松装定。

(A)附加摩擦力　(B)拧紧力矩　(C)预紧力　(D)机械

35. 齿轮传动的特点有(　　)。

(A)传递的功率和速度范围大　(B)使用寿命长,但传动效率低

(C)制造和安装精度不高　(D)能实现无级变速

36. 一对外齿合的标准直齿圆柱齿轮,中心距 $a=160$ mm,齿轮的齿距 $p=12.56$ mm,传动以 $i=3$,则两齿轮的齿数和为(　　)。

(A)60　(B)80　(C)100　(D)120

37. 传动比大而且准确的传动是(　　)。

(A)带传动　(B)链传动　(C)齿轮传动　(D)蜗杆传动

38. 定轴轮系的传动比大小与轮系中惰轮的齿数(　　)。

(A)无关　(B)有关　(C)成正比　(D)成反比

39. 下列机构中具有急回特性的是(　　)。

(A)双曲柄机构　(B)双摇杆机构

(C)对心曲柄滑块机构　(D)曲柄摇杆机构

40. 加工方便且应用广泛的花键连接是(　　)。

(A)矩形齿花键连接　(B)圆柱斜齿花键连接

(C)渐开线齿花键连接　(D)三角形齿花键连接

41. 机构简单,定位可靠,能承受较大轴向力的轴向固定方式是(　　)。

(A)弹性挡圈固定　(B)轴肩和轴环固定

(C)圆锥销固定　(D)套筒或圆螺母固定

42. 仅承受轴向载荷,且载荷不大转速不高时,宜选用(　　)。

(A)向心球轴承　(B)推力轴承　(C)向心滚子轴承　(D)圆锥滚子轴承

43. 薄壁轴瓦与轴承座装配时,为达到配合紧密,有合适的过盈量,其轴瓦剖分面应比轴

承座的剖分面(　　)。

(A)略高一些　(B)略低一些　(C)一样高　(D)按要求定

44. 楔键是一种紧键联接,能传递转距和承受(　　)。

(A)单向径向力　(B)双向径向力　(C)双向轴向力　(D)单向轴向力

45. 滚动轴承游隙分为(　　)游隙两类。

(A)原始、配合　(B)配合、工作　(C)径向、轴向　(D)原始、工作

46. 液压系统的执行元件是(　　)。

(A)电动机　(B)液压泵

(C)液压缸或液压马达　(D)液压阀

47. 液压系统中液压泵属于(　　)。

(A)执行部分　(B)控制部分　(C)辅助部分　(D)动力部分

48. 刀具的几何角度中起控制排屑方向作用的主要角度是(　　)。

(A)前角　(B)后角　(C)刀尖角　(D)刃倾角

49. 切削时,切屑流出的表面称为(　　)。

(A)主刀面　(B)切削表面　(C)前刀面　(D)基面

50. 一般情况下,曲轴轴颈都是经过(　　)来完成的。

(A)车削和钻削　(B)车削和磨削　(C)车削和铣削　(D)钻削和铣削

51. 钻削塑性材料时,以产生(　　)为主。

(A)崩碎切屑　(B)粒状切屑　(C)节状切屑　(D)带状切屑

52. 车削时,传递切削热量最多的是(　　)。

(A)刀具　(B)工件　(C)切屑　(D)夹具

53. 拆卸精度较高的零件时,采用(　　)。

(A)击卸法　(B)拉拔法　(C)破坏法　(D)温差法

54. 为了使钻头在切削过程中,既能保证正确的切削方向,又能减小钻头与孔壁的摩擦,钻头的直径应当(　　)。

(A)向柄部逐渐减小　(B)向柄部逐渐增大

(C)保持不变　(D)比要求钻孔的孔径尺寸大

55. 磨短麻花钻的横刃,其目的是(　　)。

(A)减小轴向抗力和挤刮现象　(B)增强横刃的强度

(C)减小横刃斜角　(D)增大横刃斜角

56. 当麻花钻顶角小于是 118°时,两主切削刃呈(　　)形。

(A)直线　(B)曲线　(C)外凸　(D)内凹

57. 钻黄铜或青铜主要要解决钻头的(　　)。

(A)抗力　(B)挤刮　(C)散热　(D)扎刀

58. 普通麻花钻扩孔切削时容易产生(　　)问题。

(A)进给困难　(B)扎刀　(C)加工效率低　(D)加工质量差

59. 在 ϕ20 mm 的底孔上扩 ϕ45 mm 的孔,则切削深度为(　　)。

(A)5 mm　(B)7.5 mm　(C)12.5 mm　(D)15 mm

60. 一大型机件上加工尺寸为 $\phi 10^{+0.018}_{0}$ 的孔,应选择(　　)加工方法。

(A)钻削 (B)镗削 (C)铰削 (D)研磨

61. 衡量电荷多少的量叫做(　　)。

(A)电流强度 (B)电压 (C)电势 (D)电量

62. 电流强度的单位是(　　)。

(A)安培 (B)库伦 (C)伏特 (D)欧姆

63. 电源具有把正负电荷分开的能力，衡量电源这种能力的量叫做(　　)。

(A)电位 (B)电压 (C)电动势 (D)功

64. 在电阻串联的电路中各个电阻上流过的电流(　　)。

(A)相等 (B)不等

(C)电阻大的电流大 (D)电阻小的电流大

65. 在电阻串联的电路中，各个电阻上两端电压(　　)。

(A)相等 (B)不一定

(C)电阻大的电压大 (D)电阻大的电压小

66. 一电源电动势 $E=48$ V，内阻 $r=0.04$ Ω，负载电阻 $R=0.96$ Ω，电源电压 U 为(　　)。

(A)48 V (B)大于 48 V

(C)小于 48 V (D)不定

67. 在电路中电容器可以(　　)。

(A)隔断直流 (B)隔断交流

(C)交、直流均可隔断 (D)交、直流均不可隔断

68. 电容量的单位是(　　)。

(A)伏特 (B)欧姆 (C)法拉 (D)安培

69. 当二个电容器并联时其等效电容量等于(　　)。

(A)二个电容器的电容量之和 (B)二个电容器的电容量倒数之和

(C)二个电容器的电容量之差 (D)二个电容器电容量之积

70. 电容器存贮电荷的能力叫做电容器的(　　)。

(A)电量 (B)电容量 (C)电势 (D)电势差

71. 我国规定(　　)以下的电压为安全电压。

(A)220 V (B)110 V (C)50 V (D)36 V

72. 安全标志有红、蓝、黄、绿四种颜色，其中红色的含义是(　　)。

(A) 禁止、停止 (B)指令遵守 (C)警告注意 (D)安全通行

73. 在发生事故后出现混乱局面，万一卷入到混乱人流中，应(　　)。

(A)随着人流的移动而移动 (B)逆着人流的移动而移动

(C)站着不动 (D)大声呼救

74. 职业道德是和人们的(　　)紧密联系在一起的。

(A)职业生活 (B)职业习惯 (C)文化素质 (D)行为规范

75. 职业道德是一个人从业应有的(　　)，也是事业有成的基本保证。

(A)职业习惯 (B)行为规范 (C)工作态度 (D)文化素质

76. (　　)是社会主义职业道德的核心。

(A)为人民服务 (B)提高劳动生产率 (C)保证产品质量 (D)提高经济效益

77.(　　)是铁路企业的宗旨。

(A)多拉快跑　(B)人民铁路为人民　(C)安全第一　(D)提速运营

78. 在现代社会条件下,要求职业劳动者具有优良的(　　)素质。

(A)技能　(B)道德　(C)文化　(D)综合

79. 爱岗(　　)是对人们工作态度的一种普遍的要求。

(A)爱厂　(B)如家　(C)敬业　(D)爱民

80.(　　)是企业的生命。

(A)产品　(B)信誉　(C)质量　(D)效益

81. 质量第一,用户至上,是(　　)职业道的基本要求

(A)第一产业　(B)第二产业　(C)第三产业　(D)服务行业

82. 为保证产品质量,就必须严格执行(　　)。

(A)规章制度　(B)工艺文件　(C)生产计划　(D)操作规程

83.(　　)是保障正常生产秩序的条件。

(A)劳动纪律　(B)工艺文件　(C)生产计划　(D)操作规程

84. 当加工的孔需要依次进行钻、扩、铰等多种工步加工时,一般应使用(　　)。

(A)可换钻套　(B)特殊钻套　(C)多孔钻套　(D)快换钻套

85. 工序基准,定位基准,划线基准和测量基准都属于机械加工的(　　)。

(A)粗基准　(B)工艺基准　(C)精基准　(D)设计基准

86. 在三投影中,由前往后投影,画在V面的视图称为(　　)。

(A)主视图　(B)俯视图　(C)左视图　(D)三视图

87. 基本尺寸是(　　)。

(A)测量时得到的　(B)加工时得到的　(C)装配后得到的　(D)设计时给的

88. 最小极限尺寸减其基本尺寸所得的代数差为(　　)。

(A)上偏差　(B)下偏差　(C)基本偏差　(D)实际偏差

89. 某尺寸的实际偏差为零,则其实际尺寸(　　)。

(A)等于基本尺寸　(B)必定合格

(C)为零件的真实尺寸　(D)等于最小极限尺寸

90. 尺寸公差带图的零线表示(　　)。

(A)最大极限尺寸　(B)最小极限尺寸　(C)基本尺寸　(D)实际尺寸

91. 当孔最小极限尺寸与轴的最大极限尺寸之代数差为负值时,此代数差称为(　　)。

(A)最大间隙　(B)最小间隙　(C)最大过盈　(D)最小过盈

92. 当孔的下偏差大于相配合的轴的上偏差时,此配合的性质是(　　)。

(A)过盈配合　(B)无法确定　(C)间隙配合　(D)过渡配合

93. 普通螺纹的公差指的是中径和(　　)。

(A)小径　(B)大径　(C)螺距　(D)顶径

94. 加工后的精密零件吊运应使用(　　)作吊具。

(A)钢丝绳　(B)三角皮带　(C)尼龙绳　(D)带绝缘皮的电线

95. 钢丝绳折断(　　)股或绳股松散即应报废。

(A)一　(B)二　(C)三　(D)四

96. 采用分组选配法装配时,尺寸链各尺寸均按(　　)制造。

(A)经济公差　(B)选配公差　(C)封闭环公差　(D)装配精度要求

97. 多工位加工可以减少(　　),提高生产率。

(A)刀具的数量　(B)工位数　(C)工步数　(D)工件的安装次数

98. 在夹具中,用来确定刀具对工件相对位置和相同进给方向,以减少加工中位置误差的元件和机构称为(　　)。

(A)刀具导向装置　(B)定心装置　(C)对刀块　(D)夹紧装置

99. 锌钡白俗称立德粉,这种涂料成品是粉末,使用时必须加水和适量熬成糊状的(　　)调匀。

(A)牛皮胶　(B)火棉胶　(C)人造树脂　(D)醋酸丁脂

100. 品紫一般用于(　　)划线时涂色。

(A)铸锻件毛坯表面　(B)已加工表面　(C)精密件　(D)未加工表面

101. 箱体的第一划线位置一般应选择在箱体上待加工的(　　)。

(A)面　(B)孔　(C)孔和面　(D)线

102.(　　)是仿照样件,直接从中量取尺寸进行划线的方法。

(A)配划线　(B)印迹划线　(C)样板划线　(D)仿划线

103. 畸形工件需多次划线时,为了保证加工质量必须做到(　　)。

(A)安装方法一致　(B)划线方法一致　(C)划线基准统一　(D)借料方法相同

104. 箱体首次加工时,是用箱体的(　　)来找正的。

(A)面　(B)孔　(C)安装基准　(D)划线

105. 箱体上划出(　　)是机械加工过程的校正依据。

(A)平行线　(B)十字校正线

(C)两条成角度的交线　(D)一条直线

106. 红油是由(　　)加淡金水而成。

(A)龙胆紫　(B)硫酸铜溶液　(C)孔雀绿　(D)品红

107. 划线平台、V型铁、方箱、分度头按用途分类属于(　　)。

(A)基准工具　(B)量具　(C)绘划工具　(D)夹持工具

108. 高度尺、高度游标尺、钢架尺、万能量角尺等按用途分类属于(　　)。

(A)基准工具　(B)量具　(C)绘划工具　(D)辅助工具

109. 划针、划针盘、划规等按用途分类属于(　　)。

(A)绘划工具　(B)辅助工具　(C)量具　(D)基准工具

110. 立体划线一般要在(　　)方向上进行。

(A)长　(B)宽　(C)高　(D)长、宽、高

111. 将金属板制品表面全部或一部分的形状作成的平面图叫(　　)。

(A)平面图　(B)展开图　(C)投影图　(D)视图

112.(　　)就是根据施工图或零件图要求,按1∶1尺寸比例准确绘制板金制件展开图的过程。

(A)划线　(B)放样　(C)制图　(D)制样板

113. 当已知圆沿一条直线滚动时,其圆周上任一点的轨迹称为(　　)。

(A)阿基米德螺旋线　(B)平摆线

(C)内摆线　　　　　　　　　　　　(D)外摆线

114. 当已知圆沿一个圆周外侧滚动时，其圆周上任一点的轨迹称为(　　)。

(A)阿基米德螺旋线　　　　　　　　(B)平摆线

(C)内摆线　　　　　　　　　　　　(D)外摆线

115. 当已知圆沿一个圆周内侧滚动时，其圆周上任一点的轨迹称为(　　)。

(A)阿基米德螺旋线　　　　　　　　(B)平摆线

(C)内摆线　　　　　　　　　　　　(D)外摆线

116. 大多数箱体内壁不需加工，箱内机件间隙很小，所以在划线时应特别注意找正箱的(　　)。

(A)两侧壁　　(B)外壁　　(C)内壁　　(D)上下侧壁

117. 划线后经机械加工再次划线时，(　　)，以消除误差，保证划线精度。

(A)不应把第一次划的十字校正线涂去

(B)应把第一次划的十字校正线涂去，重划校正十字线

(C)应保留第一次划的十字校正线，并重划一遍十字校正线使之重合

(D)按第一次划线校正

118. 图样中的尺寸界线用(　　)线绘制。

(A)粗实　　(B)细实　　(C)虚　　(D)细点划

119. 机械图样中的汉字采用(　　)，并采用国家正式公布的简化字。

(A)宋体　　(B)楷体　　(C)隶书　　(D)长仿宋体

120. 角度尺寸标注时，角度的数字应(　　)书写。

(A)水平　　(B)横向　　(C)倾斜　　(D)任意

121. 图样上注明的比例 1∶5，图样中尺寸与机件中对应尺寸(　　)关系。

(A)放大　　(B)相等　　(C)缩小　　(D)无

122. 在三投影中，由上往下投影，画在 H 面的视图称为(　　)。

(A)三视图　　(B)主视图　　(C)左视图　　(D)俯视图

123. 空间点在投影轴上，则(　　)坐标值等于零。

(A)两个　　(B)没有　　(C)一个　　(D)三个

124. 用两个相交的剖切平面，将机件剖开，所得的剖视图称为(　　)剖视图。

(A)半　　(B)旋转　　(C)阶梯　　(D)复合

125. 仅画出机件上某一倾斜部分实形的视图称为(　　)视图。

(A)局部　　(B)基本　　(C)斜　　(D)旋转

126. 当空间平面平行投影面时，其投影与原平面的形状大小相比(　　)。

(A)相等　　(B)减小　　(C) 增大　　(D)无法确定

127. 直线 AB 与 H 面平行，与 W 面倾斜，与 V 面倾斜，则 AB 是(　　)线。

(A)正平　　(B)侧平　　(C)水平　　(D)一般位置

128. 图 6 中，俯视图正确的是(　　)。

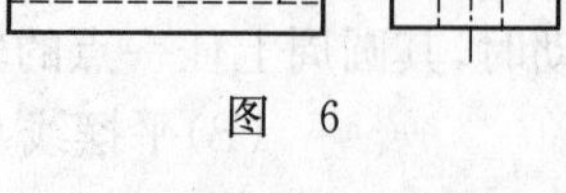

图 6

(A)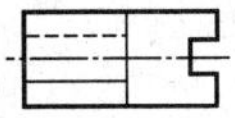 (B)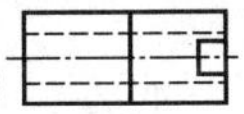 (C)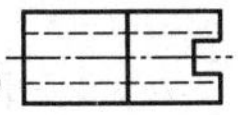 (D)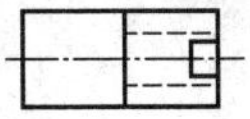

129. 图 7 中,俯视图正确的是(　　)。

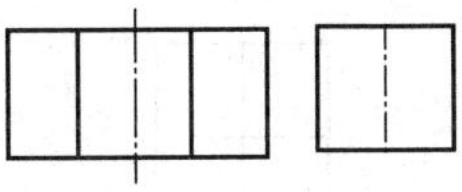

图 7

(A)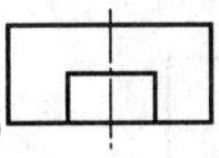 (B)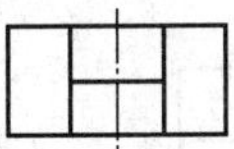 (C)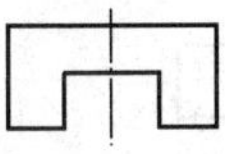 (D)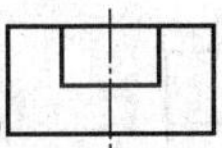

130. 图 8 中,俯视图正确的是(　　)。

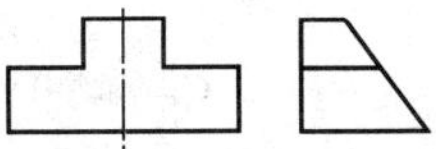

图 8

(A)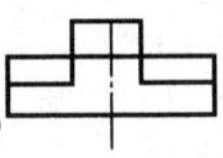 (B)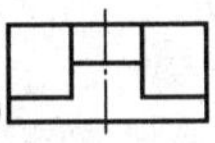 (C)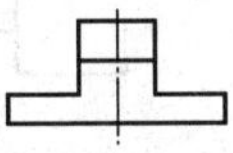 (D)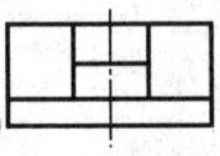

131. 图 9 中,俯视图正确的是(　　)。

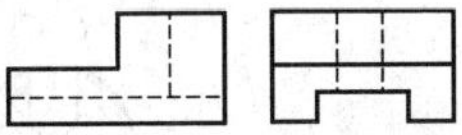

图 9

(A)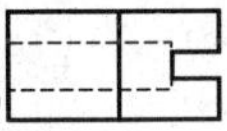 (B)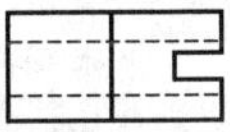 (C)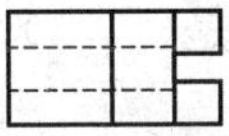 (D)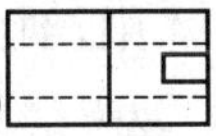

132. 图 10 中,俯视图正确的是(　　)。

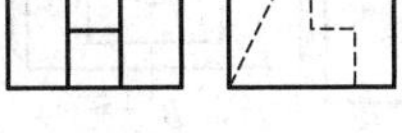

图 10

(A)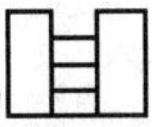 (B)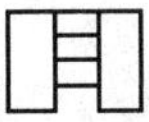 (C)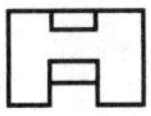 (D)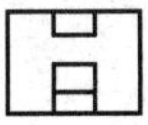

133. 图 11 中,左视图正确的是(　　)。

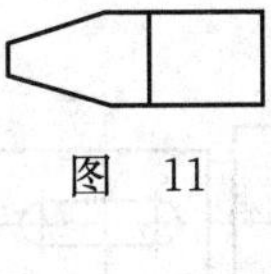

图 11

(A)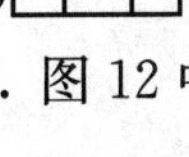 (B)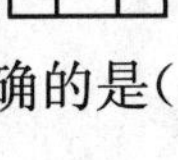 (C) (D)

134. 图 12 中,左视图正确的是(　　)。

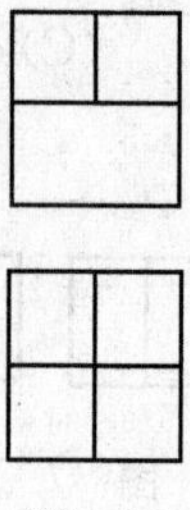

图 12

(A)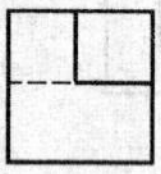 (B)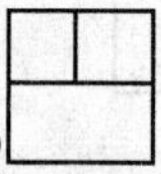 (C)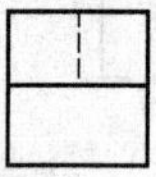 (D)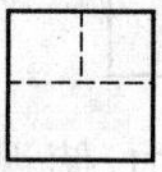

135. 图 13 中,剖面图正确的是(　　)。

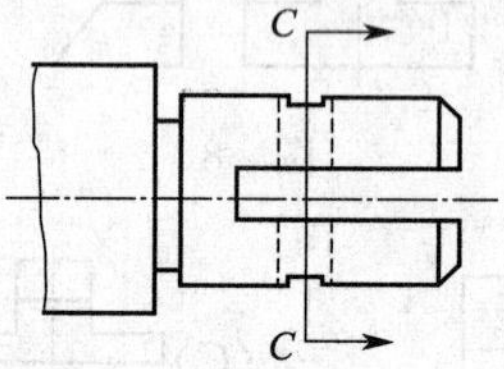

图 13

(A)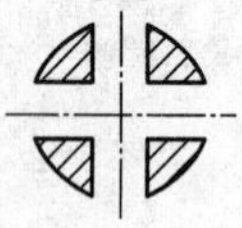

(B)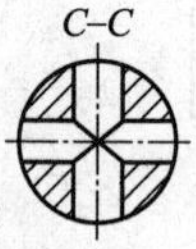

(C)

(D)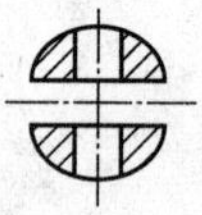

136. 图 14 中,剖面图正确的是(　　)。

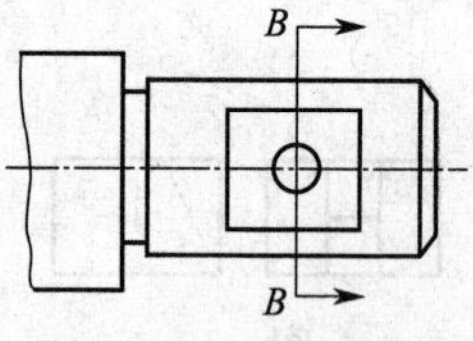

图 14

(A)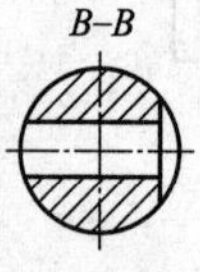

(B)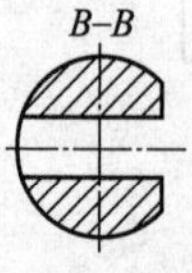

(C)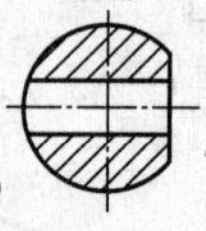

(D)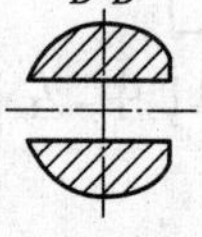

137. 图 15 中,剖面图正确的是(　　)。

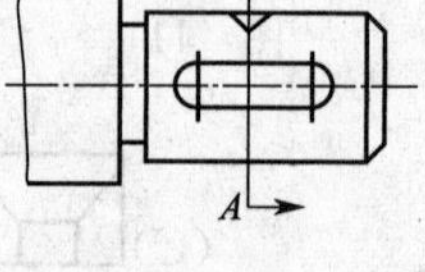

图 15

(A)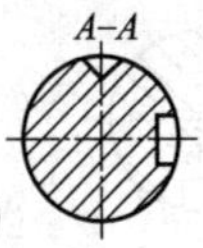　(B)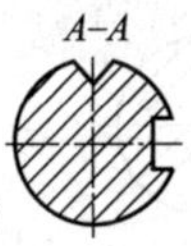　(C)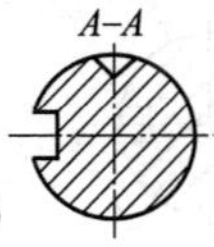　(D)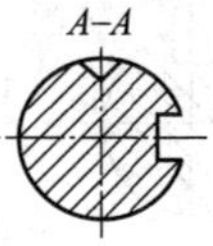

138. 图 16 中,剖面图正确的是(　　)。

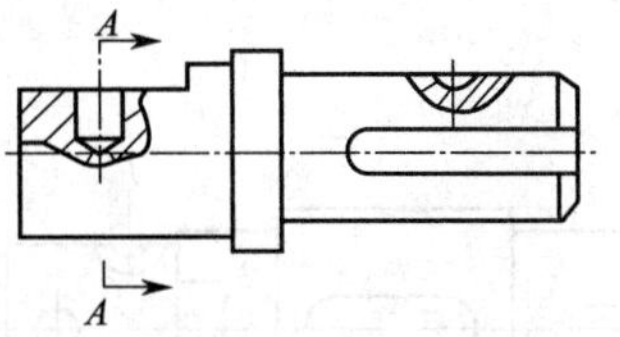

图　16

(A)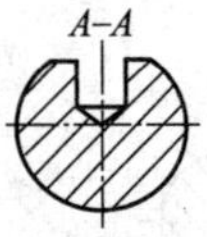　(B)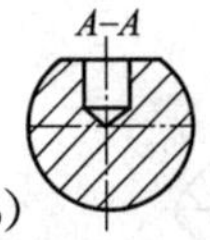　(C)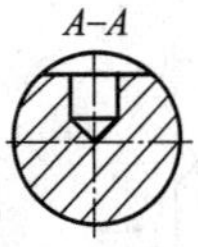　(D)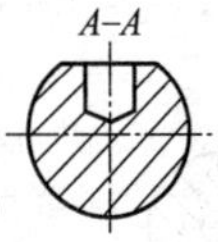

139. 图 17 中,左视图正确的是(　　)。

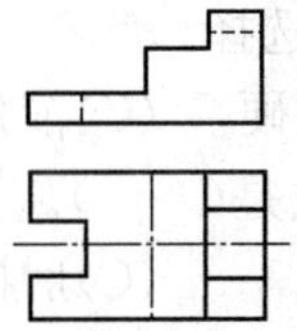

图　17

(A)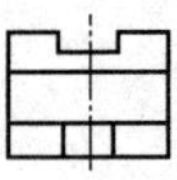　(B)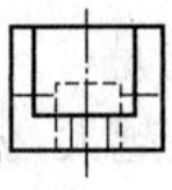　(C)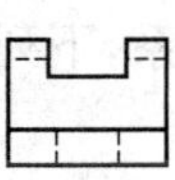　(D)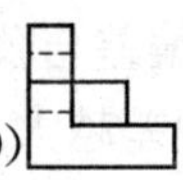

140. 图 18 中,左视图正确的是(　　)。

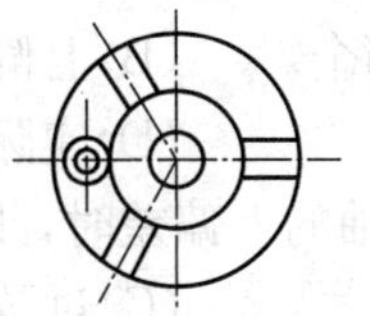

图　18

(A)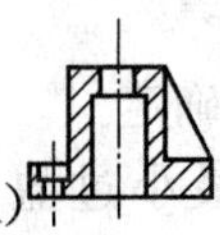　(B)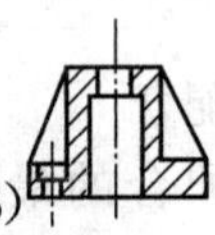　(C)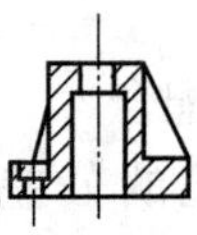　(D)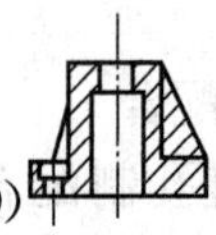

141. 图 19 中,剖面图正确的是(　　)。

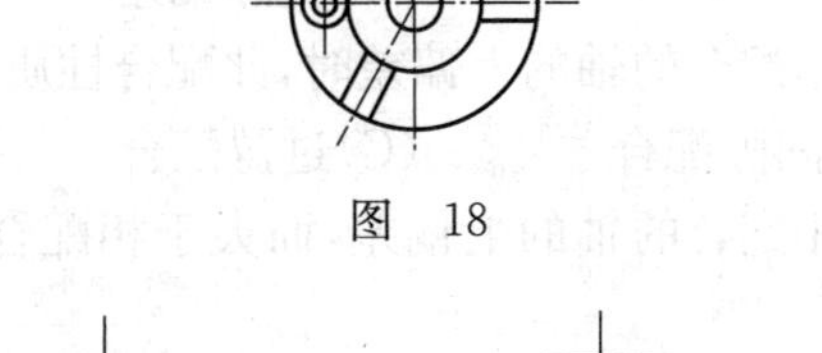

图　19

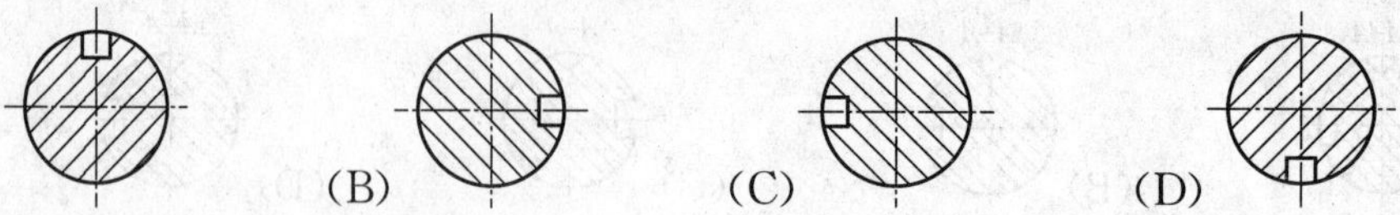

(A)　　　　(B)　　　　(C)　　　　(D)

142. 图 20 中，剖面图正确的是(　　)。

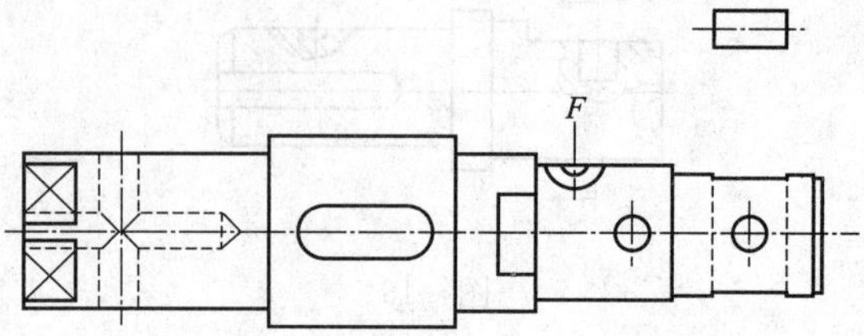

图　20

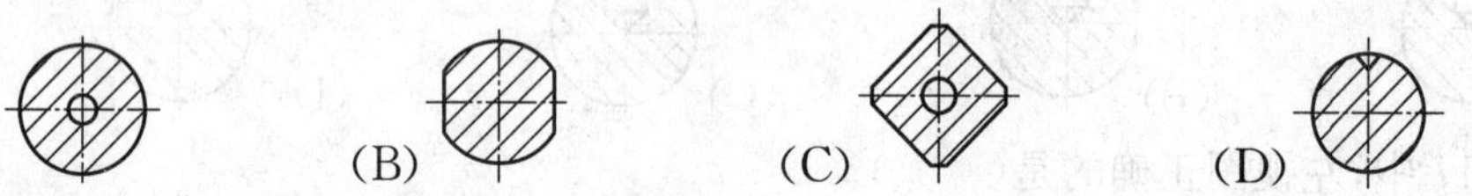

(A)　　　　(B)　　　　(C)　　　　(D)

143. 錾子楔角的大小应根据(　　)选择。

(A)工件形状大小　(B)工件材料软硬　(C)前角大小　(D)錾削余量大小

144. 錾削时，锤击力最大的挥锤方法是(　　)。

(A)手挥　(B)臂挥　(C)肘挥　(D)手臂一齐挥

145. 当轴径小于 50mm，轴的弯曲大于 0.6 mm/1 000 mm 时，可采用(　　)。

(A)冷校和热校　(B)热校　(C)冷校　(D)冷校或热校

146. 关于偏差与公差之间的关系，下列说法中正确的是(　　)。

(A)实际偏差越大，公差越大　(B)上偏差越大，公差越大

(C)下偏差越大，公差越大　(D)上、下偏差的绝对值越大公差越大

147. 基本偏差确定公差带的位置，一般情况下，基本偏差是(　　)。

(A)上偏差或下偏差中靠近零线那个　(B)上偏差

(C)下偏差　(D)实际偏差

148. 当孔的下偏差大于相配合的轴的上偏差时，此配合性质是(　　)。

(A)过渡配合　(B)间隙配合　(C)过盈配合　(D)无法确定

149. 当孔的上偏差小于相配合的轴的上偏差，而大于相配合的轴的下偏差时，此配合过渡是(　　)。

(A)间隙配合　(B)过渡配合　(C)过盈配合　(D)无法确定

150. 在基孔制配合中，基准孔的公差带确定后，配合的最小间隙或最小过盈是由的(　　)确定。

(A)轴的基本偏差　(B)公差等级　(C)公差数值　(D)实际偏差

151. 国家标准规定优先选用基孔制配合是(　　)。

(A)因为孔比轴难加工

(B)为了减少孔和轴的公差带数量

(C)为了减少定尺寸孔用刀，量具的规格和数量

(D)因为从工艺上，应先加工孔，后加工轴

152. 图 21 的读数尺寸是(　　)。

(A)13.19　　(B)12.69　　(C)12.19　　(D)13.69

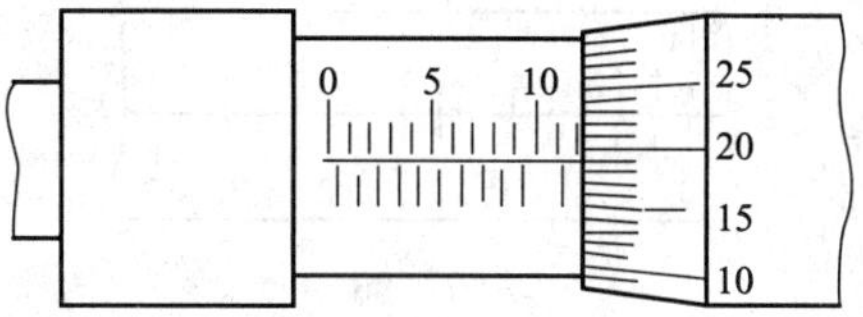

图 21

153. 图 22 的读数尺寸是(　　)。

(A)123.34　　(B)12.32　　(C)140.20　　(D)123.20

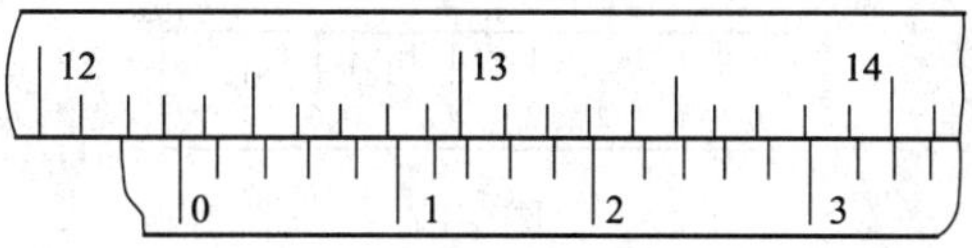

图 22

154. 图 23 的读数尺寸是(　　)。

(A)41.55　　(B)4.55　　(C)81.45　　(D)8.55

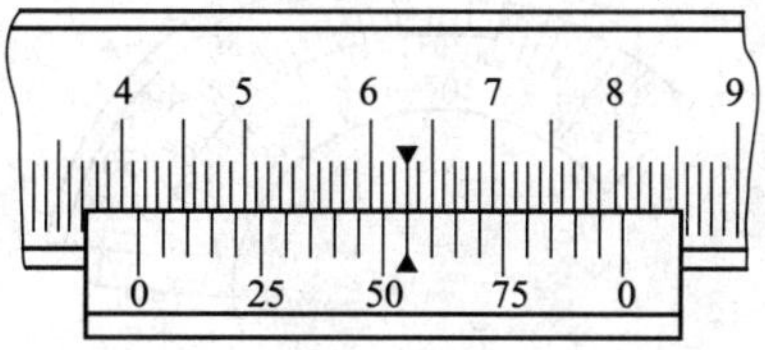

图 23

155. 图 24 的读数尺寸是(　　)。

(A)20.02　　(B)2.02　　(C)69.02　　(D)6.92

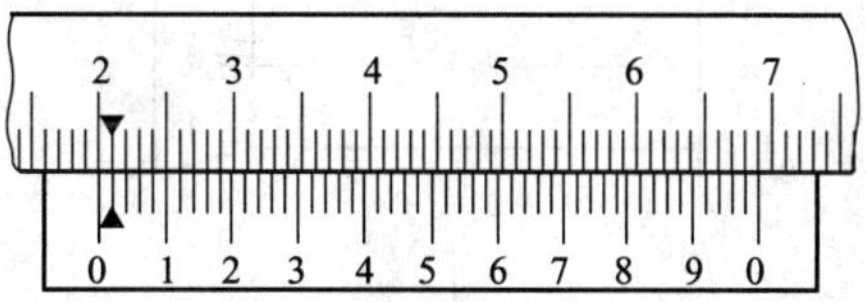

图 24

156. 图 25 的读数尺寸是(　　)。

(A)46.45　　(B)3.24　　(C)32.42　　(D)32.45

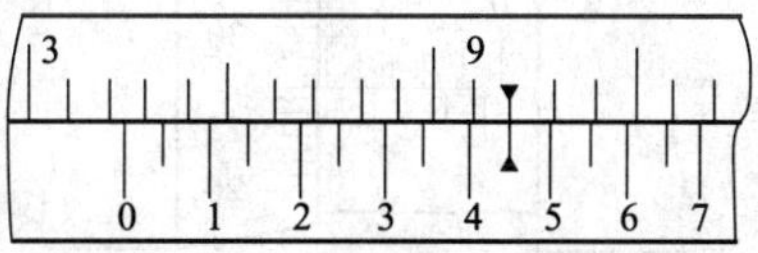

图 25

157. 图 26 的读数尺寸是(　　)。

(A)73.00　(B)6.23　(C)60.26　(D)7.30

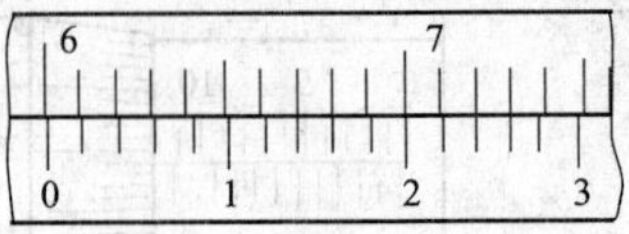

图 26

158. 图 27 的读数尺寸是(　　)。

(A)5.9　(B)50.45　(C)5.45　(D)59.45

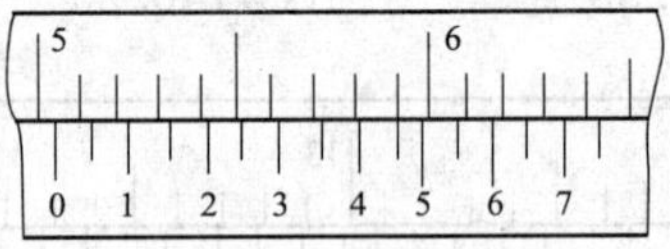

图 27

159. 图 28 的读数角度是(　　)。

(A)53°　(B)40°14′　(C)47°　(D)40°35′

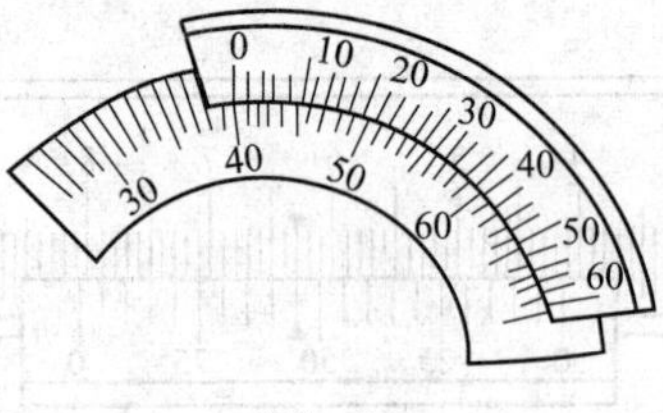

图 28

160. 图 29 的读数尺寸是(　　)。

(A)36.49　(B)37.49　(C)36.99　(D)37.01

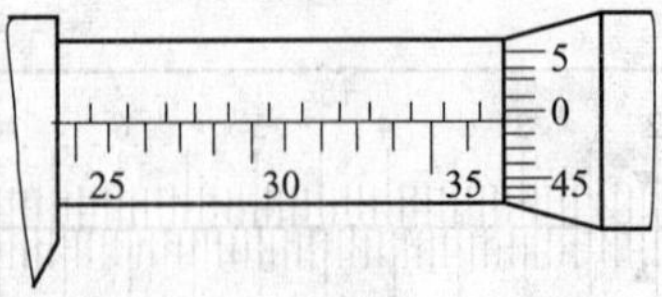

图 29

161. 图 30 的读数尺寸是(　　)。

(A)5.27　(B)5.33　(C)50.33　(D)5.77

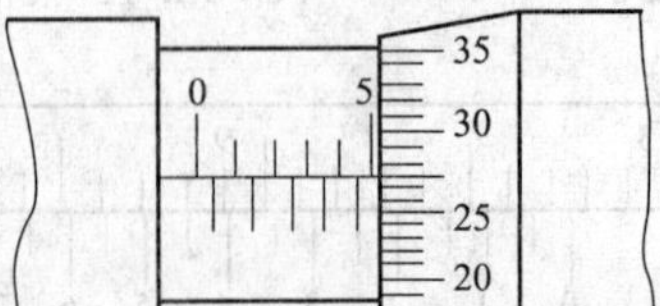

图 30

162. 图 31 的读数尺寸是(　　)。

(A)7.25　　(B)6.25　　(C)6.75　　(D)7.75

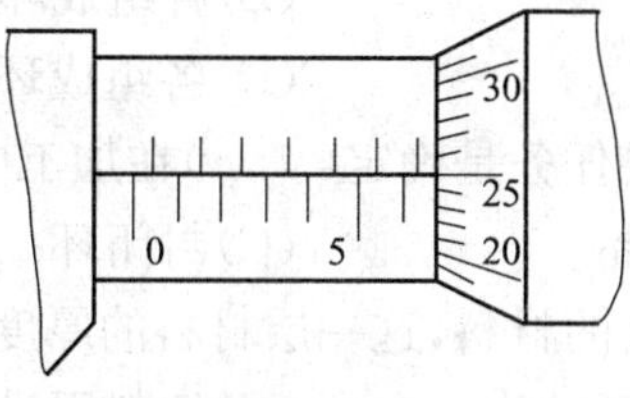

图　31

163. 图 32 的读数角度是(　　)。

(A)70°　　(B)41°　　(C)20°42′　　(D)69°42′

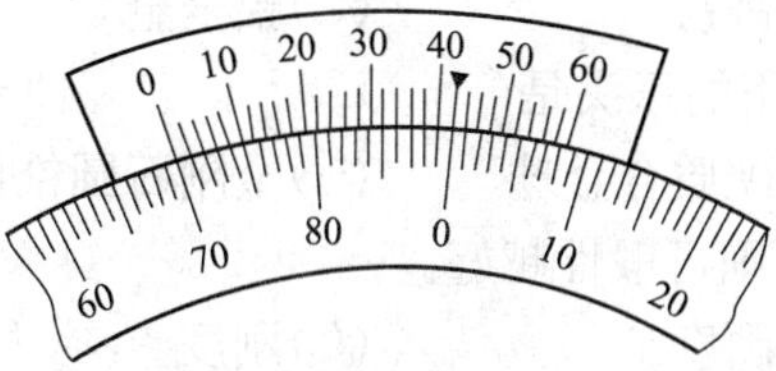

图　32

164. 图 33 的读数是(　　)。

(A)2°16′　　(B)13°　　(C)10°13′　　(D)10°8′

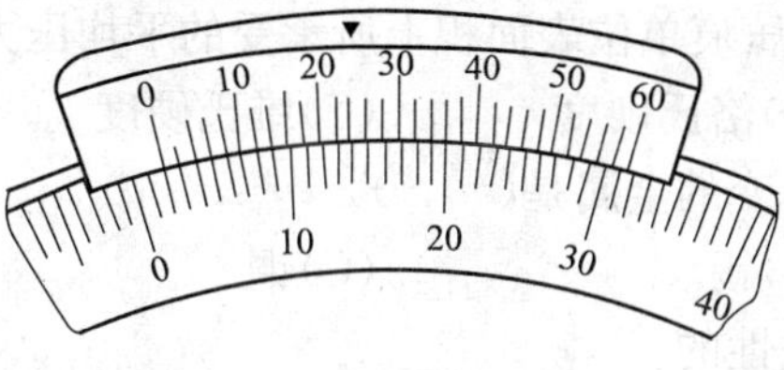

图　33

165. 图 34 的读数尺寸是(　　)。

(A)33.15　　(B)32.65　　(C)33.65　　(D)32.15

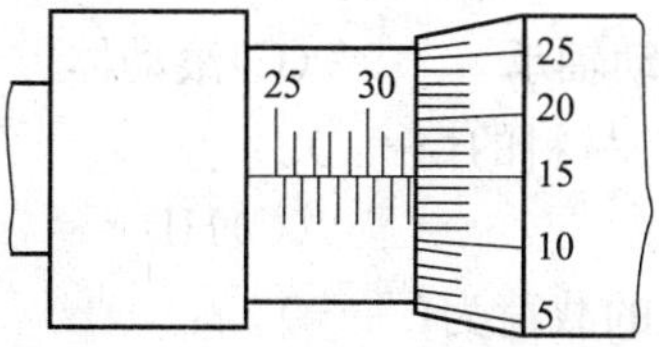

图　34

166. 滚动轴承外径与外壳孔的配合应为(　　)。

(A)具体要求定配合　(B)基孔制　　(C)基轴制　　(D)非机制

167. 按等速运动规律工作的凸轮机构(　　)。

(A)会产生柔性冲击　　(B)会产生刚性冲击

(C)不会产生冲击 (D)适用于凸轮作高速运动的场合

168. 封闭环的公差等于(　　)。

(A)减环公差之和 (B)各组成环公差之和

(C)增环公差之和 (D)各组成环公差之差

169. 修配法解尺寸链的主要任务是确定(　　)在加工中的实际尺寸。

(A)增环 (B)减环 (C)封闭环 (D)修配环

170. 从零件表面上切去多余的材料,这一层材料的厚度称(　　)。

(A)毛坯 (B)工序尺寸 (C)切削用量 (D)加工余量

171. 切削加工时,工件材料抵抗刀具切削所产生的阻力称为(　　)。

(A)切削力 (B)作用力 (C)切削抗力 (D)摩擦力

172.(　　)是黑色金属。

(A)石墨 (B)铸铁 (C)铝全金 (D)黄铜

173. 洛氏硬度C标尺所用的压头是(　　)。

(A)淬硬钢球 (B)硬质合金球 (C)金刚石圆锥体 (D)金刚石四棱锥体

174. 材料的(　　)越好,则可锻性越好。

(A)强度 (B)硬度 (C)刚度 (D)塑性

175. 钢淬火是为了获得(　　)组织。

(A)铁素体 (B)珠光体 (C)铁素体或珠光体 (D)马氏体或贝氏体

176. 金属的冷加工和热加工是以(　　)来划分的。

(A)室温 (B)重结晶温度 (C)再结晶温度 (D)溶点温度

177.(　　)值是用球面压痕单位表面积上所承受的平均压力来表示。

(A)布氏硬度 (B)洛氏硬度 (C)维氏硬度 (D)肖氏硬度

178. 不具有同素异构转变的金属是(　　)。

(A)铁 (B)锡 (C)铜 (D)锰

179. 下面(　　)是无磁性的。

(A)铁素体 (B)奥氏体 (C)珠光体 (D)渗碳体

180. 灰铸铁中的碳主要是以(　　)形式存在。

(A)渗碳体 (B)渗碳体+石墨 (C)片状石墨 (D)球状石墨

181. 轴承合金是用来制造(　　)的材料。

(A)滚动轴承 (B)滑动轴承 (C)滚动体 (D)轴承外圈

182. 机械设计的主要依据是材料的(　　)。

(A)σ_s (B)σ_b (C)HB (D)σ_{-1}

183. 疲劳试验时,试样承受的载荷为(　　)。

(A)静载荷 (B)冲击载荷 (C)拉伸载荷 (D)交变载荷

184. 改善零件的结构形状,降低零件的表面粗糙度,采用各种表面强化的方法,可提高零件的(　　)。

(A)σ_b (B)σ_{-1} (C)$\sigma_{0.2}$ (D)σ_s

185. 铁碳合金状态图上的共析线是(　　)线。

(A) D (B)E、F (C)P、S、K (D)G、S

186. 从奥氏体中析出的渗碳体为(　　)。

(A)一次渗碳　(B)二次渗碳体　(C)三次渗碳体　(D)共晶渗碳体

187. 各种受力的机械零件,要求强度、塑性、韧性都比较好的材料,可选(　　)。

(A)低碳钢　(B)中碳钢　(C)高碳钢　(D)高合金钢

188. 球化退火一般适用于(　　)。

(A) 低碳钢　(B)结构钢　(C)工具钢　(D)特殊性能钢

189. 钢淬火后经高温回火获得的组织为(　　)。

(A)回火珠光体　(B)回火马氏体　(C)回火屈氏体　(D)回火索氏体

190. 化学热处理与其它热处理方法的基本区别是(　　)。

(A)加热温度　(B)加热时间　(C)组织变化　(D)改变表面化学成份

191. Cr12MoV 是属于(　　)。

(A)高碳低合金钢　(B)高碳高合金钢　(C)低碳高合金钢　(D)低碳低合金钢

192. 钢正火后一般得到的组织是(　　)。

(A)铁素体　(B)渗碳体　(C)索氏体　(D)莱氏体

193. 研磨余量的大小应根据(　　)来考虑。

(A)零件的耐磨性　(B)材料的硬度

(C)研磨前预加工精度高低　(D)研磨剂成份

194. 矫正弯形时,材料产生的冷作硬化,可采用(　　)方法,使其恢复原来的力学性能。

(A)回火　(B)淬火　(C)调质　(D)正火

195. 对扭曲变形的材料,可用(　　)进行矫正。

(A)弯曲法　(B)扭转法　(C)延展法　(D)抽打

196. 麻花钻主切削刃上各点的前角和后角是不等的,就外缘处来说(　　)。

(A)前角最小,后角最大　(B)前角最大,后角最小

(C)前角最大,后角最大　(D)前角最小,后角最小

197. 锪孔的轴线应与原孔的轴线(　　)。

(A)平行　(B)相交　(C)垂直　(D)同轴

198. 修磨薄板群钻主要是将两主切削刃磨成圆弧形,钻尖磨低直到形成(　　)。

(A)三尖　(B)分屑槽　(C)两顶角　(D)外刃。

199. 20CrMnTi 钢中,Ti 元素的主要作用是(　　)。

(A)形成碳化物　(B)细化晶粒　(C)强化铁素体　(D)提高淬透性

200. 40MnB 钢中,微量元素 B 的作用是(　　)。

(A)提高钢的淬透性　(B)强化铁素体

(C)形成碳化物　(D)提高回火稳定性

三、多项选择题

1.《产品质量法》规定合格产品应具备的条件包括(　　)。

(A)不存在危及人身、财产安全的不合理危险

(B)具备产品应当具备的使用性能

(C)符合产品或其包装上注明采用的标准

(D)有保障人体健康、人身财产安全的国家标准、行业标准的,应该符合该标准

2. 以下社会保险中，职工个人需要缴纳保险费的是(　　)。

(A)养老保险　(B)工伤保险　(C)医疗保险　(D)生育保险

3. 下列有关签订集体劳动合同的表述，正确的有(　　)。

(A)依法签订的集体合同对企业和企业全体职工具有约束力

(B)集体合同的草案应提交职工代表大会或全体职工讨论通过

(C)集体合同签订后应报送劳动行政部门审核备案

(D)劳动行政部门自收到集体合同文本之日起 15 日内未提出异议，集体合同即行生效

4. 爱岗敬业的具体要求是(　　)。

(A)树立职业理想　(B)强化职业责任　(C)提高职业技能　(D)抓住择业机遇

5. 关于勤劳节俭的正确说法是(　　)。

(A)消费可以拉动需求，促进经济发展，因此提倡节俭是不合时宜的

(B)勤劳节俭是物质匮乏时代的产物，不符合现代企业精神

(C)勤劳可以提高效率，节俭可以降低成本

(D)勤劳节俭有利于可持续发展

6. 职工个体形象和企业整体形象的关系是(　　)。

(A)企业的整体形象是由职工的个体形象组成的

(B)个体形象是整体形象的一部分

(C)职工个体形象与企业整体形象没有关系

(D)没有个体形象就没有整体形象

7. 市场经济是(　　)。

(A)高度发达的商品经济　(B)信用经济

(C)是计划经济的重要组成部分　(D)法制经济

8. 维护企业信誉必须做到(　　)。

(A)树立产品质量意识　(B)重视服务质量，树立服务意识

(C) 妥善处理顾客对企业的投诉　(D)保守企业一切秘密

9. 企业文化的功能有(　　)。

(A)激励功能　(B)自律功能　(C)导向功能　(D)整合功能

10. 下列说法中，你认为正确的有(　　)。

(A)岗位责任规定岗位的工作范围和工作性质

(B)操作规则是职业活动具体而详细的次序和动作要求

(C)规章制度是职业活动中最基本的要求

(D)职业规范是员工在工作中必须遵守和履行的职业行为要求

11. 文明生产的具体要求包括(　　)。

(A)语言文雅、行为端正、精神振奋、技术熟练

(B)相互学习、取长补短、互相支持、共同提高

(C)岗位明确、纪律严明、操作严格、现场安全

(D)优质、低耗、高效

12. 直线的投影(　　)。

(A)永远是直线　(B)可能是一点　(C)不可能是点　(D)不可能是曲线

13. 标注为“M24×1.5”的螺纹是(　　)。
(A)粗牙普通螺纹　(B)左旋螺纹　(C)细牙普通螺纹　(D)右旋螺纹
14. GB/T 1096 键 16×10×100 表示(　　)。
(A)普通 A 型平键　(B)普通 B 型平键　(C)键宽 $b=16$ mm　(D)键宽 $b=10$ mm
15. 摩擦型传动带按其截面形状分为(　　)等。
(A)平带　(B)方型带　(C)V 带　(D)圆型带
16. 电气故障失火时,可使用(　　)灭火。
(A)四氯化碳　(B)水　(C)二氧化碳　(D)干粉
17. 发现有人触电时做法正确的是(　　)。
(A)不能赤手空拳去拉触电者
(B)应用木杆强迫触电者脱离电源
(C)应及时切断电源,并用绝缘体使触电者脱离电源
(D)无绝缘物体时,应立即将触电者拖离电源
18. 碳素钢按质量分类,有(　　)。
(A)碳素工具钢　(B)普通碳素钢　(C)优质碳素钢　(D)高级优质碳素钢
19. 铸铁一般分为(　　)。
(A)白口铸铁　(B)灰铸铁　(C)可锻铸铁　(D)球墨铸铁
20. 影响金属材料可切削加工性的因素有工件材料的(　　)、导热系数等力学性能和物理性能。
(A)硬度　(B)强度　(C)塑性　(D)韧性
21. 以下材料中(　　)是合金结构钢。
(A)40Cr　(B)12CrMo　(C)25Mn　(D)2A50
22. 金属热处理工艺大体可分为(　　)三大类。
(A)调质处理　(B)整体热处理　(C)表面热处理　(D)化学热处理
23. 零件的机械加工精度主要包括尺寸精度、(　　)。
(A)机床精度　(B)刀具精度　(C)几何形状精度　(D)相对位置精度
24. 下列合金牌号中(　　)不属于钨钴类硬质合金。
(A)YT1　(B)YG6　(C)YW2　(D)YA6
25. 基准划线工具包括(　　)。
(A) 划分平台　(B)V 型铁　(C)直角铁　(D)分度头
26. 划线量具包括(　　)。
(A)高度尺　(B)高度游标尺　(C)钢板尺　(D)万能量角器
27. 绘划工具包括(　　)。
(A)划针　(B)划针盘　(C)划规　(D)钢板尺
28. 划线夹持工具包括(　　)。
(A) 千斤顶　(B)平行垫铁　(C)可调滚动支架　(D)C 型夹头等
29. 划线辅助工具包括(　　)。
(A) 手锤　(B)样冲　(C)塞块　(D)磁力座
30. 属于通用夹具的是(　　)。
(A)平口虎钳　(B)分度头　(C)回转工作台　(D)心轴

31. 划线平板工作面精度分为五级，其中做检验用的是（　　）。

(A)0　　(B)1　　(C)2　　(D)3

32. 下列形位公差中属于形状公差符号是（　　）。

(A)▱　　(B)⌖　　(C)⊥　　(D)⌓

33. 平面度检测方法有（　　）。

(A)采用样板平尺检测　　(B)采用涂色对研法检测

(C)采用百分表检测　　(D)使用游标卡尺检测

34. 尺寸精度可用（　　）等来检测。

(A)游标卡尺　　(B)千分尺　　(C)卡规　　(D)直角尺

35. 阶台、直角沟槽的（　　）能用游标卡尺直接测出。

(A)宽度　　(B)平面度　　(C)深度　　(D)长度

36. 键槽是要与键配合的，键槽的（　　）要求较高。

(A)深度尺寸精度　　(B)宽度尺寸精度

(C)长度尺寸精度　　(D)键槽与轴线的对称度

37. 划线工具按用途分为（　　）。

(A)基准工具　　(B)量具　　(C)绘划工具　　(D)夹持工具

38. 划线基准选择应根据图纸所标注的尺寸界限、工件的几何形状大小及尺寸的精度高低或重要程度而定，其基本原则是（　　）。

(A)以两个相互垂直的平面或直线为基准

(B)以一个平面或一条直线和一条中心线为基准

(C)以两条相互垂直的中心线为基准

(D)以两个相互平行的平面或直线为基准

39. 下列工具中（　　）属于划线基准工具。

(A)平板　　(B)方箱　　(C)垫铁　　(D)千斤顶

40. 划线时，针尖要紧靠导向工具的边缘，划针（　　）。

(A)上部向外侧倾斜 15°～20°　　(B)上部向外侧倾斜 15°

(C)与划线移动方向垂直　　(D)向划线移动方向倾斜 45°～75°

41. 孔的主要工艺要求包括孔的（　　）。

(A)尺寸精度　　(B)孔的形状精度　　(C)孔的位置精度　　(D)孔的表面结构

42. 常用的机械零件的毛坯有（　　）等几种。

(A)铸件　　(B)型材件　　(C)锻件　　(D)焊接件

43. 大型零件通常采用（　　）毛坯。

(A)自由锻件　　(B)砂型铸件　　(C)焊接件　　(D)粉末冶金件

44. 铸件的主要缺点是（　　）。

(A)内部组织疏松　　(B)生产成本高　　(C)力学性能较差　　(D)材料利用率低

45. 锻件常见缺陷有（　　）。

(A)裂纹　　(B)折叠　　(C)夹层　　(D)尺寸超差

46. 自由锻件的特点是（　　）。

(A)精度和生产率较低 (B)精度和生产率较高
(C)适合小型件和大批生产 (D)适合大型件和小批生产

47. 常见的对刀方法有(　　)。
(A)试切对刀法 (B)机械检测对刀仪法
(C)光学检测对刀仪法 (D)调试法

48. 工艺基准按用途不同,可分为(　　)。
(A)加工基准 (B)装配基准 (C)测量基准 (D)定位基准

49. 中间继电器由(　　)等元件组成。
(A)线圈 (B)磁铁 (C)转换开关 (D)触点

50. 接触器由(　　)等元件组成。
(A)线圈 (B)磁铁 (C)骨架 (D)触点

51. 直线的投影(　　)。
(A)永远是直线 (B)可能是一点 (C)不可能是点 (D)不可能是曲线

52. 电气故障失火时,可使用(　　)灭火。
(A)四氯化碳 (B)水 (C)二氧化碳 (D)干粉

53. 以下材料中(　　)是碳素结构钢。
(A)Q235 (B)12CrMo (C)25Mn (D)45

54. 现代机床夹具的趋势是发展(　　)。
(A)专用夹具 (B)通用可调夹具 (C)成组夹具 (D)数控机床夹具

55. 选择定位精基准选择时,应尽量采用(　　)为定位基准。
(A)设计基准 (B)装配基准 (C)安装基准 (D)测量基准

56. 划线基准选择应根据图纸所标注的尺寸界限、工件的几何形状大小及尺寸的精度高低或重要程度而定,其基本原则是(　　)。
(A)以两个相互垂直的平面或直线为基准
(B)以一个平面或一条直线和一条中心线为基准
(C)以两条相互垂直的中心线为基准
(D)以两个相互平行的平面或直线为基准

57. 麻花钻一般用来钻削(　　)的孔。
(A)精度较低 (B)表面结构要求低 (C)精度较高 (D)表面结构要求高

58. 计量仪器按照工作原理和结构特征,可分为(　　)。
(A)机械式 (B)电动式 (C)光学式 (D)气动式

59. 适用于平面定位的有(　　)。
(A)V型支承 (B)自位支承 (C)可调支承 (D)辅助支承

60.划线有(　　)两种类型。
(A)平面划线 (B)直角划线 (C)立体划线 (D)方形划线

61. 等分圆周时的主要方法有(　　)。
(A)几何方法 (B)三角方法 (C)逐点法 (D)使用分度头方法

62. 基准线选定的原则有(　　)。
(A)使划线准确 (B)使划线方便 (C)使划线迅速,省时 (D)使划线好看

63. 圆弧齿轮的优点有(　　)等。

(A)抗点蚀能力强　(B)承载能力高　(C)摩擦损耗小　(D)效率高

64. 常见的齿轮有(　　)等。

(A)正齿轮　(B)斜齿轮　(C)人字齿轮　(D)伞齿轮

65. 分度头上的分度盘有(　　)的。

(A)带一块　(B)带两块　(C)带三块　(D)带四块

66. 工件在划线中的放置方式有(　　)等。

(A)三点支持法　(B)四点支持法　(C)放于平台法　(D)方箱支持法

67. 普通化纤盘是由(　　)组成。

(A)底座　(B)支柱　(C)双尖划针　(D)夹紧螺丝

68. 等分分度头:一般采用具有24个槽或孔的等分盘,直接实现2、(　　)、8、12、24等分的分度。

(A)3　(B)4　(C)5　(D)6

69. 等分分度头有(　　)三种。

(A)水平式　(B)卧式　(C)立式　(D)立卧式

70. 划线的目的是(　　)。

(A)作为缺陷指导　(B)检查胚件和补救缺陷

(C)检验成品　(D)作为加工时的依据

71. 分度头有(　　)等类型。

(A)直接分度头　(B)简单分度头　(C)万能分度头　(D)光学分度头

72. 常见的分度法有(　　)。

(A)简单分度法　(B)差动分度法　(C)近似分度法　(D)角度分度法

73. 千斤顶是由(　　)组成。

(A)底座　(B)螺杆　(C)顶尖　(D)头部

74. 常用劳动防护用品有(　　)等。

(A)安全头盔　(B)防护手套　(C)防护鞋　(D)眼防护具

75. 常见的环境污染有(　　)等。

(A)污水污染　(B)空气污染　(C)垃圾污染　(D)噪声污染

76. 棘轮机构主要有(　　)组成。

(A)棘轮　(B)棘齿　(C)棘轴　(D)棘爪

77. 凸轮的种类有(　　)。

(A)盘形凸轮　(B)移动凸轮　(C)圆柱凸轮　(D)圆锥凸轮

78. 划线基准一般可根据以下(　　)类型选择。

(A)以两个互相垂直的平面(或直线)为基准

(B)以两条中心线为基准

(C)以一个平面和一条中心线为基准

(D)以两点和一线为基准

79. 通常用(　　)于已加工表面划线。

(A)酒精色溶液　(B)硫酸铜　(C)石灰水　(D)油漆

80. 粗基准具体选择时参考的原则有(　　)。
(A)应选择不加工表面作为粗基准
(B)应考虑合理分配各加工表面的加工余量
(C)应避免重复使用
(D)平面应平整,没有浇冒口或飞边等缺陷
81. 决定齿轮大小的两大要素是(　　)。
(A)模数　(B)齿顶隙系数　(C)齿数　(D)压力角
82. 测直齿圆柱齿轮一般测量方法中包括(　　)。
(A)公法线长度测量　(B)压力角测量
(C)分度圆弧齿厚测量　(D)固定弧齿厚测量
83.(　　)是基本视图。
(A)主视图　(B)下视图　(C)左视图　(D)右视图
84. 下列说法是正确的有(　　)。
(A) 剖视图分为全剖视图和局部剖视图两种
(B) 剖面图分为移出剖面和重合剖面两种
(C) 零件图是直接指导制造和检验的图样
(D) 装配图是表达机器或部件整体结构的图样
85. 影响切削力的因素包括(　　)。
(A)刀具几何参数　(B)工件材料　(C)切削用量　(D)刀具材料
86. 下列说法正确的有(　　)。
(A)表面粗糙度是指零件被加工表面上的微观几何形状误差
(B)零件表面粗糙度的大小直接影响机器使用性能和寿命
(C)表面粗糙度与机器零件的配合性质、耐磨性、疲劳强度有关,与耐腐蚀性无关
(D)表面粗糙度常用的是轮廓的算术平均偏差 R_a
87. 刃倾角的作用是(　　)。
(A)控制切削流方向　(B)影响切削刃锋利性
(C)影响切削力的大小　(D)影响刀尖强度
88. 以下关于切削液润滑作用说法正确的是(　　)。
(A)能减少切削过程中摩擦　(B)能减小切削阻力
(C)能显著提高表面质量　(D)能降低刀具耐用度
89. 下列合金牌号中(　　)不属于钨钴类硬质合金。
(A)YT15　(B)YG6　(C)YW2　(D)YA6
90. 定心分度器由(　　)组成。
(A)三抓卡盘　(B)分度盘　(C)方箱　(D)心轴
91. 蜗轮蜗杆机构传动的特点是(　　)。
(A)摩擦小　(B)摩擦大　(C)效率低　(D)效率高
92. 圆锥齿轮又叫(　　)。
(A)斜齿轮　(B)伞齿轮　(C)八字轮　(D)螺旋齿轮
93. 组合夹具的特点是(　　)。

(A)组装迅速 (B)能减少制造成本 (C)可反复使用 (D)周期短

94. 通用机床型号是由(　　)组成的。

(A)基本部分 (B)辅助部分 (C)主要部分 (D)其他部分

95. 刻线刀的形式是尖头刀,其质量要求主要是(　　)。

(A)刀体 (B)刃口 (C)前刀面 (D)后刀面

96. 刻线是指在工件表面刻(　　)。

(A)圆周等分线 (B)锥面等分线 (C)角度线 (D)直线尺寸线

97. 刻线所使用的刀具较简单,可用(　　)。

(A)高速钢刀块磨制 (B)废旧的钻头改磨

(C)废旧的键槽铣刀改磨 (D)废旧的盘铣刀改磨

98. 斜齿圆柱齿轮的传动特点是(　　)。

(A)逐渐啮合又逐渐分开 (B)传动平稳

(C)受力均匀 (D)承载较小

99. 在难加工材料中,属于加工硬化严重的材料有(　　)。

(A)不锈钢 (B)高锰钢 (C)高温合金 (D)钛合金

100. 在难加工材料中,属于高塑性的材料有(　　)。

(A)纯铁 (B)纯镍 (C)纯铝 (D)纯铜

101. 下列属于复杂工件借料划线方法的有(　　)。

(A)测量毛坯各部尺寸,找出偏移部位和偏移量

(B)根据所确定的借料方向和大小划出基准线

(C)检查各表面的加工余量是否合理

(D)根据毛坯的偏移部位和偏移量,确定借料方向和大小

102. 下列有关地规用途不正确的是(　　)。

(A)板金件展开划线 (B)大罐体的结合法兰

(C)小圆盘等划圆 (D)划圆、不等分划线

103. 下列划法属于渐开线齿形的划法的有(　　)。

(A)近似划法 (B)几何作图法 (C)直角坐标法 (D)基圆盘划齿形法

104. 展开划线的方法有(　　)。

(A)等线法 (B)放射线法 (C)三角形法 (D)基圆盘划齿形法

105. 重型工件在地面上划线的说法正确的是(　　)。

(A)按工件形状取围线法 (B)走条与平尺调整法

(C)水准法去拼凑大型平台划线法 (D)拉线与吊线法

106. 线段实长的作图方法有(　　)。

(A)直角三角形法 (B)直角梯形法 (C)旋转法 (D)换面法。

107. 下列有关冷作方样划线顺序组合正确的是(　　)。

①看懂图纸,弄清它的空间几何形状和尺寸

②划出放样图

③根据具体情况采取不同的放样划线方法

④用几何作图法划出所需的必要线条

⑤按板厚处理原则进行板厚处理

⑥确定各部位的放样尺寸

(A)①②③　(B)④⑤⑥　(C)①⑤⑥　(D)④②③

108. 下列方法属于曲面立体上作交线的方法的有(　　)。

(A)素线法　(B)纬圆法　(C)球面法　(D)内切球法

109. 以下求线段实长的作图方法正确的是(　　)。

(A)等腰三角形法　(B)等腰梯形法　(C)旋转法　(D)换面法

110. 下列锉刀的使用方法是正确的有(　　)。

(A)锉刀可以用来锉毛坯件的硬皮及淬火件

(B)新锉刀使用时应先用一面,用钝后再用另一面

(C)每次使用后应用锉刷刷去锉纹中的残留切屑

(D)锉刀使用前应用油或水擦拭

111. 下列机构能实现间歇运动的有(　　)。

(A)棘轮机构　(B)槽轮机构　(C)凸轮机构　(D)间歇齿轮机构

112. 加工阶段分为(　　)。

(A)粗加工阶段　(B)半精加工阶段　(C)精加工阶段　(D)检查阶段

113. 下列属于直流电机的有(　　)。

(A)并励电机　(B)串励电机　(C)复励电机　(D)他励电机

114. 下列说法错误的有(　　)。

(A)运动副:两构件直接接触而又能产生一定相对运动的联接

(B)转动副:两构件在接触处不允许相对转动

(C)移动副:两构件在接触处只允许相对移动

(D)螺旋副:两构件在接触处允许作所有的复合运动

115. 下列关于箱体划线,正确的有(　　)。

(A)箱体划线需确定第一划线位置

(B)箱体经过加工后再次划线时,以原十字校正线为基准即可,无须重划

(C)应尽量减少划线时工件的翻转次数

(D)箱体加工余量不足时可以进行借料划线

116. 基准线选定的原则(　　)。

(A)使划线准确　(B)使划线方便　(C)使划线迅速　(D)使划线省力

117. 关于量具的保养说法正确的是(　　)。

(A)要用油石、砂布擦摩量具表面　(B)存放地点应保持清洁、干燥

(C)可以用手摸量具的测量面　(D)不准把卡尺的量爪尖端当作划针使用

118. 下列划线涂料可用于已加工表面的有(　　)。

(A) 硫酸铜溶液　(B)红油　(C)绿油　(D)白灰水

119. 下列说法中正确的是(　　)。

(A)样冲眼一定要打在线条的中央和交叉上

(B)划线平板是经过精加工的一块光滑而平整的铸铁板

(C)精加工面软材料可以打样冲眼

(D)允许在划线平板上锤击

120. 下列弯曲方法属于按产生弯曲方法的有(　　)。

(A)手工弯曲　(B)冷弯曲　(C)机械弯曲　(D)高频热点弯曲

121. 下列说法中正确的是(　　)。

(A)实际尺寸是指通过测量所得到的尺寸

(B)尺寸偏差是指某一尺寸减去基本尺寸所得的代数差

(C)公差是指允许尺寸的变动量

(D)标准公差的数值只与公差等级有关

122. 下列说法中正确的是(　　)。

(A)标准公差体现了加工的易难程度　(B)形位公差分为形状公差和位置公差

(C)直线度、圆柱度是形状公差　(D)平面度、平行度是位置公差

123. 下列单位换算中正确的是(　　)。

(A)1 厘米(cm)＝10 毫米(mm)　(B)1 码(ya)＝3 英尺(ft)

(C)1 英尺(ft)＝8 英寸(in)　(D)1 弧度(rad)＝55.3°

124. 下列说法中正确的是(　　)。

(A)计量器具的放大比是指计算器具的指针直线位移或角位移与被测参数变化之比

(B)测量力是指测量过程中计算器具与被测工件之间的接触力

(C)测量误差是指计算器具指示的数值与被测量真值之差

(D)示值偏差是指测量结果与被测量真值之差

125. 下列螺纹代号中错误的是(　　)。

(A)普通螺纹 M　(B)梯形螺纹 B　(C)锯齿形螺纹 G　(D)圆锥内螺纹 R

126. 表面粗糙度代(符)号在图样上应标注在(　　)。

(A)可见轮廓线上　(B)尺寸界线上

(C)虚线上　(D)符号尖端从材料外指向被标注表面

127. 对于尺寸链封闭环的确定，下列论述正确的有(　　)。

(A)是图样中未注尺寸的那一环　(B)是在装配过程中最后形成的一环

(C)是精度最高的那一环　(D)是在零件加工过程中最后形成的一环

128. 圆柱度公差可以同时控制(　　)。

(A)圆度　(B)素线直线度　(C)径向全跳动　(D)同轴度

129. 公差与配合标准的应用主要解决(　　)。

(A)公差等级　(B)基本偏差　(C)配合性质　(D)配合基准制

130. 下列关于块规的说法中正确的是(　　)。

(A)可作为长度标准，用来传递长度尺寸

(B)用来定准和校正测量仪器和量具的读数

(C)制造精密零件时可用来校正和调正机床及夹具

(D)不可直接度量或划线

131. 下列说法中正确的是(　　)。

(A)样板直尺使用时不得碰撞，应确保棱边的完整性

(B)00 级和 0 级直度角尺一般用于检验精密量具

(C)游标卡尺使用前,需将万能角度尺擦拭干净
(D)平板能够承受冲击和重压,但不能长时间堆放物品
132. 一般液压系统应具备的基本性能有(　　)。
(A)可把机械能转换成油液的液压能　(B)不可把油液的液压能转换成机械能
(C)具有速度调节的功能　(D)具有改变运动方向的功能
133. 游标卡尺使用方法错误的是(　　)。
(A)使用前要一定要检查游标卡尺零位,不须擦拭即可使用
(B)不能用游标卡尺测量运动着的工件
(C)测量外尺寸时,读数后,可从被测工件上直接抽下游标卡尺
(D)不准以游标卡尺代替卡钳在工件上来回拖拉
134. 零件的失效形式主要有(　　)。
(A)过量变形失效　(B)断裂失效　(C)表面损伤失效　(D)裂纹失效
135. 零件的使用要求包括(　　)。
(A)零件形状　(B)表面粗糙度　(C)零件性能　(D)经济性
136. 以下几项属于锻件中常见缺陷的是(　　)。
(A)锻造裂纹　(B)过热和过烧　(C)冷成形件中缺陷　(D)气孔
137. 切削用量包括(　　)。
(A)切削速度　(B)切削深度　(C)进给量　(D)刀具直径
138. 下列属于金属材料的物理性能的有(　　)。
(A)熔点　(B)耐腐蚀性　(C)磁性　(D)密度
139. 下列属于钢的含碳量分类的有(　　)。
(A)低碳钢　(B)普通碳素钢　(C)碳素结构钢　(D)高碳钢
140. 下列说法中正确的是(　　)。
(A)退火能降低刚的硬度,提高塑性　(B)正火可使钢件获得较高的硬度和耐磨性
(C)淬火可改善组织结构和切削加工性能　(D)回火能消除内应力
141. 下列关于正确的有(　　)。
(A)电气设备着火,首先必须采取的措施是停电
(B)割断电源线时必须使用符合相应电压等级的绝缘工具
(C)在有爆炸和火灾危险场所使用手持式或移动式电动工具时,必须采用有防爆措施的电动工具
(D)短路电流会使导线的绝缘层燃烧起来,并引燃周围建筑物内的可燃物
142. 常用淬火介质有(　　)。
(A)清水　(B)盐水　(C)机油　(D)变压器油
143. 下列说法正确的是(　　)。
(A)游标卡尺不要放在强磁场附近
(B)外径千分尺在使用时应该用手握住隔热装置,否则会增加测量误差
(C)测量完毕后,应用汽油把万能角度尺洗净,用干净纱布仔细擦干,涂以防锈油,然后装入匣内
(D)平板安放平稳,一般用三个支承点调整水平面
144. 下列属于"四不伤害"原则的是(　　)。

(A)不伤害自己 (B)不伤害他人
(C)不伤害公有财产 (D)保护他人不受伤害

145. 下列属于“四不放过”原则的是( )。
(A)事故原因未查清不放过 (B)事故制订切实可行的整改措施没有落实不放过
(C)事故责任人未受到处理不放过 (D)事故防范疏忽不放过

146. 下列说法中正确的是( )。
(A)塑料安全帽的使用期限为不超过两年半
(B)从业人员发现直接危及人身安全的紧急情况时,应停止作业
(C)电焊工使用的防护面罩,应不导电、不导热
(D)操作旋转机械时佩戴手套是错误的

147. 触电急救的原则是( )。
(A)迅速 (B)准确 (C)就地 (D)坚持

148. 安全帽在使用前应检查( )下颏带等附件完好无损。
(A)帽壳 (B)帽衬 (C)帽箍 (D)顶衬

149. 下列说法中正确的是( )。
(A)电流为 50 mA 时,称为致死电流
(B)静电电压最高达到 50 V 时,可现场放电,产生静电火花,引起火灾
(C)加强安全教育是提高职工安全技术素质的有效措施
(D)钳工不属于特种作业人员

150. 正确佩戴安全帽的两个要点是( )。
(A)安全帽的帽衬与帽壳之间应有一定间隙 (B)必须系紧下颚带
(C)必须时刻配带 (D)必须涂上黄色

151. 要做到“安全第一”,下列措施不正确的是( )。
(A)将高危作业统统关掉 (B)危险系数越低越好
(C)实行“安全优先”的原则 (D)高危作业人员越少越好

152. 下列工种属于的特种作业工种的有( )。
(A)电工 (B)钳工 (C)焊工 (D)喷漆工

153. 下面气体不属于易燃气体的有( )。
(A)二氧化碳 (B)氧气 (C)乙炔 (D)氮气

154. 下列是安全帽的基本性能的有( )。
(A)抗冲击性能 (B)耐穿透性能 (C)耐低温性能 (D)耐燃烧性能

155. 下列要求中正确的是( )。
(A)划线是工件加工中的一道重要工序,直接影响工件的质量和生产效率
(B)划线工应能够熟练使用各种划线基本工具及测量仪器
(C)划线工能够看懂图纸,熟悉各种划线工艺及方法
(D)划线工应熟悉各种几何图形的基本划法

156. 划线工的岗位目的是( )。
(A)作为加工的依据
(B)协助工艺及操作者对无法直接测量的工件进行测量

(C)对成品按公差的要求通过划线加以检验
(D)检查坯件和补救缺陷
157. 关于划线工的岗位职责,下列说法中正确的是(　　)。
(A)划线工必须正确使用,各种划线工具、量具、测量仪器
(B)对常使用的测量仪器、量具等定期检查、保养、检验
(C)对工作平台及工具做好定期保养和维护
(D)在工件划线结束后,由下工序人员对划线进行检验
158. 吊物下放时,要做到(　　)。
(A)应垫好垫物　　(B)不准强行抽拉钢丝绳
(C)禁止堵塞安全通道　　(D)堆放时要整齐平稳
159. 起重指挥人员在指挥吊运作业时应选择的位置是(　　)。
(A)与驾驶员之间无障碍物,且视线清楚
(B)应始终能清楚地看到被吊物
(C)被吊物在运行过程中,不构成威胁
(D)随便选个自己没有危险的位置
160. 下列说法中正确的是(　　)。
(A)工件上有人时不允许进行吊装作业
(B)吊钩、吊索属于吊具
(C)夜间进行吊装作业时,必须要有足够的照明
(D) 平衡梁不属于吊具
161. 下列说法中正确的是(　　)。
(A)平面划线是指在板料上划线
(B)平面划线时,通常要选择两个相互垂直的划线基准
(C)立体划线时,通常要选择两个相互垂直的划线基准
(D)平面划线是指只在工件某一个表面内划线
162. 划线产生废品的主要原因有(　　)。
(A)没看懂图样和工艺资料,盲目乱划
(B)基准选择不当或基准本身误差太大
(C)划线工、量具的误差造成划线尺寸不准
(D)划完线后,没有从多方面进行校核
163. 装配前面的准备工作有(　　)。
(A)研究和熟悉产品装配图、工艺文件及技术要求
(B)确定装配方法、顺序和装配所需要的工具
(C)对待装配的零件进行清理
(D)对有些部件还需进行刮削等修配工作
164. 装配图的内容包括(　　)。
(A)一组图形　　(B)尺寸　　(C)技术要求　　(D)零件序号和明细栏
165. 装配工艺规程的内容不包括(　　)。
(A)装配技术要求及检验方法　　(B)工人出勤情况

(C)设备损坏修理情况　　(D)物资供应情况

166. 铸铁中促进石墨化的元素有(　　)。

(A)碳　(B)硅　(C)磷　(D)硫

167.盲孔且须经常拆卸的销连接不宜采用(　　)。

(A)圆柱销　(B)圆锥销　(C)内螺纹圆柱销　(D)内螺纹圆锥销

168. 直线 AB 与 H 面平行,与 W 面倾斜,与 V 面倾斜,则 AB 不是(　　)线。

(A)正平　(B)侧平　(C)水平　(D)一般位置

169.画平面图形时,应首先画出(　　)。

(A)基准线　(B)定位线　(C)轮廓线　(D)刨面线

170. 常用的焊接接头基本形式有(　　)。

(A)对接接头　(A)T 型接头　(C)角接头　(D)塔接接头

171. 画圆心的常用方法有(　　)。

(A)用划卡找圆心　　(B)以 V 型铁支持用划线盘划圆心

(C)用分度头划圆心　　(D)用圆规划圆心

172. 在划线中常划的几种线有(　　)。

(A)中心线　(B)基准线　(C)加工线　(D)位置线

173. 在一个三角形中,两条边的边长分别为 4 mm、5 mm,那么第三条边的长度可能是(　　)。

(A)10 mm　(B)4 mm　(C)5 mm　(D)3 mm

174. 垂直线的基本种类有(　　)。

(A)平面垂直线　　(B)变动工件位置划垂直线

(C) 不变动工件位置划垂直线　　(D)斜面垂直线

175. 高度尺的基本组成有(　　)。

(A)钢尺　(B)底座　(C)立板　(D)升降螺丝

176. 日常工作中所用刚尺的刻度值是(　　)。

(A)0. 7 mm　(B)1. 5 mm　(C)1 mm　(D)0. 5 mm

177. 划线工人在生产的实践中常用到的基准工具有(　　)。

(A)平台　(B)弯尺　(C)板尺和直径尺　(D)方箱

178. 日常工作中所用刚尺的刻度值是(　　)。

(A)0. 7 mm　(B)1. 5 mm　(C)1 mm　(D)0. 5 mm

179. 凸轮按其形状不同,可分为(　　)。

(A)盘型凸轮　(B)移动凸轮　(C)圆柱凸轮　(D)圆锥凸轮

180. V 型铁支持法划线通常适用的工件有(　　)。

(A)等径工件　(B)不等径工件　(C)方形工件　(D)较短工件

181. 下列属于常用划线工具的是(　　)。

(A)划针　(B)划线盘　(C)划规和地规　(D)划卡

182. 下列关于涂料及毛刷的说法正确的是　　)。

(A)为使工件上画出的线非常清晰和易于辨认,在没有划线之前,需用毛刷涂上涂料

(B)对于已加工的工件需划线的表面,可涂用蓝色染料或绿色染料同漆片和酒精的稀薄溶液

(C)对于已加工的工件需划线的表面,涂用的染料一般称为蓝、绿碘或蓝、绿色

(D)对于急需坯件,可涂快干粉水

183. 下列关于加工线的说法正确的是(　　)。

(A)划在工件表面上,作为加工依据的线

(B)在加工线上,不需要用冲子打印

(C)在加工线上,需要用冲子打印

(D)每相邻两个冲印间的距离根据工件的大小,大约为 10～20 mm

184. 下列关于圆弧齿轮的说法正确的是(　　)。

(A)圆弧齿轮抗点蚀能力弱、承载能力低　(B)圆弧齿轮摩擦损耗小

(C)圆弧齿轮工作效率较高、跑合性能好　(D)圆弧齿轮工作时无根切现象

185. 机械运动按传递力的方式主要分为(　　)。

(A)光滑传动　(B)摩擦传动　(C)能量传动　(D)啮合传动

186. 根据组成合金各组之间相互作用不同,合金组织可分为(　　)。

(A)固溶体　(B)金属化合物　(C)纯净物　(D)混合物

187. 铜合金根据主加元素的不同,可分为(　　)。

(A)黄铜　(B)青铜　(C)白铜　(D)蓝铜

188. 凸轮机构主要是由(　　)。

(A)轴承　(B)凸轮　(C)从动杆　(D)机架

189. 可调 V 型铁主要是由那几部分构成(　　)。

(A)底座　(B)螺杆　(C)V 型铁　(D)调节螺母和固定螺钉

190. 划线产生废品的主要原因有(　　)。

(A)没看懂图样和工艺资料,盲目乱划　(B)基准选择不当或基准本身误差太大

(C)划线工、量具的误差造成划线尺寸不准　(D)划完线后,没有从多方面进行校核

191. 一个完整的液压系统由(　　)几部分构成。

(A)动力元件　(B)执行元件　(C)控制元件　(D)辅助元件和液压油

192. 下列关于弹性变形、塑性变形说法正确的是(　　)。

(A)弹性变形:金属在外力作用下产生变形,当外力去消后能恢复原来形状和尺寸的变形

(B)塑性变形:金属在外力作用下产生变形,当外力去消后不能恢复原来形状和尺寸的变形

(C)弹性变形:金属在外力作用下产生变形,当外力去消后不能恢复原来形状和尺寸的变形

(D)塑性变形:金属在外力作用下产生变形,当外力去消后能恢复原来形状和尺寸的变形

193. 硬度是指金属材料抵抗硬物压入表面的能力,常用的硬度单位有(　　)。

(A)布氏硬度　(B)洛氏硬度　(C) 维氏硬度　(D)肖氏硬度

194. 下列说法错误的是(　　)。

(A)划线的线条越粗越清晰效果越好　(B)划线是机械加工的第一道工序

(C)划线广泛应用于单件小批量生产　(D)划线是确定加工尺寸的根本依据

195. 社会主义职业道德基本原则是(　　)。

(A)为人民服务　(B)团结协作、相互服务

(C)自强、笃行　(D)主人翁的劳动态度

四、判 断 题

1. 职业纪律本身就是职业道德的一部分，只不过要求高度不同而一。（ ）

2. 人们长期从事某些职业而形成的道德心理和道德行为是有差异的。（ ）

3. 在实际工作中，要求从业者必须具有优良的道德素质。（ ）

4. 职业道德与办企业的目的是完全一致的，而且是其先决条件。（ ）

5. 服从分配，听从指挥，遵守纪律，爱岗敬业，坚持原则是职业道德的体现。（ ）

6. "质量第一，用户至上"是第三产业职业道德的基本要求。（ ）

7. 职业道德是一个人从业应有的行为规范，也是事业有成就的基本保证。（ ）

8. 保证产品质量，提高经济效益，就必须严格执行操作规范。（ ）

9. 职业道德与职业习惯的目的是一致的。（ ）

10. 职业纪律包括劳动纪律、保密纪律、财经纪律、组织纪律等。（ ）

11.《产品质量法》中所称的产品质量是指产品满足需要的适用性、安全性、可靠性、维修性、经济性和环境所具有的特征、特性的总和。（ ）

12. 职工的职业道德状况是职工形象的重要组成部分。（ ）

13. 生产、安全和效益上去了，职业道德自然就搞好了。（ ）

14. 劳动合同被确认部分无效的，这个合同可以不予执行。（ ）

15. 劳动者在劳动过程中必须严格遵守操作规程，对违章指挥、强令冒险作业有权拒绝执行。（ ）

16. 长年养成的工作习惯，虽然不合理，但容易工作，不必以公司的制度规定来约束，这样反而不便。（ ）

17. 劳动者在劳动过程中必须严格遵守操作规程，对违章指挥、强令冒险作业有权拒绝执行。（ ）

18. 平板用完后应擦干净，较长时间不用应涂油防锈蚀。（ ）

19. 使用平板尽量在一处使用，避免整个磨损。（ ）

20. V带传动中，动力的传递是依靠张紧在带轮上的带与带轮之间的摩擦力来传递的。（ ）

21. 传动带的张紧力过大，会使带急剧磨损，影响传动效率。（ ）

22. 带传动主要特点是能过载保护和传动比准确。（ ）

23. 水平安装的链条应比垂直安装的链条下垂度大些。（ ）

24. 分度机构中的齿轮传动，装配技术要求主要是保证传递运动的准确性。（ ）

25. 齿轮传动机构装配后的磨合，是为了提高接触精度减小噪音。（ ）

26. 齿轮传动中的运动精度是指齿轮在转动一周中的最大转角误差。（ ）

27. 锉削过程中，两手对锉刀的压力的大小应保持不变。（ ）

28. 顺向锉法可使锉削表面得到正直的锉痕，比较整齐美观。（ ）

29. 两钢板互相垂直或组成一定角度的铆接称为角接。（ ）

30. 使用无机黏结剂时，联接表面应尽量粗糙。（ ）

31. 管子直径在 12 mm 以上可用冷弯法进行弯形。（ ）

32. 可以单独进行装配的零件，称为装配单元。（ ）

33. 产品的装配顺序，基本上是由产品的结构和装配组织形式决定。（ ）

34. 把零件和部件装配成完整产品的过程称为部件装配。(　　)

35. 矩形导轨适用于载荷较大而导向性要求稍低的机床上。(　　)

36. 评定主轴旋转精度的主要指标,是主轴的径向跳动和轴向窜动。(　　)

37. 机床的装配精度是在动态下通过检验后得出的。(　　)

38. 精刮刀和细刮刀的切削刃都呈圆弧形,但精刮刀的圆弧半径较大。(　　)

39. 刀具两次刃磨之间的纯切削时间称为刀具的耐用度。(　　)

40. 带有圆弧刃的标准群钻,在钻孔过程中,孔底切削出一道圆环肋与棱边能共同起稳定钻头方向的作用。(　　)

41. 标准群钻圆弧刃上各点的前角比磨出圆弧刃之前减小,楔角增大,强度提高。(　　)

42. 用电器在额定工作状态下工作叫满载。(　　)

43. 交流电的频率都是 50 Hz。(　　)

44. 同一电源的正极电位永远高于其负极电位。(　　)

45. 一台发电机只能产生一个交变电动势。(　　)

46. 三相负载的接法是由电源电压决定的。(　　)

47. 各种机械设备中,使用最多的是三相异步电动机。(　　)

48. 当电源电压为 380 V,负载的额定电压为 220 V 应作三角形联接。(　　)

49. 当电源电压为 380 V;负载的额定电压为 380 V 时应作星形联接。(　　)

50. 正弦交流电的三大要素是最大值、角频率、初相角。(　　)

51. 变压器油的主要作用是绝缘。(　　)

52. 电动机的定子绕组是电动机的电路部分。(　　)

53. 电动机的转子起输出机械转矩作用。(　　)

54. 在电动机中可分为直流电动机和交流电动机两大类。(　　)

55. 在有易燃气体的场所应采用封闭式电机。(　　)

56. 在有易燃气体的场所应选用防爆式电机。(　　)

57. 凡距离坠落高度基准面 2 m 及其以上,有可能坠落的高处进行的作业,称为高处作业。(　　)

58. 36 V 以下的安全电压是绝对安全的。(　　)

59. 在夹具中,定位是使工件在夹紧前确定位置。(　　)

60. 劳动定额必须做到使所有的工人都能达到。(　　)

61. ISO9000 是国家标准。(　　)

62. 环境噪声是指在工业生产、建筑施工、交通运输和社会生活中所产生的干扰周围生活环境的声音。(　　)

63. 生产计划是保证正常生产秩序的先决条件。(　　)

64. 划线的线条越粗越清晰效果越好。(　　)

65. 划线是机械加工的第一道工序。(　　)

66. 划线广泛应用于单件小批量生产。(　　)

67. 划线是确定加工尺寸的根本依据。(　　)

68. 机件的每一个尺寸,为看图方便,可在几个视图中同时注出。(　　)

69. 划线的线条要清晰,所以应该反复多划几次。(　　)

70. 在已划的加工线条上，冲眼是为了加强界限标志。（ ）
71. 在所划的加工线条上冲眼，若为曲线，点距要小些，若为直线，点距应大一些。（ ）
72. 划线的目的，就是使毛坯有明确的加工标志。（ ）
73. 划线检查毛坯的形状和尺寸的合格程度，剔除不合格的毛坯是划线目的之一。（ ）
74. 划线就是为了通过借料弥补有缺陷毛坯，从而提高毛坯合格。（ ）
75. 箱体划线通常都要多次进行。（ ）
76. 对畸形工件划线一般都采用千斤顶作三点支承。（ ）
77. 划线基准必须以两个相互垂直的平面为基准。（ ）
78. 以两个相互垂直的中心平面为基准是常见划线基准的一种。（ ）
79. 划线的目的就是划出加工线、找正线、检查线。（ ）
80. 通过借料弥补加工余量不足及铸造缺陷的毛坯是划线的目的之一。（ ）
81. 一般划线基准与设计基准应一致。（ ）
82. 详细看懂图纸或实物，了解工件工艺过程，确定工件划线部位是划线工作的一个重要步骤。（ ）
83. 机械制造业中使用的图样称为机械图样。（ ）
84. 平行投影法中，投影线与投影面倾斜时的投影称为正投影。（ ）
85. 图样中所注的尺寸，为该图样所示的最后完工尺寸。（ ）
86. 实际机件要素的钱性尺寸与图样中机件要素的线性尺寸之比称为比例。（ ）
87. 机件向基本投影面投影所得的视图称为基本视图。（ ）
88. 用几个互相平行的剖切平面剖开机件的方法称为旋转剖。（ ）
89. 假想的用剖切平面将机件某处切断，仅画出断面的图形，称为剖面图。（ ）
90. 金属材料的剖面符号一般应画成与水平线成 60°角的相互平行，间隔均匀的细实线。（ ）
91. 平行于一个投影面。而与其它的两个投影面倾斜的直线，称为投影面的平行线。（ ）
92. 垂直于某投影面的平面，称为该投影面的垂直面。（ ）
93. 合理选择划线基准是做好划线工作的关键之一。（ ）
94. 正确安放工件和选用划线工具的是划线工作的一项重要内容。（ ）
95. 对照图纸或实物检查划线的正确性及是否有漏划的线条，是划线工作的重要步骤。（ ）
96. 零件的表面能全部平整地摊平在一个平面上，而不发生撕裂和皱折这种表面称为可展表面。（ ）
97. 找正就是利用针盘 90°角尺等工具，使工件有关的毛坯表面均能处于合适位置。（ ）
98. 用截平面截切立体，截平面与立体的共有线叫相贯线。（ ）
99. 常用的划线样板有：平面样板、主体样板、角度样板、阶梯样板、曲线样板、开放型样板、半闭样板、闭口样板、键槽样板、齿形样板、成型样板等多种。（ ）
100. 箱体划线通常都要多次进行。（ ）
101. 对畸形工件划线一般都采用千斤顶作三点支承。（ ）
102. 畸形工件划线时都应按原始基准进行。（ ）
103. 畸形工件划线，因形状奇特，装夹必须借助于辅助的工、夹具。（ ）
104. 大型工件的划线，因其形大、体重，不易移动和翻转。故一般采用拉线、吊线或拼接平板等方法进行。（ ）

105. 箱体工件划线时,如以中心十字线作为基准校正线,只要在第一次划线正确后,以后每次划线都可以用它,不必重划。(　　)

106. 为了减少箱体划线时的翻转次数,第一划线位置应选择待加工孔和面最多的一个位置。(　　)

107. 划线时要注意找正内壁的道理,是为了加工后能顺利装配。(　　)

108. 划高度方向的所有线条,划线基准是水平线或水平中心线。(　　)

109. 经过划线确定加工时的最后尺寸,在加工过程中,应通过加工来保证尺寸的准确程度。(　　)

110. 有些工件为了减少工件的翻转次数,其垂直线可利用角铁或90°角尺一次划出。(　　)

111. 在制作板材零件时,往往先要按图样在板材上画成展开图,才能进行落料和弯形。(　　)

112. 立体划线一般要在长、宽、高三个方向上进行。(　　)

113. 立体划线时,工件的支撑和安置方式不取决于工件的形状和大小。(　　)

114. 我们常用的拉线与吊线法,可在第一划线位置上把各面的加工线都划好,完成整个工件的划线任务。(　　)

115. 复杂零件的划线就是立体划线。(　　)

116. 当毛坯件有误差时,都可通过划线的借料予以补救。(　　)

117. 平面划线只需选择一个划线基准,立体划线则要选择两个划线基准。(　　)

118. 划线平板的平面是划线时的基准平面。(　　)

119. 划线前在工件划线部位应涂较厚的涂料,才能使划线清晰。(　　)

120. 尺寸链中,当封闭环增大时,增环也随之增大。(　　)

121. ▽ 符号表示工件表面是用不去除材料的方法获得。(　　)

122. 所谓粗糙度小,就是指粗糙度的高度参数的数值小。(　　)

123. 切削量就是切削用量。(　　)

124. 金属材料的力学性能是由其内部组织结构决定的。(　　)

125. 室温下的金属加工都属于冷加工。(　　)

126. 淬火后的钢,回火温度越高,其强度和硬度边越高。(　　)

127. 除Fe、C外,还含有其他元素的钢就是合金钢。(　　)

128. 可锻铸铁的塑性比灰铸铁的塑性好,因此可以进行锻造。(　　)

129. T12钢表面含碳量很高,可选作渗碳零件用钢。(　　)

130. 在实际应用中维氏硬度值是根据测定压痕对角线长度通过查表得到的。(　　)

131. 沸腾钢的组织较致密,因此力学性能比镇静钢好。(　　)

132. 体心立方晶格原子位于立方体8个顶角及立方体6个面的中心。(　　)

133. 在Fe、合金状态图中,A_1温度是随含碳量的增加而上升。(　　)

134. 硫是钢中的有害元素,它可以使钢产生冷脆性。(　　)

135. 磷是钢中的有益元素,它可以减少钢中的冷脆性。(　　)

136. 钢的晶粒因过热粗化时,就有变脆的倾向。(　　)

137. 一切增加过冷奥氏体稳定性,增加临界冷却速度的因素都是可以提高钢的淬透性。(　　)

138. GCr15SiMn属于高合金钢。(　　)

139. 合金钢只有经过适宜的热处理,才能显著提高力学性能否则性能与相同含碳量的碳

钢差不多。(　　)

140. 黄铜中含锌量越高,其强度也越高。(　　)

141. 60 钢和 T12 钢都是优质碳素钢。(　　)

142. 比例定为 1∶2,说明图样比实物放大一倍。(　　)

143. 剖视图一般应标注剖切位置、投射方向和名称。(　　)

144. 剖面图与剖视图在表达方法上相同。(　　)

145. 三种基本剖视图是:全剖视图、半剖视图、局部剖视图,其他称剖切方法。(　　)

146. 机械图样上所用的单位是 cm。(　　)

147. 若点 $A(0,18,8)$,点 $B(12,4,10)$,则点 B 在点 A 之后。(　　)

148. 基本偏差为正值时,公差带在零线上方。(　　)

149. 在同一基本尺寸下,公差等级越高,标准公差值越小。(　　)

150. 一般情况下,应优先选用基孔制。(　　)

151. 基准孔的公差带相对零线是浮动的。(　　)

152. 在满足使用要求的前提下,尽可能选较高的公差等级。(　　)

153. 锻造和冲压应用非常广泛,是目前机械制造中毛坯生产的主要方法之一。(　　)

154. 焊芯主要作用是溶化后作为焊缝的填充物。(　　)

155. 平焊是焊接时最容易的操作方法。(　　)

156. 带有圆弧刃的标准群钻,在钻孔过程中,孔底切削出一道圆环肋与棱边能共同起稳定钻头方向的作用。(　　)

157. 标准群钻圆弧刃上各点的前角比磨出圆弧刃之前减小,楔角增大,强度提高。(　　)

158. 钻孔时选择切削用量只需选择切削速度和进给量。(　　)

159. 刃磨钻头时应选择细砂轮。(　　)

160. 在台钻上钻通孔时应使用垫铁,以免损坏工作台。(　　)

161. 麻花钻钻较硬材料,钻头的顶角应比钻软材料时磨的小些。(　　)

162. 将要钻透孔时,应减小钻头的进给量,否则易断钻头或卡住钻头等。(　　)

163. 钻孔时加切削液的目的是以润滑为主。(　　)

164. 钻精度高孔的钻头,其刃倾角为零度。(　　)

165. 短路电流使短路处甚至使整个电路过热,会使导线的绝缘层燃烧起来,并引燃周围建筑物内的可燃物。(　　)

166. 任何电气设备在未验明无电时,可一律认为无电 。(　　)

167. 含碳量低于 0.6%的钢都称为低碳钢。(　　)

168. 表面淬火包括:电感应加热淬火、火焰表面淬火、激光淬火、渗碳等。(　　)

169. 精基准选择原则中"基准重合原则"是指工艺基准和设计基准重合。(　　)

170. 分析工件定位被限制的不定度时,必须考虑各种外力对定位的影响。(　　)

171. 工序的集中与分散只取决于工件的加工精度要求。(　　)

172. 机床、夹具、量具的磨损值,在一定时间内,可以看作为常值系统性误差。(　　)

173. 粗基准绝对不允许重复使用。(　　)

174. 錾子热处理时,应尽提高其硬度。(　　)

175. 对毛坯划线时,划线的线条宽度应在 0.1～0.15 mm 范围内。(　　)

176. 研具的材料应当比工件材料稍硬,否则其几何精度不易保持,而影响研磨的精度。(　　)
177. 铸造性好的金属,可锻性一定好。(　　)
178. 不能站在起吊重物上指挥吊车。(　　)
179. 不能用天车吊运氧气瓶,乙缺发生器等具有爆炸性的危险物品。(　　)
180. 吊挂重物时,要找好重心。重物吊起后不能倾斜,转动。(　　)
181. 电子流动的方向就是电流的方向。(　　)
182. 220 V 电压就是安全电压。(　　)
183. 人体电阻最低为 800 Ω,通过 40 V 电压人不会有生命危险。(　　)
184. Q235～A-F 的质量不如 Q235～B-Z 的质量好。(　　)
185. 铸件的形状及尺寸与零件接近,因而切削加工的工作量较小,能节省金属材料。(　　)
186. 锻造工艺的不足之处是不能锻造外形和内腔复杂的工件。(　　)
187. 电焊是一种不可拆卸的连接。(　　)
188. 电焊条由焊芯和药皮两部分组成。(　　)
189. 钻孔时加切削液的主要目的是提高孔的表面质量。(　　)
190. 钻孔属于粗加工。(　　)
191. 符号$\overset{\circ}{\surd}$表示工件表面是用去除材料的方法获得。(　　)
192. 一般说来尺寸精度越高,粗糙度数值越小。(　　)
193. 按量角器测量精度可分为 2′和 5′两种。(　　)
194. 游标卡尺是一种常用量具,能测量各种不同精度要求的零件。(　　)
195. 0～25 mm 千分尺放置时两测量面之间须保持一定间隙。(　　)
196. 插座容量应与用电负荷相适应,每一插座只允许接用一个用具。(　　)
197. 攻螺纹前的底孔必须大于螺纹标准中规定的螺纹小径。(　　)
198. 电阻串联的越多等效电阻值越大。(　　)
199. 并联的各个电阻两端的电压相等。(　　)
200. 并联电阻越多总电阻值越大。(　　)

五、简 答 题

1. 什么叫铸造、锻造和焊接?
2. 铸钢按化学成份分哪几类? 按碳在铸铁中所处状态不同,铸铁可分为哪几类?
3. 什么叫基准? 基准分哪几大类?
4. 简述粗基准选择原则。
5. 什么叫自由度? 物体在空间中有几种运动?
6. 识读装配图的方法与步骤是什么?
7. 机件常用的表述方法是什么?
8. 零件图上技术要求包括哪些内容。
9. 什么叫六点定位原理?
10. 什么叫金属切削加工? 金属切削加工有哪些方法?
11. 视图有哪几种? 基本视图有哪几个?

12. 常用热处理方法有哪些？什么是调质？调质目的是什么？
13. 什么叫矫正？矫正方法有几种？
14. 什么叫弯曲？弯曲方法有几种？
15. 什么叫表面粗糙度？它是怎样形成的？
16. 常用螺纹标准代号有哪些？
17. 金属材料的物理性能和化学性能各包括哪些内容？
18. 钢的常用分类方法有哪几种？各包括哪些内容？
19. 在某钻床上钻 $\phi 22$ 的孔，切削速度为 $v=24$ m/min 求：钻床主轴转速 n。
20. 形位公差分哪几类？几项？用什么符号表示(按类各举 3 例即可)？
21. 说明“$\sqrt{3.2}$ $\sqrt[\triangledown]{3.2}$ $\sqrt[\circ]{6.3}$ $\sqrt[\triangledown]{\overset{3.2}{1.6}}$ $R_y\sqrt{6.3}$”的含义。
22. 什么叫弹性变形？什么叫塑性变形？
23. 齿轮的精度有哪几方面组成？
24. 什么叫划线，划线分哪两大类？
25. 划线的目的是什么？
26. 划线过程中常划的线应包括哪几种？
27. 在曲面立体上作交线的方法有哪几种？
28. 什么叫展开图？展开划线的方法有哪几种？
29. 简述常用划线样板的种类。
30. 常用的分度方法有几种？
31. 较复杂工件划线基准选择原则是什么？
32. 简述划线产生废品的原因。
33. 简述重型工件在地面上划线的方法有哪些。
34. 简述冷作放样划线的步骤。
35. 求线段实长的作图方法有几种。
36. 求曲面交线方法有几种。
37. 渐开线齿形的划法有哪几种？
38. 如图 35 所示简述可调量高尺的构造及用途。

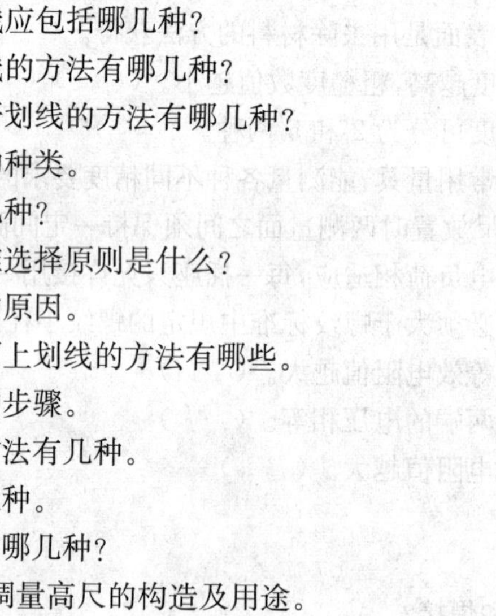

图 35

39. 利用分度头，按简单分度法，在圆盘形工件的半圆形上划出六条等分线，如何分度？(已知孔盘上的孔数为：25、26、30、37、38 孔/圆)

40. 常用的划线基准有几种？

41. 常见的找中心方法有哪些？

42. 打样冲眼应注意哪些问题？

43. 如图 36 所示简述地规的结构及用途。

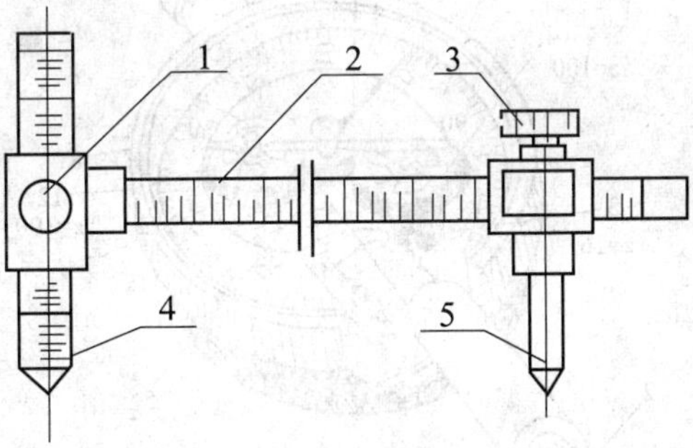

图 36

44. 在一轴上划出 120°夹角的两键槽，用角度分度法求出手柄转数？(已知孔盘上的孔数为：53、57、58、59、62、64 孔/圆)

45. 简述分度头的结构。

46. 怎样正确使用虎钳？

47. 常用工具圆锥有哪几种？如何分类？公制工具圆锥如何分类？

48. 什么叫装配尺寸链、封闭环、增环和减环？

49. 什么叫间隙配合、过盈配合、过渡配合？它们的公差带特点是什么？

50. 解释 ϕ40H7、ϕ40f6 标注的含义。

51. 写出法定长度单位的名称，符号、及进位。

52. 写出英寸制单位的名称，符号、进位及与定长度单位的换算。

53. 写出平面角的计量单位，名称，符号、进位及单位的换算。

54. 解释计量器具的常用术语：刻度间距、分度值、示值范围的含义。

55. 什么叫示值误差和测量范围？

56. 什么叫测量误差？影响测量误差的因素是什么？

57. 什么叫准确度？什么叫不确定度？不确定度按性质分为哪两类？

58. 什么叫硬度？常用的硬度单位有哪些？

59. 什么叫电流、电压、电阻？单位各是什么？

60. 简述錾削时的安全注意事项？

61. 什么叫测量基准和定位基准？

62. 简述求线段实长的直接作图法要领。

63. 求线段实长的三角形法包含哪几个因素？应用时需知其中几个因素。

64. 夹具按类型分哪几类？

65. 黏结剂选用的原则是什么？

66. 机械加工阶段一般分哪几个？

67. 机械加工安排工序顺序的原则有哪些？

68. 什么叫扭转？什么叫冷冲压？

69. 已知圆盘凸轮两条工作曲线升高量均为 8 mm，曲线 AB 所占圆周中心角为 122.4°，曲线 CD 所占圆周中心角为 237.6°。试求：AB、CD 曲线的导程。

70. 根据图 37，试说明百分表刻线原理是什么？

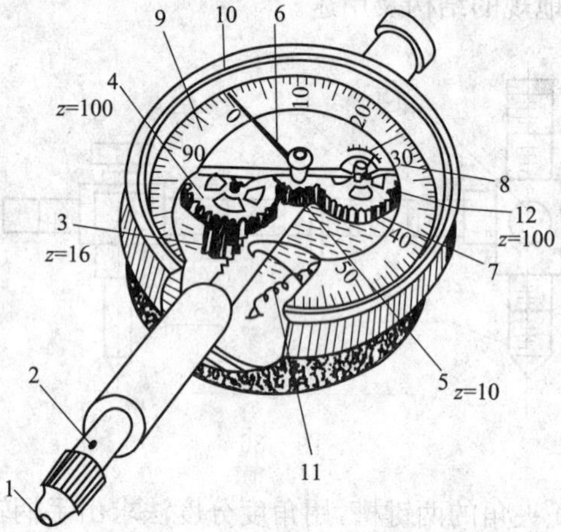

图 37

六、综 合 题

1. 常用划线工具分为那几类？试举例说明(每类举出 2 种即可)。
2. 常用划线使用的涂料有那几种？对应的适用范围？
3. 什么叫借料？借料的过程大致分几个步骤？
4. 不同工件的划线安装方法是什么？
5. 补齐图 38 示中的第三视图。

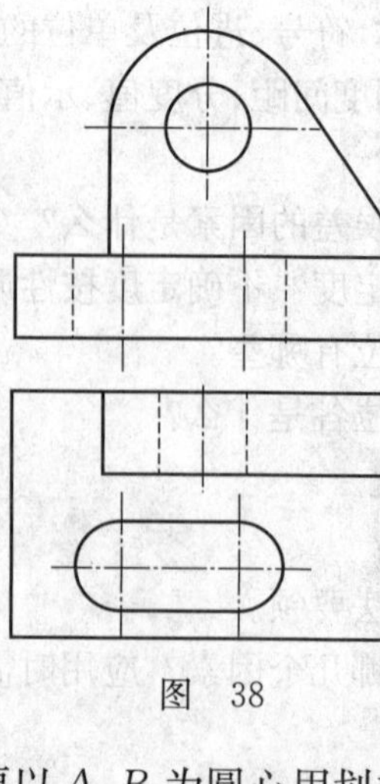

图 38

6. 按图 39 所示划线样板，若要以 A、B 为圆心用划规划 C 孔的中心，试计算划规张开尺寸 AC 和 BC。(单位为 mm)

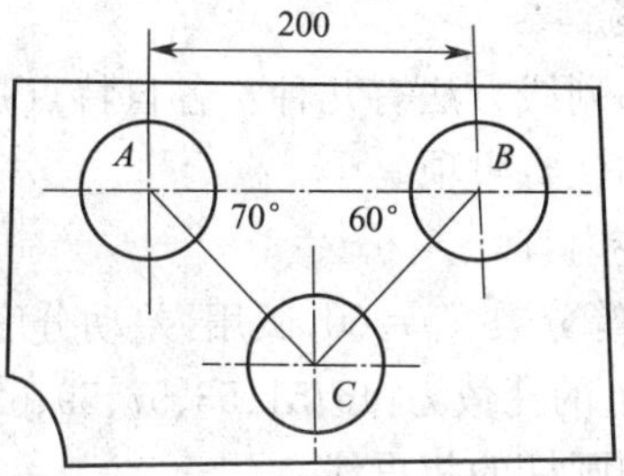

图 39

7. 正确使用砂轮机时要注意哪些事项?
8. 按要求绘制椭圆形状,并说明作图步骤,已知椭圆长轴为 44 mm,短轴为 27 mm。
9. 切削用量包括哪些内容?各自定义是什么?
10. 拟定工艺路线的一般原则有哪些?
11. 简述箱体类零件的划线要点。
12. 结合图 40 简述拉线与吊线法的原理。

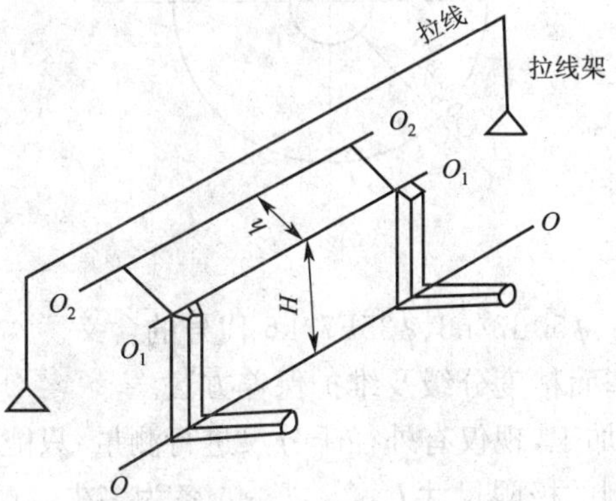

图 40

13. 铸、焊箱体类零件划线时应注意哪些问题?
14. 简述铸、锻、焊毛坯件借料划线步骤。
15. 简述较复杂工件借料划线的方法。
16. 简述异形工件的划线特点是什么。
17. 简述图 41 采用对水准法拼凑大型平台进行划线的方法。

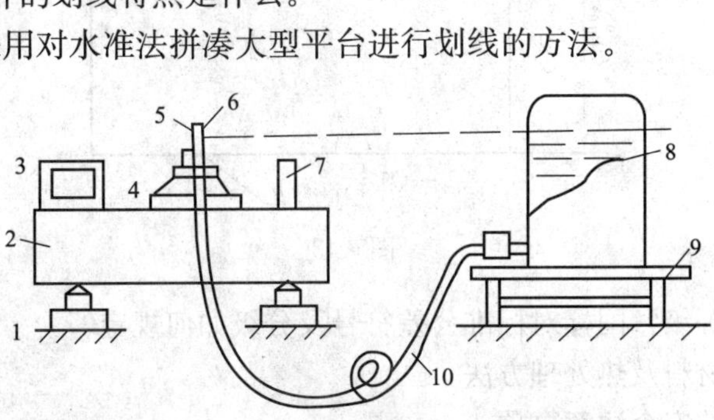

图 41

1—调支承座;2—中间平台;3—水平仪;4—标准座;5—玻璃管;
6—刻度线;7—水平仪;8—水桶;9—支架;10—橡皮管

18. 简述盘形凸轮划线步骤。

19. 等速运动曲线凸轮轮廓划线方法有几种？各自特点是什么？

20. 简述划凸轮轮廓曲线的注意事项。

21. 划线的步骤应包括哪些内容？

22. 已知：$Z=61$ 齿轮，假定等分数 $Z_0=60$，试用：差动分度选取配换齿轮和分度盘的孔圈，并确定手柄转数。（现有分度盘上的孔数为：46、51、53、57、59、62、66 孔/圈，分度头定数 40）。

23. 试采用纬圆法作圆锥和圆柱的相贯线。

24. 什么叫平摆线？试作 $\phi30$ 滚圆的平摆线。

25. 如图 42 钻削圆盘上的小孔 $\phi8$，用 $\phi50^{+0.025}_{0}$ 圆柱孔作定位面，心轴为定位元件，心轴尺寸为 $\phi50^{-0.009}_{-0.025}$。计算此种方法能否满足两孔距 70 ± 0.05 的技术要求。（单位为 mm）

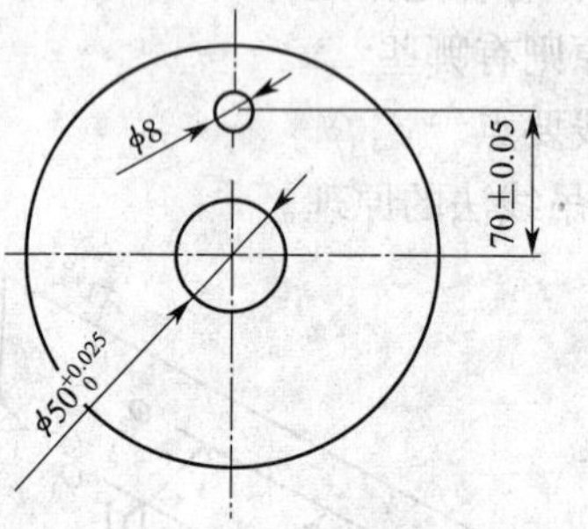

图 42

26. 试说明 $\phi50H7/k6$、$\phi50u7/n6$、$\phi35F7/k6$ 代号的含义。

27. 简述划线平板工作面精度分级及维护保养方法。

28. 如图 43 所示零件加工，现仅有外径千分尺进行测量，只能通过测量 A、B 间尺寸加工 A 面。试求：A、B 间应控制的极限尺寸 L_{ABmax}，L_{ABmin} 各为多少。（单位为 mm）

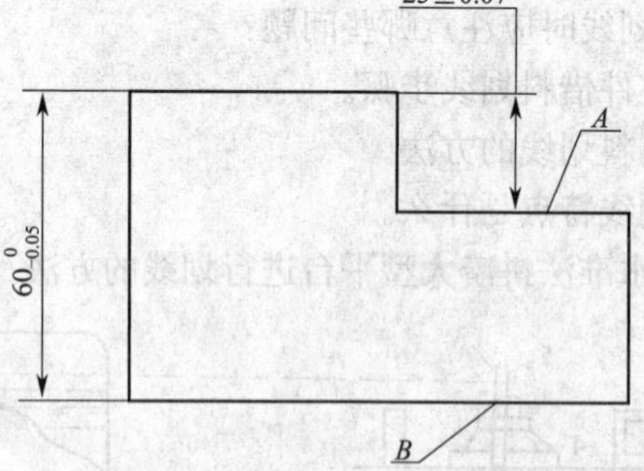

图 43

29. 什么是公差等级？国标对标准公差符号及分级如何规定？

30. 简述錾子的材料及热处理方法。

31. 简述锉削时的安全注意事项。

32. 液压系统有哪几部分组成？包括什么元件？它们的作用是什么？

33. 如图 44 所示，以 E、F 两面为基准，计算模板上孔 A 的坐标尺寸 X_A、Y_A。

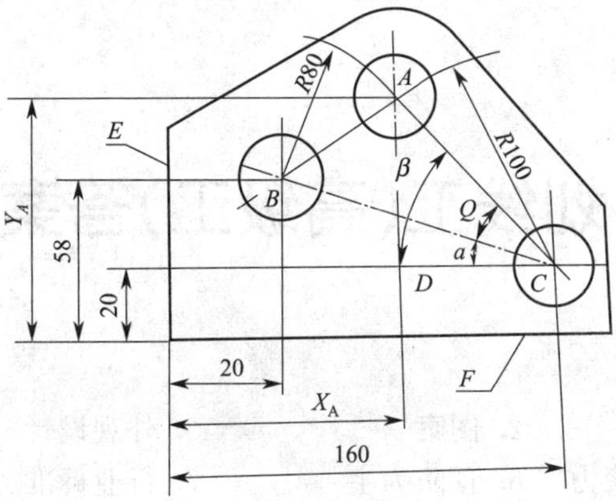

图 44

34. 已知模数(m)和齿数(Z)试用近似画法画出渐开线的一段圆弧。

35. 已知某三相对称负载接在电压为 380V 的三相电源中,其中 $R_{相}=6\ \Omega$,$X_{相}=8\ \Omega$。试计算该负载作 Y 形连接时的相电流、线电流和有用功率。

划线工(高级工)答案

一、填 空 题

1. 用于销售　2. 图案　3. 外观设计　4. 崇尚行动
5. 实力、活力、凝聚力　6. 预防为主　7. 行业标准　8. 切断电源
9. 整理　10. 生产必须安全　11. 规定性　强制性　12. 行为准则
13. 牛皮胶　14. 恢复原色　15. 仿划线　16. 配划线
17. 磨损较多部位　18. 2%～4%　19. 硫酸钡　20. 向一个方向
21. 样板　22. 加工工艺　23. 原样件　24. 小锥孔
25. 75　26. 平滑　27. 纸板托印或印迹配划
28. 最合理　29. 硫化锌　30. 找正　31. 两
32. 校正基准　33. 醋酸丁脂　34. 设计基准　35. 工件批量
36. 一般精度　37. 106　38. 实际机件相应要素
39. 箭头　40. 一种　41. S　42. 两底圆直径之差
43. 四心扁圆法　44. 一点的轨迹　45. 外摆线　46. 定位尺寸
47. 定形尺寸和定位尺寸　48. 有关规定　49. 已知线段
50. 垂直于　51. 多面正投影　52. 重合　53. 倾斜
54. 两个面投影　55. X 轴　56. 螺纹伸长量　57. 安全
58. 重要的铸锻件　59. 精密工件　60. 人造树脂　61. 借料
62. 基准平面　63. 误差大小　64. 合格率　65. 划线
66. 立体划线样板　67. 垂直面　68. 基准　69. 稳定
70. 样冲眼　71. 调整　72. 划规　73. 划卡
74. 半径　75. 划针　76. 方箱　77. V 型铁
78. 较大平面　79. 厚度均匀　80. 点、线、面　81. 形状尺寸及技术
82. 正投影法　83. 尺寸界限　84. 实际机件相应要素　85. 左视图
86. 底圆直径　87. 小于线段　88. 都是类似　89. 相贯线
90. 截交线　91. 斜视图　92. 基本投影面　93. 所有可见轮廓
94. 局部剖视图　95. 仅画断面　96. 合理　97. 机器或部件
98. 10 mm　99. V 面　100. 位置　101. 侧垂
102. 水平　103. 正六棱柱　104. 圆锥台　105. 圆柱
106. 变动余量　107. 关联实际要素　108. 标准量　109. 极限范围
110. 对齐　111. 中等　112. 0.5　113. 测量
114. 两个界限　115. 不同基本偏差的轴公差带　116. 精密量具
117. 形状　118. $5'$　119. 增加　120. 实际尺寸

121. 变动量	122. 立体	123. 加工	124. 平面
125. 外圆	126. 找正	127. 外摆线	128. 分段作圆弧法
129. 平摆线	130. 标记	131. 阿基米德	132. 1/40
133. 差动分度法	134. 拼凑大型平面的方法		135. 吊线
136. 斜线形式	137. 水平	138. 任何图线	139. 距离之和
140. 线上的一定点	141. 任一点的轨迹	142. 定形尺寸和定位尺寸	
143. 定位尺寸	144. 完整	145. 基准线、定位线	146. 平行投影法
147. 斜角投影	148. 不能确定该点	149. 不能确定	150. 为一点
151. 相等	152. 三角法	153. 外腔及内腔	154. 塑性变形
155. 直流手弧焊机	156. 切削深度 a_p	157. 主剖(截)面	
158. 工件材料的力学性能		159. 电机的旋转运动	160. 靠模法
161. 龙门刨	162. 扩孔	163. 工作部分	164. 刃磨
165. 铰孔或磨孔	166. 工件或铣刀	167. 回转式	168. 燕尾槽
169. 线速度	170. 齿条的啮合	171. 工艺性能	172. 黑色金属
173. σ_b	174. HBW	175. HRC	176. δ
177. 锌	178. 冷却	179. 2.11	180. 外力
181. F	182. 机械制造	183. 表层	184. 高碳钢
185. 万分	186. 灰色	187. 固态	188. 抗氧化性
189. 电量	190. 库伦	191. 正	192. 电流
193. 正电荷移动	194. 安培	195. 电流强度	196. 电压
197. 零	198. 伏特	199. 电阻	200. 欧姆

二、单项选择题

1. A	2. A	3. A	4. C	5. C	6. B	7. B	8. C	9. B
10. D	11. A	12. B	13. D	14. C	15. B	16. A	17. A	18. C
19. B	20. D	21. B	22. A	23. C	24. D	25. D	26. B	27. A
28. B	29. C	30. A	31. D	32. C	33. D	34. A	35. A	36. B
37. D	38. A	39. D	40. A	41. B	42. B	43. A	44. D	45. C
46. C	47. D	48. D	49. C	50. B	51. D	52. C	53. B	54. A
55. A	56. C	57. D	58. B	59. C	60. C	61. D	62. A	63. C
64. A	65. C	66. C	67. A	68. C	69. A	70. B	71. D	72. A
73. A	74. A	75. B	76. A	77. B	78. D	79. C	80. B	81. B
82. B	83. A	84. D	85. B	86. A	87. D	88. B	89. A	90. C
91. C	92. A	93. D	94. C	95. A	96. A	97. D	98. A	99. A
100. B	101. C	102. D	103. C	104. D	105. B	106. D	107. A	108. B
109. A	110. D	111. B	112. B	113. B	114. D	115. C	116. C	117. B
118. B	119. D	120. A	121. C	122. D	123. A	124. B	125. C	126. A
127. C	128. C	129. C	130. B	131. B	132. C	133. A	134. D	135. B
136. A	137. B	138. A	139. A	140. B	141. C	142. A	143. B	144. C

145. C　146. D　147. A　148. B　149. B　150. A　151. C　152. C　153. A
154. A　155. A　156. D　157. C　158. B　159. B　160. C　161. A　162. C
163. D　164. A　165. B　166. C　167. B　168. B　169. D　170. D　171. A
172. B　173. C　174. D　175. D　176. C　177. A　178. C　179. B　180. C
181. B　182. A　183. D　184. B　185. C　186. B　187. B　188. C　189. D
190. D　191. B　192. C　193. C　194. A　195. B　196. B　197. D　198. A
199. B　200. A

三、多项选择题

1. ABCD　2. AC　3. ABCD　4. ABC　5. CD　6. ABD　7. ABD
8. ABC　9. ABCD　10. ABCD　11. ABCD　12. BD　13. CD　14. AC
15. ACD　16. ACD　17. ABC　18. BCD　19. ABCD　20. ABCD　21. AB
22. BCD　23. CD　24. ACD　25. ABCD　26. ABCD　27. ABC　28. ABCD
29. ABCD　30. ABCD　31. ABC　32. AD　33. ABC　34. ABC　35. ABD
36. BD　37. ABCD　38. ABC　39. AB　40. AD　41. ABCD　42. ABCD
43. ABC　44. AC　45. ABCD　46. AD　47. ABC　48. BCD　49. ABD
50. ABCD　51. BD　52. ACD　53. AD　54. BCD　55. CD　56. ABC
57. AB　58. ABCD　59. BCD　60. AC　61. ABD　62. ABC　63. ABCD
64. ABCD　65. AB　66. ACD　67. ABCD　68. ACD　69. BCD　70. BCD
71. ABCD　72. ABCD　73. ABD　74. ABCD　75. ABD　76. AD　77. ABCD
78. ABC　79. ABC　80. ABCD　81. AC　82. ABD　83. ACD　84. BCD
85. ABC　86. ABD　87. ABC　88. ABD　89. ABC　90. ABCD　91. BC
92. BC　93. ABCD　94. AB　95. BCD　96. ABCD　97. ABC　98. ABC
99. ABCD　100. ABCD　101. ABCD　102. CD　103. ABCD　104. ABC　105. BCD
106. ABCD　107. CD　108. ABCD　109. CD　110. BC　111. ABCD　112. ABC
113. ABCD　114. BD　115. ABD　116. ABC　117. BD　118. ABC　119. AB
120. AC　121. ABC　122. ABC　123. AB　124. AB　125. BCD　126. ABD
127. BD　128. AB　129. ACD　130. ABC　131. ABC　132. ACD　133. AC
134. ABCD　135. ABC　136. ABC　137. ABC　138. ACD　139. AD　140. AD
141. ABCD　142. ABCD　143. ABCD　144. ABD　145. ABC　146. ABD　147. ABCD
148. ABCD　149. ACD　150. AB　151. ABD　152. ACD　153. ABD　154. ABCD
155. ABCD　156. ABCD　157. ABC　158. ABCD　159. ABC　160. ABC　161. BD
162. ABCD　163. ABCD　164. ABCD　165. BCD　166. AB　167. ABC　168. ABD
169. AB　170. ABCD　171. ABC　172. ABCD　173. BCD　174. BC　175. ABCD
176. CD　177. ABCD　178. CD　179. ABCD　180. ABD　181. ABCD　182. ABCD
183. AC　184. BCD　185. BD　186. ABD　187. ABC　188. BCD　189. ABCD
190. ABCD　191. ABCD　192. AB　193. ABCD　194. AB　195. ABD

四、判 断 题

1. √	2. √	3. ×	4. √	5. √	6. ×	7. √	8. ×	9. ×
10. ×	11. √	12. √	13. √	14. ×	15. ×	16. √	17. √	18. √
19. ×	20. √	21. ×	22. ×	23. √	24. √	25. √	26. √	27. ×
28. √	29. √	30. √	31. ×	32. ×	33. √	34. ×	35. √	36. ×
37. ×	38. ×	39. √	40. √	41. ×	42. √	43. ×	44. √	45. ×
46. ×	47. √	48. ×	49. ×	50. √	51. ×	52. √	53. √	54. √
55. ×	56. √	57. √	58. ×	59. √	60. ×	61. ×	62. √	63. ×
64. ×	65. ×	66. √	67. ×	68. ×	69. ×	70. √	71. √	72. ×
73. √	74. ×	75. √	76. ×	77. ×	78. √	79. ×	80. √	81. √
82. √	83. √	84. ×	85. √	86. ×	87. √	88. ×	89. √	90. ×
91. √	92. ×	93. √	94. √	95. √	96. √	97. √	98. ×	99. √
100. √	101. ×	102. ×	103. √	104. √	105. ×	106. √	107. √	108. √
109. ×	110. √	111. √	112. √	113. ×	114. √	115. ×	116. ×	117. ×
118. √	119. ×	120. ×	121. ×	122. ×	123. ×	124. √	125. ×	126. ×
127. ×	128. ×	129. ×	130. √	131. ×	132. ×	133. ×	134. ×	135. ×
136. √	137. ×	138. ×	139. √	140. ×	141. √	142. ×	143. √	144. ×
145. √	146. ×	147. √	148. ×	149. √	150. √	151. ×	152. ×	153. √
154. ×	155. √	156. √	157. ×	158. √	159. √	160. √	161. ×	162. √
163. ×	164. ×	165. √	166. ×	167. ×	168. ×	169. √	170. √	171. ×
172. √	173. ×	174. ×	175. √	176. ×	177. ×	178. √	179. √	180. √
181. ×	182. ×	183. ×	184. √	185. √	186. √	187. √	188. √	189. ×
190. √	191. ×	192. √	193. √	194. ×	195. √	196. √	197. √	198. √
199. √	200. ×							

五、简 答 题

1. 答:(1)铸造:将金属熔液注定入铸型型腔中,待其凝固后获得一定形状和性能铸件的方法(2分)。

(2)锻造:在外力作用下使金属材料产生塑性变形,从而获得一定形状和尺寸的毛坯或零件的一种加工方法(2分)。

(3)焊接:通过加热或加压,或两者并用,使焊件达到原子结合的一种加工方法(1分)。

2. 答:(1)铸钢分为:碳素铸钢(0.5);合金结构铸钢(0.5);不锈耐酸铸钢(0.5);耐热铸钢(0.5)和耐磨铸钢(0.5)。

(2)铸铁分为:白口铸铁(0.5);灰口铸铁(0.5);可锻铸铁(0.5);球墨铸铁(0.5)和合金铸铁(0.5)。

3. 答:(1)基准:是指零件上用来确定其它点、线、面的位置的那些点、线、面(2分)。

(2)基准分两大类:

①设计基准(1分);

②工艺基准(1分):又分定位基准、划线基准、测量基准、装配基准等(1分)。

4. 答:粗基准的选择原则是:

(1)以不加工面作为粗基准时,应以与加工面的位置精度要求较高的表面作粗基准(2分)。

(2)如工件需保证其重要表面的加工余量均匀时,则应以该面为粗基准(1分)。

(3)能用精基准定位时,不再重复使用粗基准(1分)。

(4)已确定的粗基准应力求定位准确、夹紧可靠、夹具结构简单、操作方便(1分)。

5. 答:(1)自由度:指物体在空间可能具有的运动(2分)。

(2)物体在空间有六种运动(1分):

①三个沿 x,y,z 轴的平移运动(1分)。

②三个沿 x,y,z 轴的回转运动(1分)。

6. 答:识读装配图的方法步骤:

(1)概括了解并分析视图(1分);

(2)深入了解部件(或机器)的工作原理和装配关系(1分);

(3)分析零件和零件间的装配连接关系(1分);

(4)综合各部结构,归纳总结,以求对整个部件(或机器)的全面认识,获得完整概念(2分)。

7. 答:机件常用表达方法是:

(1)视图:基本视图、局部视图、斜视图、旋转视图(1分);

(2)剖视图:全剖、半剖、局部剖、斜剖、阶梯剖、旋转剖、组合(复合)剖视图(1分);

(3)剖面:移出剖面和重合剖面(1分);

(4)局部放大图(1分)和简化画法(1分)。

8. 答:零件图上通常标出的技术要求内容有:

表面粗糙度(0.5分)、尺寸公差(0.5分)、形状与位置公差(0.5分)、材料(0.5分)、材料的热处理(0.5分)、表面处理(0.5分)、加工和检验要求(1分)、结构工艺有关说明(1分)。

9. 答:六点定位原理:指采用六个按一定规则布置的约束点,限制工件的六个自由度,即可实现完全定位的方法(5分)。

10. 答:(1)金属切削加工:利用刀具与工件作相对运动,从毛坯上切去多余的金属,以获得所需几何形状,尺寸精度和表面粗糙度的零件的一种加工方法(2分)。

(2)加工方法有:车削、铣削、铇削、磨削、齿轮加工、钻削、镗削、拉削、钳工等(3分)。

11. 答:视图有:基本视图(0.5分);局部视图(0.5分);斜视图(0.5分)和旋转视图(0.5分)。

基本视图有:主视图(0.5分)、俯视图(0.5分)、左视图(0.5分)、右视图(0.5分)、仰视图(0.5分)、后视图(0.5分)。

12. 答:(1)常用热处理方法有:退火,正火、淬火、回火、调质、高频淬火、氮化、渗碳、时效、化学处理、发兰处理等(3分)。

(2)调质:指淬大后高温回火的热处理方法(1分)。

(3)目的:使钢件获得良好的综合机械(力学)性能(1分)。

13. 答:矫正是消除金属板材型材的不平,不直或翘曲等缺陷的操作方法(2分)。

矫正的方法:(1)按温度分为冷矫(0.5)和热矫(0.5)两种;

(2)按产生矫正力方法分为:手工矫正(0.5)、火焰矫正(0.5)、机械矫正(0.5)和高频热点矫正(0.5)。

14. 答:弯曲是将原来平直的板材或型材弯成所要求的曲线形状或角度的操作方法(2 分)。

弯曲的方法:(1)按温度分冷弯(0.5 分)、热弯(0.5 分)两种。(2)按产生弯曲力方法分:手工弯曲(1 分)和机械弯曲(1 分)两种(3 分)。

15. 答:表面粗糙度是指零件被加工表面上的微观几何形状误差(2 分)。

表面粗糙度主要是由加工过程中,刀具和零件表面间的摩擦、切屑分离时表面金属层的塑性变形及工艺系统的高频振动等原因形成的(3 分)。

16. 答:普通螺纹 M(0.5 分);梯形螺纹 Tr(0.5 分);锯齿形螺纹 B(0.5 分);非密封管螺纹 G(0.5 分);密封管螺纹(0.5 分):圆柱内螺纹 R_p(0.5 分)、圆锥内螺纹 R_C(1 分)、圆锥外螺纹 R(1 分)。

17. 答:(1)物理性能包括:密度(0.5 分)、熔点(0.5 分)、热膨胀性(0.5 分)、导热性(0.5 分)、导电(0.5 分)和磁性(0.5 分)。

(2)化学性能包括:耐腐蚀性(1 分)、抗氧化性(1 分)。

18. 答:(1)按钢的含碳量分类:低碳钢(含碳量<0.25%);中碳钢(含碳量 0.25%～0.6%);高碳钢(含碳量>0.6%)(2 分)。

(2)按钢的品质分:普通碳素钢;优质碳素钢;高级优质碳钢(1 分)。

(3)按钢的用途分:碳素结构钢(含碳量<0.7%);碳素工具钢(含碳量>0.7%)(1 分)。

(4)按脱氧方法分类:沸腾“F”;镇静“Z”;半镇静钢”b”(1 分)。

19. 答:解:

$$n=\frac{1\,000v}{\pi d}=\frac{1\,000\times 24}{3.14\times 22}=347.3\ \text{r/min}\ (4\ 分)$$

答:钻床主轴转速 $n=347.3$ r/min(1 分)。

20. 答:见表 1(1)分为两类:形状公差(0.5 分)和位置公差(0.5 分)。

(2)形状公差分六项(0.5 分),位置公差分八项(0.5 分)。

形位公差项目及符号:(形状公差与位置公差各举 3 例,每例 0.5 分,共 3 分)

表 1

分类	项目	符号	分类		项目	符号
形状公差	直线度	—	位置公差	定向	平行度	//
	平面度	▱			垂直度	⊥
	圆度	○			倾斜度	∠
	线轮廓度	⌒		定位	同轴度	◎
	圆柱度	⌭			对称度	⌯
					位置度	⌖
	面轮廓度	⌓		跳动	圆跳动	↗
					全跳动	⌰

21. 答：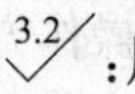：用任何方法获得的表面 R_a 最大允许值为 3.2 μm（1 分）。

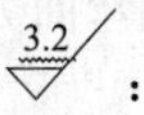：去除材料方法获得的表面 R_a 最大允许值为 3.2 μm（1 分）。

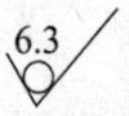：用不去除材料方法获得的表面，R_a 最大允许值为 6.3 μm（1 分）。

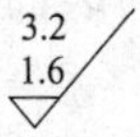：用去除材料方法获得的表面，R_a 最大允许值为 3.2 μm，R_a 最小允许值为 1.6 μm（1 分）。

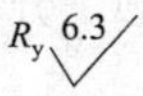：用任何方法获得的表面，R_y 最大允许值 6.3 μm（1 分）。

22. 答：(1)弹性变形：金属在外力作用下产生变形，当外力去消后能恢复原来形状和尺寸的变形（2 分）。

(2)塑性变形：金属在外力作用下产生变形，当外力去消后不能恢复原来形状和尺寸的变形（3 分）。

23. 答：齿轮精度由下列四方面组成（1 分）：

(1)运动精度（1 分）；

(2)工作平稳性程度（1 分）；

(3)接触精度（1 分）；

(4)齿轮副侧隙（1 分）。

24. 答：划线是指在毛坯或工件上，用划线工具划出待加工部位的轮廓线或作为基准的点、线（3 分）。

划线分为平面划线（1 分）和立体划线（1 分）两大类。

25. 答：(1)确定工件的加工余量，使机械加工有明确的尺寸界线（1 分）。

(2)便于复杂工件在机床上安装，可以按划线找正定位（1 分）。

(3)能够及时发现和处理不合格的毛坯，避免加工后造成损失（1 分）。

(4)采用借料划线可以使误差不太大的毛坯得到补救，使加工后的零件仍能符合要求（2 分）。

26. 答：划线过程中常划的线应包括：

(1)中心线（1 分）；

(2)基准线（1 分）；

(3)加工线（1 分）；

(4)位置线（1 分）；

(5)校正线（1 分）。

27. 答：在曲面立体上作交线的方法有：

(1)素线法（1 分）；(2)纬圆法（1 分）；(3)素线法和纬圆法（1 分）；(4)球面法（1 分）；(5)内切球法（1 分）。

28. 答：(1)展开图是把板金零件的全部或部分表面形状，通过几何作图的方法展开成平面图形的图（2 分）。

(2)方法有：①等线法（1 分）；②放射线法（1 分）；③三角形法（1 分）。

29. 答：(1)平面样板（0.5 分）；(2)立体样板（0.5 分）；(3)阶梯样板（0.5 分）；(4)曲线样板（0.5 分）；(5)开放样板（0.5 分）；(6)闭口样板（0.5 分）；(7)键槽样板（0.5 分）；(8)齿形样板

(0.5 分);(9)半闭样板(0.5 分);(10)角度样板(0.5 分)。

30. 答:(1)直接分度法(1 分);(2)简单分度法(1 分);(3)角度分度法(1 分);(4)差动分度法(1 分);(5)近似分度法(1 分);

31. 答:(1)划线基准尽量与设计基准一致,可直接量取划线性尺寸,减少换算误差,简化划线过程,提高划线质量(2 分)。

(2)选择较大的平直的面为划线基准(2 分)。

(3)在选择基准的同时要兼顾复杂工件的安装(1 分)。

32. 答:(1)图样上的尺寸有错误,如注错尺寸,更改设计等(1 分)。

(2)划线工具不精确,如角尺不垂直,钢板尺侧边不直,划针或划规不锋利等使所划各种线条相互间产生较大的误差(2 分)。

(3)操作疏忽或划线方法不正确,如读错尺寸或因图样上尺寸数字不清楚而发生误解,在米尺上对错尺寸或较大的视觉错误等(2 分)。

33. 答:(1)按工件形状取中线法(1 分);

(2)走条与平尺调整法(1 分);

(3)水准法去拼凑大型平台划线法(1 分);

(4)拉线(1 分)与吊线法(1 分)。

34. 答:(1)看懂图纸,弄清它的空间几何形状和尺寸(1 分);

(2)按板厚处理原则进行板厚处理,确定各部位的放样尺寸(1 分);

(3)用几何作图法划出所需的必要线条,划出放样图(1 分);

(4)根据具体情况采取不同的放样划线方法(2 分)。

35. 答:求线段实长的作图方法有:

(1)直角三角形法(1 分);

(2)直角梯形法(1 分);

(3)旋转法(1 分);

(4)换面法(2 分)。

36. 答:曲面交线方法有:

(1)素线法(1 分);

(2)纬圆法(1 分);

(3)素线和纬圆法(1 分);

(4)球面法(1 分);

(5)内切球面法(1 分)。

37. 答:(1)近似划法(1 分):用两段圆弧和一段圆弧代替渐开线齿形的划法(1 分)。

(2)几何作图法(1 分)。

(3)根据渐开线的定义用基圆盘划齿形法(1 分)。

(4)直角坐标法(1 分)。

38. 答:(1)结构:由尺柱 1(0.5 分),螺杆 2(0.5 分),手轮 3(0.5 分),钢板尺 4(0.5 分),尺座 5(0.5 分),卡板 6(0.5 分),螺钉 7(0.5 分)组成。

(2)用途:做尺寸基准,用来计算其它尺寸(1.5 分)。

39. 答:解:在半圆上 6 等分,对于整圆来说则为 12 等分。

$n=\frac{40}{Z}=\frac{40}{12}=3\frac{1}{3}$(2 分)

$30\times\frac{1}{3}=10$(2 分)

答:选 30 孔/圈,手柄转 3 圈又 10 个孔距(1 分)。

40. 答:(1)以两个互相垂直的平面(或线)为基准(2 分)。

(2)以两个相互垂直的中心平面(或线)为基准(2 分)。

(3)以一个平面和一条中心线为基准(1 分)。

41. 答:(1)几何作图法,即三点定圆心法(1 分)。

(2)用定中心十字尺找中心法(1 分)。

(3)用中心块划中心法(1 分)。

(4)用单角规划中心法(1 分)。

(5)用 V 型铁划中心法(1 分)。

42. 答:(1)样冲眼一定要打在线条的中央和交叉上(1 分)。

(2)样冲应沿竖线放置才能打正(1 分)。

(3)毛坯表面和孔中心要打正,打深,加工过的表面和薄板打浅(1 分)。

(4)直线上打稀些(1 分)。

(5)精加工面软材料不打样冲眼(1 分)。

43. 答:(1)结构:由固定螺钉 1(0.5 分)、规梁 2(0.5 分)、紧固螺钉 3(0.5 分),垂直调节规脚 4(0.5 分),水平调节规脚 5(0.5 分)组成。

(2)用途:常用于板金件展开划线,大罐体的结合法兰,大圆盘等划圆、划弧、等分等划线。(2.5 分)

44. 答:解:$n=57\times\frac{1}{3}=19$ (4 分)

答:选 57 孔/圈,手柄转 13 圈又 19 个孔距(1 分)。

45. 答:分度头由基座(0.5 分),回转体(0.5 分)、(主轴,刻度盘)分度盘(1 分),分度叉(0.5 分)、分度手柄(0.5 分)、定位销(0.5 分)、侧轴(0.5 分)、螺杆脱落手柄(0.5 分)、主轴锁紧手柄(0.5 分)组成。

46. 答:主要应注意以下几点:

(1)夹紧工件时,只能用手的力量搬动手柄(1 分)。

(2)在强力作业时,应使力量朝向固定钳身(1 分)。

(3)在活动钳身的光滑平面上不能进行敲击(1 分)。

(4)丝杠、螺母和其他活动表面上应经常加油保持清洁(2 分)。

47. 答案:常用工具圆锥有:

(1)莫氏圆锥:0、1、2、3、4、5、6、七个号码,0 号最小,6 号最大(2 分)。

(2)公制圆锥:4、6、80、100、120、140、160、200 号八种(2 分)。锥度固定不变均为 $K=1:20$,它的号码指大端的直径(1 分)。

48. 答:(1)装配尺寸链:把一些影响装配精度的有关尺寸彼此按顺序连接起构成的封闭图形(2 分)。

(2)封闭环:装配过程中最后自然形成的尺寸(1分)。

(3)增环:在其他组成环不变的条件下,当某组成环增大时,封闭环随之增大,则该组成环为增环(1分)。

(4)减环:在其他组成环不变的条件下,当某组成环增大时,封闭环随之减小,则该组成环为减环(1分)。

49. 答:(1)具有间隙的配合叫间隙配合(1分),孔公差带在轴公差带之上(0.5分)。

(2)具有过盈的配合叫过盈配合(1分),孔公差带在轴公差带之下(0.5分)。

(3)可能具有间隙或过盈的配合,叫过渡配合(1分),对一批零件配合而言,孔公差带和轴公差带相互交叠(1分)。

50. 答:(1)(2.5分)

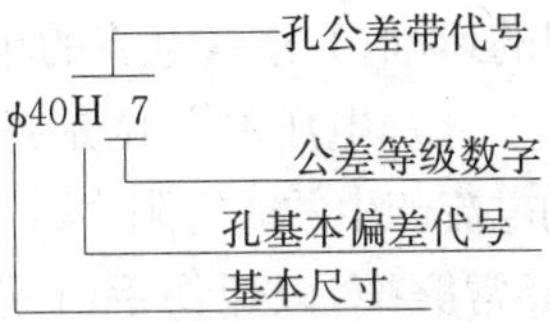

(2)(2.5分)

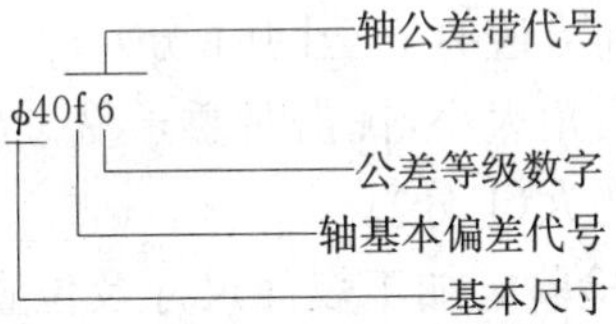

51. 答:千米(km)、米(m)(0.5分)、分米(dm)、厘米(cm)(0.5分)、毫米(mm)(0.5分)、微米(μm)(0.5分)

1 km=1 000 m (0.5分);1 m=10 dm (0.5分);1 dm=10 cm (0.5分);1 cm=10 mm (0.5分);1 mm=1 000 μm (1分)。

52. 答:码(ya)(1分)、英尺(ft)(1分)、英寸(in)(1分);

1码=3英尺(0.5分);1英尺=12英寸(0.5分);

1英寸=8分(0.5分); 1分(1/8″)=4角(0.5分)。

53. 答:弧度(rad)(0.5分)、度(“°”)(0.5分)、分(“′”)(0.5分)、秒(“″”)(0.5分);

$1\ \text{rad}=\dfrac{180^\circ}{\pi}=57.3^\circ$(1分)、$1^\circ=60'$(1分)、$1'=60''$(1分)。

54. 答:(1)刻度间距(1分):在计算器具的刻度标尺上相邻两条刻线间的距离(1分)。

(2)分度值(1分):在计算器具刻度尺上相邻两线间的距离所代表的量值(0.5)。

(3)示值范围(1分):计算器具所指示的起始值到终值的范围(0.5分)。

55. 答:(1)示值偏差:计算器具指示的数值与被测量真值之差(2.5分)。

(2)测量范围:计算器具所能测量尺寸的最大值和最小值(2.5分)。

56. 答:(1)测量误差:是指测量结果与被测量的真值之差(2分)。

(2)测量误误差的来源有:标准件误差(0.5分);测量方法误差(0.5分);计量器具误差(0.5分);环境条件引起的误差(0.5分);测量人员引起的误差(1分)。

57. 答:(1)准确度:是指测量的精密和正确程度的综合反映,说明测量结果与真值的一致程度(2分)。

(2)不确定度:用来描述尚末确定的特征,也就是用误差限规定的各测量结果的分散特征(2分)。

(3)不确定度按性质分:(1)系统不确定度(指测量器具)(0.5分)。(2)随机不确定度(指测量温度工件状况)(0.5分)。

58. 答:(1)硬度:是指金属材料抵抗硬物压入表面的能力(3分);

(2)常用的硬度单位有:

①布氏硬度(HB)(0.5分);

②洛氏硬度(HRA、HRB、HRC)(0.5分);

③维氏硬度(HV)(0.5分);

④肖氏硬度(HS)(0.5分)。

59. 答:(1)电流:指电荷有规则的运动(1分),电流的单位是:安培(A)(0.5分)。

(2)电压:指导线两端的电位差(1分),电压的单位是:伏特(V)(0.5分)。

(3)电阻:指导体对于它所通过的电流产生的一定阻力(1分)。电阻的单位是:欧姆(Ω)(1分)。

60. 答:(1)錾子头部的毛刺要经常磨掉,以免伤手(1分)。

(2)发现锤子手柄松动或损坏,要立即装牢或更换,以免锤头飞出伤人(1分)。

(3)錾削最好带上防护眼镜,前方应有安全网(1分)。

(4)保证正确的錾削角度,若后角太小,锤击时錾子易飞出伤人(1分)。

(5)锤柄不应沾油,以免滑出伤人(1分)。

61. 答:(1)测量基准:指用以检验已加工表面尺寸及位置的基准(2分)。

(2)定位基准:指在加工中,工件在机床或夹具占有正确位置所采用的基准(3分)。

62. 答:(1)主视投影求实长,侧视图里取其宽(2分)。

(2)俯视投影求实长,主视图里取其高(2分)。

(3)侧视投影求实长俯视图里取其长(1分)。

63. 答:(1)直角三角形法有:投影长(1分)、坐标差(1分)、实长(1分)、倾角(1分)四个因素。

(2)应用时只要知道其中两个因素,就可求出其他两个(1分)。

64. 答:夹具按类型分为:

(1)通用夹具(1分);

(2)专用夹具(1分);

(3)成组夹具(1分);

(4)组合夹具(1分);

(5)随行夹具(1分)。

65. 答:选用黏结剂的原则是:

(1)应根据黏结对象的材料和受力情况是结构型还是非结构型(2分)。

(2)应根据黏结对象是否需要耐高温、耐老化、耐腐蚀、耐绝缘及其冲击、振动情况等(2分)。

(3)应根据黏结对象对固化时间有无要求(1分)。

66. 答:(1)加工阶段分为四个(1分):

(1)粗加工阶段(1分);(2)半精加工阶段(1分);(3)精加工阶段(1分);(4)光整加工阶段

(2分)。

67. 答 (1)先基准后其他(1分);(2)先平面后加工孔(1分);(3)先主后次(1分);(4)先粗加工后精加工(1分);(5)根据零件的材料和热处理目的要求适当安排热处理工序(1分)。

68. 答:(1)扭转:是使坯料的一部分相对另一部分绕轴心转动一定角度的锻造加工法(2.5分)。

(2)冷冲压:是利用装在压力机上的冲模,使金属板料在室温下分离或塑性变形的一种加工方法(2.5分)。

69. 答:(1)$P_Z(AB)=360°H/\theta=360°\times8/122.4°=23.53$ mm (2.5分)

(2)$P_Z(CD)=360°H/\theta=360°\times8/237.6°=12.12$ mm (2.5分)。

70. 答:百分表内的齿杆2和齿轮3的齿距是0.625 mm(1分),当齿杆上升16齿时,齿轮3($Z=16$)转一周(1分),同时齿轮4($Z=100$)也转一周,就带动齿轮5($Z=10$)和长指针6转10周(1分)。当齿杆移动1 mm时,长指针转一周(1分),由于表盘9上共刻100个等分格,所以长指针每转一个格表示齿杆移动0.01 mm。(1分)

六、综 合 题

1. 答:(1)基准工具(1分),如划分平台、V型铁、方箱、直角铁、分度头等(每例0.5分,共1分)。

(2)量具(1分),如高度尺,高度游标尺,钢板尺,万能量角器等(每例0.5分,共1分)。

(3)划线工具(1分),如划针,划针盘,划规等(每例0.5分,共1分)。

(4)夹持工具(1分),如千斤顶,平行垫铁,可调滚动支架,C型夹头等(每例0.5分,共1分)。

(5)辅助工具(1分),如手锤、样冲、塞块、中心座、定心架、磁力座等(每例0.5分,共1分)。

2. 答:(1)白灰水:由大白,桃胶或猪皮水熬成(1分)。用于铸、焊、锻件毛坯表面(1分)。

(2)蓝色溶液:由青莲或普鲁士蓝、漆片、酒精混合而成(1分)。用于已加工表面(1分)。

(3)紫色溶液:由龙胆紫、虫胶漆、酒精混合而成(1分)。用于已加工表面(1分)。

(4)硫酸铜溶液:由硫酸铜、酒精混合而成(1分)。用于已加工表面(1分)。

(5)无水涂料:由醋酸丁脂(俗称香蕉水)、人造树脂、火棉胶、甲基紫配制而成(1分)。一般用于精密工作表面(1分)。

3. 答:借料就是通过试划或调整,使各加工面的加工余量合理分配互相借用,从而保证各加工表面都有足够的加工余量,使误差不大的毛坯得到补救的划线方法(4分)。

借料的过程大致分为:

(1)确定毛坯的误差程度(2分)。

(2)确定需要借料的方向和大小,并划好基准线(2分)。

(3)划其余所有线,检查加工余量是否合理(2分)。

4. 答:(1)若工件是毛坯件,一般用三个千斤顶把工件支撑起来(2分)。当工件表面有圆弧时,可用样冲在放置千斤顶的位置上打一样冲眼,再用千斤顶把工件支撑(2分)。

(2)若工件是半成品,划线基准是已加工表面,工件可以直接放置在划线平台上(3分)。

(3)工件是轴类零件,可把工件放在V型块或带V型槽的方箱上(3分)。

5. 答:第三视图如图1所示。(评分标准:凡错、漏、多一条线,各扣1分,线型画法符合规

定 3 分,错一处扣 0.5)

6. 答:解:由图可知:

$\angle C=180°-\angle A-\angle B=180°-70°-60°=50°$ (2 分)

因为 $AB/\sin C=AC/\sin B=BC/\sin A$ (3 分)

所以 $AC=AB\cdot\sin B/\sin C=200\cdot\sin60°/\sin50°=226.1$ mm (2 分)

所以 $BC=AB\cdot\sin A/\sin C=200\cdot\sin70°/\sin50°=245.3$ mm (2 分)

即:$AB=226.1$ mm (0.5 分)

$BC=245.3$ mm (0.5 分)

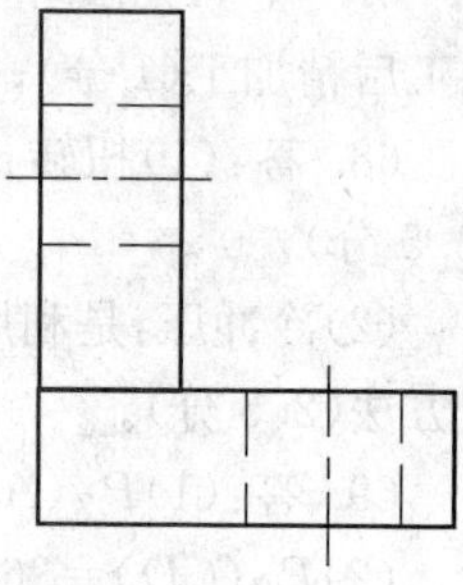

图 1

7. 答:砂轮质地硬而脆,工作时转速高,若使用时用力不当,会发生砂轮碎裂,而飞出伤人的事故(1 分)。其一般应注意:

(1)安装砂轮时应使其平衡,在旋转时砂轮应平稳无振动(1 分)。

(2)砂轮旋转方向应正确,应使铁屑下方飞离砂轮(1 分)。

(3)启动砂轮待运转平稳后再工作(1 分)。

(4)磨削时,工件对砂轮压力不可太大,并注意不得发生剧烈撞击。发现砂轮跳动明显时,应及时修整(2 分)。

(5)磨削时,人不许站在砂轮正面,以防砂轮万一发生问题飞出伤人(2 分)。

(6)托架与砂轮间的距离应保持 3 mm 以内,否则被磨削件易轧入发生事故(2 分)。

8. 答:解:作图步骤:(如图 2 所示)(图形完整正确 6 分,凡错、漏、多一条线,各扣 1 分,作图步骤每点 0.5 分)

(1)划长轴 AB,短轴 CD 垂直平分于 O 点(0.5 分);

(2)连接 AC(0.5 分);

(3)以 O 为圆心,OA 长为半径作弧交 OC 延长线于 E 点(0.5 分);

(4)以 C 为圆心,CE 长为半径作弧交 AC 于 F 点(0.5 分);

(5)作 AF 的垂直平分线交 CD 延长线于 O_2点,交 AB 于 O_1点(0.5 分);

(6)截取 O_1,O_2对 O 点的相应对称点 O_3O_4,则 $O_1O_2O_3O_4$ 为四段圆弧的圆心(0.5 分);

(7)连接 O_1O_2,O_2O_3, O_3O_4,O_4O_1,并适当延长(0.5 分);

(8)分别以 O_1、O_2、O_3、O_4为圆心,以 O_1A、O_2C、O_3B、O_4D 为半径,依次作四段弧即得椭圆形状(0.5 分)。

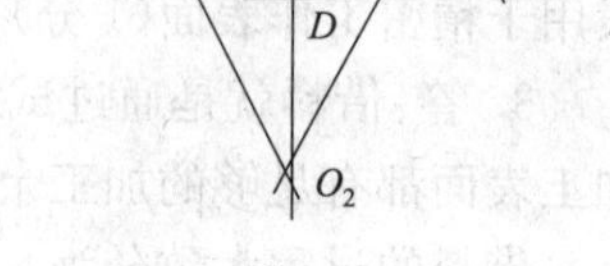

图 2

9. 答:切削用量包括:切削速度 v(1 分),进给量 F(1 分),切削深度 a_p(1 分)。其定义:

(1)切削速度 v:指主运动的线速度(1 分)。常用单位:m/min(1 分)

(2)进给量 F:指在主运动一个循环内,刀具或工件沿进给方向的相对位移(1 分)。常用单位:mm/r(1 分),mm/min(1 分)。

(3)切削深度 a_p:指工件上已加工表面和待加工表面之间的垂直距离(1 分)。常用单位:mm(1 分)。

10. 答:拟定工艺经线一般原则是:

(1)零件在加工过程中,作为定位基准的表面应首先加工出来,此表面的加工精度应能保证以后工序中所要求的安装精度(2分)。

(2)精度要求较高的各主要表面(及同类表面)应先加工出来,加工时要分阶段,即粗、精加工应分开(2分)。

(3)合理编排加工顺序,先进行主要表面的加工后进行次要表面的加工(2分)。

(4)主要表面的光整(超精)加工,如研磨、珩磨、精磨,应放在工艺过程最后阶段进行(2分)。

(5)具体情况采用下述原则:

①为保证加工精度,粗、精加工应分开进行(1分)。

②合理选用设备(0.5分)。

③合理安排机械加工路线中热处理工序的位置(0.5分)。

11. 答:箱体划线,除按照一般划线时确定划线基准和进行找正、借料外,还应注意以下几点:

(1)正确的确定第一划线位置(2分)。

(2)箱体划线一般都要划出十字校正线,一般常以基准孔的轴线作十字校正线,在毛坯上划的十字校正线,经过加工后再次划线时,必须以已加工面作基准面,原十字校正线必须重划(3分)。

(3)应尽量减少划线时工件的翻转次数(2分)。

(4)某些箱体内壁不需加工,而且装配齿轮等零件的空间又小,在划线时要特别注意找正箱体内壁,以保证加工后顺利装配(3分)。

12. 答:(1)应备好$\phi 0.5 \sim \phi 1.5$钢丝(0.5分)、支架(0.5分)、线坠(0.5分)、(拉线用)尼龙线(0.5分)、30^0锥体线坠(吊线用)(0.5分)与角尺、钢尺(0.5分)等材料和工具。

(2)参考拉线与吊线法原理图,在平台上设一基准直线O-O,将两角尺上的测量面对准O-O,用钢尺在两角尺上量取同一高度H,再用拉线或直尺连接二点,即可得到平行线O_1-O_1,如要得到距O_1-O_1线尺寸h的平行线O_2-O_2,可在相应位置上设一拉线,移动拉线,用钢尺在两角尺的H点至拉线量准h,并使拉线与平台平行,即可获得平行线O_2-O_2,倘若尺寸较多可用线坠代替角尺(5分)。

此法适用于特大件的划线,只需一次吊装校正,即可完成整个工件划线(2分)。

13. 答:箱体划线很少是一次划全线,往往经过多次划线,一般应注意以下几点:

(1)划线前要看懂图纸,了解技术要求,明确零件加工次序,按工艺要求找出本划线工序所应划的线,不可把所有的加工线全部划到工件上去(2分)。

(2)大多数箱体内壁不需要加工,而且内壁与箱内机件装配后的间隙往往很小,所以在划线时应特别注意找正箱体内壁,以保证划线和加工后的箱体能顺利装配(2分)。

(3)箱体工件孔多且各孔间有很高的尺寸精度和形位精度,所以在划线前应按图纸对照工件毛坯检查毛坯质量(2分)。

(4)划线时各孔应划出孔的圆形加工界限或孔的四方形加工界限,但无论哪种情况都应划出十字校正线。一般把基准孔的十字线划在箱体的四个面上,作为十字校正线,其他孔的十字线仅划一个面上(2分)。

(5)划线后经机械加工,再次划线时,应把第一次划的十字校正线涂去,重划十字校正线,以消除加工误差，保证划线精度(2分)。

14. 答:对铸、锻、焊毛坯件的借料划线步骤:

(1)测量毛坯各部尺寸，找出偏移部位和偏移量(2分);

(2)根据毛坯偏移部位和偏移量、确定借料方向和大小，一般向次要表面或非加工表面的方向借料(2分)。

(3)根据所确定的借料方向和大小划出基准线(2分)。

(4)按图纸要求，以所划的基准线为依据划出工件其余加工线，并检查各表面的加工余量是否合理(2分)。

(5)借料划线是一项复杂的工作，尤其是较复杂的铸、锻、焊件借料很难一次成功，往往需经过多次试划，才能确定较理想的借料方案。通常不借料的情况下，可变换划线方法检查毛坯是否合格(2分)。

15. 答:(1)测量毛坯各部尺寸，找出偏移部位和偏移量(2分)。

(2)根据毛坯的偏移部位和偏移量，确定借料方向和大小，一般向次要表面或非加工表面的方向借料(2分)。

(3)根据所确定的借料方向和大小划出基准线(2分)。

(4)按图纸要求，以所划的基准为依据划出工件其余的线(2分)。

(5)检查各表面的加工余量是否合理。如发现有的主要表面加工余量不足影响工件的使用性能，则应继续借料，重新划线，直到各表面都能有合理的加工余量为止(2分)。

16. 答:异形工件在划线时，除应特别注意划线方法、工具的正确使用之外，还应注意以下两点:

(1)由于异形工件形状奇特，如果基准选择不当，后面划线将很难进行，在一般情况下，是找出设计基准或主要表面作为划线基准(5分)。

(2)异形工件一般无法直接支持或安放在平台上，此时可利用一些辅助工具(如:V型架、方箱、三爪自动定心卡盘、心轴等)来解决，对批量大的异形工件也可用专用划线支架，固定架支持或固定方法进行划线(5分)。

17. 答:将重型工件置于水泥地的调整垫铁上，在工件所需划线的部位，放置相应的平台，然后用水准法校平各平台，使各平台之间互相平行且等高，即可进行划线(5分)。将盛满水的桶置于一定的高度，使水通过接口，从橡皮管流到标准座内带有刻度的玻璃管里，将标准座置于一定的台面上，调整平台支承的高低位置和水平仪校正平台面的水平位置，记下玻璃管内水平面的刻度值。利用这一刻度值和水平仪，采用同样的方法依次校正其他平台面，使与第一次校正的平台面平行和等高(5分)。

18. 答:盘形凸轮划线步骤是:

(1)划线前准备:将凸轮毛坯夹持在分度头的三爪卡盘上，用百分表校正坯件的外圆和端面，然后在划线部位刷涂料(2分)。

(2)划十字中心线和分度射线，应尽量等分数多，划线精度高(2分)。

(3)划位移曲线，应与基圆等分数相等(2分)。

(4)划理论曲线(1分)。

(5)划工作曲线(1分)。

(6)用色涂掉多余辅助线，在加工线上冲出样冲眼，并在起点处划出明显的标记(2分)。

19. 答:等速运动曲线凸轮轮廓划法及特点是:

(1)逐点划线法(2 分):划线精度取决于作用角等分数多少,通常等分数多,划线精度高,但划线麻烦,故多用于要求较高的凸轮轮廓划线(2 分)。

(2)圆弧划线法(2 分):划法简单,操作省事,但精度低,故多用于要求不高的凸轮轮廓划线(1 分)。

(3)分段作圆弧法(2 分):划线过程复杂,但精度高,故多用于要求高的凸轮轮廓划线(1 分)。

20. 答:划凸轮轮廓曲线注意事项:

(1)凸轮划线线条必须保证清晰、准确、曲线连接要求平滑,划完线以后,对一些与加工无关的辅助线应为涂掉,以突出有用的加工线和辅助线(2 分)。

(2)样冲眼必须冲正,使其落在线的正中,以便于检查(2 分)。

(3)凸轮曲线的公切点(如过渡圆弧的切点)应当打上明确的标记,以便加工时掌握,凸轮曲线的起点及装配“零”线等,必须明确标出(3 分)。

(4)对某些精度要求较高的凸轮曲线,需经过装配、调整和钳工修整准确后才能定型。划线时,应根据工艺要求,留有一定的修整余量(3 分)。

21. 答:(1)详细消化图纸或实物,了解工件工艺过程,确定工件需要划线的部位(1 分)。

(2)选定划线基准并考虑下道工序要求,确定加工余量(1 分)。

(3)初步检查毛坯误差情况,确定是否要借料(1 分)。

(4)正确安放工件和选用划线工具(2 分)。

(5)划加工线(1 分),找正线(1 分),检查线(1 分)。

(6)对照图纸或实物检查划线的正确性及是否有漏划线条(1 分)。

(7)检查无误,在已划线上打样冲眼(1 分)。

22. 答:解:(1)等分数 $Z_0=60$

因为 $n=40/Z_0=40/60=2/3=44/66$(3 分)

即每分度次,分度手柄在分度盘 66 孔圈转过 44 个孔距(1 分)。

(2)配换齿轮 $Z_1/Z_2=Z_2/Z_4=40(Z_0-Z)/Z_0$

$=40\times(60-61)/60$

$=-40/60$(2 分)

即主动轮 $Z_1=40$,被动轮 $Z_4=60$,负号表示分度盘和分度手柄转动方向相反(2 分)。

(3)说明:若用 FW250 分度头时,应加 Z_2、Z_3 两个介轮,但必须符合两条啮合规则:

$Z_1+Z_2>Z_3+15$ (2 分)

$Z_3+Z_4>Z_2+15$ (2 分)

23. 答:解:作图步骤:(如图 3 所示)(图形完整正确 6 分,凡错、漏、多一条线,各扣 1 分,作图步骤每点 1 分)

(1)画出局部俯视图,作圆柱等分点 2°,3°,4°各点,以 0′为圆心,0′2°,0′3°,0′4°为半径作纬圆,在锥底基线上得出 2′,3′,4′各点(1 分)。

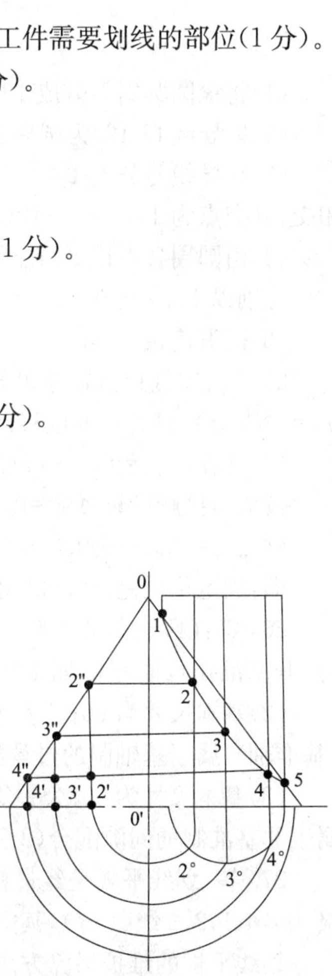

图 3

(2)过 2′,3′,4′各点向上投影连线,与圆锥轮廓线相交得 2″,3″,4″各点,过这些点作水平线,即得各纬圆的正投影(1 分)。

(3)作圆柱面的等分素线与纬圆线交于 2,3,4,5 各点,即相贯点 1,5 为特殊点(1 分)。

(4)平滑连结 1,2,3,4,5 即为所求的相贯线(1 分)。

24. 答:解:平摆线:当已知圆沿一直线(导线)滚动时,其圆周上任一点的轨迹称平摆线(2 分)。

作图步骤:(如图 4 所示)(图形完整正确 5 分,凡错、漏、多一条线,各扣 1 分,作图步骤每点 0.5 分)

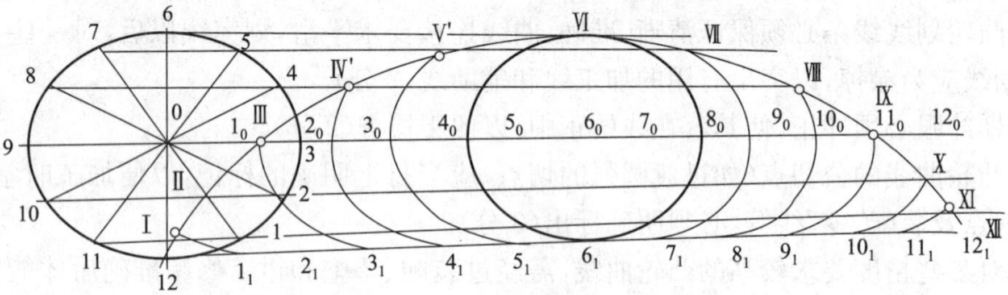

图 4

(1)将滚圆圆周等分成 12 分(也可 n 等分,等分数多,曲线准确)(0.5 分);

(2)取导线 O-12_1 为圆周长,并将其分为与滚圆圆周相同的 12 等分(0.5 分);

(3)在导线各分点 $1_1 2_1$……12_1 作导线 O-12_1 的垂线与连圆心作导线 O-12_1 平行线,分别相交,其交点为 1_0,2_0……12(0.5 分)。

(4)由圆周各点作平行于导线 O-12_1 的平行线(0.5 分)。

分别以 1_0,2_0……12。为圆心,以滚圆半径划圆弧与相应平行线相交于Ⅰ点(0.5 分)。

(6)圆滑连接Ⅰ,Ⅱ……Ⅶ各点所得曲线即为所求的平摆线(0.5 分)。

25. 答:解:(1)由题意可知,设计基准为轴线,定位基准也为轴线,所以基准不重合误差 $\Delta_{jb}=0$(3 分),只有基准位移误差 Δ_{db}

(2)计算:$\Delta_{db}=0.5\times(D_{max}-d_{min})=0.5\times(50.025-49.975)=0.025$ (3 分)

按双边接触计算 $\Delta_{db}=0.025$

则 $\Delta_{dw}=\Delta_{db}=\pm0.025$ (2 分)

即:固定位误差±0.025 小于设计给定公差±0.05,所以能满足加工要求(2 分)。

26. 答:(1)基本尺寸为 50(1 分);公差等级孔为 7 级,轴为 6 级(1 分);基本偏差代号;孔为 H(基准孔),轴为 k,属于基孔制的过渡配合(2 分)。

(2)基本尺寸为 50;公差等级;孔为 7 级,轴为 6 级(1 分);基本偏差代号;孔为 U,轴为 h(基准轴),属于基轴制的过盈配合(2 分)。

(3)基本尺寸为 50;公差等级为;孔为 7 级,轴为 6 级(1 分);基本偏差代号孔为 F,轴为 k,属于非基准制的间隙配合(2 分)。

27. 答:划线平板是经过精加工的一块光滑而平整的铸铁板(2 分)。工作面精度分为五级:00,0,1,2,3 级(1 分),其中 00,0,1,2,级平板作检验用(1 分),3 级平板作划线用(1 分)。

划线平板的维护保养方法:(1)尽量做到各处均匀使用,避免局部磨凹(1 分)。(2)经常保持清洁,以免工作面被铁屑,砂子等杂质磨坏(1 分)。(3)平板上安放工件应轻放,防止工作面被撞击,一旦撞击应马上修复凸起部分(1 分)。(4)不允许在平板上合锤击(1 分)。(5)平板用完后,应擦干净,较长的时间不用应涂油防锈蚀(1 分)。

28. 答:解:(1)画尺寸链如图 5 所示(2 分)

(2)确定增环$\overrightarrow{A}_1=60^{0}_{-0.05}$减环$\overleftarrow{A}_2=L_{AB}$封闭环 $A_\Delta=25\pm0.07$(3 分)

(3)计算

因为 $A_{\Delta\max}=\overrightarrow{A}_{1\max}-\overleftarrow{A}_{2\min}$

所以 $A_{2\min}=\overrightarrow{A}_{1\max}-A_{\Delta\max}=60-25.07=34.93$ mm

因为 $A_{\Delta\min}=\overrightarrow{A}_{\min}-\overleftarrow{A}_{2\max}$

所以$\overleftarrow{A}_{2\max}=\overrightarrow{A}_{1\min}-A_{\Delta\min}=59.95-24.93=35.02$ mm

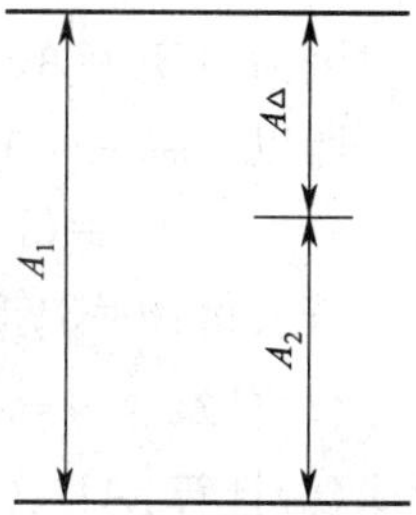

图 5

所以 $L_{AB}=35^{+0.02}_{-0.07}$(4 分)

答:$L_{AB\max}=35.02$ mm (0.5 分)

$L_{AB\min}=34.93$ mm (0.5 分)

29. 答:(1)公差等级是确定尺寸精确程度的等级,以等级系数(指公差单位 i 的倍数)的大小作为分级的唯一指标,对于孔和轴都一样,且不随配合而改变(4 分)。

(2)国标规定:标准公差符号用“IT”表示(1 分),公差等为 20 级(1 分),用阿拉伯数字表示,即 IT01,IT0,IT1～IT18(2 分)。其中 IT01 为最高级,依次降低,IT18 为最低级(2 分)。

30. 答:(1)錾子用 T7,T8 钢制造,其热处理方法是将錾子的工作部分浸入铅浴炉或盐浴炉内加热(浸入长度为 25～30 mm),然后投入水中冷却到一定温度,再移到油中继续冷却(3 分)。

(2)再将敲击部分加热 10 mm 长(1 分),并淬入油中冷却,硬度 HRC32～40(1 分)。

(3)工作部分经 250～320 ℃(1 分)回火时间 20～30 min (2 分),淬火和回火后硬度为 HRC52～57(2 分)。

31. 答:(1)放置锤刀时,不要使锉刀露出钳台外面,以免掉下砸脚(2 分)。

(2)不使用无木柄的锉刀和木柄已裂开的锉刀(2 分)。

(3)不许用嘴吹锉屑,不许用手清理锉屑(2 分)。

(4)不要用手擦模锉削平面,以防打滑或伤手(2 分)。

(5)不用锉刀当其他工具使用,以免锉刀折断崩出伤人(2 分)。

32. 答:(1)动力部分:各种油泵。可将机械能换为液压(压力)能(2 分)。

(2)执行部分:液压缸和液压马达,可将液压能转换为机械能(2 分)。

(3)控制部分:各种压力控制阀、流量控制阀和方向控制阀,可控制和调节液体的压力、流量和流动方向(2 分)。

(4)辅助部分:油箱、滤油器、蓄能器、密封件、控制仪表和各种管路接头等。将前三部直接在一起,组成一个系统起贮油,过滤测量和密封等作用,保证系统正常地工作(2 分)。

(5)工作介质,液压油(2 分)。

33. 答:(1)计算 α 角

因为 $\tan\alpha=58-20/140=0.27143$ (1 分)

查表得:$\alpha=15°11'$(1 分)

(2)计算 BC 长

$BC=\sqrt{38^2+140^2}=145.064$ mm (1 分)

(3)计算 θ 角

因为 $AB^2=AC^2+BC^2-2AC\cdot BC\cdot\cos\theta$

所以 $\cos\theta=(AC^2+BC^2-AB^2)/2AC\cdot BC$

$=(100^2+145.064^2-80^2)2\times100\times145.064=0.8494$ (1 分)

查表得:$\theta=31°51'$(1 分)

(4)计算 β:$\beta=\alpha+\theta=15°11'+31°51'=47°2'$(1 分)

(5)计算:AD、CD

在$\triangle ADC$ 中:$AD=AC\cdot\sin\beta=100\sin47°2'=73.175$ mm (1 分)

$CD=AC\cdot\cos\beta=100\cos47°2'=68.157$ mm (1 分)

(6)计算 X_A,Y_A:

$X_A=160-CD=160-68.157=91.843$ mm (1 分)

$Y_A=20+AD=20+73.175=93.175$ mm (1 分)

答:坐标尺寸 $X_A=91.843$ mm ;$Y_A=93.175$ mm。

34. 答:计算 $d=m\cdot Z$ (1 分)

$d_a=m(Z+2)$ (1 分)

$d_f=m(Z-2.5)$ (1 分)

$P=m\pi$(1 分)

当 $\alpha=20°$时,$d_b=d\cdot\cos20°=0.94$ d (1 分)

当 $\alpha=15°$时,$d_b=d\cdot\cos15°=0.96$ d (1 分)

作图步骤:(如图 6 所示)

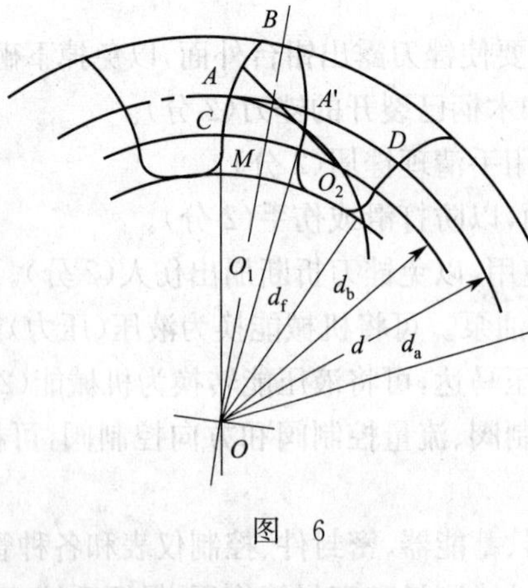

图 6

(1)以 O 为圆心画出分度圆、齿顶圆、齿根圆、基圆(0.5 分)。

(2)在分度圆周上按齿距截取等分点,以等分起点截取 $AA'=19P/40$,$A'D=21P/40$(0.5 分);

(3)求出 OA 中点 O_1(0.5 分);

(4)以 O_1为圆心,O_1A 为半径作圆弧交基圆于 O_2点(0.5 分);

(5)以 O_2 为圆心,O_2A 为半径作圆弧 CB,CB 就为基圆到顶圆之间的齿形轮廓线(0.5 分)；

(6)连接 CO,CM 为齿形连线部分(0.5 分)；

(7)以 $r=0.2$ mm 为半径,作齿根处圆角与齿根圆和直线部分 CM 相切(0.5 分)；

(8)根据以上步骤或用截取对应点的方法可画出另一条近似齿形齿廓(0.5 分)。

35. 答:解:因为 $Z_{y相}=\sqrt{R_{相}^2+X_{相}^2}=\sqrt{6^2+8^2}=10(\Omega)$ (2 分)

所以 $U_{Y相}=U_{Y相}/\sqrt{3}=380/1.732=220(V)$ (2 分)

所以 $I_{Y线}=I_{Y相}=U_{Y相}/Z_{相}=220/10=22(A)$ (2 分)

又因为 $\cos\phi=R_{相}/Z_{相}=6/10=0.6$ (2 分)

所以 $P_Y=3U_{Y相}\cdot I_{Y相}\cdot\cos\phi=3\times220\times22\times0.6\approx8.7$ kW (2 分)

或 $P_Y=\sqrt{3}U_{Y线}\cdot I_{Y线}\cdot\cos\phi=1.732\times380\times22\times0.6\approx8.7$ kW。

划线工(初级工)技能操作考核框架

一、框架说明

1. 依据《国家职业标准》注,以及中国北车确定的"岗位个性服从于职业共性"的原则,提出划线工(初级工)技能操作考核框架(以下简称:技能考核框架)。

2. 本职业等级技能操作考核评分采用百分制。即:满分为100分,60分为及格,低于60分为不及格。

3. 实施"技能考核框架"时,考核制件(活动)命题可以选用本企业的加工件(活动项目),也可以结合实际另外组织命题。

4. 实施"技能考核框架"时,考核的时间和场地条件等应依据《国家职业标准》,并结合企业实际确定。

5. 实施"技能考核框架"时,其"职业功能"的分类按以下要求确定:

(1)"平面划线(基础线型)"、"平面划线(特殊线型)"和"空间划线"属于本职业等级技能操作的核心职业活动,其"项目代码"为"E"。

(2)"工艺准备"和"精度检验及误差分析"属于本职业等级技能操作的辅助性活动,其"项目代码"为"D"和"F"。

6. 实施"技能考核框架"时,其"鉴定项目"和"选考题量"按以下要求确定:

(1)按照《国家职业标准》有关技能操作鉴定比重的要求,本职业等级技能操作考核制件的"鉴定项目"应按"D"+"E"+"F"组合,其考核配分比例相应为:"D"为20分,"E"占70分,"F"占10分。

(2)依据中国北车确定的"核心职业活动选取2/3",并向上取整的规定,在"E"类鉴定项目的全部3项中,至少选取2项。

(3)依据中国北车确定的"其余鉴定项目"的数量可以任选的规定,"D"、"F"类"工艺准备"和"精度检验及误差分析"职业功能的鉴定项目中,至少分别选取1项。

(4)根据中国北车确定的"确定选考数量"时,所涉及"鉴定要素"的数量占比,应不低于对应鉴定项目范围内的鉴定要素总数的60%,并向上取整的规定,考核制件(活动)的鉴定要素"选考题量"应按以下要求规定:

①在"D"类"鉴定项目"中,在已选定的1个或全部鉴定项目中,至少选取已选鉴定项目所对应的全部鉴定要素的60%项,并向上保留整数。

②在"E"类"鉴定项目"中,在已选的2个鉴定项目所包含的全部鉴定要素中,至少选取总数的60%项,并向上保留整数。

③在"F"类"鉴定项目"中,对应"精度检验及误差分析"的4个鉴定要素,至少选取3项;对应"模具设备的维护与保养",在已选定的1个或全部鉴定项目中,至少选取已选鉴定项目所

对应的全部鉴定要素的60%项,并向上保留整数。

举例分析:

按照上述"第6条"要求,若命题时按最少数量选取,即:在"D"类鉴定项目中选取了"设备基本操作"1项,在"E"类鉴定项目中选取了"冲步机编程"、"折弯机编程"、"折弯加工"、"拉弯加工"4项,在"F"类鉴定项目中分别选取了"精度检验与误差分析"和"模具的维护与保养"2项,则:

此考核制件所涉及的"鉴定项目"总数为7项,具体包括:"设备基本操作","冲步机编程"、"折弯机编程"、"折弯加工"、"拉弯加工","精度检验与误差分析","模具的维护与保养";

此考核制件所涉及的鉴定要素"选考数量"相应为19项,具体包括:"设备基本操作"鉴定项目包含的全部4个鉴定要素中的3项,"冲步机编程"、"折弯机编程"、"折弯加工"、"拉弯加工"等4个鉴定项目包括的全部18个鉴定要素中的11项,"精度检验与误差分析"鉴定项目包含的全部4个鉴定要素中的3项,"模具的维护与保养"鉴定项目包含的全部3个鉴定要素中的2项。

7. 本职业等级技能操作需要两人及以上共同作业的,可由鉴定组织机构根据"必要、辅助"的原则,结合实际情况确定协助人员的数量。在整个操作过程中,协助人员只能起必要、简单的辅助作用。否则,每违反一次,至少扣减应考者的技能考核总成绩10分,直至取消其考试资格。

8. 实施"技能考核框架"时,应同时对应考者在质量、安全、工艺纪律、文明生产等方面行为进行考核。对于在技能操作考核过程中出现的违章作业现象,每违反一项(次)至少扣减技能考核总成绩10分,直至取消其考试资格。

注:按照中国北车规定,各《职业技能操作考核框架》的编制依据现行的《国家职业标准》或现行的《行业职业标准》或现行的《中国北车职业标准》的顺序执行。

二、划线工(初级工)技能操作鉴定要素细目表

职业功能	鉴定项目				鉴定要素		
	项目代码	名称	鉴定比重(%)	选考方式	要素代码	名称	重要程度
工艺准备	D	(一)读图识图能力	20	任选	001	平板类零件识图	X
					002	盘盖类零件识图	X
					003	简单轴类零件识图	X
					004	简单框架类零件识图	X
					005	简单箱体类零件识图	X
					006	几何公差、公差配合、表面结构的识别	Y
		(二)工艺识别能力			001	读懂上述各类零件的制造工艺过程并按照工艺执行操作	X
					002	能够自行设计平板类零件的划线工艺	Y
		(三)工装、工具使用能力			001	正确掌握各类划线工具(划针、划规、划卡、划线样板等)的功能与使用	X
					002	正确掌握各类量具(直尺、高度、尺万能角度尺等)的功能与使用	X

续上表

职业功能	项目代码	名称	鉴定比重(%)	选考方式	要素代码	名称	重要程度
工艺准备	D	(三)工装、工具使用能力	20	任选	003	正确掌握各类通用夹具(顶镐、垫铁等)的功能与使用	X
					004	正确掌握其他类相关工具(砂轮、锉刀等)的功能与使用	X
		(四)其他相关技能			001	正确换算划线相关尺寸的计算,掌握工厂应用数学相关知识(如三角函数计算等)	X
					002	正确查阅使用划线工所使用到的常用数据和用表(平方表、对数表等)	Y
工件划线	E	平面划线(基础线型)	70	至少选择2项	001	划水平线	X
					002	划垂直线	X
					003	划对称中心线	X
					004	划平行线	X
					005	划45°或其整数倍角度线	X
					006	划整圆	X
					007	划1/2或1/4圆弧	X
					008	划直线二等分线	X
					009	划角度二等分线	X
					010	划圆周四等分线	X
					011	划正三角形	X
					012	划正方形	X
					013	划菱形	X
					014	利用直线样板划线	X
					015	利用圆弧样板划线	X
		平面划线(特殊线型)			001	划椭圆形	X
					002	划弓形弧	X
					003	柱体表面的展开划线	X
					004	利用公式曲线样板划线	X
					005	标准齿轮齿形的划线	X
					006	盘形凸轮轮廓的划线	X
		空间划线			001	正确识别零件划线所有特征要素	X
					002	正确区分划线零件划线关键要素、基准要素、关联要素	X
					003	确定合理的划线工序余量	X
					004	正确建立零件划线空间位置,确立划线工位	X
					005	合理选择各工位划线找正基准	X
					006	根据现场作业条件调整平衡吊装方式	X
					007	采用样板进行划线	X

续上表

职业功能	鉴定项目				鉴定要素		
	项目代码	名称	鉴定比重(%)	选考方式	要素代码	名称	重要程度
工件划线	E	空间划线	70		008	根据关键要素计算尺寸偏差,合理借线	X
					009	识别判定产品材料缺陷的类别	Y
					010	合理进行产品标识	Y
精度检验及误差分析	F	(一)划线工工具维护与保养	10	任选	001	掌握各类划线工具(划针、划规、划卡等)的保养维护方法	X
					002	正确使用各类润滑维护设备(油枪、油壶等)对划线工具进行维护保养	X
					003	运用正确的方法对划线平台、划线仪进行维护保养(清洁、润滑等)	X
					004	划线过程中能够运用正确的方法使用划线设备与工具	X
					005	能够对轻微损坏的设备与工具进行简单的维修与恢复	Z
		(二)常用量具的使用及保养			001	掌握高度尺、万能角度尺、分度头等量具量仪的结构、刻度原理及使用方法	X
					002	了解常用量具、量仪的维护知识与保养方法,能够正确对常用量具、量仪进行维护和保养	X

注：重要程度中 X 表示核心要素，Y 表示一般要素，Z 表示辅助要素，下同。

划线工（初级工）
技能操作考核样题与分析

职业名称：____________________

考核等级：____________________

存档编号：____________________

考核站名称：____________________

鉴定责任人：____________________

命题责任人：____________________

主管负责人：____________________

中国北车股份有限公司劳动工资部制

职业技能鉴定技能操作考核制件图示或内容

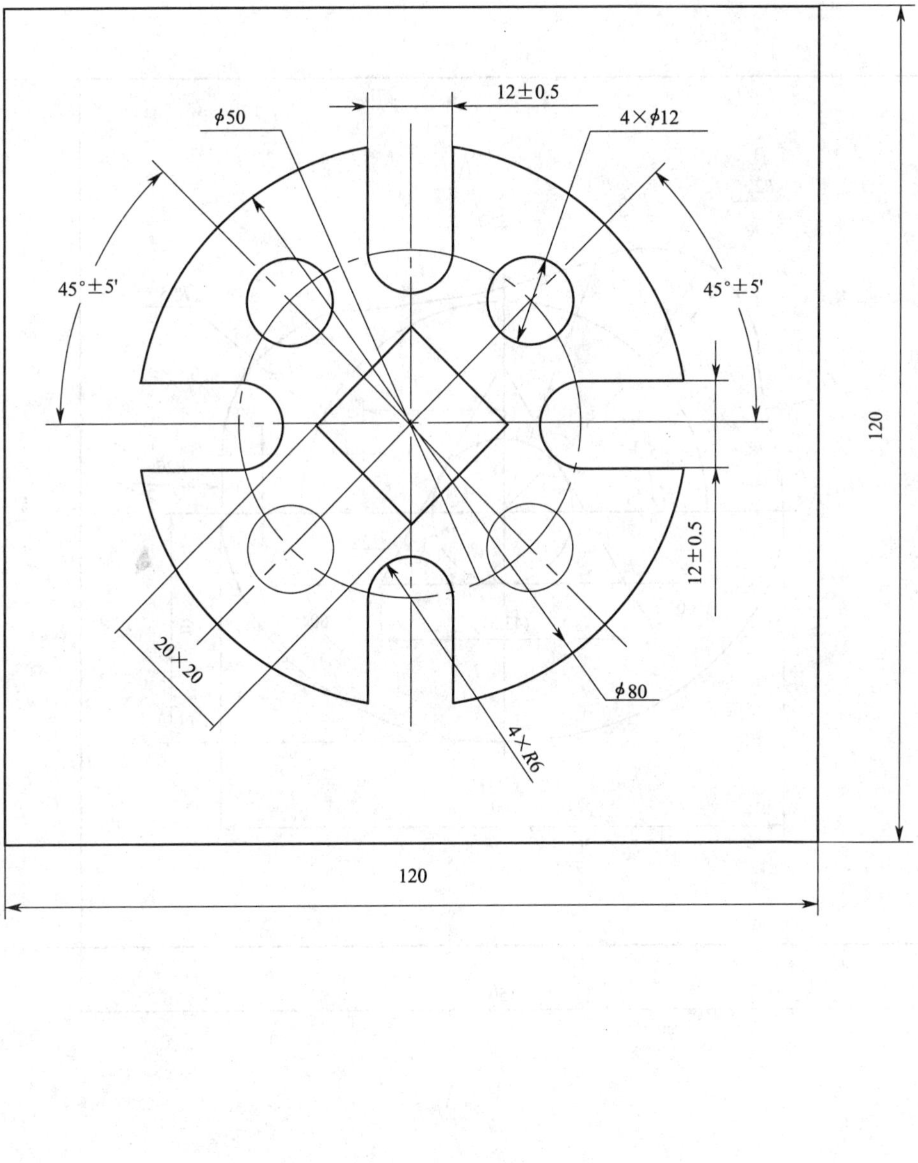

职业名称	划线工
考核等级	初级工
试题名称	阀体垫
材质等信息：Q235	

职业技能鉴定技能操作考核制件图示或内容

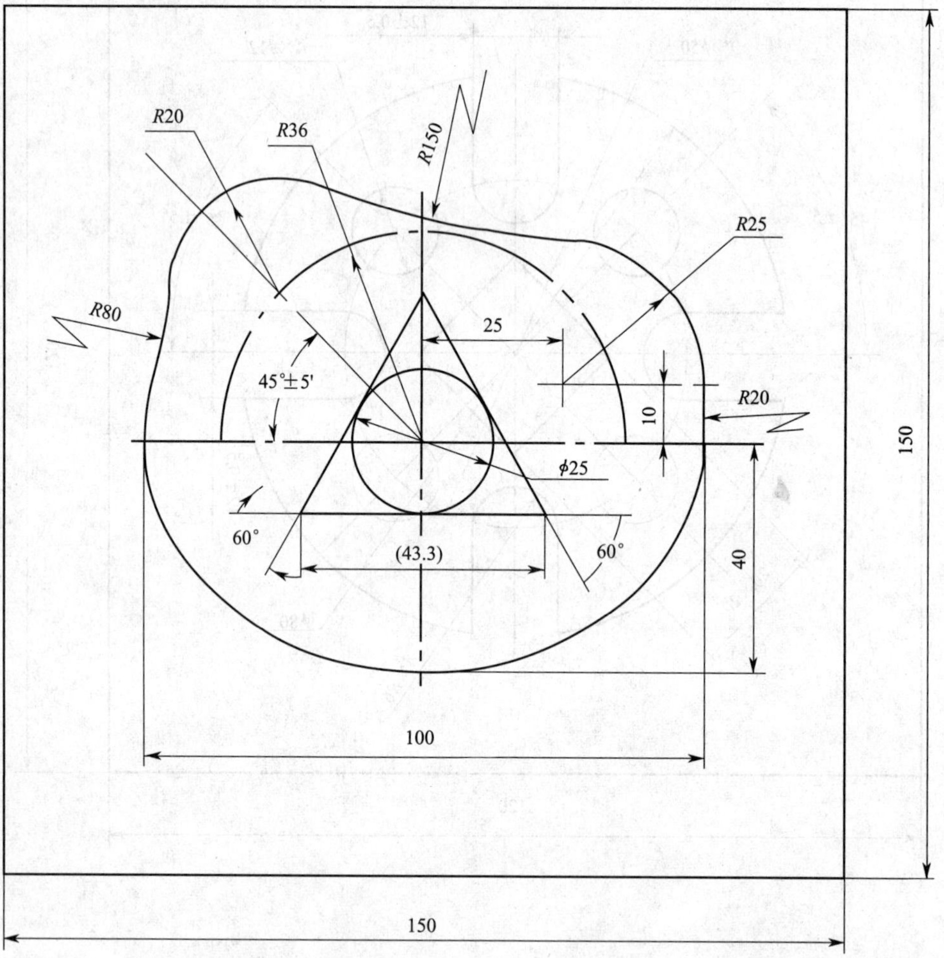

职业名称	划线工
考核等级	初级工
试题名称	凸轮样板
材质等信息：Q235	

职业技能鉴定技能操作考核准备单

职业名称	划线工
考核等级	初级工
试题名称	1. 阀体垫;2. 凸轮样板

一、材料准备

1. 材料规格

(1) 阀体垫，材质 Q235；

(2) 凸轮样板，材质 Q235。

2. 坯件尺寸

(1) 阀体垫 120 mm×120 mm，板厚自定；

(2) 凸轮样板 150 mm×150 mm，板厚自定。

二、设备、工、量、卡具准备清单

序号	名称	规格	数量	备注
1	划线平板(平台)		1	
2	三角板		1	
3	划规		1	
4	钢板尺	300 mm	1	
5	划针		1	
6	样冲		1	
7	手锤		1	
8	毛刷		1	
9	游标卡尺	0～200 mm 精度 0.02 mm	1	
10	万能游标量角器	0°～320° 精度 2′	1	
11	可调整支撑		3	
12	锉刀		1	
13	砂纸		若干	
14	划线盘		1	
15	R20、R25、R150、R80 圆弧样板		各 1	
16	椭圆样板(长轴 100,短轴 80)		1	

三、考场准备

1. 相应的公用设备、设备与器具的使用

(1) 考试用划线平板（平台）工作平面的大小应满足工件划线空间需求；

(2) 考试用划线平板（平台）工作平面调整处于水平状态，并经过检测符合要求；

(3) 划线平板（平台）上无其他设施或者工件摆放，工作表面清洁无锈。

2. 相应的场地及安全防范措施：

(1) 考试可临时集中设立标准场地或选择生产现场符合规范的划线区域；

(2) 考场环境光线良好，每个考试区域必须有专用照明灯；

(3) 考场应干净整洁、空气流通性好，周围无作业噪声干扰。

3. 其他准备

(1) 考前由考务人员检查考场各工位应准备的坯件、划线工具、量具、调整支撑、涂料等是否齐全到位；

(2) 考前由考务人员检查划线平板（平台）、划线工具、量具使用状态是否完好。

四、考核内容及要求

1. 考核内容

按"阀体垫、凸轮样板"考核制件图及尺寸要求合理编排划线工艺并完成坯件表面划线。

2. 考核时限

(1) 鉴定考核时间为120分钟；

(2) 凡在考试中进行的准备工作，所用时间均累计为考试时间；

(3) 提前交件不加分，到点应立即停止操作。

3. 考核评分（表）

职业名称	划线工	考核等级	初级工		
试题名称	1. 阀体垫；2. 凸轮样板	考核时限	120分钟		
鉴定项目	考核内容	配分	评分标准	扣分说明	得分
读图识图能力	读懂阀体垫、凸轮样板图，确定主要的设计基准	4	第一步应划出坯件水平、垂直中心，未识别其中一项扣1分		
	识别对阀体垫、凸轮样板尺寸公差及各圆心位置，确定划线使用量具	2	识别坯件尺寸公差，未识别一项扣0.5分		
工艺识别能力	确定阀体垫、凸轮样板各部位尺寸位置关系，确定划线基准及划线部位并涂色	2	对坯件所有划线部位正确涂色，遗漏或错误一处均扣0.5分		
	确定阀体垫、凸轮样板划线顺序与步骤	2	划线顺序错误扣0.5分		
工具、量具工装使用能力	使用划线盘对阀体垫、凸轮样板划找正。 使用划针、划规、样冲进行各位置划线	2	划线工具使用方法错误或者不当出现一次扣0.5分，任一划线工具损坏不得分		
	使用钢板尺、三角板、万能量具角器、游标卡尺进行相应线型的测量划线，读数正确	2	量具使用方法错误或不当出现一次扣0.5分，任一量具损坏不得分		
	使用可调整支撑进行坯件支撑与找正调整	2	坯件找正错误不得分		
	划线前正确使用锉刀、毛刷工具、量具、工装使用能力对坯件棱边进行清理	1	坯件未全部按要求进行清理不得分		
工具、量具、仪器设备的维护与保养	划针、划规、划线盘使用中、使用后正确摆放	1	工具使用后未按要求放置出现一次扣0.5分		

续上表

鉴定项目	考核内容	配分	评分标准	扣分说明	得分
工具、量具、仪器设备的维护与保养	钢板尺、三角板、万能量具角度器、游标卡尺使用中和使用后正确摆放	1	任一划线量具使用后未按要求放置出现一次扣 0.5 分		
	划线前与划线结束使用毛刷对划线平台工作表面进行清理，并用煤油作防锈处理	1	平台工作表面未全部按要求清理不得分		
平面划线（基础线型）	划阀体垫、凸轮样板各水平直线	12	多线、漏线、线型不清或不规范出现一处扣 1 分		
	划阀体垫、凸轮样板各垂直线				
	划阀体垫水平、垂直中心线划凸轮样板垂直中心线	5	任意中心线不正确扣 1 分，线型不清或不规范出现一处扣 1 分		
	划阀体垫间距 12 的平行线	3	平行线不正确出现一处扣 0.5 分		
	划凸轮样板 ϕ20 圆中心 45°定位线	4	角度线不正确不得分		
	划阀体垫 ϕ12、ϕ80 圆以及 ϕ12 孔 ϕ50 定位圆凸轮样板 ϕ25 圆	6	各圆位置不正确出现一处扣 0.5 分，线型不清或不规范出现一处扣 0.5 分		
	阀体垫 R6 圆弧，凸轮样板 R36 圆弧	3	圆弧位置不正确出现一处扣 0.5 分，线型不清或不规范出现一处扣 0.5 分		
	划阀体垫水平中心线二等分线	4	画法不正确不得分		
	划阀体垫 ϕ12 孔 45°等分线	4	画法不正确不得分		
	划凸轮样板中心边长 45 正三角形	5	画法不正确不得分		
	划阀体垫中心边长 20 的正方形	6	画法不正确不得分		
平面划线（特殊线型）	划凸轮样板椭圆形（长轴 100，短轴 80）	8	椭圆不正确不得分		
	划凸轮样板 R20、R80、R150、R25 连接圆弧	10	圆弧连接一处不正确扣 1 分，线型不清或不规范出现一处扣 0.5 分		
划线精度检验	使用游标卡尺、万能量具角度器对公差尺寸进行测量	4	测量尺寸读数错误出现一处扣 1 分		
	使用圆弧样板对凸轮样板各圆弧进行测量	4	样板检测划线圆弧不符合一处扣 1 分		
	对使用的游标卡尺、万能游标量角器使用前进行正确的精度校验	2	使用前未进行精度校验或方法不正确出现一次扣 1 分		
质量、安全、工艺纪律、文明生产等综合考核项目	考核时限	不限	每超时 5 分钟，扣 10 分		
	工艺纪律	不限	依据企业有关工艺纪律规定执行，每违反一次扣 10 分		
	劳动保护	不限	依据企业有关劳动保护管理规定执行，每违反一次扣 10 分		
	文明生产	不限	依据企业有关文明生产管理规定执行，每违反一次扣 10 分		
	安全生产	不限	依据企业有关安全生产管理规定执行，每违反一次扣 10 分		

职业技能鉴定技能考核制件(内容)分析

职业名称	划线工
考核等级	初级工
试题名称	1、阀体垫　2、凸轮样板
职业标准依据	国家职业标准

试题中鉴定项目及鉴定要素的分析与确定

鉴定项目分类 / 分析事项	基本技能"D"	专业技能"E"	相关技能"F"	合计	数量与占比说明
鉴定项目总数	5	3	2	10	核心职业活动鉴定项目的选取满足不低于 2/3 的原则,选取的鉴定要素数量占比满足不低于 60%的原则
选取的鉴定项目数量	4	2	1	7	
选取的鉴定项目数量占比(%)	80	66.7	50	70	
对应选取鉴定项目所包含的鉴定要素总数	18	21	6	45	
选取的鉴定要素数量	11	13	4	28	
选取的鉴定要素数量占比(%)	61.1	61.9	66.6	62.2	

所选取鉴定项目及相应鉴定要素分解与说明

鉴定项目类别	鉴定项目名称	国家职业标准规定比重(%)	《框架》中鉴定要素名称	本命题中具体鉴定要素分解	配分	评分标准	考核难点说明
D	读图识图能力	20	平板类零件识图	读懂阀体垫、凸轮样板图,确定主要的设计基准	4	第一步应划出坯件水平、垂直中心,未识别其中一项扣 1 分	识别图形设计基准
			几何公差、公差配合、表面结构的识别	识别对阀体垫、凸轮样板尺寸公差及各圆心位置,确定划线使用量具	2	识别坯件尺寸公差,未识别一项扣 0.5 分	尺寸公差与选用量具精度的适用性
	工艺识别能力		读懂上述各类零件的制造工艺过程并按照工艺执行划线操作	确定阀体垫、凸轮样板各部位尺寸位置关系,确定划线基准及划线部位并涂色	2	对坯件所有划线部位正确涂色,遗漏或错误一处均扣 0.5 分	确定和找出划线基准的方法
			能够自行设计平板类零件的划线工艺	确定阀体垫、凸轮样板划线顺序与步骤	2	划线顺序错误扣 0.5 分	
	工具、量具、工装使用能力		正确掌握各类划线工具(划针、划规、划卡、划线样板等)的功能与使用方法	使用划线盘对阀体垫、凸轮样板划找正使用划针、划规、样冲进行各位置划线	2	划线工具使用方法错误或者不当出现一次扣 0.5 分,任一划线工具损坏不得分	坯件的找正
			正确掌握各类量具(直尺、高度尺、万能角度尺、分度头等)的功能与使用方法	使用钢板尺、三角板、万能量具角器、游标卡尺进行相应线型的测量划线,读数正确	2	量具使用方法错误或不当出现一次扣 0.5 分,任一量具损坏不得分	万能量具角器的使用方法
			正确掌握各类通用工装(顶镐、垫铁等)的功能与使用方法	使用可调整支撑进行坯件支撑与找正调整	2	坯件找正错误不得分	对角调整方法

续上表

鉴定项目类别	鉴定项目名称	国家职业标准规定比重(%)	《框架》中鉴定要素名称	本命题中具体鉴定要素分解	配分	评分标准	考核难点说明
D	工具、量具、工装使用能力		正确掌握其他相关工具(砂轮、锉刀的功能与使用方法	划线前正确使用锉刀、毛刷对坯件棱边进行清理	1	坯件未全部按要求进行清理不得分	
	工具、量具、仪器设备的维护与保养		掌握各类划线工具(划针、划规、划卡等)的保养维护的方法	划针、划规、划线盘使用中、使用后正确摆放	1	工具使用后未按要求放置出现一次扣0.5分	
			掌握常用量具、量仪(高度尺、万能角度尺等)进行维护和保养的方法	钢板尺、三角板、万能量具角度器、游标卡尺使用中和使用后正确摆放	1	任一划线量具使用后未按要求放置出现一次扣0.5分	万能量具角度器、游标卡尺使用后应放于量具盒
			掌握各类划线工装(平台、方箱、弯板等)维护保养的方法	划线前与划线结束使用毛刷对划线平台工作表面进行清理,并用煤油作防锈处理	1	平台工作表面未全部按要求清理不得分	
E	平面划线(基础线型)	70	划水平线	划阀体垫、凸轮样板各水平直线	12	多线、漏线、线型不清或不规范出现一处扣1分	
			划垂直线	划阀体垫、凸轮样板各垂直线			
			划对称中心线	划阀体垫水平、垂直中心线划凸轮样板垂直中心线	5	任意中心线不正确扣1分,线型不清或不规范出现一处扣1分	
			划平行线	划阀体垫间距12的平行线	3	平行线不正确出现一处扣0.5分	
			划45°或其整数倍角度线	划凸轮样板 $\phi20$ 圆中心45°定位线	4	角度线不正确不得分	万能量具角度器的使用方法
			划整圆	划阀体垫 $\phi12$、$\phi80$ 圆以及 $\phi12$ 孔 $\phi50$ 定位圆凸轮样板 $\phi25$ 圆	6	各圆位置不正确出现一处扣0.5分,线型不清或不规范出现一处扣0.5分	
			划1/2或1/4圆弧	阀体垫R6圆弧凸轮样板R36圆弧	3	圆弧位置不正确出现一处扣0.5分,线型不清或不规范出现一处扣0.5分	
			划直线二等分线	划阀体垫水平中心线二等分线	4	画法不正确不得分	直线等分画法
			划角度二等分线	划阀体垫 $\phi12$ 孔45°等分线	4	画法不正确不得分	角度等分画法

续上表

鉴定项目类别	鉴定项目名称	国家职业标准规定比重(%)	《框架》中鉴定要素名称	本命题中具体鉴定要素分解	配分	评分标准	考核难点说明
E	平面划线(基础线型)		划正三角形	划凸轮样板中心边长45正三角形	5	画法不正确不得分	万能量具角度器60°摆放
			划正方形	划阀体垫中心边长20的正方形	6	画法不正确不得分	45°旋转正方形画法
	平面划线(特殊线型)		划椭圆形	划凸轮样板椭圆形(长轴100,短轴80)	8	椭圆不正确不得分	椭圆几何画法
			盘形凸轮轮廓的划线	划凸轮样板R20、R80、R150、R25连接圆弧	10	圆弧连接一处不正确扣1分，线型不清或不规范出现一处扣0.5分	确定各圆弧中心位置
F	划线精度检验	10	运用测量量具实现对划线尺寸检测	使用游标卡尺、万能量具角度器对公差尺寸进行测量	4	测量尺寸读数错误出现一处扣1分	游标卡尺、万能量具角度器的读数
			曲线轮廓精度的校验方法	使用圆弧样板对凸轮样板各圆弧进行测量	4	样板检测划线圆弧不符合一处扣1分	圆弧样板的使用方法
			划线样板检验方法				
			划线仪器、设备的精度校验方法	对使用的游标卡尺、万能游标量角器使用前进行正确的精度校验	2	使用前未进行精度校验或方法不正确出现一次扣1分	游标卡尺、万能游标量角器精度校验的方法
质量、安全、工艺纪律、文明生产等综合考核项目				考核时限	不限	每超时5分钟，扣10分	
				工艺纪律	不限	依据企业有关工艺纪律规定执行，每违反一次扣10分	
				劳动保护	不限	依据企业有关劳动保护管理规定执行，每违反一次扣10分	
				文明生产	不限	依据企业有关文明生产管理规定执行，每违反一次扣10分	
				安全生产	不限	依据企业有关安全生产管理规定执行，每违反一次扣10分	

划线工(中级工)技能操作考核框架

一、框架说明

1. 依据《国家职业标准》注,以及中国北车确定的"岗位个性服从于职业共性"的原则,提出划线工(初级工)技能操作考核框架(以下简称:技能考核框架)。

2. 本职业等级技能操作考核评分采用百分制。即:满分为100分,60分为及格,低于60分为不及格。

3. 实施"技能考核框架"时,考核制件(活动)命题可以选用本企业的加工件(活动项目),也可以结合实际另外组织命题。

4. 实施"技能考核框架"时,考核的时间和场地条件等应依据《国家职业标准》,并结合企业实际确定。

5. 实施"技能考核框架"时,其"职业功能"的分类按以下要求确定:

(1)属于本职业等级技能操作的核心职业活动,其"项目代码"为"E"。

(2)属于本职业等级技能操作的辅助性活动,其"项目代码"为"D"和"F"。

6. 实施"技能考核框架"时,其"鉴定项目"和"选考题量"按以下要求确定:

(1)按照《中国北车划线工职业标准》有关技能操作鉴定比重的要求,本职业等级技能操作考核制件的"鉴定项目"应按"D"+"E"+"F"组合,其考核配分比例相应为:"D"为25分,"E"占60分,"F"占15分。

(2)依据中国北车确定的"核心职业活动选取2/3",并向上取整的规定,在"E"类鉴定项目的全部3项中,至少选取2项。

(3)依据中国北车确定的"其余鉴定项目"的数量可以任选的规定,"D"、"F"类鉴定项目"基础技能""设备维护与保养""中,至少分别选取1项。

(4)根据中国北车确定的"确定选考数量"时,所涉及"鉴定要素"的数量占比,应不低于对应鉴定项目范围内的鉴定要素总数的60%,并向上取整的规定,考核制件(活动)的鉴定要素"选考题量"应按以下要求规定:

①在"D"类"鉴定项目"中,在已选定的1个或全部鉴定项目中,至少选取已选鉴定项目所对应的全部鉴定要素的60%,并向上取整。

②在"E"类"鉴定项目"中,在已选的2个鉴定项目所包含的全部鉴定要素中,至少选取总数的60%,并向上保留整数。

③在"F"类"鉴定项目"中,对应的鉴定要素,至少选取已选鉴定项目所对应的全部鉴定要素的60%,并向上取整。

7. 本职业等级技能操作需要两人及以上共同作业的,可由鉴定组织机构根据"必要、辅助"的原则,结合实际情况确定协助人员的数量。在整个操作过程中,协助人员只能起必要、简单的辅助作用。否则,每违反一次,至少扣减应考者的技能考核总成绩10分,直至取消其考试资格。

8. 实施“技能考核框架”时，应同时对应考者在质量、安全、工艺纪律、文明生产等方面行为进行考核。对于在技能操作考核过程中出现的违章作业现象，每违反一项（次）至少扣减技能考核总成绩10分，直至取消其考试资格。

注：按照中国北车规定，各《职业技能操作考核框架》的编制依据现行的《国家职业标准》或现行的《行业职业标准》或现行的《中国北车职业标准》的顺序执行。

二、划线工（中级）技能操作鉴定要素细目表

职业功能	鉴定项目				鉴定要素		
	项目代码	名称	鉴定比重(%)	选考方式	要素代码	名称	重要程度
职业功能	D	（一）零件划线要素识别能力	25	任选	001	异型轴类零件划线要素识别	X
					002	框架类零件划线要素识别	X
					003	箱体类零件划线要素识别	X
					004	异型结构类零件划线要素识别	X
					005	齿轮、凸轮类零件划线要素识别	X
					006	复杂曲面类零件划线要素的识别	X
					007	划线工位，划线基准、划线方法的识别	X
					008	划线尺寸、划线几何精度及特殊要求的识别	X
		（二）划线工艺准备能力			001	掌握上述各类零件的制造工艺过程	Y
					002	能够独立设计上述各类零件的划线工艺	X
					003	根据零件结构合理确定定位方式，选用定位夹持元件	X
					004	根据现场作业条件正确选用零件安全有效的吊装方式	X
					005	根据零件特征要素正确选用划线基准工具、量具、涂料等	X
					006	根据零件关联要素合理进行借线	X
					007	三维坐标划线仪的正确使用	X
					008	正确设计（或选用）划线工艺样板划线	X
					009	相关使用工具的刃磨	X
					010	铸铁类材料的热处理过程及常见缺陷	Z
					011	结构件焊接特性及热处理过程	Z
		（三）其他相关技能			001	工艺尺寸链的计算	X
					002	掌握常用数学模型（锥度等）、三角函数公式计算、常用数据和用表的查阅、常用单位换算	X
					003	正确使用三维坐标仪进行空间几何尺寸的检测	X
					004	CAD绘图软件的熟练使用	X
					005	常用测量量具的正确使用	X

续上表

职业功能	鉴定项目				鉴定要素		
	项目代码	名称	鉴定比重(%)	选考方式	要素代码	名称	重要程度
专业实操技能	E	平面划线(基础线型)	60	至少选择两项	001	划水平线	X
					002	划垂直线	X
					003	划对称中心线	X
					004	划平行线	X
					005	划 30°或其整数倍角度线	X
					006	划整圆	X
					007	划任意角度圆弧	X
					008	划直线三等分线	X
					009	划角度三等分线	X
					010	划圆周三等分线	X
					011	划 30 度直角三角形	X
					012	划正五边形	X
					013	划两圆弧内切	X
					014	划两圆弧外切	X
					015	利用组合样板划线	X
		平面划线(特殊线型)			001	划椭圆形	X
					002	划弓形弧	X
					003	锥体表面的展开划线	X
					004	台体表面的展开划线	X
					005	利用公式曲线样板划线	X
					006	变位齿轮齿形的划线	X
					007	圆弧齿轮齿形的划线	X
					008	移动凸轮轮廓的划线	X
					009	圆柱凸轮轮廓的划线	X
		空间划线			001	正确识别零件划线所有特征要素	X
					002	正确区分划线零件划线关键要素、基准要素、关联要素	X
					003	确定合理的划线工序余量	X
					004	正确建立零件划线空间位置,确立划线工位	X
					005	合理选择各工位划线找正基准	X
					006	根据现场作业条件调整平衡吊装方式	X
					007	采用样板进行划线	X
					008	根据关键要素计算尺寸偏差,合理借线	X
					009	识别判定产品材料缺陷的类别	Y

续上表

职业功能	鉴定项目				鉴定要素		
	项目代码	名　称	鉴定比重(%)	选考方式	要素代码	名　称	重要程度
专业实操技能	E	空间划线		至少选择两项	010	合理进行产品标识	Y
					011	曲面的放样移图划线	X
					012	实物仿配划线	X
维修及保养	F	(一)划线工具、仪器的维护与保养	10	任选	001	掌握各类划线工具的保养维护方法	X
					002	正确使用各类润滑维护设备对划线仪器进行维护保养	X
					003	正确运用的方法对划线平台、三维划线仪进行维护保养	X
					004	划线过程中能够运用正确的方法使用划线设备与工具	X
					005	能够对轻微损坏的设备与工具进行简单的维修与恢复	Z
		(二)常用量具的使用及保养			001	掌握高度尺、万能角度尺、分度头等量具量仪的结构、刻度原理及使用方法	X
					002	了解常用量具、量仪的维护知识与保养方法，能够正确对常用量具、量仪进行维护和保养	Y

划线工(中级工)
技能操作考核样题与分析

职 业 名 称：________________

考 核 等 级：________________

存 档 编 号：________________

考核站名称：________________

鉴定责任人：________________

命题责任人：________________

主管负责人：________________

中国北车股份有限公司劳动工资部制

职业技能鉴定技能操作考核制件图示或内容

齿轮参数表	
齿数 Z	55
模数 m	6
压力角 α	20°
精度等级	7FL

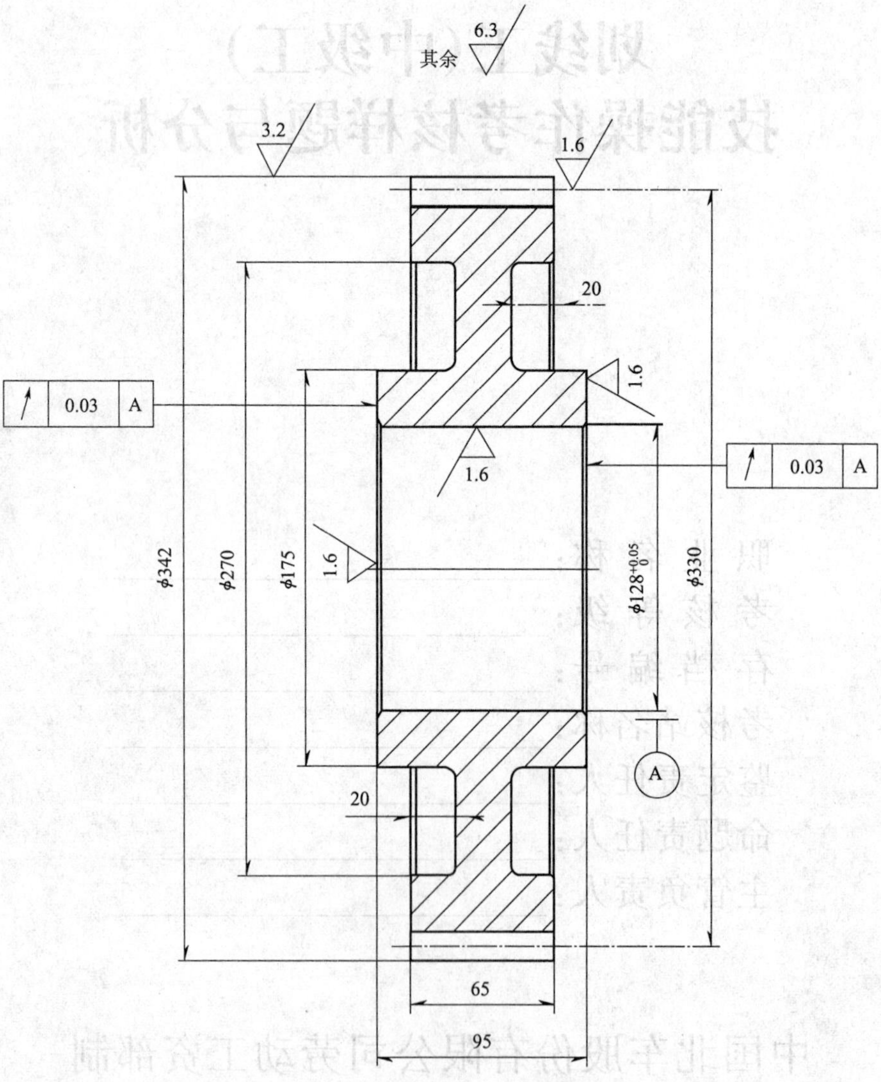

职业名称	划线工
考核等级	中级工
试题 1 名称	直齿圆柱齿轮(图 1)
材质等信息:20CrMnTi	

职业技能鉴定技能操作考核制件图示或内容

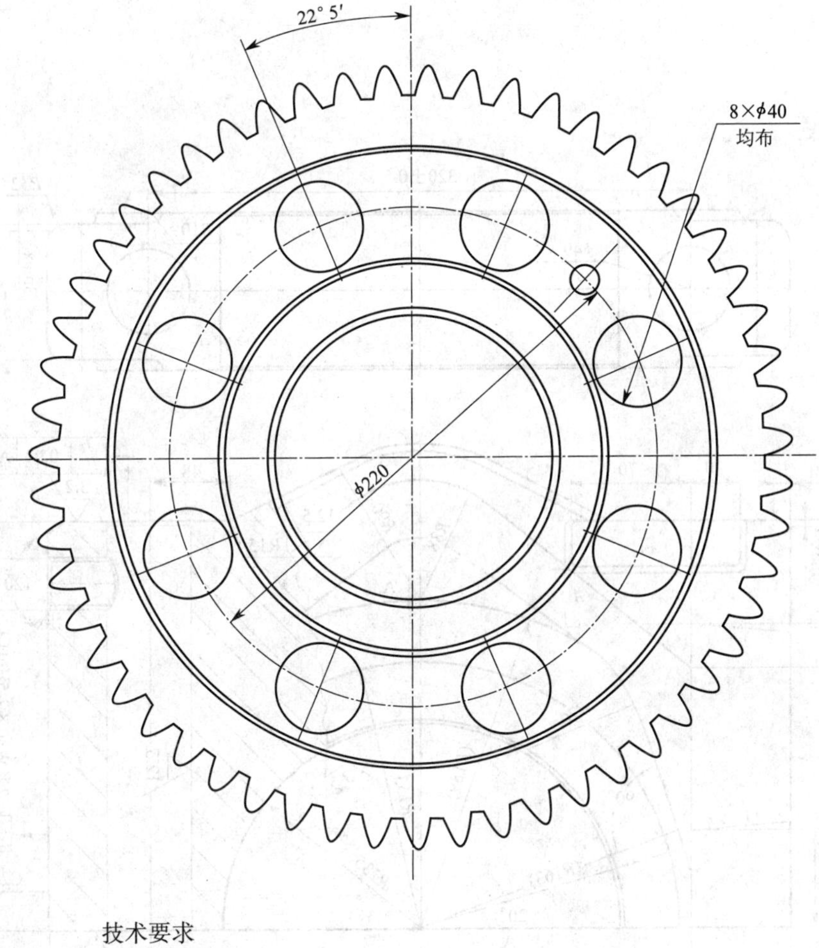

技术要求

1. 零件表面进行磁粉探伤,不得有裂纹;
2. 未注尺寸公差按 GB/T 1804-m—2000 的规定执行;
3. 未注形位公差按 GB/T 1184-K—1996 的规定执行;
4. 去毛刺和锐边,表面无锈蚀、碰伤等缺陷;
5. 齿顶倒角,齿廓端面两侧倒角 C0.2;
6. 未注倒角 C2,未注圆角 *R*1。

职业名称	划线工
考核等级	中级工
试题1名称	直齿圆柱齿轮(图 2)
材质等信息:20CrMnTi	

职业技能鉴定技能操作考核制件图示或内容

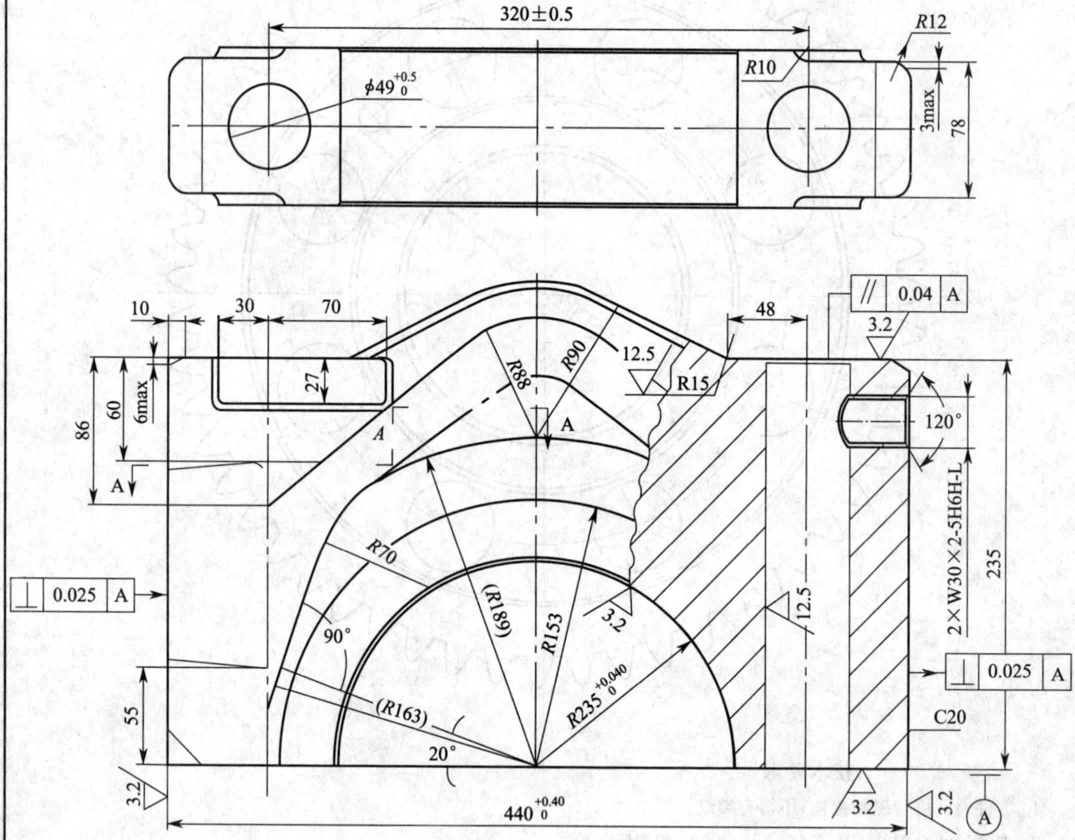

职业名称	划线工
考核等级	中级工
试题 2 名称	主轴承盖(图 1)
材质等信息:45	

职业技能鉴定技能操作考核制件图示或内容

技术要求　　其余

1. 需进行喷丸及探伤处理，表面不许有裂纹、重皮、剥离等缺陷，非加工表面上深度不大于 3 的表面缺陷允许修整成平滑过渡，探伤后退磁；

2. 未注倒角粗糙度 12.5；

3. 锐棱倒钝。

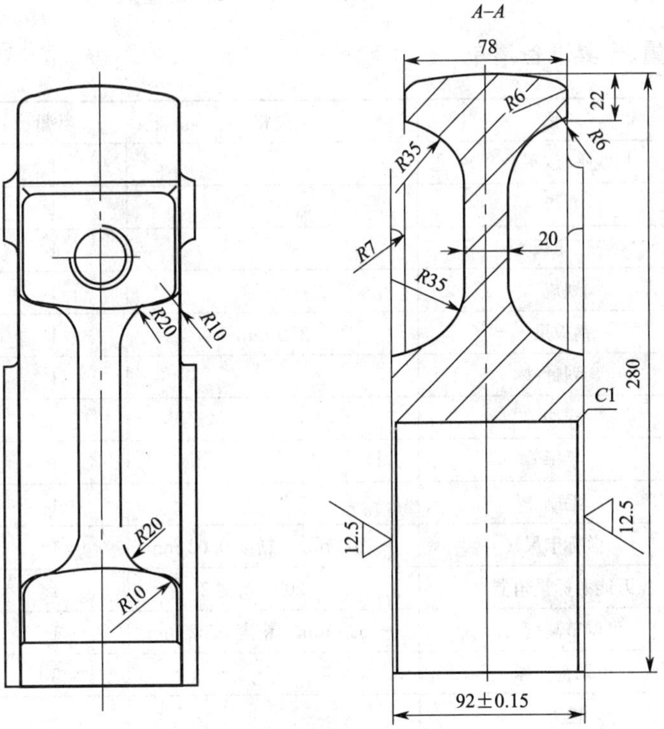

职业名称	划线工
考核等级	中级工
试题 2 名称	主轴承盖(图 2)
材质等信息：45	

职业技能鉴定技能操作考核准备单

职业名称	划线工
考核等级	中级工
试题名称	1、直齿圆柱齿轮　　2、主轴承盖

一、材料准备

1. 材料规格

(1)板料 1 块,材质 Q235;

(2)主轴承盖,材质 45,可根据工厂实际情况选用类似进行考核。

2. 坯件尺寸

(1)板料,350 mm×350 mm×100 mm,板厚可自定;

(2)主轴承盖,外形尺寸 440 mm×280 mm×92 mm(成型)。

二、设备、工、量、卡具准备清单

序号	名称	规格	数量	备注
1	划线平板(平台)		1	
2	弯板		1	
3	三角板		1	
4	划规		1	
5	钢板尺	300 mm	1	
6	划针		1	
7	样冲		1	
8	手锤		1	
9	毛刷		1	
10	游标卡尺	0～200 mm　精度 0.02 mm	1	
11	万能游标量角器	0°～320°　精度 2′	1	
12	可调节高度尺	0～500 mm　精度 0.02 mm	1	
13	可调整支撑		3	
14	锉刀		1	
15	砂纸		若干	
16	划线盘		1	
17	渐开线齿形样板,R15 圆弧样板		各 1	
18	科学计算器		1	

三、考场准备

1. 相应的公用设备、设备与器具的使用

(1)考试用划线平板(平台)工作平面的大小应满足工件划线空间需求;

(2)考试用划线平板(平台)工作平面调整处于水平状态,并经过检测符合要求;

(3)划线平板(平台)上无其他设施或者工件摆放,工作表面清洁无锈。

2. 相应的场地及安全防范措施

(1)考试可临时集中设立标准场地或选择生产现场符合规范的划线区域;

(2)考场环境光线良好,每个考试区域必须有专用照明灯;

(3)考场应干净整洁、空气流通性好,周围无作业噪声干扰。

3. 其他准备

(1)考前由考务人员检查考场各工位应准备的坯件、划线工具、量具、调整支撑、涂料等是否齐全到位;

(2)考前由考务人员检查划线平板(平台)、划线工具、量具使用状态是否完好。

四、考核内容及要求

1. 考核内容

(1)按"直齿圆柱齿轮、主轴承盖"考核制件图及尺寸要求编排划线工艺、划线步骤、计算划线尺寸完成划线。

(2)直齿圆柱齿轮齿形采用几何画法绘制1处齿形即可,其余可以借助齿形样板进行划线。

2. 考核时限

(1)鉴定考核时间为240分钟;

(2)凡在考试中进行的准备工作,所用时间均累计为考试时间;

(3)提前交件不加分,到点应立即停止操作。

3. 考核评分(表)

职业名称	划线工	考核等级	中级工		
试题名称	1、直齿圆柱齿轮　2、主轴承盖	考核时限	240分钟		
鉴定项目	考核内容	配分	评分标准	扣分说明	得分
读图识图能力	读懂直齿圆柱齿轮各视图及齿形各参数定义	2	第一步应划出坯件水平、垂直中心,未识别其中一项扣1分		
	读懂主轴承盖公差配合,根据确定划线使用的工具与量具	2	识别坯件尺寸公差,未识别一项扣0.5分		
工艺识别能力	读懂主轴承盖各视图,建立空间三维模型,准备相应的划线工具、量具等	2	划线工具、量具按要去准备齐全,出现一项遗漏不得分		
工具、量具、工装使用能力	主轴承盖找正,使用划针、划规、样冲进行各位置划线。	2	划线工具使用方法错误或者不当出现一次扣0.5分,任一划线工具损坏不得分		
	使用钢板尺、三角板、万能量具角器、游标卡尺进行相应线型的测量划线,读数正确	1	量具使用方法错误或不当出现一次扣0.5分,任一量具损坏不得分		
	使用弯板对主轴承盖进行找正	2	坯件找正错误不得分		
	划线前正确使用锉刀、毛刷对坯件棱边进行清理	1	坯件未全部按要求进行清理不得分		
数学应用能力	齿轮各参数定义及相互关系计算(包括三角函数的计算)	2	计算结果错误不得分		
	使用工具表进行齿轮设计常用参数公式或者计算函数值查找	2	公式或数值错误不得分		

续上表

鉴定项目	考核内容	配分	评分标准	扣分说明	得分
工具、量具、仪器设备的维护与保养	划针、划规、划线盘使用中、使用后正确摆放	1	工具使用后未按要求放置出现一次扣0.5分		
	钢板尺、三角板、万能量具角度器、游标卡尺使用中和使用后正确摆放	1	任一划线量具使用后未按要求放置出现一次扣0.5分		
	划线前与划线结束使用毛刷对划线平台工作表面进行清理，并用煤油作防锈处理	1	平台工作表面未全部按要求清理不得分		
	游标卡尺、万能游标量角器、可调节高度尺的有效性判定方法	1	量具使用前未进行判定直接使用或者方式错误，发现一项扣0.5分		
平面划线（特殊线型）	使用齿形样板绘制和检测齿形轮廓	6	样板使用方法错误不得分		
	齿形参数定义（模数、齿压力角、齿数、齿高、分度圆、齿顶圆等）各参数相互关系，渐开线齿形轮廓的定义与几何画法	10	线型错误或者遗漏出现一处扣0.5分，线型不清或不规范出现一处扣0.5分		
空间划线	识别主轴承盖所有需要划线的特征并进行涂色	8	对坯件所有划线部位正确涂色，遗漏或错误一处均扣0.5分		
	能够区分主轴承盖关键的划线尺寸与检查尺寸以及一般的划线尺寸与检查尺寸，识别重要的关联尺寸链	8	遗漏关键划线（检查）项一处扣1分，遗漏一般划线（检查）项一处扣0.5分		
	主轴承盖各加工面毛坯留量与划线工序留量是否符合	6	毛坯划线余量不足2 mm，且划线中未提出，出现一处扣0.5分		
	主轴承盖划线几个工位、工位顺序	5	划线工位遗漏，工位顺序颠倒，不得分		
	主轴承盖划线各工位的定位支撑面、找正基准与划线尺寸基准	6	划线定位支撑面错误不得分，划线找正基准选择错误或者明显不合理扣2分，划线尺寸基准选择明显不合理扣1分		
	正确选择主轴承盖吊装方式及吊装位置	5	吊装方式错误或者不规范（存在安全隐患）不得分，吊装过程中对工件造成轻微磕碰损坏，发现一次，扣1分，严重影响使用视情况的扣1～5分		
	R15圆弧线型使用样板进行划线或者检查	4	线型错误或者遗漏出现一处扣0.5分，线型不清或不规范出现一处扣0.5分		
	对划线出现铸造偏差较大或局部铸造余量不足应进行合理对关联基准进行借线	5	发现后立即提出并正确处置，每处加1分，发现后未提出每处扣1分		
	主轴承盖各面铸造缺陷及对产品加工及使用影响程度的判定	5	发现后立即提出并正确处置，每处加0.5分，发现后未提出每处扣0.5分，明显严重缺陷未发现或未提出视情况扣1～5分		
	对主轴承盖进行过程标识，标识在非加工面、标识应完整、清晰，易于识别	2	未进行标识不得分，标识不规范扣1分		

续上表

鉴定项目	考核内容	配分	评分标准	扣分说明	得分
划线精度检验	使用游标卡尺、万能量具角度器对公差尺寸进行测量	2	测量尺寸读数错误出现一处扣1分		
	使用圆弧样板对主轴承盖R15圆弧进行测量 使用齿形样板对划线齿形轮廓进行测量	2	样板检测不符合出现一处扣1分		
	对使用的游标卡尺、万能游标量角器使用前进行正确的精度校验	2	使用前未进行精度校验或方法不正确出现一次扣1分		
划线精度分析	根据主轴承盖设计精度与各部位工序要求确定划线允许误差	1	划线允许误差分析明显不合理不得分		
	根据主轴承盖划线允许误差正确选用划线工具和量具满足划线允许误差	1	划线工具或者量具选用明显不合理,发现一项扣0.5分		
	主轴承盖所有划线尺寸与划线基准之间基本尺寸与偏差的转换与计算	1	计算错误,每出现一处扣0.5分		
	主轴承盖出现的铸造缺陷对产品使用影响程度的分析判定及正确的处置方法	1	发现后未提出每处扣0.5分,明显严重缺陷未发现或未提出视情况扣1～3分		
质量、安全、工艺纪律、文明生产等综合考核项目	考核时限	不限	每超时5分钟,扣10分		
	工艺纪律	不限	依据企业有关工艺纪律规定执行,每违反一次扣10分		
	劳动保护	不限	依据企业有关劳动保护管理规定执行,每违反一次扣10分		
	文明生产	不限	依据企业有关文明生产管理规定执行,每违反一次扣10分		
	安全生产	不限	依据企业有关安全生产管理规定执行,每违反一次扣10分		

职业技能鉴定技能考核制件(内容)分析

<table>
<tr><td>职业名称</td><td colspan="5">划线工</td></tr>
<tr><td>考核等级</td><td colspan="5">中级工</td></tr>
<tr><td>试题名称</td><td colspan="5">1. 直齿圆柱齿轮;2. 主轴承盖</td></tr>
<tr><td>职业标准依据</td><td colspan="5">国家职业标准</td></tr>
<tr><td colspan="6">试题中鉴定项目及鉴定要素的分析与确定</td></tr>
<tr><td>鉴定项目分类 / 分析事项</td><td>基本技能“D”</td><td>专业技能“E”</td><td>相关技能“F”</td><td>合计</td><td>数量与占比说明</td></tr>
<tr><td>鉴定项目总数</td><td>5</td><td>3</td><td>2</td><td>10</td><td rowspan="6">核心职业活动鉴定项目的选取满足不低于 2/3 的原则,选取的鉴定要素数量占比满足不低于 60%的原则</td></tr>
<tr><td>选取的鉴定项目数量</td><td>5</td><td>2</td><td>2</td><td>9</td></tr>
<tr><td>选取的鉴定项目数量占比(%)</td><td>100</td><td>66.7</td><td>100</td><td>90.0</td></tr>
<tr><td>对应选取鉴定项目所包含的鉴定要素总数</td><td>21</td><td>21</td><td>12</td><td>54</td></tr>
<tr><td>选取的鉴定要素数量</td><td>13</td><td>13</td><td>8</td><td>34</td></tr>
<tr><td>选取的鉴定要素数量占比(%)</td><td>61.9</td><td>61.9</td><td>66.7</td><td>63.0</td></tr>
</table>

<table>
<tr><td colspan="8">所选取鉴定项目及相应鉴定要素分解与说明</td></tr>
<tr><td>鉴定项目类别</td><td>鉴定项目名称</td><td>国家职业标准规定比重(%)</td><td>《框架》中鉴定要素名称</td><td>本命题中具体鉴定要素分解</td><td>配分</td><td>评分标准</td><td>考核难点说明</td></tr>
<tr><td rowspan="6">D</td><td rowspan="2">读图识图能力</td><td rowspan="6">20</td><td>齿轮、凸轮类零件识图</td><td>读懂直齿圆柱齿轮各视图及齿形各参数定义</td><td>2</td><td>第一步应划出坯件水平、垂直中心,未识别其中一项扣 1 分</td><td>齿形参数定义</td></tr>
<tr><td>几何公差、公差配合、表面结构的识别</td><td>读懂主轴承盖公差配合,根据确定划线使用的工具与量具</td><td>2</td><td>识别坯件尺寸公差,未识别一项扣 0.5 分</td><td>尺寸公差与选用量具精度的适用性</td></tr>
<tr><td>工艺识别能力</td><td>读懂上述各类零件的制造工艺过程并按照工艺执行划线操作</td><td>读懂主轴承盖各视图,建立空间三维模型,准备相应的划线工具、量具等</td><td>2</td><td>划线工具、量具按要求去准备齐全,出现一项遗漏不得分</td><td>对主轴承盖加工工艺的基本掌握</td></tr>
<tr><td rowspan="3">工具、量具、工装使用能力</td><td>正确掌握各类划线工具(划针、划规、划卡、划线样板等)的功能与使用方法</td><td>主轴承盖找正使用划针、划规、样冲进行各位置划线,</td><td>2</td><td>划线工具使用方法错误或者不当出现一次扣 0.5 分,任一划线工具损坏不得分</td><td>坯件的找正方法</td></tr>
<tr><td>正确掌握各类量具(直尺、高度尺、万能角度尺、分度头等)的功能与使用方法</td><td>使用钢板尺、三角板、万能量具角器、游标卡尺进行相应线型的测量划线,读数正确</td><td>1</td><td>量具使用方法错误或不当出现一次扣 0.5 分,任一量具损坏不得分</td><td>万能量具角器的使用方法</td></tr>
<tr><td>正确掌握各类通用工装(顶镐、垫铁等)的功能与使用方法</td><td>使用弯板对主轴承盖进行找正</td><td>2</td><td>坯件找正错误不得分</td><td></td></tr>
</table>

续上表

鉴定项目类别	鉴定项目名称	国家职业标准规定比重(%)	《框架》中鉴定要素名称	本命题中具体鉴定要素分解	配分	评分标准	考核难点说明
D	工具、量具、工装使用能力	70	正确掌握其他相关工具(砂轮、锉刀的功能与使用方法	划线前正确使用锉刀、毛刷对坯件棱边进行清理	1	坯件未全部按要求进行清理不得分	
	数学应用能力		掌握常用数学模块的计算(如三角函数等)	齿轮各参数定义及相互关系计算(包括三角函数的计算)	2	计算结果错误不得分	齿形各参数相互关系
			正确查阅划线工所使用到的常用工具表(平方表、对数表、开方表)	使用工具表进行齿轮设计常用参数公式或者计算函数值查找	2	公式或数值错误不得分	
	工具、量具、仪器设备的维护与保养		掌握各类划线工具(划针、划规、划卡等)的保养维护的方法	划针、划规、划线盘使用中、使用后正确摆放	1	工具使用后未按要求放置出现一次扣0.5分	
			掌握常用量具、量仪(高度尺、万能角度尺等)进行维护和保养的方法	钢板尺、三角板、万能量具角度器、游标卡尺使用中和使用后正确摆放	1	任一划线量具使用后未按要求放置出现一次扣0.5分	万能量具角度器、游标卡尺使用后应放于量具盒
			掌握各类划线工装(平台、方箱、弯板等)维护保养的方法	划线前与划线结束使用毛刷对划线平台工作表面进行清理,并用煤油作防锈处理	1	平台工作表面未全部按要求清理不得分	
			掌握各类划线用量具有效性的判定原则	游标卡尺、万能游标量角器、可调节高度尺的有效性判定方法	1	量具使用前未进行判定直接使用或者方式错误,发现一项扣0.5分	游标卡尺、万能游标量角器、可调节高度尺的标准校对方法
E	平面划线(特殊线型)		利用公式曲线样板划线	使用齿形样板绘制和检测齿形轮廓	6	样板使用方法错误不得分	确定样板基准线
			变位齿轮齿形的划线	齿形参数定义(模数、齿压力角、齿数、齿高、分度圆、齿顶圆等)各参数相互关系渐开线齿形轮廓的定义与几何画法	10	线型错误或者遗漏出现一处扣0.5分,线型不清或不规范出现一处扣0.5分	渐开线齿形轮廓的几何画法
			圆弧齿轮齿形的划线				
	空间划线		正确识别零件划线所有特征要素	识别主轴承盖所有需要划线的特征并进行涂色	8	对坯件所有划线部位正确涂色,遗漏或错误一处均扣0.5分	主轴承盖所有加工面识别
			正确区分划线零件划线关键要素、基准要素、关联要素	能够区分主轴承盖关键的划线尺寸与检查尺寸以及一般的划线尺寸与检查尺寸,识别重要的关联尺寸链	8	遗漏关键划线(检查)项一处扣1分,遗漏一般划线(检查)项一处扣0.5分	对重要关联尺寸的识别

续上表

鉴定项目类别	鉴定项目名称	国家职业标准规定比重(%)	《框架》中鉴定要素名称	本命题中具体鉴定要素分解	配分	评分标准	考核难点说明
E	空间划线		确定合理的划线工序余量	主轴承盖各加工面毛坯留量与划线工序留量是否符合	6	毛坯划线余量不足 2 mm,且划线中未提出,出现一处扣 0.5 分	不同加工面工序留量合理性判定
			正确建立零件划线空间位置,确立划线工位	主轴承盖划线几个工位、工位顺序	5	划线工位遗漏,工位顺序颠倒,不得分	划线第一工位确定
			合理选择各工位划线找正基准	主轴承盖划线各工位的定位支撑面、找正基准与划线尺寸基准	6	划线定位支撑面错误不得分,划线找正基准选择错误或者明显不合理扣 2 分,划线尺寸基准选择明显不合理扣 1 分	第一工位的支撑定位面、找正基准
			根据现场作业条件调整平衡吊装方式	正确选择主轴承盖吊装方式及吊装位置	5	吊装方式错误或者不规范(存在安全隐患)不得分,吊装过程中对工件造成轻微磕碰损坏,发现一次,扣 1 分,严重影响使用视情况的扣 1～5 分	主轴承盖重心位置的判断
			采用样板进行划线	R15 圆弧线型使用样板进行划线或者检查	4	线型错误或者遗漏出现一处扣 0.5 分,线型不清或不规范出现一处扣 0.5 分	
			根据关键要素计算尺寸偏差,合理借线	对划线出现铸造偏差较大或局部铸造余量不足应进行合理对关联基准进行借线	5	发现后立即提出并正确处置,每处加 1 分,发现后未提出每处扣 1 分	设计关联尺寸识别
			识别判定产品材料缺陷的类别	主轴承盖各面铸造缺陷及对产品加工及使用影响程度的判定	5	发现后立即提出并正确处置,每处加 0.5 分,发现后未提出每处扣 0.5 分,明显严重缺陷未发现或未提出视情况扣 1～5 分	不同缺陷性质及产生的影响
			合理进行产品标识	对主轴承盖进行过程标识,标识在非加工面、标识应完整、清晰,易于识别	2	未进行标识不得分,标识不规范扣 1 分	过程标识的组成内容

续上表

鉴定项目类别	鉴定项目名称	国家职业标准规定比重(%)	《框架》中鉴定要素名称	本命题中具体鉴定要素分解	配分	评分标准	考核难点说明
F	划线精度检验	10	运用测量量具实现对划线尺寸检测	使用游标卡尺、万能量具角度器对公差尺寸进行测量	2	测量尺寸读数错误出现一处扣1分	游标卡尺、万能量具角度器的读数
			曲线轮廓精度的校验方法	使用圆弧样板对主轴承盖R15圆弧进行测量,使用齿形样板对划线齿形轮廓进行测量	2	样板检测不符合出现一处扣1分	样板的使用方法
			划线样板检验方法				
			划线仪器、设备的精度校验方法	对使用的游标卡尺、万能游标量角器使用前进行正确的精度校验	2	使用前未进行精度校验或方法不正确出现一次扣1分	游标卡尺、万能游标量角器精度校验方法
	划线精度分析		根据图纸工艺尺寸几何公差、装配关系的进行划线精度的允许误差分析	根据主轴承盖设计精度与各部位工序要求确定划线允许误差	1	划线允许误差分析明显不合理不得分	对主轴承盖加工工艺的掌握
			各种划线方法、划线工具的划线精度的判定与选择	根据主轴承盖划线允许误差正确选用划线工具和量具满足划线允许误差	1	划线工具或者量具选用明显不合理,发现一项扣0.5分	不同划线工具和量具划线误差范围的判别
			工艺尺寸链的计算与分析	主轴承盖所有划线尺寸与划线基准之间基本尺寸与偏差的转换与计算	1	计算错误,每出现一处扣0.5分	工艺尺寸链的定义与计算方法
			锻、铸、焊常见缺陷及影响的判定	主轴承盖出现的铸造缺陷对产品使用影响程度的分析判定及正确的处置方法	1	发现后未提出每处扣0.5分,明显严重缺陷未发现或未提出视情况扣1~3分	不同缺陷对产品影响程度判定
质量、安全、工艺纪律、文明生产等综合考核项目				考核时限	不限	每超时5分钟,扣10分	
				工艺纪律	不限	依据企业有关工艺纪律规定执行,每违反一次扣10分	
				劳动保护	不限	依据企业有关劳动保护管理规定执行,每违反一次扣10分	
				文明生产	不限	依据企业有关文明生产管理规定执行,每违反一次扣10分	
				安全生产	不限	依据企业有关安全生产管理规定执行,每违反一次扣10分	

划线工(高级工)技能操作考核框架

一、框架说明

1. 依据《国家职业标准》注，以及中国北车确定的"岗位个性服从于职业共性"的原则，提出划线工(初级工)技能操作考核框架(以下简称：技能考核框架)。

2. 本职业等级技能操作考核评分采用百分制。即：满分为100分，60分为及格，低于60分为不及格。

3. 实施"技能考核框架"时，考核制件(活动)命题可以选用本企业的加工件(活动项目)，也可以结合实际另外组织命题。

4. 实施"技能考核框架"时，考核的时间和场地条件等应依据《国家职业标准》，并结合企业实际确定。

5. 实施"技能考核框架"时，其"职业功能"的分类按以下要求确定：

(1)属于本职业等级技能操作的核心职业活动，其"项目代码"为"E"。

(2)属于本职业等级技能操作的辅助性活动，其"项目代码"为"D"和"F"。

6. 实施"技能考核框架"时，其"鉴定项目"和"选考题量"按以下要求确定：

(1)按照《中国北车划线工职业标准》有关技能操作鉴定比重的要求，本职业等级技能操作考核制件的"鉴定项目"应按"D"＋"E"＋"F"组合，其考核配分比例相应为："D"为25分，"E"占60分，"F"占15分。

(2)依据中国北车确定的"核心职业活动选取2/3"，并向上取整的规定，在"E"类鉴定项目的全部3项中，至少选取2项。

(3)依据中国北车确定的"其余鉴定项目"的数量可以任选的规定，"D"、"F"类鉴定项目"基础技能""设备维护与保养""中，至少分别选取1项。

(4)根据中国北车确定的"确定选考数量"时，所涉及"鉴定要素"的数量占比，应不低于对应鉴定项目范围内的鉴定要素总数的60%，并向上取整的规定，考核制件(活动)的鉴定要素"选考题量"应按以下要求规定：

①在"D"类"鉴定项目"中，在已选定的1个或全部鉴定项目中，至少选取已选鉴定项目所对应的全部鉴定要素的60%，并向上取整。

②在"E"类"鉴定项目"中，在已选的2个鉴定项目所包含的全部鉴定要素中，至少选取总数的60%，并向上保留整数。

③在"F"类"鉴定项目"中，对应的鉴定要素，至少选取已选鉴定项目所对应的全部鉴定要素的60%，并向上取整。

7. 本职业等级技能操作需要两人及以上共同作业的，可由鉴定组织机构根据"必要、辅助"的原则，结合实际情况确定协助人员的数量。在整个操作过程中，协助人员只能起必要、简单的辅助作用。否则，每违反一次，至少扣减应考者的技能考核总成绩10分，直至取消其考试资格。

8. 实施“技能考核框架”时,应同时对应考者在质量、安全、工艺纪律、文明生产等方面行为进行考核。对于在技能操作考核过程中出现的违章作业现象,每违反一项(次)至少扣减技能考核总成绩10分,直至取消其考试资格。

注:按照中国北车规定,各《职业技能操作考核框架》的编制依据现行的《国家职业标准》或现行的《行业职业标准》或现行的《中国北车职业标准》的顺序执行。

二、划线工(高级工)技能操作鉴定要素细目表

职业功能	鉴定项目				鉴定要素		
	项目代码	名称	鉴定比重(%)	选考方式	要素代码	名称	重要程度
职业功能	D	(一)零件划线要素识别能力	25	任选	001	异型轴类零件划线要素识别	X
					002	框架类零件划线要素识别	X
					003	箱体类零件划线要素识别	X
					004	异型结构类零件划线要素识别	X
					005	齿轮、凸轮类零件划线要素识别	X
					006	复杂曲面类零件划线要素的识别	X
					007	划线工位,划线基准、划线方法的识别	X
					008	划线尺寸、划线几何精度及特殊要求的识别	X
		(二)划线工艺准备能力			001	掌握上述各类零件的制造工艺过程	Y
					002	能够独立设计上述各类零件的划线工艺	X
					003	根据零件结构合理确定定位方式,选用定位夹持元件	X
					004	根据现场作业条件正确选用零件安全有效的吊装方式	X
					005	根据零件特征要素正确选用划线基准工具、量具、涂料等	X
					006	根据零件关联要素合理进行借线	X
					007	三维坐标划线仪的正确使用	X
					008	正确设计(或选用)划线工艺样板划线	X
					009	相关使用工具的刃磨	X
					010	铸铁类材料的热处理过程及常见缺陷	Z
					011	结构件焊接特性及热处理过程	Z
		(三)其他相关技能			001	工艺尺寸链的计算	X
					002	掌握常用数学模型(锥度等)、三角函数公式计算、常用数据和用表的查阅、常用单位换算	X
					003	正确使用三维坐标仪进行空间几何尺寸的检测	X
					004	CAD绘图软件的熟练使用	X
					005	常用测量量具的正确使用	X

续上表

职业功能	鉴定项目				鉴定要素		
	项目代码	名 称	鉴定比重(%)	选考方式	要素代码	名 称	重要程度
专业实操技能	E	平面划线（基础线型）	60	至少选择两项	001	划水平线	X
					002	划垂直线	X
					003	划对称中心线	X
					004	划平行线	X
					005	划任意角度线	X
					006	划整圆	X
					007	划任意角度圆弧	X
					008	划直线等分线	X
					009	划角度等分线	X
					010	利用万能分度头划圆周任意等分线	X
					011	划任意多边形	X
					012	划两圆弧内切	X
					013	划两圆弧外切	X
					014	划直线与圆弧组合图形	X
					015	利用组合样板划线	X
		平面划线（特殊线型）			001	划抛物线	X
					002	划双曲线	X
					003	柱、锥、台的组合体的表面展开图划线	X
					004	利用公式曲线样板划线	X
					005	摆线轮齿形的划线	X
					006	链轮齿形的划线	X
					007	棘轮棘爪的划线	X
					008	圆锥凸轮轮廓的划线	X
		空间划线			001	正确识别零件划线所有特征要素	X
					002	正确区分划线零件划线关键要素、基准要素、关联要素	X
					003	确定合理的划线工序余量	X
					004	正确建立零件划线空间位置，确立划线工位	X
					005	合理选择各工位划线找正基准	X
					006	根据现场作业条件调整平衡吊装方式	X
					007	采用样板进行划线	X
					008	根据关键要素计算尺寸偏差，合理借线	X
					009	识别判定产品材料缺陷的类别	Y
					010	合理进行产品标识	Y
					011	曲面的放样移图划线	X
					012	大型、重型零件拉线法、吊线法划线	X

续上表

职业功能	鉴定项目				鉴定要素		
	项目代码	名称	鉴定比重(%)	选考方式	要素代码	名称	重要程度
维修与保养	F	(一)划线工具、仪器的维护与保养	15	任选	001	掌握各类划线工具的保养维护方法	X
					002	正确使用各类润滑维护设备对划线仪器进行维护保养	X
					003	正确运用的方法对划线平台、三维划线仪进行维护保养	X
					004	划线过程中能够运用正确的方法使用划线设备与工具	X
					005	能够对轻微损坏的设备与工具进行简单的维修与恢复	Z
		(二)常用量具的使用及保养			001	掌握高度尺、万能角度尺、分度头等量具量仪的结构、刻度原理及使用方法	X
					002	了解常用量具、量仪的维护知识与保养方法,能够正确对常用量具、量仪进行维护和保养	Y

划线工(高级工)
技能操作考核样题与分析

职 业 名 称：______________________

考 核 等 级：______________________

存 档 编 号：______________________

考核站名称：______________________

鉴定责任人：______________________

命题责任人：______________________

主管负责人：______________________

中国北车股份有限公司劳动工资部制

职业技能鉴定技能操作考核制件图示或内容

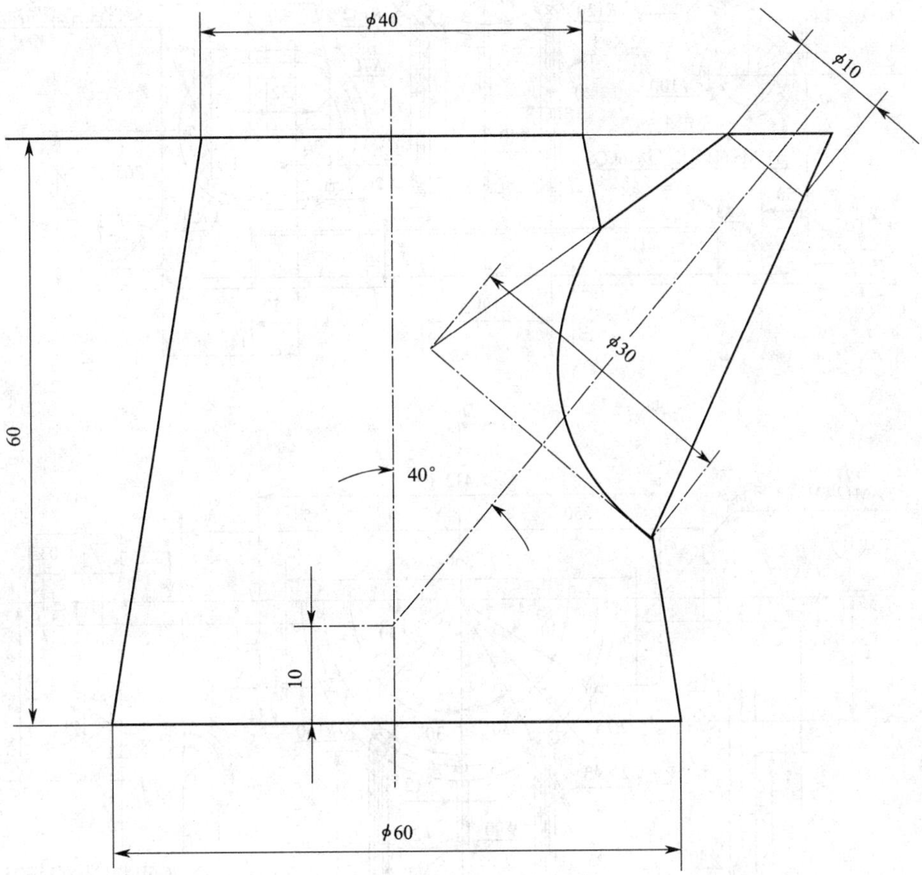

职业名称	划线工
考核等级	高级工
试题 1 名称	水壶展开划线
材质等信息：Q235	

职业技能鉴定技能操作考核制件图示或内容

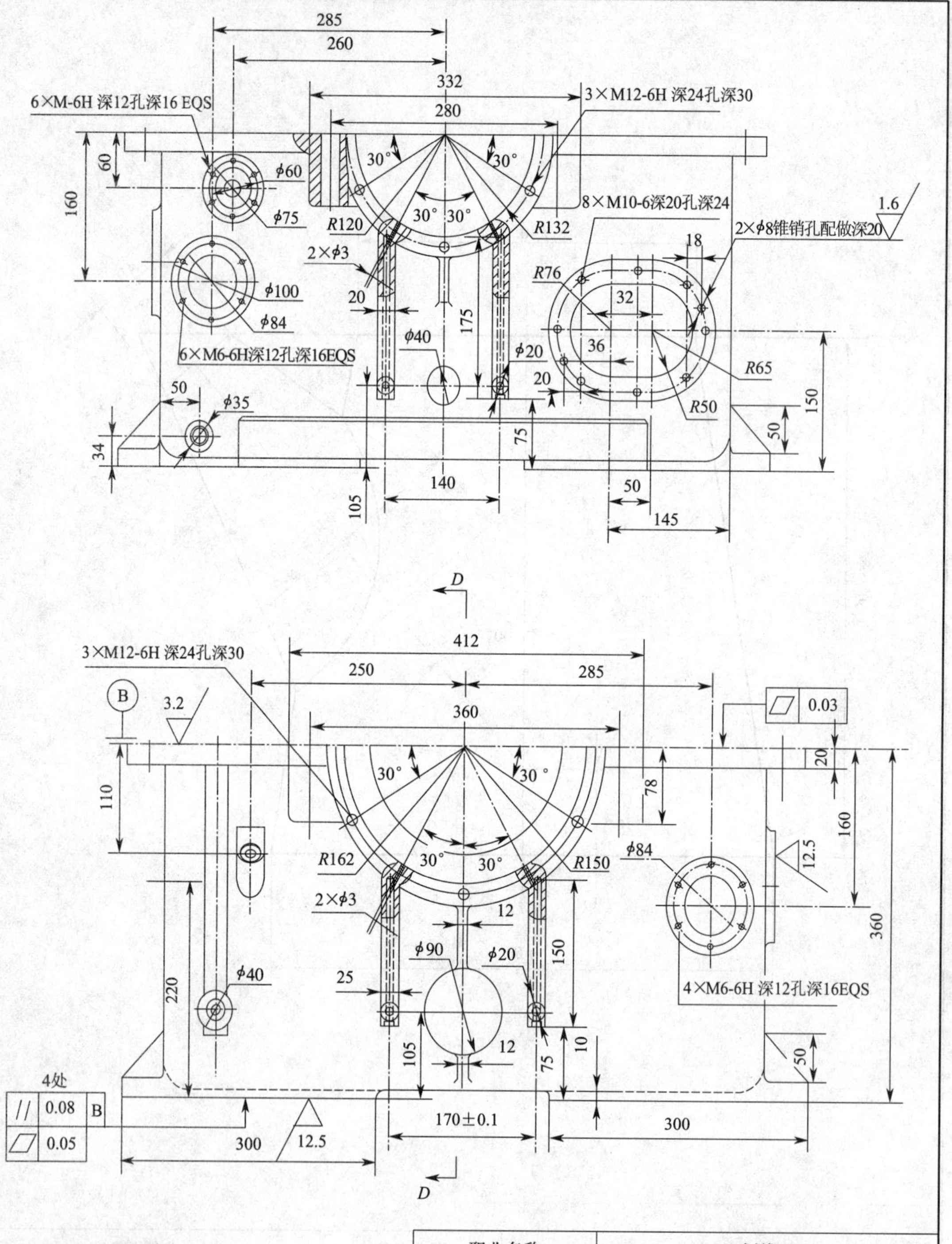

职业名称	划线工
考核等级	高级工
试题2名称	减速箱下箱体(图1)
材质等信息:ZG230-450	

职业技能鉴定技能操作考核制件图示或内容

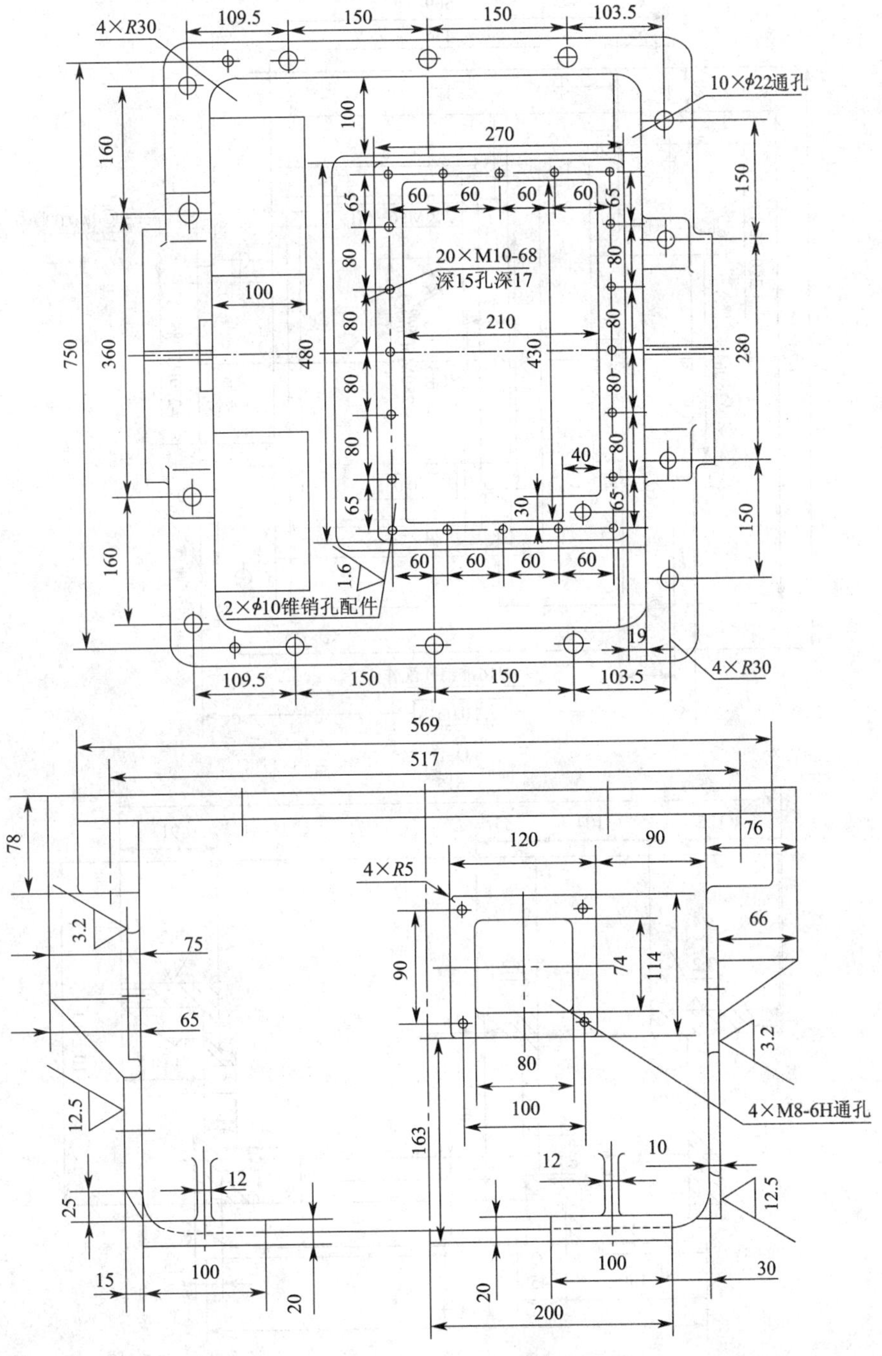

职业名称	划线工
考核等级	高级工
试题 2 名称	减速箱下箱体(图 2)
材质等信息:ZG230-450	

职业技能鉴定技能操作考核制件图示或内容

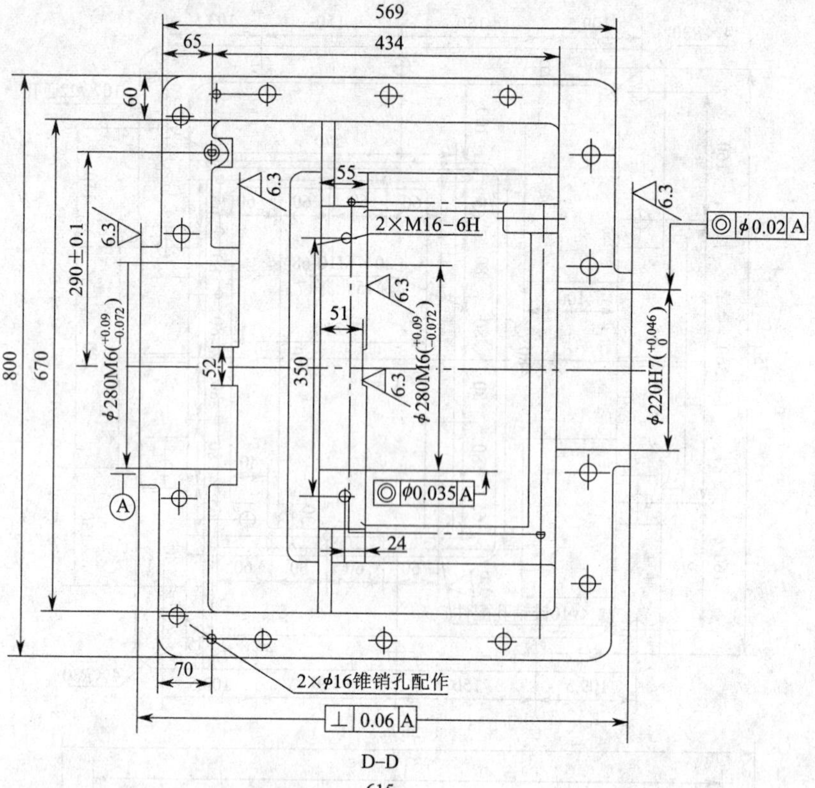

职业名称	划线工
考核等级	高级工
试题2名称	减速箱下箱体(图3)
材质等信息:ZG230-450	

职业技能鉴定技能操作考核制件图示或内容

其余

技 术 要 求

1. 未注明的铸造圆角半径为 $R5$，壁厚为 15。

2. 未注明的螺纹孔的粗糙度为 12.5 。

3. ϕ280 和 ϕ220 的孔与上箱体装配后加工。

职业名称	划线工
考核等级	高级工
试题 2 名称	减速箱下箱体(图 4)
材质等信息：ZG230-450	

职业技能鉴定技能操作考核准备单

职业名称	划线工
考核等级	高级工
试题名称	1. 水壶展开划线 2. 减速箱下箱体

一、材料准备

1. 材料规格

(1)板料1块,材质Q235;

(2)减速箱下箱体,材质ZG230-450,可根据工厂实际情况选用其他箱体进行考核。

2. 坯件尺寸

(1)板料,300 mm×200 mm,板厚自定;

(2)减速箱下箱体,外形尺寸790 mm×615 mm×360 mm(成型)。

二、设备、工、量、卡具准备清单

序号	名 称	规 格	数量	备注
1	划线平板(平台)		1	
2	三维划线仪		1	条件允许
3	三角板		1	
4	划规		1	
5	钢板尺	300 mm	1	
6	划针		1	
7	样冲		1	
8	手锤		1	
9	毛刷		1	
10	游标卡尺	0～200 mm 精度0.02 mm	1	
11	万能游标量角器	0°～320° 精度2′	1	
12	可调节高度尺	0～500 mm 精度0.02 mm	1	
13	可调整支撑		3	
14	锉刀		1	
15	砂纸		若干	
16	划线盘		1	
17	水壶相贯线展开划线样板		1	
18	科学计算器		1	

三、考场准备

1. 相应的公用设备、设备与器具的使用

(1)考试用划线平板(平台)工作平面的大小应满足工件划线空间需求,现场条件允许情况下对下箱体划线可以使用三维划线仪实施考核;

(2)考试用划线平板(平台)工作平面调整处于水平状态,并经过检测符合要求;

(3)划线平板(平台)上无其他设施或者工件摆放,工作表面清洁无锈。

2. 相应的场地及安全防范措施

(1)考试可临时集中设立标准场地或选择生产现场符合规范的划线区域；

(2)考场环境光线良好，每个考试区域必须有专用照明灯；

(3)考场应干净整洁、空气流通性好，周围无作业噪声干扰。

3. 其他准备

(1)考前由考务人员检查考场各工位应准备的坯件、划线工具、量具、调整支撑、涂料等是否齐全到位；

(2)考前由考务人员检查划线平板(平台)、划线工具、量具使用状态是否完好。

四、考核内容及要求

1. 考核内容

按"水壶、减速箱下箱体"考核制件图及尺寸要求编排划线工艺、划线步骤、计算水壶水壶划线尺寸完成坯件划线。

2. 考核时限

(1)鉴定考核时间为360分钟；

(2)凡在考试中进行的准备工作，所用时间均累计为考试时间；

(3)提前交件不加分，到点应立即停止操作。

3. 考核评分(表)

职业名称	划 线 工	考核等级	高 级 工		
试题名称	1. 水壶展开划线 2. 减速箱下箱体	考核时限	360分钟		
鉴定项目	考核内容	配分	评分标准	扣分说明	得分
读图识图能力	了解减速箱用途，读懂下箱体各视图，确定视图中的X、Y、Z方向的设计基准及加工符号	1	X、Y、Z方向设计基准，未识别其中一项或错误均扣0.5分		
	读懂水壶平面主视图，建立三维模型组合体	1	水壶三维模型组合体的分解未识别其中一项或错误均扣0.5分		
	读懂减速箱下箱轴承座孔公差配合，根据确定划线使用的工具与量具	1	识别坯件尺寸公差，未识别一项扣0.5分		
工艺识别能力	读懂减速箱下箱体各视图，建立空间三维模型，准备相应的划线工具、量具等	1	划线工具、量具按要去准备齐全，出现一项遗漏不得分		
	减速箱下箱体划线顺序及划线步骤，绘制划线简单图示	1	划线顺序错误或者明显不合理不得分，划线步骤错误每发现一项扣0.5分		
工具、量具、工装使用能力	水壶展开、减速箱下箱找正，使用划针、划规、样冲进行各位置划线	1	划线工具使用方法错误或者不当出现一次扣0.5分，任一划线工具损坏不得分		
	使用钢板尺、三角板、万能量具角器、游标卡尺进行相应线型的测量划线，读数正确	1	量具使用方法错误或不当出现一次扣0.5分，任一量具损坏不得分		
	使用可调整支撑进行坯件支撑与找正调整	1	坯件找正错误不得分		
	划线前正确使用锉刀、毛刷对坯件棱边进行清理	1	坯件未全部按要求进行清理不得分		

续上表

鉴定项目	考核内容	配分	评分标准	扣分说明	得分
数学应用能力	水壶的展开画法中对园周长、扇形圆心角以及三角函数的计算方法的正确运用	1	计算结果错误不得分		
工具、量具、仪器设备的维护与保养	划针、划规、划线盘使用中、使用后正确摆放	1	工具使用后未按要求放置出现一次扣0.5分		
	钢板尺、三角板、万能量具角度器、游标卡尺使用中和使用后正确摆放	1	任一划线量具使用后未按要求放置出现一次扣0.5分		
	划线前与划线结束使用毛刷对划线平台工作表面进行清理，并用煤油作防锈处理	1	平台工作表面未全部按要求清理不得分		
	三维划线仪显示设置调整，划线操作与检测读数	1	操作错误每出现一项扣0.5分，出现重大失误致仪器损坏不得分		
	游标卡尺、万能游标量角器、可调节高度尺的有效性判定方法	1	量具使用前未进行判定直接使用或者方式错误，发现一项扣0.5分		
平面划线（特殊线型）	壶体展开图几何形状	5	线型错误或者遗漏出现一处扣0.5分，线型不清或不规范出现一处扣0.5分		
	壶嘴的展开图几何形状	5	线型错误或者遗漏出现一处扣0.5分，线型不清或不规范出现一处扣0.5分		
	壶体与壶嘴实体连接处的展开图几何形状画法与检查	6	线型错误或者遗漏出现一处扣0.5分，线型不清或不规范出现一处扣0.5分		
空间划线	识别减速箱下箱体所有需要划线的特征并进行涂色	8	对坯件所有划线部位正确涂色，遗漏或错误一处均扣0.5分		
	能够区分减速箱下箱体关键的划线尺寸与检查尺寸以及一般的划线尺寸与检查尺寸，识别重要的关联尺寸链	8	遗漏关键划线（检查）项一处扣1分，遗漏一般划线（检查）项一处扣0.5分		
	减速箱下箱体各加工面毛坯留量与划线工序留量是否符合	6	毛坯划线余量不足3 mm，且划线中未提出，出现一处扣0.5分		
	减速箱下箱体划线几个工位、工位顺序	5	划线工位遗漏，工位顺序颠倒，不得分		
	减速箱下箱体划线各工位的定位支撑面、找正基准与划线尺寸基准	6	划线定位支撑面错误不得分，划线找正基准选择错误或者明显不合理扣2分，划线尺寸基准选择明显不合理扣1分		
	正确选择减速箱下箱体吊装方式及吊装位置	5	吊装方式错误或者不规范（存在安全隐患）不得分，吊装过程中对工件造成轻微磕碰损坏，发现一次，扣1分，严重影响使用视情况的扣1～5分		
	特殊圆弧线型使用样板进行划线或者检查	4	线型错误或者遗漏出现一处扣0.5分，线型不清或不规范出现一处扣0.5分		
	对划线出现铸造偏差较大或局部铸造余量不足应进行合理对关联基准进行借线	5	发现后立即提出并正确处置，每处加1分，发现后未提出每处扣1分		

续上表

鉴定项目	考核内容	配分	评分标准	扣分说明	得分
划线精度分析	减速箱下箱体各面铸造缺陷及对产品加工及使用影响程度的判定	5	发现后立即提出并正确处置,每处加0.5分,发现后未提出每处扣0.5分,明显严重缺陷未发现或未提出视情况扣1～5分		
	对减速箱下箱体进行过程标识,标识在非加工面、标识应完整、清晰,易于识别	2	未进行标识不得分,标识不规范扣1分		
	根据减速箱下箱体设计精度与各部位工序要求确定划线允许误差	5	划线允许误差分析明显不合理不得分		
	根据减速箱下箱体划线允许误差正确选用划线工具和量具满足划线允许误差	4	划线工具或者量具选用明显不合理,发现一项扣0.5分		
	减速箱下箱体所有划线尺寸与划线基准之间基本尺寸与偏差的转换与计算	3	计算错误,每出现一处扣0.5分		
	减速箱下箱体出现的铸造缺陷对产品使用影响程度的分析判定及正确的处置方法	3	发现后未提出每处扣0.5分,明显严重缺陷未发现或未提出视情况扣1～3分		
质量、安全、工艺纪律、文明生产等综合考核项目	考核时限	不限	每超时5分钟,扣10分		
	工艺纪律	不限	依据企业有关工艺纪律规定执行,每违反一次扣10分		
	劳动保护	不限	依据企业有关劳动保护管理规定执行,每违反一次扣10分		
	文明生产	不限	依据企业有关文明生产管理规定执行,每违反一次扣10分		
	安全生产	不限	依据企业有关安全生产管理规定执行,每违反一次扣10分		

职业技能鉴定技能考核制件(内容)分析

职业名称	划线工				
考核等级	高级工				
试题名称	1、水壶展开划线 2、减速箱下箱体				
职业标准依据	国家职业标准				
试题中鉴定项目及鉴定要素的分析与确定					
鉴定项目分类 / 分析事项	基本技能“D”	专业技能“E”	相关技能“F”	合计	数量与占比说明
鉴定项目总数	5	3	2	10	
选取的鉴定项目数量	5	2	1	8	
选取的鉴定项目数量占比(%)	100	66.7	50.0	80.0	核心职业活动鉴定项目的选取满足不低于2/3的原则,选取的鉴定要素数量占比满足不低于60%的原则
对应选取鉴定项目所包含的鉴定要素总数	21	20	6	47	
选取的鉴定要素数量	15	12	4	31	
选取的鉴定要素数量占比(%)	71.4	60.0	66.7	66.0	

所选取鉴定项目及相应鉴定要素分解与说明

鉴定项目类别	鉴定项目名称	国家职业标准规定比重(%)	《框架》中鉴定要素名称	本命题中具体鉴定要素分解	配分	评分标准	考核难点说明
D	读图识图能力	15	箱体类零件划线要素识别	了解减速箱用途,读懂下箱体各视图,确定视图中的X、Y、Z方向的设计基准及加工符号	1	X、Y、Z方向设计基准,未识别其中一项或错误均扣0.5分	识别图形设计基准
			异型结构类零件划线要素识别	读懂水壶平面主视图,建立三维模型组合体	1	水壶三维模型组合体的分解未识别其中一项或错误均扣0.5分	壶体和壶嘴三维模型建立
			几何公差、公差配合、表面结构的识别	读懂减速箱下箱轴承座孔公差配合,根据确定划线使用的工具与量具	1	识别坯件尺寸公差,未识别一项扣0.5分	尺寸公差与选用量具精度的适用性
	工艺识别能力		读懂上述各类零件的制造工艺过程并按照工艺执行划线操作	读懂减速箱下箱体各视图,建立空间三维模型,准备相应的划线工具、量具等	1	划线工具、量具按要去准备齐全,出现一项遗漏不得分	对减速箱下箱体加工工艺的基本掌握
			能够自行设计箱体类类零件的划线工艺	减速箱下箱体划线顺序及划线步骤,绘制划线简单图示	1	划线顺序错误或者明显不合理不得分,划线步骤错误每发现一项扣0.5分	
	工具、量具、工装使用能力		正确掌握各类划线工具(划针、划规、划卡、划线样板等)的功能与使用方法	水壶展开、减速箱下箱找正,使用划针、划规、样冲进行,各位置划线,	1	划线工具使用方法错误或者不当出现一次扣0.5分,任一划线工具损坏不得分	坯件的找正方法

续上表

鉴定项目类别	鉴定项目名称	国家职业标准规定比重(%)	《框架》中鉴定要素名称	本命题中具体鉴定要素分解	配分	评分标准	考核难点说明
D	工具、量具、工装使用能力		正确掌握各类量具(直尺、高度尺、万能角度尺、分度头等)的功能与使用方法	使用钢板尺、三角板、万能量具角器、游标卡尺进行相应线型的测量划线,读数正确	1	量具使用方法错误或不当出现一次扣0.5分,任一量具损坏不得分	万能量具角器的使用方法
			正确掌握各类通用工装(顶镐、垫铁等)的功能与使用方法	使用可调整支撑进行坯件支撑与找正调整	1	坯件找正错误不得分	对角调整方法
			正确掌握其他相关工具(砂轮、锉刀的功能与使用方法	划线前正确使用锉刀、毛刷对坯件棱边进行清理	1	坯件未全部按要求进行清理不得分	
	数学应用能力		掌握常用数学模块的计算(如三角函数等)	水壶的展开画法中对园周长、扇形圆心角以及三角函数的计算方法的正确运用	1	计算结果错误不得分	扇形圆心角度以及三角函数的计算公式
	工具、量具、仪器设备的维护与保养		掌握各类划线工具(划针、划规、划卡等)的保养维护的方法	划针、划规、划线盘使用中、使用后正确摆放	1	工具使用后未按要求放置出现一次扣0.5分	
			掌握常用量具、量仪(高度尺、万能角度尺等)进行维护和保养的方法	钢板尺、三角板、万能量具角度器、游标卡尺使用中和使用后正确摆放	1	任一划线量具使用后未按要求放置出现一次扣0.5分	万能量具角度器、游标卡尺使用后应放于量具盒
			掌握各类划线工装(平台、方箱、弯板等)维护保养的方法	划线前与划线结束使用毛刷对划线平台工作表面进行清理,并用煤油作防锈处理	1	平台工作表面未全部按要求清理不得分	
			掌握各类划线设备(万能分度头、三维划线仪等)保养维护的方法	三维划线仪显示设置调整,划线操作与检测读数	1	操作错误每出现一项扣0.5分,出现重大失误致仪器损坏不得分	三维划线仪的功能操作
			掌握各类划线用量具有效性的判定原则	游标卡尺、万能游标量角器、可调节高度尺的有效性判定方法	1	量具使用前未进行判定直接使用或者方式错误,发现一项扣0.5分	游标卡尺、万能游标量角器、可调节高度尺的标准校对方法
E	平面划线(特殊线型)	70	柱、锥、台的组合体的表面展开图划线	壶体展开图几何形状	5	线型错误或者遗漏出现一处扣0.5分,线型不清或不规范出现一处扣0.5分	棱台的展开几何画法
				壶嘴的展开图几何形状	5		
			利用公式曲线样板划线	壶体与壶嘴实体连接处的展开图几何形状画法与检查	6	线型错误或者遗漏出现一处扣0.5分,线型不清或不规范出现一处扣0.5分	相贯线的展开的几何画法

续上表

鉴定项目类别	鉴定项目名称	国家职业标准规定比重(%)	《框架》中鉴定要素名称	本命题中具体鉴定要素分解	配分	评分标准	考核难点说明
E	空间划线		正确识别零件划线所有特征要素	识别减速箱下箱体所有需要划线的特征并进行涂色	8	对坯件所有划线部位正确涂色,遗漏或错误一处均扣0.5分	减速箱下箱所有加工面识别
			正确区分划线零件划线关键要素、基准要素、关联要素	能够区分减速箱下箱体关键的划线尺寸与检查尺寸以及一般的划线尺寸与检查尺寸,识别重要的关联尺寸链	8	遗漏关键划线(检查)项一处扣1分,遗漏一般划线(检查)项一处扣0.5分	对重要关联尺寸的识别
			确定合理的划线工序余量	减速箱下箱体各加工面毛坯留量与划线工序留量是否符合	6	毛坯划线余量不足3 mm,且划线中未提出,出现一处扣0.5分	不同加工面工序留量合理性判定
			正确建立零件划线空间位置,确立划线工位	减速箱下箱体划线几个工位、工位顺序	5	划线工位遗漏,工位顺序颠倒,不得分	划线第一工位确定
			合理选择各工位划线找正基准	减速箱下箱体划线各工位的定位支撑面、找正基准与划线尺寸基准	6	划线定位支撑面错误不得分,划线找正基准选择错误或者明显不合理扣2分,划线尺寸基准选择明显不合理扣1分	第一工位的支撑定位面、找正基准
			根据现场作业条件调整平衡吊装方式	正确选择减速箱下箱体吊装方式及吊装位置	5	吊装方式错误或者不规范(存在安全隐患)不得分,吊装过程中对工件造成轻微磕碰损坏,发现一次,扣1分,严重影响使用视情况的扣1~5分	减速箱下箱体重心位置的判断
			采用样板进行划线	特殊圆弧线型使用样板进行划线或者检查	4	线型错误或者遗漏出现一处扣0.5分,线型不清或不规范出现一处扣0.5分	
			根据关键要素计算尺寸偏差,合理借线	对划线出现铸造偏差较大或局部铸造余量不足应进行合理对关联基准进行借线	5	发现后立即提出并正确处置,每处加1分,发现后未提出每处扣1分	设计关联尺寸识别
			识别判定产品材料缺陷的类别	减速箱下箱体各面铸造缺陷及对产品加工及使用影响程度的判定	5	发现后立即提出并正确处置,每处加0.5分,发现后未提出每处扣0.5分,明显严重缺陷未发现或未提出视情况扣1~5分	不同缺陷性质及产生的影响

续上表

鉴定项目类别	鉴定项目名称	国家职业标准规定比重(%)	《框架》中鉴定要素名称	本命题中具体鉴定要素分解	配分	评分标准	考核难点说明
E	空间划线		合理进行产品标识	对减速箱下箱体进行过程标识,标识在非加工面、标识应完整、清晰,易于识别	2	未进行标识不得分,标识不规范扣1分	过程标识的组成内容
F	划线精度分析	15	根据图纸工艺尺寸几何公差、装配关系的进行划线精度的允许误差分析	根据减速箱下箱体设计精度与各部位工序要求确定划线允许误差	5	划线允许误差分析明显不合理不得分	对减速箱下箱体加工工艺的掌握
			各种划线方法、划线工具的划线精度的判定与选择	根据减速箱下箱体划线允许误差正确选用划线工具和量具满足划线允许误差	4	划线工具或者量具选用明显不合理,发现一项扣0.5分	不同划线工具和量具划线误差范围的判别
			工艺尺寸链的计算与分析	减速箱下箱体所有划线尺寸与划线基准之间基本尺寸与偏差的转换与计算	3	计算错误,每出现一处扣0.5分	工艺尺寸链的定义与计算方法
			锻、铸、焊常见缺陷及影响的判定	减速箱下箱体出现的铸造缺陷对产品使用影响程度的分析判定及正确的处置方法	3	发现后未提出每处扣0.5分,明显严重缺陷未发现或未提出视情况扣1~3分	不同缺陷对产品影响程度判定
质量、安全、工艺纪律、文明生产等综合考核项目				考核时限	不限	每超时5分钟,扣10分	
				工艺纪律	不限	依据企业有关工艺纪律规定执行,每违反一次扣10分	
				劳动保护	不限	依据企业有关劳动保护管理规定执行,每违反一次扣10分	
				文明生产	不限	依据企业有关文明生产管理规定执行,每违反一次扣10分	
				安全生产	不限	依据企业有关安全生产管理规定执行,每违反一次扣10分	

参 考 文 献

［1］ GB/T131－2006 产品几何技术规范(GPS)技术产品文件中表面结构的表示法
［2］ GB/T 4458.4—1984 机械制图 尺寸注法
［3］ GB/T 4458.1—2002 机械制图 图样画法 视图
［4］ GB/T 4458.2—2003 机械制图 装配图中零、部件序号及其编排方法
［5］ GB/T 4458.3—1984 机械制图 轴测图
［6］ GB/T 4458.4—1984 机械制图 尺寸注法
［7］ GB/T 4458.5—2003 机械制图 尺寸公差与配合注法
［8］ GB/T 1182—2008 产品几何技术规范(GPS)几何公差 形状、方向、位置和跳动公差标注
［9］ GB/T 4458.2—2003 机械制图 装配图中零、部件序号及其编排方法
［10］ 中国北车集团编 职业技能鉴定指导丛书 划线工 中国铁道出版社，2004
［11］ 杨叔子主编.机械加工工艺师手册.第1版.北京:机械工业出版社，2004